Rüdiger Hoffmann (Hrsg.)

Elektronische Sprachsignalverarbeitung 2014

Tagungsband der 25. Konferenz

Dresden, 26. - 28. März 2014

TUDpress

Studientexte zur Sprachkommunikation
Hg. von Rüdiger Hoffmann
ISSN 0940-6832
Bd. 71

Rüdiger Hoffmann (Hrsg.)

Elektronische Sprachsignalverarbeitung 2014

Tagungsband der 25. Konferenz

Dresden, 26. - 28. März 2014

TUD*press*

2014

Wissenschaftliche Leitung
Rüdiger Hoffmann, TU Dresden
Ulrich Kordon, TU Dresden

Mitwirkung
Förderverein Elektronische Sprachsignalverarbeitung e. V.
Informationstechnische Gesellschaft (ITG) im VDE

Tagungsort
Technische Universität Dresden

Tagungsorganisation
TU Dresden
Professur für Systemtheorie und Sprachtechnologie
01062 Dresden

Titelbild
TUD/Eckold

Bibliografische Information der Deutschen Nationalbibliothek
Die Deutsche Nationalbibliothek verzeichnet diese Publikation in der Deutschen Nationalbibliografie; detaillierte bibliografische Daten sind im Internet über http://dnb.d-nb.de abrufbar.

Bibliographic information published by the Deutsche Nationalbibliothek
The Deutsche Nationalbibliothek lists this publication in the Deutsche Nationalbibliografie; detailed bibliographic data are available in the Internet at http://dnb.d-nb.de.

ISBN 978-3-944331-51-5

Verlag der Wissenschaften GmbH
Bergstr. 70 | D-01069 Dresden
Tel.: +49 351 47969720 | Fax: +49 351 47960819
http://www.tudpress.de

Gesetzt von den Herausgebern.
Printed in Germany.

Vorwort

Der vorliegende Tagungsband ist die Dokumentation der 25. Konferenz „Elektronische Sprachsignalverarbeitung". Ich freue mich, dass gerade diese Jubiläumstagung in Dresden und damit an einem der angestammten Standorte der Veranstaltungsreihe stattfindet. Zuletzt fand eine ESSV in Dresden im Jahre 2009 statt, also zum 20-jährigen Bestehen. Wir haben damals in der Einleitung zum Tagungsband und im Eröffnungsvortrag die Erfolgsgeschichte der ESSV ausführlich gewürdigt, so dass wir uns diesmal mit dem Wunsch begnügen, die Konferenz möge mindestens ein weiteres Vierteljahrhundert bestehen.

Auch diesmal haben zahlreiche Autorinnen und Autoren Beiträge aus zahlreichen Disziplinen der Sprachsignalverarbeitung übermittelt, so dass dieser Tagungsband 26 eingereichte Vorträge und sechs Posterbeiträge enthält. Die Gliederung des Bandes entspricht der Programmfolge, wobei die Posterbeiträge an thematisch passenden Stellen eingefügt wurden. Als thematischer Schwerpunkt kristallisieren sich diesmal die Sprachdialogsysteme heraus, die auf ihren unterschiedlichen Hierarchieebenen betrachtet werden.

Die Konferenz wird durch drei Hauptvorträge bereichert, von denen zwei in interdisziplinärer Weise Nachbargebiete unseres Faches beleuchten. Herr Dr. Friedrich E. Blutner (Synotec Psychoinformatik Geyer), seit Langem mit unserem Institut verbunden und anerkannter Experte auf dem Gebiet der Psychoakustik und des Sounddesign, spricht über die großen Kommunikationssysteme des Menschen - Sprache und Musik - und die Folgerungen für die Gestaltung seiner akustischen Umwelt. Menschen, die Probleme mit der Wahrnehmung des Schalls haben, können heute in großem Umfang durch faszinierende technische Hilfsmittel unterstützt werden. Herr PD Dr. M. Neudert (Universitätsklinikum an der TU Dresden) konzentriert sich in seinem Hauptvortrag auf die Forschungsergebnisse, die zum Mittelohr an der Dresdener HNO-Universitätsklinik gewonnen wurden. Ein weiterer Hauptvortrag befasst sich mit der Überführung von Forschungsergebnissen zur Sprachtechnologie in die industrielle Praxis. Frau Dr. D. Hirschfeld, Geschäftsführerin der 2001 aus der TU Dresden ausgegründeten voiceINTERconnect GmbH Dresden, berichtet von ihren Erfahrungen bei der erfolgreichen Entwicklung des Unternehmens.

Ich danke allen, die sich engagiert an der Vorbereitung der ESSV beteiligt haben, insbesondere Frau Barbara Wrann für die Leitung des Tagungsbüros und das Finanzmanagement. Den Mitgliedern des Fördervereins „Elektronische Sprachsignalverarbeitung" danke ich für vielfache Unterstützung.

Die 25. ESSV findet nur wenige Tage vor meinem Übergang in den Ruhestand zum Ende des Wintersemesters 2013/14 statt. Obwohl ich hoffe, der wissenschaftlichen Gemeinschaft als Seniorprofessor noch einige Zeit zur Verfügung stehen zu können, freue ich mich, den Staffelstab in Dresden in jüngere Hände übergeben zu können. Das Fachgebiet wird ab dem Sommersemester unter der Bezeichnung „kognitive Systeme" weitergeführt, so dass die Aussicht besteht, dass auch die ESSV in einigen Jahren wieder einmal nach Dresden kommt.

Ich wünsche allen Teilnehmerinnen und Teilnehmern eine erfolgreiche Konferenz und hoffe auf ein Wiedersehen zur ESSV 2015.

Dresden, im März 2014 Rüdiger Hoffmann

Inhaltsverzeichnis

Hauptvorträge

Spracherkennung

Sprachsynthese

Sprachdialog

Fremdsprachenerwerb

Prosodie und Emotion

Erfassung und Beurteilung von Sprach- und Musiksignalen

WOZU EIGENTLICH SCHALL? VOM HÖREN ZUR AKUSTISCHEN GESTALTUNG DER WELT.

Friedrich E. Blutner
Synotec Psychoinformatik GmbH Geyer

1 Einleitung

Wozu eigentlich Schall? Sollten wir nicht Räume der Stille bauen, allen Schall als Lärm brandmarken und unsere Kommunikation auf moderne und vor allem stumme Medien wie E-Mails, SMS und Twitter beschränken?

Warum aber hört der Mensch bereits im Mutterleib, schreit sofort nach der Geburt das „eingestrichene a" in die Welt, benutzt mit anhaltender Begeisterung seinen Kehlkopf, Mund und die Organe des Rachens als Klangwerkzeug und Sprechinstrument? Warum eigentlich hat der Mensch als einzige Gattung zwei große Kommunikationssysteme – Sprache und Musik – entwickelt und weshalb überträgt er diese Kompetenzen inzwischen sogar auf die Gestaltung ganzer Soundscapes?

Im Vortrag wird an Hörbeispielen illustriert, wie das feine Wechselspiel zwischen Schallerleben und Schallgestalten organisiert ist. Wodurch klingt ein Ton natürlich, authentisch und unverwechselbar? Welche Macht besitzen akustische Archetypen und Schlüsselmuster? Abschließend werden Perspektiven der Gestaltung von Sprache, Musik und Alltagsgeräuschen für eine lebenswerte akustische Umwelt erörtert.

2 Klang statt Lärm – zum Verhältnis von Lärm, Stille und Klang

Das Überangebot an unerwünschtem Schall infolge der Technisierung unseres Alltags führt zu einer ähnlich katastrophalen Übersättigung und Aushöhlung der inneren Erlebensräume wie die Übersättigung der Warenwelt. Viele Menschen geraten in eine völlig unnatürliche und beängstigend stupide Situation: Klänge und Geräusche werden nur noch nach Lästigkeit oder dem „Lärmfaktor" unterschieden. Extrem lästige Geräuschmuster (z.B. Kreissägen, Presslufthämmer, Rasenmäher, Laubsauger, quietschende Straßenbahnen oder ohrenbetäubende Tiefflieger) werden von weniger lästigen Geräuschen (z.B. Klospülungen, gedämpft zuschlagende Türen, sirrende Kühltruhen, brummende Rasierapparate und andere akustische Mikrostressoren) abgestuft. Das natürlich gegebene Differenzierungsvermögen ist weitgehend blockiert und so werden die vielfältig nivellierten Geräusche unserer natürlichen Lebensumgebung von den Störmustern überschattet und allenfalls als Alltagsmüll wahrgenommen.

Bei dieser eindimensionalen Wahrnehmung bleibt als einzige Sehnsucht der Wunsch nach Stille. Wird diese aber endlich erlebt, so bricht die „Krankheit" des akustischen Alltags erst richtig aus: Stille kann bedrückend und eine überaus beängstigende Erfahrung sein, denn sie offenbart unser eigentliches Problem: Die Verödung unseres inneren emotionalen Erlebens, die Reduzierung unseres ursprünglich vitalen sensuellen Apparates auf einen Lästigkeitsdetektor. Wer weiß heute schon, dass das menschliche Ohr weit über 100 Texturen von Flüssigkeiten unterscheiden kann, dass süße Äpfel beim Hineinbeißen ganz anders klingen als saure, dass einige tausend Qualitäten beim Zerkauen von Nahrungsmitteln identifiziert werden können und dass man allein am Geräusch des Flügelschlags die Art, aber auch die Fitness eines Vogels recht zuverlässig feststellen kann. Schätzen Sie doch einmal, wie viele verschiedene Geräuschmuster allein bei einem Sonntagsspaziergang unser Ohr erfreuen könnten! Oder denken Sie einmal darüber nach, welche Vielfalt klanglicher Nuancen ein etwa 80 Mitglieder zählendes Orchester zu erzeugen in der Lage ist, ganz zu schweigen von den stimmlichen Modulationen und der Klangfelddynamik eines professionellen Sängers.

Das Produkt Sound Design hat in den letzten beiden Jahrzehnten dazu beigetragen, diese akustische Vielfalt wiederzuentdecken und damit begonnen, die Eindimensionalität der Wahrnehmung aufzubrechen. Neben Schallschutz und lärmarmem Konstruieren gewinnt damit der Faktor Sound an Bedeutung für die Verbesserung der akustischen Lebensqualität. Das Erleben klanglicher Vielfalt beeinflusst mehr und mehr unser sinnlich-ästhetisches Empfinden. Damit aber werden auch die Beziehungen zwischen Sprache, Musik und den Geräuschklangbildern der Umwelt neu justiert.

3 Schall gestalten – vom Klang zur Marke

Betrachtet man Akustik als Spezialgebiet der Physik, so kann man Schall unter dem Aspekt seiner Entstehung und Ausbreitung behandeln. Hierzu liegen umfangreiche Methoden und Modelle vor. Versucht man aber, diese Kenntnisse auf die gezielte Gestaltung von Wohlklängen anzuwenden, so erleidet man sehr schnell Schiffbruch. Der zur Verfügung stehende Beschreibungsapparat ist viel zu allgemein, um zu wesentlichen Fortschritten bei der Schallgestaltung zu gelangen. Wir benötigen also zusätzlich zu dem bekannten Wissen der Akustik ein Wissen, welches es uns ermöglicht, die Schallqualität gezielt zu verbessern.

Inzwischen hat sich das Produkt Sound Design als eine neue Disziplin zur systematischen Gestaltung von Schall in der Industrie fest etabliert. Sounddesign gilt heute als ein wichtiges Element der Produktentwicklung. In den letzten 20 Jahren wurde dazu ein umfangreiches Erfahrungswissen aufgebaut. Es wurden viele neue und leistungsfähige Hilfsmittel zur hörbezogenen Schallmesstechnik und Arraysignalverarbeitung, zur psychoakustischen Analyse und Evaluation, zur aktiven Schallbeeinflussung sowie die psychoakustische Marktforschung entwickelt.

Neue Gestaltungskonzepte für den urbanen Raum werden inzwischen in einer interdisziplinären Breite diskutiert, wie dies vor 20 Jahren nicht vorstellbar war: Engineering und Kreativwirtschaft, Natur- und Geisteswissenschaften, Industrie und Wissenschaft beginnen heute gemeinsame Strategien zu entwickeln. Wie im Vortrag gezeigt wird, werden hierbei die vielfältigen Verbindungen zwischen Sprache, Musik und den akustischen Artefakten des Industriezeitalters neu erschlossen.

Besondere Herausforderungen stellt die Markenakustik. Ein neues Auto zu entwickeln, dauert heute etwa 3 Jahre. Das Produkt läuft dann im Durchschnitt noch 6 bis 7 Jahre, also über einen Gesamtzeitraum von etwa 10 Jahren. Noch weit längere Zeit nimmt es in Anspruch, das Renommee einer Marke aufzubauen, ohne das hohe Preise nicht zu erzielen sind. Entscheidungen für die Produktakustik sind also strategische Entscheidungen und müssen vom Management getragen und nachhaltig durchgesetzt werden. Gerade dieses durchgängige „akustische Management" ist bei den einzelnen Herstellern sehr unterschiedlich ausgeprägt. Heute erfolgreiche Unternehmen haben vor über 15 Jahren ihre Grundsatzentscheidungen getroffen und diese seitdem nachhaltig und mit frischen Ideen verfolgt. Es wird mindestens noch einmal so lange dauern, bis diese Strategie sichtbare (oder besser: hörbare) Auswirkungen auf das Renommee bzw. den Markenkern hat. Hinzu kommen dann noch Anforderungen zur Berücksichtigung der Akustik aus der Passanten- und Anwohnerperspektive sowie die Gestaltungsprofile für die Soundscapes im urbanen Raum. Die zukünftige Gestaltung der Elektromobilität wird hierbei sicherlich eine Schlüsselrolle spielen.

Wie auch immer sich diese Prozesse der epigenetischen Wertbildung vollziehen mögen, eins kann bereits heute als sicher gelten: Die Einflussmöglichkeiten von Funktion, optischer Gestaltung und taktiler Anmutung sind in vielen Bereichen weitgehend ausgeschöpft. Das Gestaltungsmerkmal „Sound" ist hingegen als ein dem Auge zumindest gleichwertiger Faktor noch völlig unerschlossen. Geräusche sind Ausdruck des Lebens und der Vitalität eines anspruchsvollen Produkts. Geräusche sind für den Menschen von existentieller Bedeutung und haben eine natürliche, elementare Schönheit. Durch das Geräuschdesign kann ein ganz neues Verhältnis zum Produkt aufgebaut werden. Auf dieses brachliegende Potential kann kein großer Hersteller mehr verzichten, der weiterhin erfolgreich am Markt bleiben will. Innerhalb der nächsten 10 bis 20 Jahre wird sich hierbei eine kontinuierliche Entwicklung vollziehen, die schließlich dazu führen wird, dass jedes Produkt auf Sound überprüft werden wird. Die „Stimme des Produkts" wird dann „ganz Ohr" der Konsumenten sein.

Das betrifft die Größten der Branche, aber auch im internationalen Geschäft eher kleinere Unternehmen, ist nicht abhängig vom Standort des Unternehmens und hängt auch nicht nur mit Markenfacetten wie „sportlich", „luxuriös", „funky" oder „vielseitig" zusammen. Ausschlaggebend sind einzig Faktoren wie „Lebensqualität", „Attraktivität", „Markenimage" und urbane Anmutung: Wie klingt beispielsweise eine komplette Innenstadt? Die „nach innen gerichteten" Konstrukte des Konsumenten, seine Wünsche und Sehnsüchte, sein Verlangen nach Sinn und Sinnlichkeit werden zu maßgeblichen Einflussfaktoren auf den weltweiten Märkten. Die objektive Situation auf den Märkten wird zum Spiegel der subjektiven Markenpositionierung und inneren Orientierungsschemata der Konsumenten.

Das entscheidende Gestaltungspotenzial ergibt sich daher aus der Verschmelzung von innerer und äußerer Perspektive, der Verknüpfung subjektiver und objektiver Schallmerkmale. Eine solche phänomenologische Vorgehensweise berücksichtigt Intentionalität und Erlebnisqualität. Sie dringt im eigentlichen Sinne des Begriffs „personare" durch den Klang hindurch zur Sache selbst vor und erfüllt Sinn mit Sinnlichkeit. Für die Markengestaltung gewinnt dieser Ansatz eine immer größere Bedeutung.

4 Qualität ist hörbar – Präsenz und Valenz

Jeder Prozess der Wertbildung hat eine innere und äußere Dimension, eine subjektive und eine objektive Qualität, eine ideelle und eine materielle Seite. Sounddesign ist immer dann erfolgreich, wenn es auch aus der Innenperspektive des Konsumenten heraus entwickelt wird. Deshalb bewegt sich der akustische Gestaltungsprozess in einem ständigen Wechselspiel zwischen Messen und Fühlen, Beschreiben und Erleben, Objekt und Subjekt. Das Problem ist deshalb so vertrackt, weil man die Erlebensqualität mit Worten nicht beschreiben kann, also das innere Erleben einer äußeren Perspektive nicht zugänglich ist (Qualia-Problem).

Um diesem Problem zu begegnen, wurden umfangreiche psychoakustische Stammdatenbanken entwickelt, die einen ständigen Perspektivwechsel sicherstellen und es auf Basis großer statistischer Datenbestände ermöglichen, Beschreibungsmuster der Außen- und Innenperspektive zu erstellen. Objektive Eigenschaftspräsenzen und subjektive Merkmalsvalenzen erweisen sich dabei als die grundlegenden Bestimmungsstücke des Gestaltungsprozesses. Im Vortrag wird an einer Reihe von Beispielen illustriert, wie aus diesen Mustern Gestaltungsregeln abgeleitet werden können. Damit wird ein systematischer Gestaltungsprozess möglich, dessen Ergebnisse an Hörbeispielen vorgeführt werden.

5 Zusammenfassung und Ausblick

Was geschieht, wenn der Mensch seine ureigenen Fähigkeiten zum Hören, Sprechen, Singen und Musizieren auf Objekte, Instrumente und Maschinen seiner Umgebung überträgt? Aus einer äußeren Beobachterperspektive heraus reizen die großen technischen Potenziale und Möglichkeiten. Aus der inneren Perspektive des hörenden und fühlenden Menschen zeigen sich einerseits faszinierende Ansatzpunkte zur Potenzierung dieser Möglichkeiten, andererseits aber auch Abgründe desaströser Fehlentwicklungen.

Vom Hören bis zur akustischen Gestaltung der Welt ist es ein gewaltiger Weg. Wir sollten ihn sorgfältig vorbereiten, verantwortungsbewusst planen und behutsam beschreiten. Denn die menschliche Stimme, Sprache, Musik und Klanghaftigkeit gehören zu unserem Ur-Besitz. Wir brauchen sie wie die Luft zum Atmen.

Das Ohr hat sich über viele Zwischenstufen aus einer Art Hauteinstülpung entwickelt und deshalb ist Klang der Berührung ähnlich. Er berührt uns Menschen besonders tief: körperlich, seelisch und spirituell. **Denn wir sind die Originale!**

Quellen

www.sounddesignforum.de

www.wkp-sonett.de

www.newstrad.de

Danksagung: Diese Forschungsarbeit wurde durch das BMBF im Rahmen des Projektes SONETT, Förderkennzeichen 03WKP24P, gefördert.

Was kommt nach dem Schall?
Experimente und Modalanalysen zum Hören

Marcus Neudert, Matthias Bornitz, Thomas Beleites und Thomas Zahnert

Klinik und Poliklinik für HNO-Heilkunde, Kopf- und Hals-Chirurgie
Medizinische Fakultät Carl Gustav Carus der
Technischen Universität Dresden
marcus.neudert@uniklinikum-dresden.de

Abstract: Der physiologische Vorgang des Hörens ist ein äußerst komplexer Prozess, der im Falle von pathologischen Veränderungen des Hörorganes Mediziner vor große Herausforderungen stellt. Dabei muss und kann, je nach Ort und Ausmaß der physiologischen Störung, entweder die mechanische Übertragung des Schalls im Mittelohr zum Innenohr wiederhergestellt werden, oder durch elektronische Umwandlung des Schalls in elektrische Reize direkt der Hörnerv in der Hörschnecke angeregt werden. Die Entwicklungen berührungsfreier und sensibler Messinstrumente wie der Laser Doppler Vibrometrie oder auch der optischen Kohärenztomographie haben in den letzten Jahrzehnten die Vorstellungen der Mittelohrmechnik verändert und entscheidend zu einer differenzierten Betrachtung der rekonstruktiven Mittelohrchirugie geführt.

Die ermittelten Schwingformen des Trommelfells wie auch der Gehörknöchelchenkette zeigen Frequenz-abhängige Charakteristika, die nicht nur weitaus komplexer sind als die zuvor vermuteten sondern deren Kenntnis auch Einfluss auf die Bemühungen der Hörrehabilitation hat. Mittelohrentzündungen können das Trommelfell und/oder die Gehörknöchelchen zerstören. Heute ist die Rekonstruktion dieser Strukturen durch mikrochirurgische Eingriffe möglich, so dass Schwerhörigkeiten, welche aus der funktionsgestörten Mechanik des Mittelohres resultieren, operativ vermindert oder beseitigt werden können. Die Erfolge dieser Operationen sind von vielen Faktoren abhängig. Ein wesentlicher Faktor ist das zur Rekonstruktion verwendete Implantat selbst, welches bisher zumeist empirisch nach dem Vorbild der Anatomie entwickelt wurde. Es existieren jedoch zahlreiche in Material und Design verschiedene Implantate, die heute dem Chirurgen empfohlen werden. Eine gezielte Optimierung der mechanischen Eigenschaften von Mittelohrimplantaten und Operationstechniken in Modellrechnungen und Experimenten muss dabei ist ein Hauptziel sein. Weitere Herausforderungen bestehen in der Verankerung und Fixierung der Implantate, die nicht, wie beispielsweise in der Extremitäten-Chirurgie, mittels Zement, Schrauben oder Nägeln befestigt werden können. Gründe hierfür sind die anatomischen Limitationen, die Gefahr einer Innenohrschädigung mit einer daraus resultierenden Taubheit und der Forderung, dass die rekonstruierte Gehörknöchelchenkette schwingungsfähig bleiben muss, um ihre Funktion der Schallübertragung überhaupt zu erfüllen.

Die experimentellen Bemühungen zur Charakterisierung dieses Spannungsfeldes, welches sich aus neu gewonnen Erkenntnissen, Modelrechnungen und Simulationen der Mittelohrmechanik unter physiologischen Bedingungen einerseits und den Möglichkeiten wie Grenzen einer rationalen Umsetzung des Wissens in die klinische Anwendung anderseits aufspannt, sollen im Rahmen des Vortrages eingehend dargestellt werden.

Building Segments with Chunks

Harald Höge

Universität der Bundeswehr München
harald.hoege@t-online.de

Abstract: In HMM-technology state tying is an approved method to achieve reliable estimation of model parameters. This method is based on clustering sub-phonetic units, derived from context dependent phones. Due to the theory of HMMs the clustering algorithm assumes that the feature vectors are statistic independent within a cluster. We derive the sub-phonetic units from tri-phones and call the resulting clusters 'HMM-segments'. In this paper we develop a new clustering algorithm, which is based on the theory of **H**idden **C**hunk **M**odels (HCM). The algorithm takes into account the statistic dependencies of the feature vectors realizing the sub-phonetic units. We call the resulting segments 'HCM-segments'. Both kinds of segments are modeled with HCMs. With these acoustic models we build two classification systems for context independent phonemes. Using a large Spanish speech database we compare the phoneme error rates achieved with the two kinds of segments. The HCM-segments showed higher performance.

1 Introduction

In speech recognition research is focused on achieving low error rates for words or utterances. The error rate is influenced mostly by the features and by the acoustic model used. We focus on improving acoustic models by taking into account the statistic dependencies of features. The lowest error rate is achieved, when the principle of maximum likelihood classification [1] is applied. But when recognizing whole utterances for this approach the conditional density function (cdf) $p(\vec{X}|utterance)$ must be known ($\vec{X}$ denotes the sequence of feature vectors realizing the utterance). As the statistic bindings of the complete sequence $\vec{X}$ must be treated, this cdf is too complex to be modeled as a statistical unit. In most LVCSR system, utterances are represented by sequences $\overrightarrow{PU}$ of phonetic units (*PU*). It is assumed that the sequences of feature vectors representing a different $PU \in \overrightarrow{PU}$ are statistic independent. Further it is assumed that a suited parametric model $p(\vec{X}|PU_i, \Theta_i)$; $i = 1, \dots, N_{PU}$ for the distributions $p(\vec{X}|PU_i)$ can be provided. The parameters Θ_i have to be estimated reliably from a suited speech database. This approach leads to the following approximation for $p(\vec{X}|utterance)$:

$$\tilde{p}(\vec{X}|utterance) \equiv p(\vec{X}|\overrightarrow{PU}) \equiv \prod_n p(\vec{X}^n\,|PU_{i(n)}, \Theta_i) \qquad (1)$$

(In the following $\tilde{p}(\cdot)$ denotes an approximation of a function $p(\cdot)$. The warping function *i(n)* maps the time index *n* of the sequences $\vec{X}$ to the index *i* of the corresponding $PU \in \overrightarrow{PU}$). To implement (1) three questions have to be answered

- which PU should be chosen
- how should the PU be modeled
- how should the parameters Θ be estimated

In [3] segmental models are proposed, which treat the PUs as statistical units i.e. the distribution $p(\vec{X}|PU_i, \Theta_i)$ must model all the statistical bindings of the sequence of feature vectors $\vec{X}$. If the PUs are large enough i.e. cover large portions of the utterance, minimum error rates should be achievable, when the maximum likelihood classification method is applied. To the author's knowledge, no segmental model for large PUs has been found, leading to competitive error rates. Many HMM based systems as [2] use as sub-phonetic units

PUs derived from context dependent phones (e.g. tri-phones) . Each phone is split into 3 parts, where for each phone each part is a specific **'sound' *S*.** The set of sounds is very large and most sounds have very low probabilities of appearance. Even when using very large speech databases, it turns out, that for many sounds too few samples are available to estimate reliably the parameters of $p(\vec{X}|S,\Theta)$. To solve this estimation problem, sounds are clustered. In HMM terminology this clustering scheme is called 'state-tying', which was introduced in [4]. Each cluster defines an PU. We call those PUs **'segments'** denoted by $Q_i, i = 1, \dots N_Q$. The theory of HMMs assumes that the feature vectors within a segment are i.i.d. distributed (i.e. the feature vectors are statistic **i**ndependent, and within a segment all feature vectors are **i**dentical distributed) leading to the segment model

$$p(\vec{X}_l|Q_i,\Theta_i) = \prod_{\nu=1}^{l} p(X_\nu|\,Q_i,\Theta_i) \qquad (2)$$

This model is not a segmental model [3], as the feature vectors X_ν are statistic independent and the distributions $p(X_\nu|Q_i,\Theta_i)$ called the emission probabilities are identical for all X_ν.

Now we discuss the estimation process of the parameters Θ_i of (2) in the context of clustering. For state of the art HMM-based speech recognition systems the MCE method is used for estimating the parameters Θ_i. This method delivers the minimal error rate for words or utterance given the wrong model assumption (1,2). The MCE method is a global optimization procedure, which minimize the error rate across words or utterances. To the author's knowledge, there exists no such a global optimization scheme for clustering sounds to segments. Instead the optimal clusters are generated by clustering 'similar' sounds using the principle of minimal increase of entropy [4]. We call the resulting segments 'HMM-segments'. In section 2.2 we show, that this approach is linked to achieve minimal error rate to classify HMM-segments with a single feature vector. It is well known, that parameters, estimated to deliver minimal error rates on segments, do not lead to lowest error rates for classification of larger phonetic units as words.

Recently we investigated segmental models called '**Hidden Chunk Model (HCM)**' [5, 6, 7], which realizes a specific segmental model [3]. In this approach the HCMs model HMM-segments. For generating the HMM-segments the clustering is performed by a top down approach using a CART [10]. In contrast to the segment model (2) the HCMs take into account the statistic dependencies of the feature vectors within the HMM-segments.

In this paper we evaluate a clustering scheme, which lead to different segments called HCM-segments. Similar to the HMM approach, we use for clustering the sounds S derived from tri-phones and we use the principle of minimal increase of entropy as in [4], but we take into account the statistic dependencies of the feature vectors within the sounds. Thus the clustering algorithm is consistent with the HCM-approach. In order to see the advantage of using the HCM-segment instead of the HMM-segments, we make phone classification experiments comparing phoneme error rates achieved for both kinds of segments. The paper is organized as follows. In chapter 2 we develop the principles of clustering using Shannon's conditional entropy [8] and describe the resulting algorithms for constructing HMM- and HCM-segments. Chapter 3 describes the experiments made.

2 Clustering

The section 2.1 defines more precisely the relation between sounds composing a segment and sets of feature vectors realizing segments. Section 2.2 concerns the basic principles for clustering based on Shannon's conditional entropy. Section 2.3 and 2.4 describes the algorithms to generate HMM-segments and HCM-segments.

2.1 Sounds, Segments and Related Feature Sets

We use as context dependent phones tri-phones Ph_{jc}. The context c is defined by the right and left phone of the 'central' phone Ph_j. Each tri-phone is composed by 3 sub-phonetic sounds $S_{jc}^{p}; p = 1,2,3$, which can be interpreted as the onset, middle and offset of a phone. The sounds are clustered to segments.

The HMM-segments are notated by Q_i. They are defined by a mapping function $i = f(p,j,c)$, which maps all sounds S_{jc}^{p} to a segment Q_i according to

$$Q_i = \{ S_{jc}^{p}, \forall p,j,c : i = f(p,j,c) \} \quad (3)$$

Thus the index i denote the phonetic properties p,j,c of all sounds S mapped to the HMM-segment Q_i.

The HCM-segments are denoted by Q_i^l. They are defined by an extended mapping function $i = f(p,j,c,l)$ depending additionally on the length l of the chunks realizing the segment:

$$Q_i^l = \{ S_{jc}^{p}, \forall p,j,c,l : i = f(p,j,c,l) \} \quad (4)$$

The index i denotes the phonetic properties of the HCM-segments determined by the sounds clustered. Due to the dependency of i from l, the same index i can be related to different phonetic properties p,j,c. Further we restrict the HCM-segments Q_i^l to a maximal value of $l=m_0$. All sounds S_{jc}^{p} realized by chunks with $l > m_0$ are mapped to $Q_i^{m_0}$.

We assume that the speech database is labeled; i.e. for each sound S_{jc}^{p} the corresponding sequence $\vec{X}_l$ is known ('aligned'). Applying (3) and (4) the alignment of each segment to a sequences $\vec{X}_l$ is given. We call sequences $\vec{X}_l$ aligned to segments '**chunks**'. Now we define sets of feature vectors and sets of chunks. The set of all feature vectors found in a speech database, which realize a HMM-segment Q_i, is notated by

$$C_i = \{X^n \in Q_i\} \quad (5)$$

(n denotes the time/frame-index) All chunks $\vec{X}_i^n$ found in the speech database, which realize a HCM-segment Q_i^l is denoted by

$$C_i^l = \{\vec{X}_i^n \in Q_i^l\} \quad (6)$$

The sets C_i are used to estimate the parameters Θ_i of the emission probabilities $p(X|Q_i,\Theta_i)$ of the feature vectors X. The sets C_i^l are used to estimate the parameters Θ_i^l of the distributions $p(\vec{X}_l|Q_i^l,\Theta_i^l)$. As described at the end of the following section, the clustering is done separately for each central phonemes $Ph_j j=1...N_{Ph}$ using sets:

$$\left.\begin{aligned} C_j^l &\equiv \{\vec{X}_i^n \in Q_i^l;\ \forall p,c: i = f(p,j,c,l)\ ; j = 1,\dots,N_{Ph}; l = 1,\dots,m_0\} \\ C^l &\equiv \cup_{j=1}^{N_{Ph}} C_j^l \end{aligned}\right\} \quad (7)$$

C^l is the set of all chunks $\vec{X}_i^n$ of length l.

2.2 Basic Principles of Clustering

In this subsection we discuss the clustering approach in the framework of HCMs. This approach is very similar to the clustering approach in the framework of HMMs. In subsection 2.2.3 we sketch the HMM-approach.

The number of sounds S derived from tri-phones is notated by N_S. We want to cluster these sounds into $N_Q^{m_o}$ segments under the condition $N_Q^{m_o} \ll N_S$. $N_Q^{m_o}$ has to be chosen in such a way that each set $C_i^l = \{\vec{X}_i^n \in Q_i^l\}$ (6) contains enough chunks to estimate the parameters Θ_i^l

of the distribution $p(\vec{X}|Q_i^l, \Theta_i^l)$ reliably[1]. Now the basic approach for clustering is formulated as follows: given the number $N_Q^{m_o}$ of target segments we want to construct $N_Q^{m_o}$ clusters of sounds *S*, which minimize the segment error rate (*SER*). This MCE-approach is motivated by the segmental approach which lead to low error rates for words or utterance if large PUs would be used (see discussion in the introduction). To the authors knowledge there exist no efficient clustering algorithm based on the MCE-criterion. Further our segments are very short *PU*s. Despite of these shortcomings, we stick to this basic approach but we use an approximation to minimize the *SER*. We use the fact that the *SER* is linked to Shannon's conditional entropy [8] $H(Q|Z)$ (Z denotes chunks $\vec{X}_l$ for all *l*). Within certain bounds [9] the *SER* decreases with decreasing $H(Q|Z)$. Thus minimizing $H(Q|Z)$ is linked to minimizing the *SER* within certain bounds. $H(Q|Z)$ is defined by

$$\left.\begin{aligned} H(Q|Z) &= \textstyle\sum_{l=1}^{\infty} P(C^l)H(Q^l|\vec{X}_l)\,;\ H(Q^l|\vec{X}_l) = H(Q^l) - H(C^l) + H(\vec{X}_l|Q^l) \\ &= -\textstyle\sum_{l=1}^{\infty} P(C^l)H(C^l) + \sum_{l=1}^{\infty} P(C^l)\,(H(Q^l) + H(\vec{X}_l|Q^l)) \\ H(Q^l) &\equiv -\textstyle\sum_i P(Q_i^l)\log P(Q_i^l)\ ,\ H(\vec{X}_l|Q^l) \equiv -\sum_i P(Q_i^l)\int p(\vec{X}_l|Q_i^l)\log p(\vec{X}_l|Q_i^l)d\vec{X}_l \end{aligned}\right\} \quad (8)$$

To determine $H(Q^l)$ the values of the discrete distribution $P(Q_i^l)$ are estimated from the size (counts) of the sets C_i^l (6). For estimating $H(\vec{X}_l|Q)$ we approximate $p(\vec{X}_l|Q_i^l)$ by a mono-modal Gaussian:

$$p(\vec{X}_l|Q_i^l) \approx p_l(\vec{X}_l|Q_i^l, \Theta_i^l) = \mathrm{N}(\vec{X}_l; \vec{\mu}_{il}, \vec{V}_{il}), \Theta_i^l = \{\vec{\mu}_{il}, \vec{V}_{il}\} \quad (9)$$

This approach is very crude, but few samples of chunks are needed to estimate the parameters Θ_i^l from the sets C_i^l. Further leads this approach to an computational feasible algorithm (see (12)).Now we have to find $N_Q^{m_o}$ clusters Q_i^l from the N_S sounds, which minimizes $H(Q|Z)$. The term $\sum_{l=1}^{\infty} P(C^l)H(C^l)$ is independent from the choice of the segments. Thus the minimum of $H(Q|Z)$ is given by the minimum of $R(Q)$:

$$min_Q R(Q);\ R(Q) \equiv \textstyle\sum_{l=1}^{m_0} P(C^l)\left(H(Q^l) + H(\vec{X}_l|Q^l)\right);\ |\{Q_i^l\}| = N_Q^{m_o}$$

Using (8, 9) $R(Q)$ is approximated by the log-likelihood function $L(Q)$ using the entropy $H(\mathrm{N}(\vec{X}_l; \vec{\mu}_{ikl}, \vec{V}_{il}))$ of a mono-modal Gaussian:

$$\left.\begin{aligned} R(Q) &\approx L(Q) \equiv \textstyle\sum_{l=1}^{m_0} L(Q^l)\,;\ L(Q^l) \equiv P(C^l)\left(H(Q^l) + \sum_{i=1}^{N_Q^l} H(\mathrm{N}(\vec{X}_l; \vec{\mu}_{ikl}, \vec{V}_{il})\right) \\ H(\mathrm{N}(\vec{X}_l; \vec{\mu}_{ikl}, \vec{V}_{il})) &= \left(\tfrac{lD}{2}\ln(2\pi e) + \tfrac{1}{2}ln|\vec{V}_{il}|\right)\ ; H(Q^l) = -\textstyle\sum_{i-1}^{N_Q^l} P(Q_i^l)\,log\,P(Q_i^l) \end{aligned}\right\} \quad (10)$$

(*D* denotes the dimension of a feature vector *X*. N_Q^l denotes the number of segments Q_i^l with given *l*). We minimize $L(Q)$ separately for each component $L(Q^l)$:

$$min_{Q_i^l} L(Q^l) = min_{Q_i^l}\left(\textstyle\sum_{i=1}^{N_Q^l} P(Q_i^l)\left\{log\,P(Q_i^l) + \left(\tfrac{lD}{2}\ln(2\pi e) + \tfrac{1}{2}ln|\vec{V}_{il}|\right)\right\}\right); l = 1, \dots, m_0 \quad (11)$$

The *min* operator (11) has exponential complexity with increasing number N_Q^l. We use as approximation a top down clustering method for generating HMM-segments [10] and a bottom up method for generating HCM-segments (see section 2.4). Applying these methods the change of the likelihood $L(Q^l)$ has to be determined, when two segments clusters $Q_i^l, Q_{i'}^l$ are merged or split. The change of $L(Q^l)$ is given by $\Delta(Q_{ii'}^l) \equiv L(Q_{ii'}^l) - L(Q^l)$, where $L(Q_{ii'}^l)$ denotes the log-likelihood function when in (11) the two segments $Q_i^l, Q_{i'}^l$ are substituted by the segment $Q_{ii'}^l = Q_i^l \cup Q_{i'}^l$. Using (10) we get

---

[1] To the authors knowledge there exist no criterion for reliability. Large differences in error rates on the training database and the test database (mismatch) hint to poor estimation

$$\Delta(Q^l_{ii'}) = P(Q^l_{ii'})\left\{log\, P(Q^l_{ii'}) + \frac{1}{2}ln|\vec{V}_{ii'l}|\right\} - P(Q^l_i)\left\{log\, P(Q^l_i) + \frac{1}{2}ln|\vec{V}_{il}|\right\} - P(Q^l_{i'})\left\{log\, P(Q^l_i) + \frac{1}{2}ln|\vec{V}_{i'l}|\right\} \quad (12)$$

According to [11, page 544] $\Delta(Q^l_{ii'})$ is always positive. We modify further (11) by introducing some restrictions, which sounds can be clustered. These restrictions are applied for HMM-segments and HCM-segments: We do not merge sounds belonging to different central phonemes PH_j. This is done for two reasons. First we want to speed up computation as done in [4]; second we want to avoid that sequences of segments representing a phone of a central phoneme are equal for different central phones. Further we have to consider that each central phoneme Ph_j is represented by sequences of sounds $\{S^p_{jc}\}$; $p = 1,2,3$. We do not cluster sounds belonging to different position p. This restriction eases the search algorithm needed for phoneme recognition, when skipping of segments is allowed (for some languages as for French this happens often in the QUAERO databases). Given all these restrictions, the minimum of (11) has to be evaluated only for restricted sets of sounds realized by the sets C^l_j (see (7)). In this case the total number N^l_j of sounds realized by C^l_j is no more determined by the minimization procedure (11). We use following heuristic rule:

$$N^l_j = P(C^l_j)N^{m_0}_Q;\ N^{m_0}_Q = \sum_{j=1}^{N_{Ph}} \sum_{l=1}^{m_0} N^l_j \quad (13)$$

2.3 HMM-Clustering

For generating HMMs we have to estimate the parameters of the emission probabilities $p(X|Q_i, \Theta_i)$ (see (2)). In analogy to (9) we use a monomodal Gaussian for clustering:

$$p(X|Q_i, \Theta_i) = \mathrm{N}(\mathrm{X}; \mu_\mathrm{i}, \mathrm{V_i}), \Theta_i = \{\mu_\mathrm{i}, \mathrm{V_i}\} \quad (14)$$

In analogy to (10, 11) the log-likelihood function $L(Q)$ is given by

$$\left.\begin{aligned} L(Q) &\equiv H(Q) + H(\mathrm{N}(\mathrm{X}; \mu_\mathrm{i}, \mathrm{V_i}));\ H(\mathrm{N}(\mathrm{X}; \mu_\mathrm{i}, \mathrm{V_i})) = \left(\frac{D}{2}\ln(2\pi e) + \frac{1}{2}ln|V_i|\right) \\ H(Q) &\equiv -\sum_i P(Q_i)\log P(Q_i);\ H(X|Q) \equiv -\sum_i P(Q_i) \int p(X|Q_i) log\, p(X|Q_i) dX \end{aligned}\right\} \quad (15)$$

and we have to minimize

$$min_{Q_i} L(Q) = min_{Q_i}\left(\sum_{i=1}^{N_Q} P(Q_i)\left\{log\, P(Q_i) + \left(\frac{D}{2}\ln(2\pi e) + \frac{1}{2}ln|V_i|\right)\right\}\right) \quad (16)$$

To ease the calculation of the covariance matrices V_i we assume that they are diagonal with tied diagonal elements σ_i^2 leading to $|V_i| = \sigma_i^{2D}$ This approach is motivated from the use of LDA-transformed feature vectors, which produces globally a covariance matrix with this structure. Equivalent to (12) we get

$$\Delta(Q_{ii'}) = P(Q_{ii'})\left\{log\, P(Q_{ii'}) + \frac{1}{2}ln|V_{ii'}|\right\} - P(Q_i)\left\{log\, P(Q_i) + \frac{1}{2}ln|V_i|\right\} - P(Q_{i'})\left\{log\, P(Q_{i'}) + \frac{1}{2}ln|V_{i'}|\right\} \quad (17)$$

To approximate (17) approximately, we use a top down clustering algorithm based on phonetic decision trees (CART) as described by [10]. We start with a single cluster, which contains all sounds. Then the cluster is split into two clusters in such a way that $\Delta(Q_{ii'})$ for the two clusters is maximal. Than the resulting clusters are split further till the chosen value N_Q is reached. The phonetic decision tree restricts the merging of sounds according to the rules encoded in the tree.

2.4 HCM Clustering

We apply a bottom up clustering method. If we would use each individual sound S as an initial segment we would run in the problem of many very small clusters C^l_i leading to unreliable estimates for the covariance matrices for evaluating (12). Instead we use as initial segments HMM-segments. For this purpose we create a large number N_Q of HMM-segments with $N_Q \gg N_Q^{m_0}$ and assume that most segments represent well the individual sounds S. We take the sets C_i given from the HMM-segments and split each set C_i to m_0 'extended' sets $C_i^l; l = 1, \ldots, m_0$ (see (5, 6)). These extended sets represent 'extended HMM-segments'. Thus we have $N_Q^{m_0} \equiv m_0 \cdot N_Q$ extended HMM-segments Q_i^l. With the extended HMM-segments we perform bottom up clustering. We start calculating $\Delta(Q_{ii'}^l)$ of all Q_i^l, $Q_{i'}^l$ separately for each l and phoneme Ph_j . The pair of minimal increase of $\Delta(Q_{ii'}^l)$ is merged giving a new segment $Q_{ii'}^l$. This procedure is continued till the requested number $N_Q^l; l = 1, \ldots, m_0$ of HCM-segments is reached. This procedure approximates (11). The merging process is started only for segments, where the extended sets C_i^l are large enough to estimate the parameters $\Theta_i^l = \{\vec{\mu}_{il}, \vec{V}_{il}\}$. Especially the condition $|\vec{V}_{il}| > 0$ must hold. Each 'small' segment is merged to that final HCM-segment with the smallest heuristic distance.

3 Evaluation of HCM- and HMM-Segments

The experimental set up is the same as described in [6], where a Spanish speech database from the QUAERO project [12] was used. As primary features we use 16 MFCCs per frame with a frame rate of 10ms. The feature vectors are constructed in two steps. First a super vector of dimension 144 is build concatenating the 4 right and left MFCC vectors inclusive the central MFCC vector. The super vector is transformed by an LDA, which reduces the dimension to a 24 dimensional feature vector. Table 1 shows the amount and probabilities of chunks. As the probabilities $P(C^l)$ of the chunks $\vec{X}_l$ for $l > 3$ are very small, we set m_0=3 i.e. segments Q_i^l for l=1,..., m_0 are constructed.

Language	# chunks training	# chunks test	length l of chunks & $P(C^l) in$ %					
			1	2	3	4	5	≥ 6
Spanish	7 721 815	570 492	26.3	62.5	6.4	1.9	0.8	2.2

Table 1 - amount of data and probability $P(C^l)$ of the chunks $\vec{X}_l^n$

We start generating 604 HMM-segments (N_Q=604) using the CART described in section 2.3. The CART is provided from the speech research group of Prof. Ney (Chair of Informatics, RWTH). The **HMM-segments** are transformed to extended HMM-segments as described in section 2.4. We take the $m_0 \cdot N_Q = 1812$ extended HMM-segments $Q_i^l; l = 1, \ldots, m_0; i = 1, \ldots, N_Q$. In this experimental set up the extended HMM-segments are used for **two purposes**. First they are used for making phoneme recognition experiments second they are used as starting segments for constructing HCM-segments. This experimental set up is not optimal because the amount of HMM-segments to start the clustering should be much larger (see chapter 'conclusion'). In this set up the 1812 extended HMM-segments are clustered down to the target number of $N_Q^{m_0} = 1220$ HCM-segments.

l	# extended HMM-segments	# HCM-segments	HMM $H(Q^l)$	HCM $H(Q^l)$
1	604	435	8.80	8.42
2	604	436	8.92	8.50
3	604	349	8.82	8.22
4	604	349	8.53	7.98
5	604	349	8.06	7.52

Table 2 – number of extended HMM-segments and HCM-segments for l=1,...,5 and the related entropies (in Bit)

Given the probabilities $P(Q_i^l)$ of the extended HMM-segments and HCM-segments the related entropies $H(Q^l)$ (8) are calculated (see table 2). These entropies and all other entropies have as units *bit,* i.e. they are calculated using as *log*-function the base 2. $H(Q^l)$is the number of bits needed from the information of the features to achieve a segment error rate (*SER*) of *SER*=0. As we have less HCM-segments than extended HMM-segments for each length the entropies $H(Q^l)$ are lower for HCM-segments.

Given the extended HMM-segments and the final HCM-segments, the HCM-classifiers are trained for both segments using as acoustic model:

$$p_l(\vec{X}_l|Q_i^l,\Theta_i^l) = \sum_{k=1}^{K_{il}} c_{ikl} N(\vec{X}_l;\vec{\mu}_{ikl},\vec{V}_l);\ \Theta_i^l = \{\vec{\mu}_{ikl},\vec{V}_l\} \tag{18}$$

In (18) we have to distinguish between the extended HMM-segments and HCM-segments, which are both notated as Q_i^l. The same holds for the related parameters Θ_i^l.The covariance matrices $\vec{V}_l$ of the multimodal Gaussians are tied as described in [6]. The HCM-parameters Θ_i^l are trained using the unified EM algorithm [13]. This algorithm has to be adapted for the HCM approach. The EM-algorithm uses instead of the feature vectors chunks. For classification of the two kinds of segments we use a maximum likelihood classifier $\hat{Q} = argmax_i(p_l(\vec{X}_l|Q_i^l,\Theta_i^l)P(Q_i^l))$. For classifying a context independent phonemes Ph_j we have to regard all N_j sequences of segments $SQ_{n_j}, n_j = 1,\dots,N_j$ building that phoneme. For a given test database we have to classify phonemes $Ph_j^{l_{Ph}}$ realized by a sequence of l_{Ph} feature vectors and realized by a sequence $SQ_{n_j}^{l_{Ph}} = [Q_{i_p}^{l_p}, p = 1,2,3]$ of 3 segments (this corresponds to the split of a phone into 3 sounds (see section2.1)). We assume, we know the length l_p of each segment $Q_{i_p}^{l_p}, p = 1,2,3$. Thus the classification task is to determine the indices $i_p, p =$ 1,2,3 The maximum likelihood classifier is given by

$$\left.\begin{aligned} \widehat{Ph}_j^{l_{Ph}} &= \mathrm{argmax_j}\left(\mathrm{p}(\vec{\mathrm{X}}_{\mathrm{l_{Ph}}}|Ph_j^{\mathrm{l_{Ph}}}, l_p, p = 1,2,3)(Ph_j^{\mathrm{l_{Ph}}})\right) \\ p(\vec{X}_{l_{Ph}}|Ph_{\mathrm{j}}^{l_{Ph}}, l_p, p = 1,2,3) &= \sum_{n_j=1}^{N_j} \mathrm{P}(Q_{n_j}^{l_{Ph}}|\mathrm{Ph_j}^{l_{Ph}}) \prod_{\mathrm{p}=1}^{3} p_{l_p}\left(\vec{X}_{l_p}\middle|Q_{i(n_j,p)}^{l_p}, \Theta_{i(n_j,p)}^{l_p};\right) \end{aligned}\right\}$$

In [14] we regarded additionally the case that the length l_p is not known. This knowledge leads to slightly higher *SER*s. Shannon's conditional entropies $H(Q^l|\vec{X}_l) = H(Q^l) - H(C^l) + H(\vec{X}_l|Q^l)$ (see (8)) is the information missing to classify the segments Q_i^l of given length *l* without error. We approximate $H(Q^l|\vec{X}_l)$ by the method of Monte Carlo [15] as done in [14]. As shown in table 3 the high values of $H(Q^l|\vec{X}_l)$ corresponds to the high values of *SER*. Table 3 shows that the SERs using the extended HMM-segments are lower than those of the HCM-segments. This is a strange result to be further explored, because the HCM-segments show much lower values for $H(Q^l|\vec{X}_l)$. Although less segments are used the phoneme error rate (*PER*) is lower for HMM-segments.

Extended HMM-segments								HCM-segments							
# modes	length *l* of chunks						*PER*	# modes	length *l* of chunks						*PER*
	1	2	3	1	2	3			1	2	3	1	2	3	
	SER			$H(Q\|\vec{X}_l)$					*SER*			$H(Q\|\vec{X}_l)$			
1 812	82.9	73.1	62.6	6.72	6.13	5.91	41.8	1 220	83.1	73.4	62.9	6.22	5.30	4.66	41.5
3 624	79.8	71.4	60.5	6.71	5.89	5.51	39.4	3 624	80.4	71.3	62.9	6.22	5.40	5.00	39.0
10 872	77.5	70.5	59.6	6.23	5.75	5.35	38.1	10 872	78.0	71.1	61.9	5.85	5.28	5.02	37.7

Table 3 - *SER*, *PER* and $H(Q|\vec{X}_l)$ for HCM-segments and HMM-segments

4 Acknowledgement

We would like to thank Muhammad Tamir, Christian Plahl, and Hermann Ney from the RWTH Aachen University, Germany for kindly providing the labeled QUAERO databases and the related CARTs.

5 Conclusion

We derived a theory for clustering sounds to segments, where the clustered sounds are modeled by HCMs. The theory is based on cluster-algorithms minimizing Shannon's entropy using the concept of HCMs. We presented preliminary experiments showing that HCM-segments lead to slightly lower phoneme error rates. This encouraging result is in contrast to higher SERs, which still has to be explored. Further in this experiment, the initial amount of HMM-segments is low. In future we will experiment with larger amount of HMM-segments.

References

[1] Fukunaga, K.: Introduction to Statistical Pattern Recognition. Second Edition, Academic Press, 1990

[2] Rybach, D., Gollan, C., Heigold, G., Hoffmeister, B., Lööf, J., Schlüter, R., and Ney, H.: The RWTH Aachen University open source speech recognition system. in Proc. Interspeech, Brighton, U.K.:2111–2114, 2000

[3] Ostendorf, M., Digalakis, V., and Kimball, O.: From HMMs to segment models: a unified view of stochastic modeling for speech recognition. IEEE Trans. on Speech and Audio Proc., 4(5): 360-378, 1996.

[4] Hwang, M.Y., and Huang, X.: Shared-distribution hidden Markov models for speech recognition. IEEE Trans. Speech Audio Processing Vol. I,pp.414-420:Oct. 1993

[5] Höge, H., Setiawan, P.: Improvements of Hidden Chunk Models. ESSV Berlin 2010

[6] Höge, H.: The Use of Conditional Gaussians for Hidden Chunk Models. In Proc. ESSV Cottbus 2012

[7] Höge, H.: Comparison of HMMs and HCMs. In Proc. ESSV Bielefeld 2013

[8] Shannon, C.E.: A Mathematical Theory of Communication. Bell System Technical Journal, Vol. 27: July and October 1948, pp. 379-423 and 623-656.

[9] Fano, R.M.: Transmission of Information: A Statistical Theory of Communications. MIT Press and John Wiley & Sons, Inc., New York, third edition: 1991

[10] Beulen, K. : Phonetische Entscheidungsbäume für die automatische Spracherkennung mit großen Wortschätzen. Dissertation RWTH 1999

[11] Papoulis, A.: Probability, Random Variables, and Stochastic Processes. Third Edition, McGraw-Hill Series in Electrical Engineering 1991

[12] Sundermeyer, M., Nußbaum-Thom, M., Wiesler, S., Plahl, C., El-Desoky Mousa, C.A., Hahn, S., Nolden, D., Schlüter, R., and H. Ney: The RWTH 2010 QUAERO ASR evaluation system for English, French, and German. In Proc. IEEE Int. Conf. on Acoustics, Speech, and Signal Processing, Prague, Czech Republic: 2212–2215, 2011.

[13] Huang, X. D., Ariki, Y. and Jack, M. A.: Hidden Markov Models for Speech Recognition. Information Technology Series, Edinburg University Press, 1990

[14] Höge, H.: Modeling Statistic Dependencies of Feature Vectors within Phonemes. In: Mehnert, D., Kordon, U. und Wolff, M. (Ed.): Systemtheorie, Signalverarbeitung, Sprachtechnologie, Vol. 68: Studientexte zur Sprachkommunikation. TUDpress: Dresden 2013, pp. 36 – 64.

[15] Robert, C. and Casella, G.: Monte Carlo Statistical Methods. Second edition Springer Verlag: New York 2004

Ein Multiskalen Analyse-Synthese-System unter Verwendung von kaskadierten bidirektionalen Hidden Markov Modellen

Ronald Römer
BTU-Cottbus
ronald.roemer@tu-cottbus.de

Kurzfassung: Nach den Untersuchungen zum Cortikalen Algorithmus in Analyse-Synthese-Systemen am Beispiel der bidirektionalen, einschichtigen HMM wird in diesem Beitrag eine Ausweitung auf mehrschichtige, bidirektionale HMM vorgestellt. Um eine systemtheoretische Einordnung des hierarchisch organisierten Systems zu ermöglichen, wurde für die mathematische Darstellung von kaskadierten HMM (CHMM) die Zustandsraumdarstellung vorgezogen. Zunächst werden jedoch die wichtigsten Einsichten aus den vorangegangenen Experimenten mit einschichtigen bidirektionalen HMM zusammengefasst, anschließend wird dann auf potentielle Probleme hinsichtlich der Ausweitung auf mehrschichtige bidirektionale HMM (CBHMM) eingegangen. Als Ergebnis dieser Diskussion wird für die Synthese eine, hinsichtlich der Analyse, symmetrische Variante des Cortikalen Algorithmus vorgestellt. Die Rolle der Beobachtungsvektoren bei der Analyse übernehmen dann bei der Synthese die Steuervektoren, die von einem statistischen Modell für die Modell- bzw. Zustandsdauer emittiert werden. Damit lässt sich der Viterbi-Algorithmus zur Auswahl der optimalen Zustandsfolge nicht nur bei der Analyse sondern auch bei der Synthese einsetzen. Schließlich wird die Einbindung des Analyse-Synthese-Systems in ein kognitives System besprochen, dabei kommen sowohl CHMM (Synthese) als auch CBHMM (Analyse) zum Einsatz. In der einheitlichen Beschreibung beider HMM-Formen wird der Vorteil der systemtheoretisch geprägten Zustandsraumdarstellung sichtbar.

1 Einführung

Die Struktur Kognitiver Systeme wird im Wesentlichen durch den Perzeptions-Aktionszyklus geprägt [1]. Die Prozesse die in derartigen Systemen stattfinden, müssen in der Lage sein, die Struktur des Systems an sich wechselnde Umwelteinflüsse zu adaptieren, da für solche Systeme grundsätzlich deren Existenz auf dem Spiel steht [8]. Systeme, die sich sowohl mechanistisch als auch adaptiv verhalten, wurden als finale Systeme klassifiziert, woraus sich die Notwendigkeit der Einbeziehung einer semantischen Ebene ableiten lässt und eine semiotische Betrachtungsweise gerechtfertigt wird [10].

Unter semiotischer Perspektive wird unter Perzeption der Übergang von der Signalebene zur symbolischen Ebene und weiter zur semantischen Ebene verstanden, dieser Übergang findet unter einer erheblichen Reduktion des Informationsflusses statt. Die Umkehrung der Perzeption (Aktion) sorgt unter einer Zunahme des Informationsflusses dann für den Übergang von der semantischen Ebene bis hin zur Signalebene.

In [6] wurde vorgeschlagen, die aktorischen Prozesse (Synthese) und die perzeptorischen Prozesse (Analyse) bidirektional auszuführen, dies kann als Spiegelung des Kommunikationspartners interpretiert werden. Zur Stütze dieser Interpretation gibt es eine Vielzahl neurobiologischer Belege [2], [3]. Von einer solchen bidirektionalen Ausführung können Kognitive System in zweierlei Hinsicht profitieren. Zum einen kann durch ein Feedback der Synthese das Reafferenzprinzip zur Anwendung kommen. Dieses Prinzip dient der Kontrolle, ob intendierte Handlungen tatsächlich eingetreten sind.

Auftretende Abweichungen können zur Adaption der Handlungsstrategie oder zum Erlernen von zusätzlichem Handlungsrepertoire genutzt werden. Zum anderen ermöglichen Prädiktionen (Präefferenzprinzip) eine hypothesengeleitete Analyse, welche schließlich in eine bedeutungsgetriebene Perzeption eingebunden werden kann.

Nach ersten ermutigenden Untersuchungen zum einschichtigen cortikalen Algorithmus unter Verwendung von CBHMM sollen die Betrachtungen nun auf mehrschichtige CBHMM ausgeweitet werden. In Abschnitt 2 werden die wesentlichen Ergebnisse der ersten Untersuchungen zu einschichtigen CBHMM zusammengefasst und es wird auf die Probleme bei der Ausweitung auf mehrschichtige CBHMM eingegangen. Anschließend wird eine automatennahe Zustandsraumdarstellung eingeführt, mit der die Systemstruktur von mehrschichtigen CBHMM auf einfache Weise verdeutlicht werden kann. Anschließend wird auf die Gesamtstruktur des Bidirektionalen Multiskalen-Analyse-Synthese-Systems eingegangen. Besonderes Augenmerk gilt dabei der Synthese und der optimalen Auswahl von Zustandsfolgen bei der Verwendung von Steuervektoren. Abschließend erfolgt ein Ausblick auf die Einbindung des Multilevel-Analyse-Synthese-Systems in ein kognitives System, welches zu Lehr- und Forschungszwecken verwendet werden kann.

2 Zusammenfassung der Untersuchungen zu einschichtigen CBHMM

In [7] konnte gezeigt werden, dass die bidirektionale Synthese durch die Verwendung von Prädiktionen zusätzliche Redundanz einfügt, diese wirkt sich im Vergleich zur unidirektionalen Synthese durch längere Merkmalvektorfolgen aus. Die eingeführte Redundanz konnte erwartungsgemäß vom Analysealgorithmus genutzt werden, um die Zuverlässigkeit der Dekodierung der Zustandsfolgen zu verbessern.

Der verwendete Synthesealgorithmus für HMM unterscheidet sich vom Analysealgorithmus (Viterbi-Algorithmus) vor allem darin, dass bei einem zweistufigen Entscheidungsprozess zuerst der Zustand und dann eine zustandsabhängige Gaussverteilung ausgewählt wird, anschließend wird ein entsprechender Merkmalvektor emittiert. Danach wird die Kontrolle wieder an die Zustandsebene zurückgegeben und der zweistufige Entscheidungsprozess wiederholt sich im Takt der Framerate. Diese Methode entscheidet also zu jedem Beobachtungszeitpunkt und hat damit den Nachteil, dass die Synthese nicht auf der Auswahl der optimalen Zustandsfolge basiert. In der Folge dieser Überlegungen ist es wünschenswert den Viterbi-Algorithmus sowohl bei der Analyse als auch bei der Synthese zur Auswahl von Zustandsfolgen zu verwenden. Ein wesentliches algorithmisches Hilfskonstrukt bei der Verwendung des Viterbi-Algorithmus beruht auf dem Aufspannen eines Zustandsgitters über der zeitlichen Abfolge von Merkmalvektoren (Analyse) bzw. der zeitlichen Abfolge von Steuervektoren (Synthese). Diese müssen ebenso wie Merkmalvektoren statistisch modelliert werden. Hierzu werden zunächst die typischen Verteilungen für die Dauer der einzelnen Zustände in der höchsten Schicht berücksichtigt. Steuervektoren übernehmen demnach die Rolle von nutzerspezifischen Anfangsbedingungen. Nachfolgende Schichten erhalten ihre Steuervektoren dagegen über die Kopplungsmatrizen zwischen den Schichten. Die Modellierung der Zustandsdauer erfolgt nutzerspezifisch, so dass mit diesem Ansatz nicht nur inhaltliche Muster erkannt werden sondern auch Nutzer identifiziert werden können.

Darüber hinaus besteht nun auch für die Analyse die Möglichkeit, Prädiktionen auf der Grundlage gemeinsam genutzter Modelle zu synthetisieren, welche die gleiche Gesamtdauer $T = k\Delta t$ aufweisen wie die empfangene Merkmalvektorfolge. Mit der Verknüpfung von Beobachtung und Prädiktion sollte sich dann nicht nur die Erkennrate für die Modelle steigern lassen sondern auch eine Verbesserungen in Bezug auf die lokale Ausrichtung bzw. die zeitliche Koordination der dekodierten Zustandsabfolge im Vergleich zur ursprünglich erzeugten Zustandsabfolge bei der Synthese beobachtet werden können.

3 Systemstruktur von kaskadierten HMM

Die nachfolgenden Ausführungen orientieren sich an der Notation für Zustandsraumdarstellungen, sie wurde bereits in [1] eingeführt und vereinfacht die Darstellung der Systemstruktur. Demnach kann das probabalistische Verhalten eines einschichtigen HMM durch eine System- und eine Messgleichung beschrieben werden. Dabei entspricht die Systemmatrix **A** den Transitionen $G(\hat{z}\,|\,z)$ und die Ausgabematrix **C** der Kopplung $H(\omega\,|\,z)$ zwischen den Zuständen und den Gaussmixturen des HMM.

$$\begin{aligned} p[z(k+1)] &= \mathbf{A}\cdot p[z(k)] + \pi\delta(k) \\ p[\omega(k)] &= \mathbf{C}\cdot p[z(k)] \end{aligned} \tag{1}$$

Neben diesen beiden Gleichungen gilt üblicherweise für die Initialisierung $p[z(k=0)] = \underline{0}$, weiterhin wird gelegentlich die Anfangsbedingung $p_0[z(k)] = \underline{0}$ berücksichtigt.

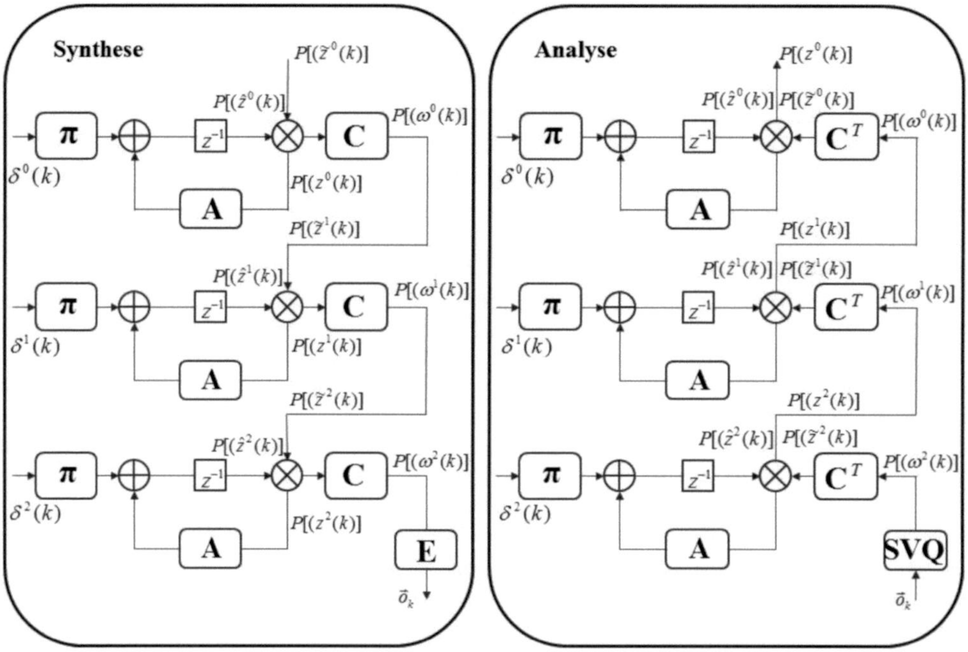

Abbildung 1 – CHMM für Analyse und Synthese in Zustandsraumdarstellung.

Mit einer leichten Änderung der klassischen Zustandsraumdarstellung kann die Anfangsbedingung als dauerhaftes Strukturelement fest in das System integriert werden.

$$p_0[z(k)] = \begin{cases} \underline{0} & \text{für } k = 0 \\ \underline{1} & \text{für } k > 0 \end{cases} \tag{2}$$

Damit kann das neue Strukturelement aber auch zur Steuerung des Zustandsvektors des HMM verwendet werden. Wird die Steuerinformation von einem hierarchisch benachbarten HMM aus der Schicht *d-1* bzw. *d+1* geliefert, liegt ein kaskadiertes HMM der Schicht *d* vor (CHMM). Betrachten wir zunächst die Synthese, dann orientieren wir uns am linken Blockschaltbild von Abbildung 1. Für die Wahrscheinlichkeitsverteilung der Zustände in Schicht *d* können wir notieren:

$$P^d[z(k)] = P^d[\hat{z}(k)] \cdot P^d[\tilde{z}(k)] = P^d[z(k)] \cdot \sum_{z^d} G^d(\hat{z} \mid z) P^d[z(k-1)]$$

$$= \underbrace{\sum_{z^{d-1}} H^{d-1}(\omega \mid z) P^{d-1}[z(k)]}_{\text{Top-Down-Kopplung}} \cdot \underbrace{\sum_{z^d} G^d(\hat{z} \mid z) P^d[z(k-1)]}_{\text{Prädiktion}} \qquad (3)$$

Diese Darstellung ist identisch zur Forward-Backward-Notation nach [5].

$$\beta_k^d(j) = \underbrace{\left\lfloor \sum_l \beta_l^{d-1}(l) \cdot c_{j,l}^{d-1} \right\rfloor}_{\text{Top-Down-Kopplung}} \cdot \underbrace{\left\lfloor \sum_i \alpha_{k-1}^d(i) \cdot a_{i,j}^d \right\rfloor}_{\text{Prädiktion}} \qquad (4)$$

In den Darstellungen der klassischen Lehrbücher [11] findet man für die unterste Schicht auch

$$\beta_k^d(j) = \underbrace{b_j(\vec{o}_k)}_{\text{Emissions-WK}} \cdot \underbrace{\left\lfloor \sum_i \alpha_{k-1}^d(i) \cdot a_{i,j}^d \right\rfloor}_{\text{Prädiktion}}, \qquad (5)$$

wobei sich bei der Verwendung von semikontinuierlichen HMM beide Darstellungen ineinander überführen lassen. Gemäß dem rechten Teil von Abbildung 1 kann für die Wahrscheinlichkeitsverteilung der Zustände bei der Analyse eine analoge Darstellung angegeben werden, hier wird der Informationsfluss jedoch umgekehrt.

$$P^d[z(k)] = P^d[\hat{z}(k)] \cdot P^d[\tilde{z}(k)] = \sum_{z^d} G^d(\hat{z} \mid z) P^d[z(k-1)] \cdot \sum_{\omega^d} H^d(z \mid \omega) P^d[\omega(k)]$$

bzw. mit $P^d[\omega(k)] = P^{d+1}[z(k)]$

$$P^d[z(k)] = P^d[\hat{z}(k)] \cdot P^d[\tilde{z}(k)] = \underbrace{\sum_{z^d} G^d(\hat{z} \mid z) P^d[z(k-1)]}_{\text{Prädiktion}} \cdot \underbrace{\sum_{\omega^d} H^d(z \mid \omega) P^{d+1}[z(k)]}_{\text{Bottom-Up-Kopplung}} \qquad (6)$$

Auch hier kann die bereits oben verwendete Forward-Backward-Notation verwendet werden.

$$\alpha_k^d(j) = \underbrace{\left\lfloor \sum_i \alpha_{k-1}^d(i) \cdot a_{i,j}^d \right\rfloor}_{\text{Prädiktion}} \cdot \underbrace{\left\lfloor \sum_l \alpha_k^{d+1}(l) \cdot c_{j,l}^d \right\rfloor}_{\text{Bottom-Up-Kopplung}} \qquad (7)$$

Die Fusionsgleichung in Forward-Backward-Notation, mit der schließlich kaskadierte bidirektionale HMM (CBHMM) beschrieben werden können, wurde bereits in [5] hergeleitet und lautet.

$$\gamma_k^d(j) = \underbrace{\left\lfloor \sum_l \beta_k^{d-1}(l) \cdot c_{j,l}^{d-1} \right\rfloor}_{\text{Top–Down–Kopplung}} \cdot \underbrace{\left\lfloor \sum_i \gamma_{k-1}^d(i) \cdot a_{i,j}^d \right\rfloor}_{\text{Prädiktion}} \cdot \underbrace{\left\lfloor \sum_r \alpha_k^{d+1}(r) \cdot c_{r,j}^d \right\rfloor}_{\text{Bottom–Up–Kopplung}} \qquad (8)$$

4 Bidirektionales Multiskalen Analyse-Synthese-System

In Abschnitt 2 wurde darauf hingewiesen, dass der zweistufige Entscheidungsprozess bei der Synthese bislang immer im Takt der emittierten Beobachtungsvektoren ausgeführt wurde. Prinzipiell sollte es aber möglich sein, sich zuerst für die optimale Zustandsfolge zu entscheiden und dann die entsprechenden Beobachtungsvektoren zu emittieren. Diese beiden Syntheseausprägungen lassen sich auf zwei bekannte Varianten des Entscheidungsproblems zurückführen.

Bei einem Entscheidungsproblem geht es um Handlungsalternativen, welche aus einer Menge von möglichen Handlungen ausgewählt werden können. Ein Entscheidungsproblem kann nur dann vorliegen, wenn mindestens zwei Handlungsmöglichkeiten gegeben sind, also eine Alternative zu einer Handlung besteht. Darüber hinaus muss aber auch eine Bewertung möglicher Handlungen vorliegen, mit einer solchen Bewertung soll zum Ausdruck gebracht werden, wie gut oder wie schlecht ein Ziel erreicht wird. Andernfalls liegt lediglich eine Wahl- oder Auswahlsituation vor, aber kein Entscheidungsproblem. Die Handlungen werden dabei so gewählt, dass sie sich gegenseitig ausschließen. Diese Art der Entscheidung soll hier als Entscheidung erster Art bezeichnet werden.

Eine besondere Art der Entscheidung liegt bei der Planung vor, dabei geht es um Entscheidungen über voneinander abhängige Handlungen. Hier findet nun eine Koordination der einzelnen Teilhandlungen statt, d.h. die möglichen Handlungen müssen zeitlich aufeinander abgestimmt werden [4]. Die Planung wird im folgenden Entscheidung zweiter Art genannt.

Zur vollständigen Beschreibung eines Multiskalen-Analyse-Synthese-Systems wird zunächst die Sicht der Synthese eingenommen. Unter Verwendung von CBHMM bietet die Synthese Raum für die Anwendung von beiden Prinzipien. Um dies zu verdeutlichen, wird das Bild des Zustandsgitters verwendet. Man erhält das Zustandsgitter, in dem über den Zuständen der HMM und der Zeitachse das Kreuzprodukt gebildet wird. Diese Operation lässt sich auch auf CHMM anwenden, da die HMM in den einzelnen Ebenen den gleichen Zeittakt benutzen und sich damit gewissermaßen im Gleichschritt bewegen.

Um sich bei der CHMM-Synthese für einen Zustand zu entscheiden, wird bei der Entscheidung der ersten Art nach jedem Zustandsübergang entsprechend der aktuellen Wahrscheinlichkeitsverteilung über den möglichen Zuständen eine argmax-Entscheidung getroffen. Mit dieser Entscheidung kann nun ein binärer Zustandsvektor gebildet werden, der anschließend über die C-Matrix in die nächste Ebene eingekoppelt wird. Dieses Vorgehen wird bis zur letzten Ebene wiederholt, dort erfolgt dann schließlich die Ausgabe eines Merkmalvektors.

Dagegen erfolgt bei Entscheidungen zweiter Art die Auswahl einer Zustandsfolge der aktuellen Ebene erst mit Erreichen des Endzustandes. Erst dann können für alle Zeitpunkte binäre Zustandsvektoren gebildet werden. Diese binäre Vektorfolge wird über die C-Matrix in die nächste Ebene propagiert und liegt nun als Steuervektorfolge vor. Diese Steuervektorfolge übernimmt damit die gleiche Rolle wie die Beobachtungsvektorfolge bei der Analyse, lediglich die Verarbeitungsrichtung entlang der Hierarchieachse hat sich somit geändert.

Forward-,Backward-, und Viterbialgorithmus lassen sich also sowohl für die Analyse als auch für die Synthese verwenden. Bei der Analyse wird die optimale Zustandsfolge eines CHMM nach dem Empfang einer Beobachtungsvektorfolge $\vec{\mathbf{o}} = [\vec{o}_1, \vec{o}_2, ..., \vec{o}_K]$ in Bottom-Up-Richtung berechnet. Umgekehrt, bei der Synthese, kann die optimale Zustandsfolge eines CHMM erst nach Vorgabe einer Steuervektorfolge $\vec{\mathbf{a}} = [\vec{a}_1, \vec{a}_2, ..., \vec{a}_K]$ in Top-Down-Richtung ermittelt werden. Damit verbleibt also lediglich die Frage nach der Steuervektorfolge auf der höchsten Ebene. Für ein CHMM erscheint es plausibel, dass mit dieser Steuervektorfolge die Einhaltung der typischen Verweildauern der einzelnen Zustände in der höchsten Schicht angestrebt werden soll. Mit dieser Problematik beschäftigt sich der nächste Abschnitt.

5 Modellierung der Zustandsdauer

Die Wahrscheinlichkeit der Gesamtdauer $T = k\Delta t$ eines Single-Level-HMM soll dem Produkt der einzelnen Wahrscheinlichkeiten für die Dauer t_k der jeweiligen Zustände z_k entsprechen.

$$P(\mathbf{z} = z_1, z_2, ..., z_K \mid \lambda, K) = \prod_{K=1}^{K} p_k(t_k) \tag{9}$$

Die einzelnen Realisierungen t_k der Zufallsvariablen T treten demnach unabhängig voneinander auf und können mit einer Gaussverteilung modelliert werden.

$$p(t_k) = \frac{1}{\sqrt{2\pi\sigma_k^2}} \cdot e^{-\frac{(t_k-\mu_k)^2}{2\sigma_k^2}} \tag{10}$$

In logarithmischer Darstellung erhalten wir für (9) die Gleichung (11). Nun ist es das Ziel, für eine gegebene Beobachtungsfolge der Länge K eine Zustandsfolge $\mathbf{z} = (z_1, z_2, ..., z_K)$ zu ermitteln, welche die logarithmische Darstellung

$$\log P(\mathbf{z} = z_1, z_2, ..., z_K \mid \lambda, K) = \sum_{k=1}^{K} p(t_k) \tag{11}$$

unter der folgenden Nebenbedingung maximiert

$$K = \sum_{k=1}^{K} t_k . \tag{12}$$

Nach Aufstellung der Lagrange-Funktion kann das Optimierungsproblem durch partielle Ableitung und anschließendes Nullsetzen gelöst werden. Für die Lagrange Funktion erhält man zunächst:

$$L(t_k, \lambda) = \log\left(\frac{1}{\sqrt{2\pi\sigma_k^2}} \cdot e^{-\frac{(t_k-\mu_k)^2}{2\sigma_k^2}}\right) - \lambda\left(K - \sum_{k=1}^{K} t_k\right) \tag{13}$$

Nun müssen die partiellen Ableitungen für $k = 1..K$ und λ bestimmt werden.

$$\frac{\partial L(t_k, \lambda)}{\partial t_k} = 0, \quad \frac{\partial L(t_k, \lambda)}{\partial \lambda} = 0, \text{ mit } k = 1..K \tag{14}$$

Nach einigen elementaren Rechenschritten erhält man für die Zustandsdauer t_k die Lösung

$$t_k = \mu_k + \lambda\sigma_k^2 \text{ wobei } \lambda = \frac{K - \sum_{k=1}^{K} \mu_k}{\sum_{k=1}^{K} \sigma_k^2} \tag{15}$$

Mit dem Parameter λ kann die „Sprechrate" kontrolliert werden. Wird der Parameter positiv gewählt, erhöht sich die Sprechrate dagegen wird bei negativer Belegung die Sprechrate reduziert. Damit wird die Modellierung unterschiedliche Nutzer ermöglicht, so dass auch eine Nutzeridentifikation möglich wird.

6 Viterbialgorithmus für Analyse und Synthese

Nach Abbildung 1 unterscheiden sich Analyse und Synthese nur in der Richtung des Informationsflusses. Dies hat zur Konsequenz, dass die Ermittlung der optimalen Zustandsfolgen in beiden Fällen vom Viterbi-Algorithmus übernommen werden kann. Dabei erfolgt die Speisung des Viterbi-Algorithmus im Falle der Synthese durch die Steuervektorfolge $\mathbf{\vec{a}} = [\vec{a}_1, \vec{a}_2, ..., \vec{a}_K]$ und bei der Analyse durch die Beobachtungsvektorfolge $\mathbf{\vec{o}} = [\vec{o}_1, \vec{o}_2, ..., \vec{o}_K]$. Dies erlaubt eine einheitliche Darstellung des Viterbi-Algorithmus für beide Verarbeitungsrichtungen, stellvertretend für die Verwendung von Beobachtungs- bzw. Steuervektoren wird deshalb die Schreibweise $\vec{x}_k$ verwendet. Da die Zustände *0* und *N* in den einzelnen HMM nicht emittierend sind, wird zwischen einer internen Zählweise $k = (0...K+1)$ und der beobachtbaren Modellzeit $k\Delta t = (1 \cdot \Delta t ... K \cdot \Delta t)$ unterschieden. Unter Berücksichtigung von (5) entspricht der Algorithmus für CHMM in den einzelnen Schichten damit dem bekannten Standardalgorithmus [11]:

Initialisierung:

$$\delta_0(j) = \pi(j)$$

Rekursion: $1 \le k \le K$, $1 \le j,i \le N$

$$\delta_k(j) = \max_{1 \le i \le N} \left(\delta_{k-1}(i) a_{i,j}\right) \cdot b_j(\vec{x}_k)$$

$$\Psi_k(j) = \arg\max_{1 \le i \le N} \left(\delta_{k-1}(i) a_{i,j}\right)$$

Terminierung:

$$\delta_{K+1}(N) = \max_{1 \le i \le N} \left(\delta_K(i) a_{i,N}\right)$$

$$\Psi_{k+1}(j) = \arg\max_{1 \le i \le N} \left(\delta_k(i) a_{i,k}\right)$$

Rückverfolgung: $1 < k \le K$

$$q^*_{K+1} = \Psi_{K+1}(N)$$

$$q^*_k = \Psi_{k+1}(q^*_{k+1})$$

Für CBHMM ist entsprechend der Fusionsgleichung (8), die multiplikative Verknüpfung $b_j(\vec{x}_k) = b_j(\vec{o}_k) \cdot b_j(\vec{a}_k)$ zu berücksichtigen.

7 Einbindung in ein kognitives System

Unter Verwendung der oben vorgestellten CHMM und CBHMM lässt sich ein kognitives System konstruieren. Auf der oberen symbolischen Ebene wird das CHMM mit der Artikulation und das CBHMM mit der Interpretation verbunden. Mit diesen beiden Funktionen erfolgt der Übergang in die semantische Ebene, dort findet die Verhaltenssteuerung statt. Auf der unteren Signalebene erfolgt dagegen die Anbindung an die Umgebung, so dass der Kommunikationskreis geschlossen werden kann.

Zuerst wird nur das Analyse-Synthese-System betrachtet. Neben den typischen Analyse-Synthese-Funktionen kann dieses System jetzt zusätzlich das Reafferenz- und das Präefferenzprinzip umsetzen. Bei der Synthese wird ein CHMM aus dem Synthesealphabet ausgewählt, um eine Beobachtung der Länge *K* zu erzeugen. Nach der Ausgabe der Beobachtungsvektorfolge $\mathbf{\vec{o}} = [\vec{o}_1, \vec{o}_2, ..., \vec{o}_K]$ liefern alle CHMM des Synthesealphabets eine Afferenz zurück. Da hier keine Fusion benötigt wird, genügen also CHMM. Dagegen werden bei der

Analyse Erwartung und Beobachtung verknüpft, dadurch ermöglicht das Präefferenzprinzip eine hypothesengeleitete Analyse, diese lässt sich jetzt unter Verwendung von CBHMM realisieren. Entsprechend liefern zunächst alle CBHMM je eine Vorhersage, diese werden dann bei Eintreffen der übertragenen Beobachtungsfolge $\vec{\mathbf{o}}' = [\vec{o}_1', \vec{o}_2', ..., \vec{o}_K']$ mit der Analyse verknüpft. In beiden Fällen können Fehler zwischen Afferenz und Efferenz erkannt werden, diese Fehler stellen Ereignisse oder innere Signale dar, welche auf der semantischen Ebene eine Adaption an die Umgebung oder das Erlernen von Verhalten initiieren können [9].

8 Schlussbemerkung

Mit der bidirektionalen Verarbeitung besteht nun - wie oben dargestellt - grundsätzlich die Möglichkeit Fehler festzustellen, und als innere Signale zu interpretieren. Damit können Ereignisse ausgelöst werden, die Adaptions- und Lernvorgänge einleiten. Insbesondere Höherentwicklungen, die an einem lernfähigen Coping-Apparat ansetzen, sind drei wichtigen Triebkräften unterworfen [8], [10]. Eine Triebkraft wirkt auf den motorischen Engpass und dient der Vergrößerung des Handlungsrepertoires. Eine weitere wirkt auf den sensorischen Engpass, so dass die Umwelt feiner aufgelöst werden kann und die prädiktiven Fähigkeiten verbessert werden können. Und schließlich ist eine dritte Triebkraft zu nennen, die auf das Erlernen effizienter Strategien zur Erreichung von Endsituationen abzielt. In einem Lehr- und Forschungssystem sollen solche Fähigkeiten demonstriert werden, dabei werden zunächst die inneren Signale verwendet, um Adaption und Coping am Beispiel von Entscheidungsprozessen in einer einfachen Gridworld nachzubilden.

Literatur

[1] Haykin, S.: *Cognitive Dynamic Systems*, Perception-Action Cycle, Radar and Radio, Cambridge University Press 2012.

[2] Fuster, J.: *Cortex and Mind*, Unifying Cognition, Oxford Press 2003.

[3] Ahissar, M.; Nahum, M.Nelken, I. and Hochstein, Sh.: *Reverse Hierarchies and sensory learning*, Philosophical Transactions of the Royal Society, 2009 February, 12.

[4] Laux, A.; Gillenkirch, R.M.; Schenk-Mathes H.: *Entscheidungstheorie*, Springer Gabler Verlag 2012, 8. Auflage.

[5] Römer, R.; Herbig, T.: *Konzeptionelle Beschreibung des Cortikalen Algorithmus und seine Anwendung in der automatischen Spracherkennung*, 20. Konferenz der ESSV, Dresden September 2009.

[6] Römer, R.: *Beschreibung von Analyse-Synthese-Systemen unter Verwendung von CBHMM's*, 22. Konferenz Elektronische Sprachsignalverarbeitung, Aachen-2011, pp. 67- 76, TUDpress Dresden 2011.

[7] Römer, R.: *Untersuchungen zum Cortikalen Algorithmus unter Verwendung von Bidirektionalen HMMs*, 23. Konferenz Elektronische Sprachsignalverarbeitung Cottbus 2012, pp. 252- 261, TUDpress Dresden 2012.

[8] Römer, R.; Wirsching, G. und Wolff, M.: *Ein Beitrag zu den natur- und geisteswissenschaftlichen Grundlagen kognitiver Systeme*, 24. Konferenz Elektronische Sprachsignalverarbeitung, Bielefeld 2013, pp. 93- 102, TUDpress Dresden 2013.

[9] Wolff, M.; Klimczak,P.; Lindemann, J.; Petersen C.; Römer, R. und Zoglauer, T.: *Die kognitive Heizung*, 25. Konferenz Elektronische Sprachsignalverarbeitung, Dresden 2013, pp. 93- 102, TUDpress Dresden 2014 (eingereicht).

[10] Bischof, N.: *Psychologie, ein Grundkurs für Anspruchsvolle*, Verlag Kohlhammer, 2. Auflage, 2009.

[11] Rabiner, L.R.: *A Tutorial on Hidden Markov Models and Selected Applications in Speech Recognition*, Proceedings of the IEEE, Band 77, Nr. 2, S. 257–286, 1989.

TUNING SPHINX TO OUTPERFORM GOOGLE'S SPEECH RECOGNITION API*

Patrick Lange[1,2,3] *and David Suendermann-Oeft*[1]

[1]*DHBW, Stuttgart, Germany*
[2]*Linguwerk GmbH, Dresden, Germany*
[3]*Staffordshire University, Stafford, UK*

patrick.lange@linguwerk.de david@suendermann.com

Abstract: In this paper, we investigate whether the open-source speech recognizer Sphinx can be tuned to outperform Google's cloud-based speech recognition API in a spoken dialog system task. According to this target domain, we use data from CMU's Let's Go bus information system comprising 258k utterances of telephony speech recorded in the bus information dialog system of Pittsburgh. By training a domain-specific language model on the aforementioned corpus and tuning a number of Sphinx's parameters, we achieve a WER of 51.2%. This result is significantly lower than the one produced by Google's speech recognition API whose language model is built on millions of times more training data.

1 Introduction

Cloud computing has become one of the most popular topics in the IT world during the past decade. One of the biggest benefits of a cloud-based service is the higher computational power of servers compared to customer devices. Among other applications, speech recognizers can greatly benefit from this advantage and are now available as cloud-based services offered by several vendors.

Mobile devices like smartphones usually have less computation power than non-mobile ones but are often equipped with wireless Internet connection. Since cloud computing shifts the requirement of devices from powerful hardware to reliable network connectivity, it is particularly appropriate to be used inside mobile applications. Further considering that user input on mobile devices is rather inconvenient due to the lack of a full hardware keyboard, it becomes obvious that mobile devices like smartphones are a good platform for voice-controlled applications utilizing cloud-based speech recognition.

Two of the biggest companies building voice-powered applications are Google and Microsoft. In the years 2007 to 2009, they have been providing toll-free alternatives to 4-1-1, a costly directory assistant by phone companies in the USA and Canada. These free services were commonly known as GOOG-411 [1] and BING-411. However, due to the above mentioned reasons, smartphones have proven to be better suited for voice search applications, and both GOOG-411 and BING-411 were discontinued a few years after their launch. Instead, both vendors are now focusing on providing mobile and voice-controlled versions of their search engines Google and Bing for various smartphone operating systems. Data collected during the operation of GOOG-411 and BING-411 served for bootstrapping acoustic and language models deployed in the voice search engines.

*This work was supported by a grant from the Baden-Wuerttemberg Ministry of Science and Arts as part of the research project OASIS—Open-Source Automatic Speech Recognition In Smart Devices

Although the recognizers of both companies are used by millions of users around the world, they come with some major drawbacks regarding 3rd-party applications. First of all, to the best of our knowledge, scientific evaluations on their performance are still outstanding. Secondly, the cloud-based recognizers cannot be customized regarding the used models or the internal parameters. Thirdly, no official APIs are provided to 3rd-party organizations to develop their own voice-powered applications. Finally, they are proprietary software and not open-source.
In this paper, we answer the question whether it is possible to achieve similar or even better performance with an open-source speech recognizer which is customizable and provides an API usable by 3rd-party application developers.

2 State of the Art

Besides the above mentioned vendors Google and Microsoft, there are many other companies developing speech recognizers. In this section, we present some of the most relevant commercial and open-source state-of-the-art products and motivate why we have chosen to compare Google's speech recognition API and Sphinx.

2.1 Commercial recognizers

One of the most popular speech-powered applications is Apple's personal assistant Siri [2]. First launched as a smartphone app, in October 2011, Siri was integrated as a key feature of the iPhone 4S. Ever since, Siri has regularly appeared in the media as a killer app, including New York Times and CNN. It is probably the most successful application combining speech recognition with understanding of natural language, context, and reasoning.
Another widely known application featuring highly sophisticated natural language and speech processing technology is the question answering system IBM Watson [3] famous for beating the two ultimate champions in the quiz show Jeopardy. IBM has announced that Watson will be made available as a customer service agent. The "Ask Watson" feature will be accessible through different channels such as web chat, email, smartphone apps, and SMS. Furthermore, speech recognition is to make Watson accessible by voice.
As a reaction to the succes of Apple's Siri, in 2012, Google introduced the personal assistant Google Now in Android 4.1 [4]. It focuses less on understanding natural language, context, and reasoning but more on predicting search queries and preemptively showing results. Hence, the biggest difference between Google Now and Siri is that the former is to proactively offer information when appropriate. For example, in a train station, Google Now shows arrival and departure times without user request. Besides Google Now on smartphones, Google has released a web-based speech recognition API. This Javascript library provides speech recognition and synthesis functionality and is available starting in Chrome version 25. Google's speech recognition API allows developers to create voice-controlled Chrome add-ons and websites.
Another vendor of cloud-based as well as local speech recognizers is Nuance Communications. Besides developing the popular speech-to-text desktop software Dragon NaturallySpeaking, Nuance also offers a Siri alternative for Android and iOS called Vlingo Virtual Assistant [5]. Furthermore, recently, their CEO Paul Ricci disclosed that Nuance is powering the cloud-based speech recognition behind Apple's Siri [6].

2.2 Open-source speech recognizers

One of the most popular open-source speech recognizers is the Hidden Markov Model Toolkit (HTK) [7]. Although it can be used to train any type of hidden Markov model (HMM), HTK is primarily applied to speech recognition research. It consists of a set of libraries and tools written in C. The tools provide facilities for speech analysis, HMM training, testing and result analysis. HTK can be used to build recognizers based on huge corpora including thousands of hours of speech [8].

Another open-source toolkit is SRI's Decipher [9]. It can recognize natural, continuous speech without requiring the user to train the system in advance. It can be distinguished from other speech recognizers by its detailed modeling of variations in pronunciation and its robustness to background noise and channel distortion. These features let Decipher excel in recognizing spontaneous speech of different dialects and makes recognition less dependent on the idiosyncrasies of different microphones and acoustic environments.

Kaldi is a free, open-source toolkit for speech recognition developed at Microsoft Research [10]. It provides a speech recognition system based on finite-state transducers together with detailed documentation and scripts for building complete recognition systems. Kaldi is written in C++ and is released under the Apache License v2.0 which is intrinsically nonrestrictive, making it suitable for a wide community of users.

MIT's WAMI toolkit provides a framework for developing, deploying, and evaluating web-accessible multimodal interfaces in which users interact using speech, mouse, pen, or touch [11]. The toolkit makes use of modern web-programming techniques, enabling the development of browser-based applications which rival the quality of traditional native interfaces, yet are available on a wide array of Internet-connected devices. Additionally, it provides resources for collecting, transcribing, and annotating data from multimodal user interactions.

Sphinx is the name of a group of speech recognition systems developed at Carnegie Mellon University. Among these systems are Sphinx 3 [12], a decoder for speech recognition written in C, Sphinx 4 [13], a modified recognizer written in Java, and Pocketsphinx [14], a lightweight recognizer library written in C.

RWTH Automatic Speech Recognition (RASR) is written in C++ containing a speech recognizer and tools for the development of acoustic models [15]. Speech recognition systems developed using this framework have shown high performance in multiple international research projects and at regular evaluations, e.g. in the scope of the DARPA project GALE [16].

2.3 Experimental systems

Our aim is to show that open-source speech recognizers can be an alternative to cloud-based commercial speech recognizers that are trained on humongous amounts of data. From the list of available open-source speech recognizers provided in Section 2.2, we chose CMU's Sphinx. Main reason for this choice was the ultimate goal of this research to optimize recognition performance in the scope of distributed industry-standard-compliant open-source dialog systems [17, 18, 19]. In addition to Sphinx's support of the ARPA language model format [20] and the Java Speech Grammar Format (JSGF), there exists also a Media Resource Control Protocol (MRCP) port [21] which we are using within a complete VoiceXML and SIP-based spoken dialog system. The architecture of this system is depicted in Figure 1. Moreover, Sphinx's license is least restrictive and permits even commercial use of the code which makes it very appealing for industrial partners of the authors. For this paper's experiments, we used Pocketsphinx Version 0.8. Pocketshinx is still in an experimental state and under development.

We chose Google's speech recognition API because it is the only industrial cloud-based speech recognizer with a freely accessible API.

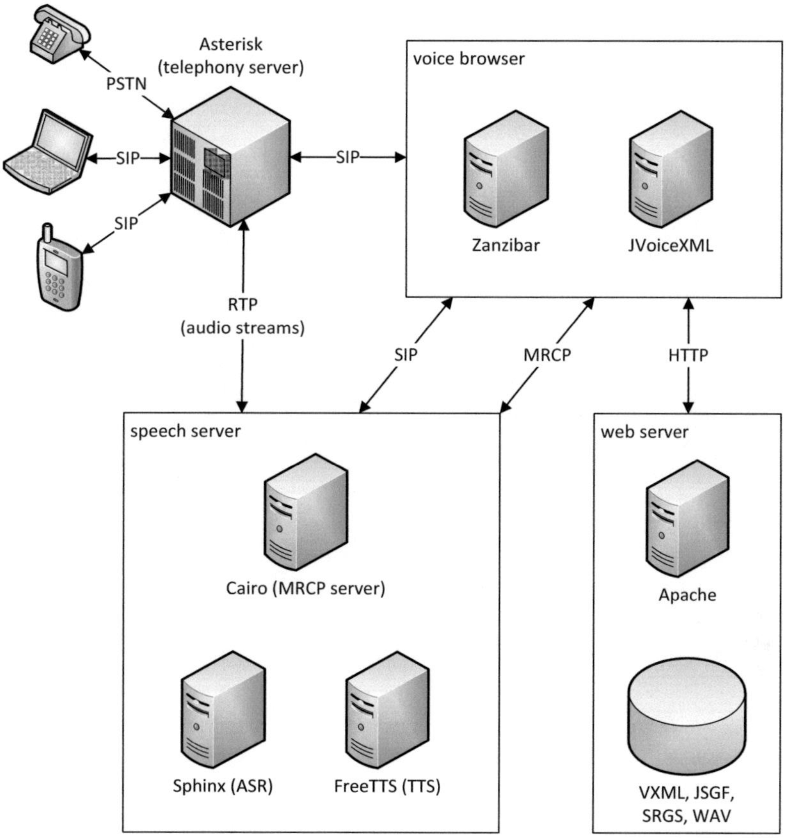

Figure 1 - Architecture of a Distributed Industry-Standard-Compliant Open-Source Spoken Dialog System

3 Corpus

Our experiments are based on data collected within the Let's Go bus information system in the years 2008 and 2009 [22]. This spoken dialog system created at Carnegie Mellon University provides bus schedule information to the Pittsburgh population during off-peak times.

The entire corpus consists of about 250k utterances which have been fully transcribed. We randomly selected 3000 sentences as test and 3000 sentences as development data. The remaining sentences were used to train a domain-specific language model.

To estimate the difficulty of the recognition task, we counted OOV words and computed the 3-gram perplexity for each set. Utterances which could not be transcribed are tagged as NON_UNDERSTANDABLE in the corpus. For our experiments, we replaced the NON_UNDERSTANDABLE tags by empty transcriptions. See Table 1 for detailed corpus statistics.

4 Experiments

As motivated in the introduction, the ultimate goal of our experiments was to find out whether the open-source speech recognizer Sphinx is able to outperform Google's speech recognition API (the "baseline").

Table 1 - Let's Go Bus Information System Corpus Statistics

Train	Sentences	251 653
	Words	466 695
	Vocabulary Words	4 107
	Singletons	1819
	NON_UNDERSTANDABLE	43 834 (17%)
Development	Sentences	3 000
	Words	5 852
	OOVs	25
	Perplexity	126.57
	NON_UNDERSTANDABLE	502 (16%)
Test	Sentences	3 000
	Words	5885
	OOVs	16
	Perplexity	131.19
	NON_UNDERSTANDABLE	489 (16%)

As a first step, we determined the baseline performance on the test set. To this end, we converted the raw audio files into the *flac* format supported by the Google speech recognition API and achieved a word error rate (WER) of 54.6% (3211 errors out of 5885 words). Short utterances (like *yes* or *no*) or times or bus numbers were recognized very well, but Google's speech recognition API struggled with grammatically wrong phrases and addresses. For example, Google recognized

oakland knox avenue in homewood knoxville last bus

as

i cannot have another else like knoxville stuff.

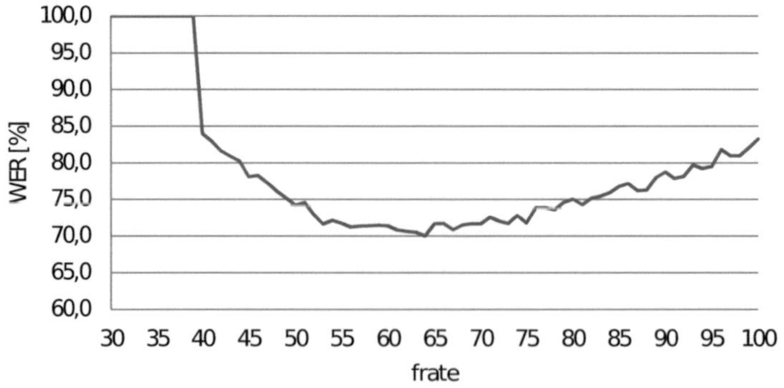

Figure 2 - Results: Frate Optimization First Iteration

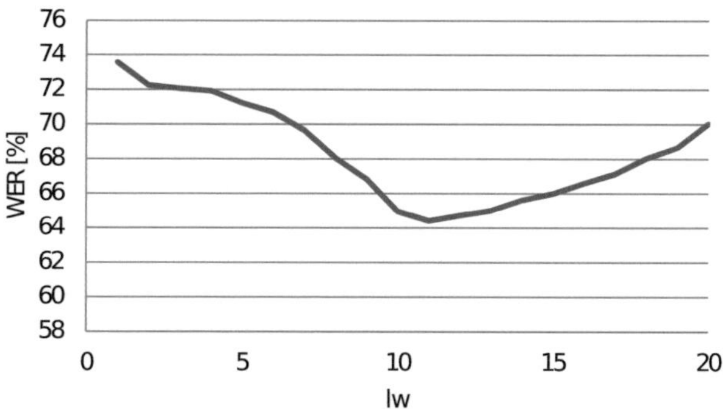

Figure 3 - Results: Lw Optimization First Iteration

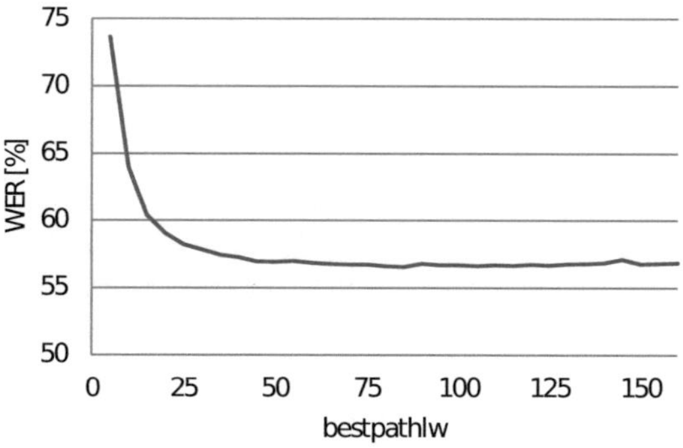

Figure 4 - Results: Bestpathlw Optimization First Iteration

After establishing the baseline, we started experimentation with Sphinx using a set of default models and settings. In all the following experiments, we used the Hub-4 acoustic model and dictionary [23]. All tuning experiments were run exclusively on the development set to prevent optimization on the test set. The Hub-4 language model resulted in a WER of 171% on the development set. Also WSJ-5k and WSJ-20k language models produced WERs over 100%. The reason was obviously that vocabulary and n-gram distributions did not match those of the Let's Go bus information system domain.

To overcome this issue, we created a domain-specific language model using the language model toolkit CMUclmtk and the data of the training set (466k word tokens). This customized language model improved the WER to 83.3%.

To further increase the performance of Sphinx, we now looked into optimizing recognizer parameters. After running a number of informal tests, we chose to include the following parameters in formal experiments: frate, lw, bestpathlw, fwdflat, wip, pip, and uw. See Table 2 for more information about these parameters.

Although the most rewarding way to optimize parameters would be to brute-force-test every possible combination of parameter values, this approach would be too time consuming regarding the wide range of the values. Therefore, we assumed independence of the parameters and, hence, that parameters can be optimized individually. As this assumption is probably not entirely valid, we decided to repeat the cycle of individual parameter optimization twice.

In the first iteration, we reduced the WER to 54.4% which is an improvement by 37.4% com-

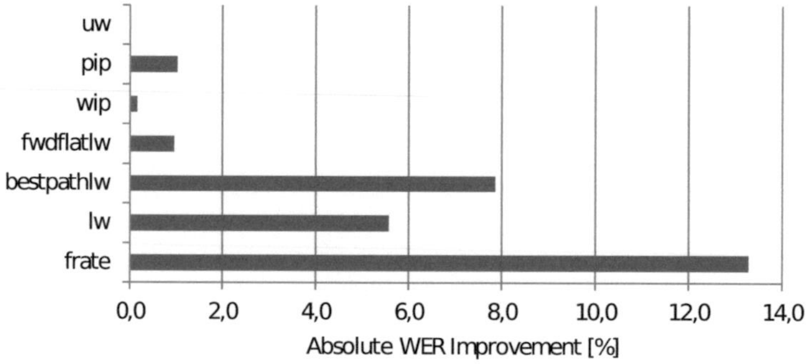

Figure 5 - Absolute WER Improvement First Iteration

Table 2 - Parameters Optimized During The Experiment

Name	Default value	Description
frate	100	Frame rate
lw	6.5	Language model probability weigth
bestpathlw	9.5	Language model probability weight for DAG best path search
fwdflatlw	8.5	Language model probability weight for flat lexicon decoding
wip	0.65	Word insertion penalty
pip	1	Phone insertion penalty
uw	1	Unigram weigth

pared to the custom language model with default parameter values. Figure 5 shows that the main improvement was gained through optimizing frate, lw, and bestpathlw. Figures 2, 3, and 4 show how the WER depends on the values of these three parameters during the first optimization cycle. While frate and lw exhibit clearly visible local optima, the local minima of bestpathlw are not very obvious. Rather, it looks like that any sufficiently high value is acceptable meaning that the language model score is overly important during the directed acyclic graph (DAG) best path search.

In the second iteration, we were able to decrease the WER by another 2.8% which is relatively small compared to the first iteration. Again, frate was the parameter with the highest impact followed by lw, bestpathlw, and wip.

Since the WER improved only by 2.8% during the second iteration, we decided to stop tuning parameters at this point. We believed it to be unlikely that further (slim) improvements would populate to the test set but would rather overfit the development set.

In the last step, we applied the optimized parameter configuration to the test set achieving a WER of 51.2% (3015 errors out of 5885 words). As aforementioned, Google's speech recognition API achieved a WER of 54.6% (3211 errors out of 5885 words). With a p-value of 0.0003 as determined by a two-sample pooled t-test, this improvement is highly statistically significant.

Table 3 - Parameter Optimization Results

	WER	Total error	Parameter	Value
default lm	171%	10007		
custom lm	83.3%	4872		
first iteration	70%	4 095	frate	64
	64.4%	3 769	lw	11
	56.6%	3 309	bestpathlw	85
	55.6%	3 253	fwdflatlw	13
	55.4%	3 244	wip	0.7
	54.4%	3 184	pip	28
	54.4%	3 184	uw	1
second iteration	53.1%	3106	frate	78
	52.6%	3078	lw	10
	52.2%	3053	bestpathlw	390
	52.2%	3053	fwdflatlw	13
	51.9%	3037	wip	0.07
	51.9%	3037	pip	28
	51.6%	3021	uw	2

5 Conclusion and future work

Using the Let's Go bus information system corpus, we were able to show that the open-source speech recognizer Sphinx is capable of outperforming Google's speech recognition API. The former achieved 51.2% WER on a test set comprising 3000 sentences. This result outperformed Google by 3.3%, being highly statistically significant. The most effective parameters tuned during Sphinx's optimization cycles were frate, lw, and bestpathlw.

Even though improvements in the Let's Go bus information system domain were significant, the overall WER is still very high. One of the reasons is that we did not distinguish individual contexts within the spoken dialog system when training the language model. For instance, in a confirmation context, the user input (mainly *yes* or *no*) looks entirely different from a bus destination collection context which is dominated by names of bus stops. We have shown in [24] that dividing data into micro-contexts has a strongly positive impact on performance.

Another weak point of our current setting is that we were using default acoustic and lexical models. Building, or at least tuning, the acoustic model on the collected telephone speech considering the typical Pittsburghian caller and updating the lexicon with relevant vocabulary should improve performance even more, as should the application of speaker adaptation and normalization techniques [25]. We also suspect that a brute-force approach to parameter tuning is more likely to find the global optimum than the greedy two-iteration approach.

As motivated before, we are presently applying the knowledge gained in this tuning experiment to building open-source industry-standard-compliant spoken dialog systems [19]. In order to supply the best possible performance to our systems, in addition to the aforementioned measures, we are also considering to compare Sphinx with other free speech recognizers and possibly apply system combination techniques (see examples in Section 2.2).

References

[1] M. Bacchiani, F. Beaufays, J. Schalkwyk, M. Schuster, and B. Strope, "Deploying GOOG-411: Early Lessons in Data, Measurement, and Testing," in *Proc. of the ICASSP*, Las Vegas, USA, 2008.

[2] N. Winarsky, B. Mark, and H. Kressel, "The Development of Siri and the SRI Venture Creation Process," SRI International, Menlo Park, USA, Tech. Rep., 2012.

[3] D. Ferrucci, E. Brown, J. Chu-Carroll, J. Fan, D. Gondek, A. Kalyanpur, A. Lally, W. Murdock, E. Nyberg, J. Prager, N. Schlaefer, and C. Welty, "Building Watson: An Overview of the DeepQA Project," *AI Magazine*, vol. 31, no. 3, 2010.

[4] G. de Melo and K. Hose, *Advances in Information Retrieval*. New York, USA: Springer, 2013.

[5] Z. Liu and M. Bacchiani, "TechWare: Mobile Media Search Resources," *Signal Processing Magazine*, vol. 28, no. 4, 2011.

[6] P. Ricci, "Nuance CEO Paul Ricci: The Full D11 Interview (Video)," `http://allthingsd.com/20130530/nuance-ceo-paul-ricci-the-full-d11-interview-video/`, May 2013.

[7] S. Young, G. Evermann, M. Gales, D. Kershaw, G. Moore, J. Odell, D. Ollason, D. Povey, V. Valtchev, and P. Woodland, *The HTK Book, Version 3.4*. Cambridge, UK: Cambridge University, 2006.

[8] G. Evermann, H. Chan, M. Gales, B. Jia, D. Mrva, P. Woodland, and K. Yu, "Training LVCSR Systems on Thousands of Hours of Data," in *Proc. of the ICASSP*, Philadelphia, USA, 2005.

[9] H. Murveit, M. Weintraub, and M. Cohen, "Training Set Issues in SRI's DECIPHER Speech Recognition System," in *Proc. of the DARPA Speech and Natural Language Workshop*, Hidden Valley, USA, 1990.

[10] D. Povey, A. Ghoshal, G. Boulianne, L. Burget, O. Glembek, N. Goel, M. Hannemann, P. Motlicek, Y. Qian, P. Schwarz, J. Silovsky, G. Stemmer, and K. Vesely, "The KALDI Speech Recognition Toolkit," in *Proc. of ASRU*, Hawaii, USA, 2011.

[11] A. Gruenstein, I. McGraw, and I. Badr, "The WAMI Toolkit for Developing, Deploying, and Evaluating Web-Accessible Multimodal Interfaces," in *Proc. of the ICMI*, Chania, Greece, 2008.

[12] K. Seymore, S. Chen, S. Doh, M. Eskenazi, E. Gouvea, B. Raj, M. Ravishankar, R. Rosenfeld, M. Siegler, R. Stern, and E. Thayer, "The 1997 CMU Sphinx-3 English Broadcast News Transcription System," in *Proc. of the DARPA Broadcast News Transcription and Understanding Workshop*, Lansdowne, USA, 1998.

[13] P. Lamere, P. Kwok, E. Gouvea, B. Raj, R. Singh, W. Walker, M. Warmuth, and P. Wolf, "The CMU SPHINX-4 Speech Recognition System," in *Proc. of the ICASSP'03*, Hong Kong, China, 2003.

[14] D. Huggins-Daines, M. Kumar, A. Chan, A. Black, M. Ravishankar, and A. Rudnicky, "Pocketsphinx: A Free, Real-Time Continuous Speech Recognition System for Hand-Held Devices," in *Proc. of the ICASSP*, Toulouse, France, 2006.

[15] D. Rybach, S. Hahn, P. Lehnen, D. Nolden, M. Sundermeyer, Z. Tüske, S. Wiesler, R. Schlüter, and H. Ney, "RASR–The RWTH Aachen University Open Source Speech Recognition Toolkit," in *Proc. of ASRU*, Hawaii, USA, 2011.

[16] D. Rybach, S. Hahn, C. Gollan, R. Schlüter, and H. Ney, "Advances in Arabic Broadcast News Transcription at RWTH," in *Proc. of the ASRU*, Kyoto, Japan, 2007.

[17] D. Suendermann, *Advances in Commercial Deployment of Spoken Dialog Systems*. New York, USA: Springer, 2011.

[18] A. Schmitt, M. Scholz, W. Minker, J. Liscombe, and D. Suendermann, "Is It Possible to Predict Task Completion in Automated Troubleshooters?" in *Proc. of the Interspeech*, Makuhari, Japan, 2010.

[19] T. von Oldenburg, J. Grupp, and D. Suendermann, "Towards a Distributed Open-Source Spoken Dialog System Following Industry Standards," in *Proc. of the ITG*, Braunschweig, Germany, 2012.

[20] D. Gibbon, R. Moore, and R. Winski, *Handbook of Standards and Resources for Spoken Language Systems*. New York, USA: Mouton de Gruyter, 1997.

[21] D. Prylipko, D. Schnelle-Walka, S. Lord, and A. Wendemuth, "Zanzibar OpenIVR: An Open-Source Framework for Development of Spoken Dialog Systems," in *Proc. of the TSD*, Pilsen, Czech Republic, 2011.

[22] A. Raux, D. Bohus, B. Langner, A. Black, and M. Eskenazi, "Doing Research on a Deployed Spoken Dialogue System: One Year of Let's Go! Experience," in *Proc. of the Interspeech*, Pittsburgh, USA, 2006.

[23] K. Seymore, S. Chen, M. Eskenazi, and R. Rosenfeld, "Experiments in Evaluating Interactive Spoken Language Systems," in *Proc. of the DARPA Speech Recognition Workshop*, Washington, D.C., USA, 1997.

[24] D. Suendermann, J. Liscombe, K. Evanini, K. Dayanidhi, and R. Pieraccini, "From Rule-Based to Statistical Grammars: Continuous Improvement of Large-Scale Spoken Dialog Systems," in *Proc. of the ICASSP*, Taipei, Taiwan, 2009.

[25] D. Sündermann, A. Bonafonte, H. Ney, and H. Höge, "Time Domain Vocal Tract Length Normalization," in *Proc. of the ISSPIT*, Rome, Italy, 2004.

LANGUAGE-INDEPENDENT GRAPHEME-PHONEME CONVERSION AND WORD STRESS ASSIGNMENT AS A WEB SERVICE

Uwe D. Reichel, Thomas Kisler

Institute of Phonetics and Speech Processing, University of Munich
{reichelu|kisler}@phonetik.uni-muenchen.de

Abstract: We introduce a new language-independent procedure for grapheme-phoneme conversion, syllabification, and word stress assignment. Grapheme-phoneme conversion and syllabification is carried out by means of fallback sequences of decision trees trained on varying context sizes. Word stress is determined within an analogy-based framework by means of a Bayes classifier. Evaluation results on six languages are presented. Furthermore, it is described, how the tool is implemented and to be accessed as a web service that is freely available for academic research.

1 Introduction

Feasible approaches for language-independent grapheme-phoneme conversion (G2P), syllabification (SYL) and word stress assignment (WSA) are necessarily constrained with respect to the method and the features from which the target values are to be inferred. Concerning the method, data-driven machine-learning approaches are preferably to be chosen, since they can much more easily be adapted to new languages than rule-based expert systems. Since in multilingual G2P processing commonly no elaborated modules for higher-level (e.g. morphological) analyzes are available for all languages, the feature choice needs to be restricted to basic features as letters for G2P and symbol-phonetic object characteristics as phonemes for SYL and syllable properties for WSA.

Grapheme-phoneme conversion Following [1] common machine-learning approaches to map graphemes to phonemes can be divided into (a) techniques based on local classification, (b) learning by analogy, and (c) probabilistic methods. Local classification techniques are trained to locally map a letter within its current environment to the corresponding target phoneme. This task is for example carried out by simple look up in tables that contain the shortest grapheme contexts for unique G2P mappings [2], neural networks [3, 4], [5, model "SIE"] or decision trees [6, 7, 8], [5, model "Pfitzinger"]. Especially decision trees allow for easy integration of higher-level morphological and part of speech information [8, 9] if available. In learning by analogy the G2P output is derived from similarities of the word to be transcribed or parts of it with entries stored in the pronunciation dictionary [10]. Among the probabilistic approaches are Hidden Markov models (HMM) treating letters as observations and phonemes as state labels [11], and joint sequence models allowing for more flexible segmentations of the letter and phone strings [1]. The G2P outcome then is given by the best path through the model. Opposed to the local classification technique in these approaches the G2P outcome for a word is optimized globally.

Syllabification Syllabification can be carried out on the orthographic or on the transcription level. As for G2P it can be divided into local classification, learning by analogy, and probabilistic methods. Local classification comprises the usage of neural networks [12] and classification trees [13]. A syllabification by analogy algorithm has been developed by [14] who adopt the syllabification of the most similar substrings in a pronunciation dictionary to a word or its transcription to be syllabified. Among probabilistic methods HMMs are employed e.g. by [15, 16].

Lang.	Dictionary	Size	Syllab.	Stress	$H(\text{Gra} \times \text{Pho})$	$I(\text{Gra}; \text{Pho})$	$C(\text{Gra}; \text{Pho})$
deu	Phonolex Core [21]	62.7 K	no	yes	5.85	3.45	0.59
eng	Celex [22]	52.2 K	yes	yes	5.94	2.97	0.50
hun	KORNAI corpus [23]	14.5 K	no	fixed	5.24	4.37	0.83
ita	Festival [24]	41.0 K	yes	yes	4.82	3.64	0.76
nld	Celex [22]	118.0 K	yes	yes	5.53	3.37	0.61
pol	PJWSTK [25]	31.7	no	fixed	4.98	4.29	0.86

Table 1 - Overview over the used training dictionaries. The languages are expressed in ISO 639-3. Three of the dictionaries do not contain syllabification. Word stress is fixed for Hungarian and Polish. Language dependent grapheme-phoneme pairing entropies, mutual informations of phonemes and graphemes, and G2P mapping consistencies [26] were calculated on the aligned dictionaries. These measures are explained in section 6.

Word stress assignment Whereas for G2P and SYL the choice of the prediction targets (phonemes, syllable boundaries) is uniform across different approaches, word stress prediction can be addressed to each syllable in separation yielding a categorical output for each syllable (e.g. stress vs. unstressed; [5, model "IPS"]) or to the word as a whole returning one or more indexes of stressed syllables [17]. As for G2P and SYL also WSA approaches can be divided into local classification, learning by analogy and statistical approaches. Again neural nets [17, 3] and decision trees [5] are popular local classifiers for this purpose. Probabilistic approaches often treat WSA as a part of G2P simply by extending the set of target phonemes by stressed vowels, so that G2P additionally distinguishes between stressed and unstressed phonemes as in the HMM approach of [18]. Leaning by analogy is backed up by phonetic pseudo word production studies in which subjects take over stress patterns of "phonetically similar" words of their language. In [19] an extensive overview on studies on Dutch, English, and German is given. "Phonetic similarity" at least in these three languages generally refers to syllable weight patterns. The weight of a syllable depends on the syllable rhyme, more specific on the vowel quantity and the presence or absence of a coda. [20] propose an instance-based learning approach assigning to new words the word stress of those stored entries that have the most similar syllable pattern. This pattern derived from the last three syllables is defined on three different levels of abstraction: syllable weight, rhyme transcription, and plain transcription. The features are weighted by their information gain for word stress assignment

Current approach Referring to the method taxonomy above our language-independent approach consists of local classification for G2P and syllabification and analogy-driven learning for word stress assignment. After an overview over the training data and its preprocessing we introduce each of the modules in greater detail, present their performances, and explain how they are integrated and accessible as a web service.

2 Preparation of the training data

After separation of transcription, syllabification and word stress information the transcription was aligned to the letters by means of the PermA aligner [8]. In short, PermA aligns the letter sequence v and its transcription w by minimizing their Levenshtein distance in terms of the minimum edit costs to transform v into w. The edit costs c for the edit operations substitution, deletion and insertion are defined in terms of conditional probabilities reflecting co-occurrences between letters and phones (including empty phones) as follows:

- **Substitution:** $c(v_i, w_j) = 1 - P(w_j|v_i)$
- **Deletion:** $c(v_i, \_) = 1 - P(\_|v_i)$
- **Insertion:** $c(\_, w_j) = 1 - P(w_j|\_)$

Syllabification is stored as a sequence of indexes of syllable final phonemes. Word stress is stored as an integer pointing to the index of the major-stressed syllable. The lexicon entry checkerboard; ' tS e . k @ . b O: d

thus was split into:

- aligned transcription

c	h	e	c	k	e	r	b	o	a	r	d
tS	_	e	k	_	@	_	b	O:	_	_	d

- syllabification: 2, 4
- word stress: 1

3 Grapheme Phoneme Conversion

For G2P conversion we extended the decision tree approach of [8] to cover grapheme contexts and phoneme histories of variable length. For each window and history length we trained an individual C4.5 decision tree [28] with the corresponding feature vectors. For the symmetric grapheme contexts the window lengths were successively reduced at both ends from 9 to 0, the length of the phoneme histories was reduced from 1 to 0. The pruning confidence level was set to 0.25, and the trees were designed to return an "unknown" *UNK* label for all cases they cannot generalize to.

In analogy to the table look up approach of [2] these trees are than applied as a fallback sequence taking grapheme context and phoneme history of decreasing size into account. The tree sequence procedure is illustrated in the subsequent pseudo code. Starting with the most specific (largest) context (window lengths l_{wmax} and h_{hmax}, respectively), the feature windows are successively shortened until a mapping to a phoneme is found. First the phoneme history length l_h is shortened from 1 to 0, then the grapheme window length l_w is shortened at both ends (thus by stepsize 2) from 9 to 1. As soon as a tree trained on the current context size does not return *UNK*, its output is added to the conversion result and the next grapheme is processed.

function **applyTreeSequence**(l_{wmax}, l_{hmax})
  $l_w \leftarrow l_{wmax}, l_h \leftarrow l_{hmax}$, $ans \leftarrow UNK$
  while $ans = UNK \wedge l_w \geq 1$
    classifier ← tree trained on features in windows of lengths l_w, l_h
    ans ← **apply** *classifier*
    if $l_h > 0$: $l_h \leftarrow l_h - 1$; **else** $l_w \leftarrow l_w - 2$
  return *ans*

The G2P module outputs the corresponding transcription of the input words in the language-specific SAMPA [27] encoding.

4 Syllabification

Like G2P also syllabification is implemented as a tree sequence successively taking decreasing context into account. This time the context is formed by a symmetric phoneme window centered on the phoneme for which is to be decided whether or not it is syllable-final. l_{wmax} and l_{hmax} were set to 7 and 0, respectively (thus no boundary history was taken into account).

To ensure that exactly one syllable boundary is placed between each pair of subsequent syllable nuclei, first these nuclei are identified in the transcription output of the G2P module (example: *coherence – / k* **@U** *h* **I@** *r* @ *n s /*). For each consecutive nucleus pair (e.g. *@U* and *I@*) moving from left to right the tree sequence is applied on the phoneme window centered on the respective phoneme (first *@U*, then *h*) until a boundary is reported or the right nucleus is reached. If no boundary has been signaled between the two nuclei, a fallback boundary is placed in front of the sonority minimum in the transcription substring (in this case *h*). If the sonority minimum is a plateau, the boundary is shifted rightwards towards the last element of this plateau. This heuristic serves to avoid violations of phonotactics.

For German, Hungarian, and Polish only the fallback boundary placement was carried out, since the used dictionaries did not contain syllabification information.

5 Word stress assignment

For word stress assignment we have developed a Bayes classifier within a learning by analogy framework. In the training phase the transcriptions in the lexicon are mapped onto codes of different levels of abstraction most of them preserving the words' syllable weight pattern. For the resulting codes the probability distribution of word stress positions is estimated. Furthermore, similar to [20], for each code mapping operation the mutual information between its code outputs and the word stress location is calculated.

In application an incoming word is mapped onto the same abstract representations as described for the training phase. A Bayes classifier predicts the most probably stress position based on the stress distributions for each of the abstractions and the mutual information of the corresponding code operation.

5.1 Code operations

The syllabified input transcription is successively transformed into five increasingly abstract codes. The transformations are ordered, and each transformation operates on the output of the preceding one. The transformations are illustrated given the syllabified input transcription / k @U . h I@ . r @ n s / (*coherence*) returned by the G2P and syllable module.

t_1 replace all consonants by %C: / %C @U . %C I@ . %C @ %C %C /

t_2 reduce %C-sequences within a syllable to single %C: / %C @U . %C I@ . %C @ %C /

t_3 remove all onset consonants: / @U . I@ . @ %C /

t_4 replace all syllable nuclei; reduced vowels and syllabic consonants by %R, long vowels and diphthongs by %VV, all others by %V: / %VV . %VV . %R %C /

t_5 remove all coda consonants: / %VV . %VV . %R /

Operations t_1 to t_4 preserve the syllable weight pattern of the transcription.

5.2 Bayes classification

5.2.1 Probability and weight estimation

In the training phase each transcription of the lexicon was transformed into five keys by the operations $t_{1...5}$ to calculate the co-occurrence frequencies of these keys k with the word stress position s of the original transcription. From these co-occurrence frequencies smoothed by absolute discounting the conditional probabilities $P(k|s)$ were estimated. Furthermore, the word stress prior probability $P(s)$ was calculated.

In order to weight the contributions of the code operations, for each operation t_i the mutual information I_i between its outputs T_i and the word stress positions S was calculated. The mutual information values were then transformed into weights u_i by normalizing them to sum up to 1.

$$\begin{aligned} I_i &= H(S) - H(S|T_i) \\ u_i &= \frac{I_i}{\sum_j I_j} \end{aligned}$$

$H(S)$ is the entropy of word stress in the training dictionary, and $H(S|T_i)$ the word stress entropy after application of the i-th transformation in the lexicon. The higher I_i the more the word stress is determined by the outcomes of transformation t_i.

5.2.2 Application

The location of the word stress $\hat{s}$ in a transcription *trs* results from maximizing the following term:

$$\hat{s} = \arg\max_{s}[\prod_{i=1}^{5}(u_i \cdot P(t_i(\text{trs})|s)) \cdot P(s)]$$

$t_i(\text{trs})$ stands for the i-th transformation of the input transcription. $P(t_i(\text{trs})|s)$ is the probability that the output of t_i is an abstract pattern of words with stress location s. u_i is the weight associated to the i-th transformation operation, and $P(s)$ is the stress location prior.

6 Results and Discussion

We evaluated our modules by 10-fold cross validation. Figures 1 and 2 display the word error rates (A) for G2P, SYL, and WSA taken together, (B) for G2P only, (C) for SYL only, and (D) for WSA only.

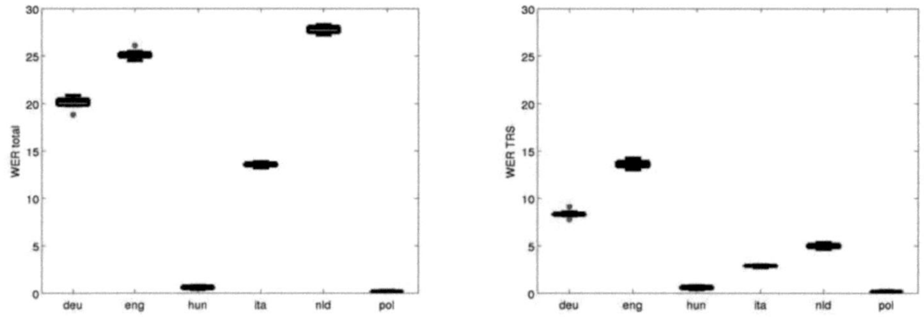

Figure 1 - **A (left):** Word error rate for G2P, syllabification, and stress assignment taken together. **B (right):** Word error rate for transcription only.

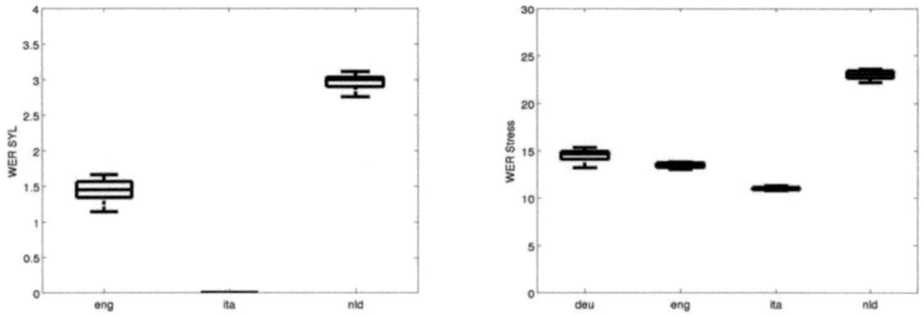

Figure 2 - **C (left):** Word error rate for syllabification. **D (right):** Word error rate for stress assignment.

It can be seen that the performance of our modules is highly language-dependent. While G2P performs very well for Hungarian, Italian, and Polish, results are poorer for German, English, and Dutch. These differences are due to much more systematic grapheme-phoneme correspondences in the first three languages. For Polish for example orthography follows the *phonetic principle* (*zasada fonetyczna*) [29, p.

85], that requires a stable fixed relation between sound and grapheme. [26] proposed a dictionary consistency measure $C(\text{Gra};\text{Pho})$ for the mapping from set of grapheme units *Gra* to the set of phoneme units *Pho* as follows:

$$C(\text{Gra};\text{Pho}) \quad = \quad \frac{I(\text{Gra};\text{Pho})}{H(\text{Gra}\times\text{Pho})}$$

It's the quotient of the mutual information $I(\text{Gra};\text{Pho}) = \sum_{x\in\text{Gra}}\sum_{y\in\text{Pho}} p(x,y)\log_2\frac{p(x,y)}{p(x)p(y)}$ between grapheme and phoneme units resulting from dictionary alignment.
$H(\text{Gra}\times\text{Pho}) = -\sum_{x\in\text{Gra},y\in\text{Pho}} p(x,y)\log_2 p(x,y)$ is the entropy of the *graphone* alphabet, i.e. the set of grapheme-phoneme unit pairings. In line with the observed performance differences, the last three columns in table 1 report higher consistency values (resp. lower entropy and higher mutual information values) for languages with easy-to-learn stable G2P relations.

While syllabification performs reasonably well there is still room for improvement for word stress assignment. A major shortcoming of our language-independent approach ignoring higher level morphological features is, that it does not allow for identifying compounds and thus stressed parts within these compounds. While in several languages in simplex forms stress is rather to be located within the range of the last three syllables of a word [19], it commonly occurs earlier in compounds when non-final compound parts receive the major stress. As can be seen in Figure 2 this is a major issue in Dutch and German with highly productive compounding tendencies.

In order to increase the performance of our converter in application we extended it by language-dependent G2P postprocessing modules, that account for example for regressive voice and place of articulation assimilation processes in Hungarian [30].

7 Web service

As a contribution to the 'Common Language Resources and Technology Infrastructure" (CLARIN) project, we developed web services that provide the functionality of tools like the converter introduced in this paper. Those web services wrap different functionality of command line tools, and allow for easy access to this software, without the need of installing it locally on the users machine. In this scenario the "user" might be a human or another web service that wants to access a particular piece of software.

In the CLARIN context the view on web services is rather process oriented, i.e. major efforts are put into implementing work flow engines, that allow for chaining different services [31]. We therefore implemented our web services as RESTful remote procedure calls (RPC). The reference implementation "Java API for RESTful Web Services" (JAX-RS) was used to implement the web service wrapper around the underlying grapheme-to-phoneme command line tool. We overload the POST operation, a standard HTML operation, that serves as an envelope for the data that has to be passed to the web service while remaining compliant with the RESTful idea [32].

To allow the automatic call or easy manual integration of our RESTful web services, we describe all web services both technically in the Web Application Description Language (WADL) and semantically in the Common Meta Data Infrastructure CMDI [33] format. The WADL format is a machine readable format describing the technical aspects of a certain web service. This allows programs or chaining engines to generate the call to the WADL described web service automatically on the technical side. The description in the CMDI format, based on components that are registered in the public component registry [34], allows for further automatic interpretation of the possible parameters that a web service takes. Those two descriptions can then be used to automatically integrate our G2P tool to any infrastructure or program that understands these descriptions or use it to integrate them manually in existing software. Examples of workflow engines in which our web services can easily be integrated are WebLicht [35] and Taverna [36]. Further information how to access the web services *runG2P* for the introduced converter can be found at: *http://clarin.phonetik.uni-muenchen.de/BASWebServices/services/help*

8 Acknowledgments

The work of the authors has been carried out within the CLARIN-D project [37] (BMBF-funded). We very much thank all institutions and projects referred to in Table 1 for providing the research community with their huge and very valuable pronunciation dictionaries.

References

[1] M. Bisani and H. Ney, "Joint-sequence models for grapheme-to-phoneme conversion," *Speech Communication*, vol. 50, pp. 434–451, 2008.

[2] A. van den Bosch and W. Daelemans, "Data-oriented methods for grapheme-to-phoneme conversion," ITK Research Report, Tilburg, Tech. Rep. 42, 1993.

[3] H.-U. Hain, "Automation of the training procedures for neural networks performing multi-lingual grapheme to phoneme conversion," in *Proc. Eurospeech*, Budapest, Hungary, 1999, pp. 2087–2090.

[4] J. Häkkinen, J. Suontausta, S. Riis, and K. Jensen, "Assessing text-to-phoneme mapping strategies in speaker independent isolated word recognition," *Speech Communication*, vol. 41, no. 2, pp. 455–467, 2003.

[5] U. Reichel, H. Pfitzinger, and H. Hain, "English grapheme-to-phoneme conversion and evaluation," *Speech and Language Technology*, vol. 11, pp. 159–166, 2008.

[6] K. Torkkola, "An efficient way to learn English grapheme-to-phoneme rules automatically," in *Proc. IEEE Int. Conf. on Acoustics, Speech and Signal Processing*, Minneapolis (MN), USA, 1993, pp. 199–202.

[7] W. Daelemans and A. van den Bosch, "Language-Independent Data-Oriented Grapheme-to-Phoneme Conversion," in *Progress in Speech Synthesis*. New York: Springer, 1997, pp. 77–89.

[8] U. Reichel, "Perma and balloon: Tools for string alignment and text processing," in *Proc. Interspeech*, Portland, Oregon, 2012, p. paper no. 346.

[9] J. Suontausta and J. Häkkinen, "Decision tree based text-to-phoneme mapping for speech recognition," in *Proc. ICSLP*, Beijing, China, 2000, pp. 831–834.

[10] Y. Marchand and R. Damper, "Multistrategy approach to improving pronunciation by analogy," *Computational Linguistics*, vol. 26, no. 2, pp. 195–219, 2000.

[11] P. Taylor, "Hidden Markov Models for grapheme to phoneme conversion," in *Proc. Interspeech*, Lisbon, 2005, pp. 1973–1976.

[12] W. Daelemans and A. van den Bosch, "Generalization performance of backpropagaion learning on a syllabification task," in *Proc. 3rd Twente Workshop on Language Technology*, 1992, pp. 27–38.

[13] S. Pearson, R. Kuhn, S. Fincke, and N. Kibre, "Automatic methods for lexical stress assignment and syllabification," in *Proc. Interspeech*, Pittsburgh, Pennsylvania, 2000, pp. 423–426.

[14] Y. Marchand, C. Adsett, and R. Damper, "Automatic syllabification in English: A comparison of different algorithms," *Language and Speech*, vol. 52, no. 1, pp. 1–27, 2009.

[15] B. Krenn, "Tagging syllables," in *Proc. Eurospeech*, Rhodes, Greece, 2007, pp. 991–994.

[16] H. Schmid, B. Möbius, and J. Weidenkaff, "Tagging syllable boundaries with joint N-gram models," in *Proc. Interspeech*, Antwerp, Belgium, 2007, pp. 2857–2860.

[17] P. Gupta and D. Touretzky, "Connectionist models and linguistic theory: Investigations of stress systems in language," *Cognitive Science*, vol. 18, no. 1, pp. 1–50, 1994.

[18] H. Che, J. Tao, and S. Pan, "Letter-to-sound conversion using coupled Hidden Markov Models for lexicon compression," in *Proc. Speech Database and Assessments*, Macau, 2012, pp. 141–144.

[19] U. Dohmas, I. Plag, and R. Carroll, "Word stress assignment in German, English and Dutch: Quantitysensitivity and extrametricality revisited," *Comparative Germanic Linguistics*, p. 53 pages, 2013.

[20] W. Daelemans, S. Gillis, and G. Durieux, "The acquisition of stress: A data-oriented approach," *Computational Linguistics*, vol. 20, no. 3, pp. 421–451, 1994.

[21] F. Schiel, "BAS Phonolex," http://www.bas.uni-muenchen.de/forschung/Bas/BasPHONOLEXeng.html.

[22] R. Baayen, R. Piepenbrock, and L. Gulikers, "Celex lexical database," CD-ROM, 1995.

[23] P. Szigetvári, "Hungarian corpuses," http://budling.nytud.hu/ szigetva/etcetera/Hungarian/corpuses.html.

[24] "Italian festival," http://www2.pd.istc.cnr.it/FESTIVAL/home/download-FESTIVAL.htm.

[25] "Polish-Japanese Institute of Information Technology," http://www.pjwstk.edu.pl.

[26] M. Wolff, M. Eichner, and R. Hoffmann, "Measuring the quality of pronunciation dictionaries," in *Proc. PMLA ISCA Workshop*, 2002, pp. 117–122.

[27] "SAMPA – computer readable phonetic alphabet," http://www.phon.ucl.ac.uk/home/sampa/.

[28] J. R. Quinlan, *C4.5: Programs for Machine Learning*. San Mateo: Morgan Kaufmann, 1993.

[29] B. Bartnicka, B. Hansen, W. Klemm, V. Lehmann, and H. Satkiewicz, *Grammatik des Polnischen*, ser. Slavolinguistica. Munich: Verlag Otto Sagner, 2004, vol. 5.

[30] P. Siptár and M. Törkenczy, *The Phonology of Hungarian*, ser. The Phonology of the World's Languages. Oxford University Press, 2007.

[31] V. Boehlke, "A generic chaining algorithm for nlp webservices," in *LREC 2010; Web Services and Processing Pipelines in HLT Workshop*, 2010, pp. 30–36.

[32] L. Richardson and S. Ruby, *RESTful Web Services*. Cambridge, MA: O'Reilly, 2007.

[33] "Component metadata," http://www.clarin.eu/cmdi.

[34] D. Broeder, M. Kemps-Snijders, D. Van Uytvanck, M. Windhouwer, P. Withers, P. Wittenburg, and C. Zinn, "A data category registry– and component-based metadata framework," in *Proc. LREC*, Valletta, Malta, 2010.

[35] M. Hinrichs, T. Zastrow, and E. Hinrichs, "Weblicht: Web-based LRT services in a distributed eScience infrastructure," in *Proc. LREC*, Valletta, Malta, 2010, pp. 489–493.

[36] D. Hull, K. Wolstencroft, R. Stevens, C. Goble, M. Pocock, P. Li, and T. Oinn, "Taverna: a tool for building and running workflows of services." *Nucleic Acids Research*, vol. 34, no. Web Server issue, pp. 729–732, 2006.

[37] "http://eu.clarin-d.de/index.php/en/," CLARIN-D web page.

STUDIE ZUR ANWENDBARKEIT SCHNELLER SPRACHSYNTHESE IN SPRACHDIALOGSYSTEMEN

Klaus-Peter Engelbrecht, Arne Denneler, Cliford Yangmia, Benjamin Weiss

Quality and Usability Lab, Telekom Innovation Laboratories, TU Berlin
klaus-peter.engelbrecht@telekom.de

Abstract: Der Beitrag analysiert die Auswirkung von schneller Sprachsynthese auf die Usability von Sprachdialogsystemen. In einem Experiment mit 13 Testnutzern wurde dazu die Silbenrate eines Systems zur Fahrplanauskunft zwischen 3 und 10,5 Silben pro Sekunde (s/s) variiert. Das System wurde bei Sprechgeschwindigkeiten zwischen 5 und 7 s/s am besten bewertet wird. Bei diesen Silbenraten stellt sich auch ein optimales Verhältnis von Effizienz und kognitivem Aufwand ein.

1 Einführung

Sprachdialogsysteme können heute recht zuverlässig für Routine-Aufgaben, wie z.B. zur Fahrplanauskunft, eingesetzt werden. Allerdings sind diese Systeme im Vergleich zu menschlichen Gesprächspartnern deutlich ineffizienter. In einem empirischen Vergleich zwischen menschlichen und maschinellen Agenten identifizierten Ward et al. [1] mehrere Aspekte, hinsichtlich derer maschinelle Gesprächspartner den menschlichen unterlegen sind. Nach der Genauigkeit der Spracherkennung und der Flüssigkeit von Sprecherwechseln wurde die Sprechgeschwindigkeit der Systemausgabe genannt. Während zur Verbesserung der ersten beiden Aspekte momentan viel Forschung betrieben wird, wurde bisher nicht untersucht, ob die Effizienz von Systemausgaben sich durch eine Steigerung der Sprechgeschwindigkeit verbessern ließe. Daher nimmt sich dieser Beitrag dieser Fragestellung an.

In vorangegangenen Arbeiten wurde bereits festgestellt, dass Sprache bei deutlich höheren Geschwindigkeiten verstanden werden kann als sie in natürlicher Sprache auftreten [2, 3]. Während der Sprechgeschwindigkeit beim Menschen durch die Beschaffenheit der Artikulationsorgane Grenzen gesetzt sind, lässt sich mit Sprachgenerierungssystemen (Text-to-Speech; TTS) fast beliebig schnelle Sprache erzeugen. Blinde Menschen nutzen laut Moos und Trouvain [2] häufig Sprachsynthese, um den Inhalt von Texten zu erfassen, und sind aufgrund des damit verbundenen Trainingseffektes zu außergewöhnlichen Leistungen fähig. Sie können synthetisierte Sprache mit einer Geschwindigkeit von über 20 Silben pro Sekunde (s/s) noch gut verstehen [3]. Nach Trouvain [4] ist die Verständlichkeit von Formant-Synthese bei hohen Silbenraten (>7,5 s/s) besser als die von Diphon-Synthese, jedoch können andere Aspekte der Umsetzung als die Synthesetechnik einen starken Einfluss auf die Verständlichkeit haben [5]. Auch wurde bereits gezeigt, dass schnelle synthetisierte Sprache auch von nicht blinden Menschen gut verstanden werden kann [3], wobei die maximale Silbenrate hier deutlich niedriger liegt als bei geübten blinden Nutzern.

Während in den genannten Vorarbeiten die Verständlichkeit bei einseitiger Präsentation von Texten untersucht wurde, muss davon ausgegangen werden, dass im Dialog andere Anforderungen an Sprache und Sprachverstehen bestehen. Beispielsweise müssen in dialogischer Sprache bestimmte Informationen besonders genau verstanden werden (z.B. der Wortlaut von Kommandos, wenn diese durch das System vorgegeben werden). Zudem muss in Dialogen auch die pragmatische Bedeutung des Gesagten verstanden und in eine geeignete Antwort umgemünzt werden. Nebenbei muss aus linguistischen und para-linguistischen Eigenschaften des Gesagten erkennbar sein, wann ein Beitrag des Nutzers erwartet wird.

Die Steigerung der Sprechgeschwindigkeit führt also nicht unbedingt zu einer Steigerung der Effizienz des Dialogsystems, da möglicherweise mehr Nutzerfehler auftreten, wenn die Verständlichkeit der Prompts Einbußen erfährt, und da insgesamt weniger Zeit zur Verarbeitung der Systemausgabe zur Verfügung steht. Daher wurden in dieser Studie neben dem Einfluss des Sprechtempos auf die gesamte Dialogdauer auch Effekte auf Fehlerraten untersucht. Weiterhin sind neben der Effizienz auch andere für die Usability des Systems relevante Qualitätsaspekte von Interesse, um ein Gesamtbild von der Qualität eines Sprachdialogsystems mit schneller Sprachsynthese zu erhalten.

Neben der Erhöhung der Sprechgeschwindigkeit wäre eine Verbesserung der Effizienz von Systemausgaben prinzipiell auch durch eine Verkürzung des gesprochenen Textes zu erreichen. Ward et al. [1] merken jedoch an, dass Dialogbeiträge eines automatischen Dialogsystems in der Regel ausführlicher sind als Dialogbeiträge von Menschen, da zum einen durch die Systemausgabe übermittelt werden soll, welche Art von Antworten das System verstehen kann, und zum anderen der gleiche Prompt für unterschiedliche Nutzer tauglich sein soll, während sich Menschen flexibler auf den Interaktionspartner einstellen können.

2 Experiment

Um den Einfluss des Sprechtempos des Systems auf dessen Usability zu untersuchen, wurden in einem Experiment Versuchspersonen gebeten, Interaktionen mit einem Beispielsystem durchzuführen und zu bewerten. Dabei wurde die Silbenrate der Systemausgabe systematisch variiert.

2.1 Ermittlung der Silbenraten für das Experiment

Die unterschiedlichen Sprechtempi des Systems sollten für das Experiment so gewählt werden, dass die Ermittlung einer optimalen Silbenrate möglich ist, d.h., sie sollten zwischen einem als langsam empfundenen Tempo und dem maximalen noch verständlichen Tempo liegen. Die normale Sprechgeschwindigkeit von Menschen in einer Unterhaltung oder beim Vorlesen liegt zwischen 4 und 8 s/s [2]. Daher wurde als Minimum eine Silbenrate von 3 s/s gewählt. Die maximale Silbenrate, bei der die Verständlichkeit von synthetisierter Sprache bereits leichte Einbußen erfährt, liegt bei nicht blinden Menschen bei etwa 10,5 s/s [4]. In einem informellen Vorversuch bestätigte sich, dass bei dieser Silbenrate mit der verwendeten Sprachsynthese bereits leichte Einbußen bei der Verständlichkeit auftreten. Die Silbenrate wurde im Experiment also zwischen 3 und 10,5 s/s variiert.

Um die Ergebnisse bewerten zu können, wurden zudem typische Silbenraten für Menschen beim Dialog mit Sprachdialogsystemen, sowie die Silbenrate des Systems selbst ermittelt. Nach Dioubina [6] sprechen Menschen im Dialog mit Dialogsystemen im Mittel mit einer Silbenrate von etwa 5-6 s/s. Zur Ermittlung der typischen Sprechgeschwindigkeit eines Sprachdialogsystems wurde ein bestehendes System der Deutschen Bahn auf die Geschwindigkeit der dort verwendeten Sprachsynthese hin untersucht. Das System ist als automatisches Fahrplanauskunftssystem unter der Telefonnummer 0800 150 70 90 zu erreichen. Hierzu wurden drei Dialoge mit dem System aufgezeichnet und die Sprechraten dreier unterschiedlicher Sprachausgaben des Systems ermittelt. Anschließend wurde der Mittelwert aller gemessenen Sprechraten des Systems errechnet. Im Ergebnis liegt die Rate des Auskunftssystems bei durchschnittlich 3,5 Silben pro Sekunde. Auffällig ist, dass diese Sprechrate bei zwischenmenschlichen Dialogen bereits als langsam empfunden wird. Sie liegt jedoch innerhalb der zuvor beschriebenen Grenzen, die für das Experiment festgelegt wurden und bestätigt diese somit.

2.2 Design

Das Intervall zwischen der minimalen und maximalen Silbenrate wurde in 5 Stufen unterteilt, die Silbenrate betrug also in jedem Durchlauf entweder 3, 5, 7, 9 oder 10,5 s/s. Für die Durchführung des Experiments wurde ein Design mit Messwiederholung gewählt, d.h., jede Versuchsperson führte einen Dialog mit jeder der fünf Silbenraten durch. In jedem Durchgang erledigte die Versuchsperson eine andere Aufgabe, wobei darauf geachtet wurde, dass alle Aufgaben etwa gleich komplex waren. Um Reihenfolgeeffekte möglichst über den gesamten Datenkörper zu streuen, wurden die fünf Faktorstufen und die Zuteilung der fünf Interaktionsaufgaben nach dem Schema eines griechisch-lateinischen Quadrates angeordnet.

Nach jedem Durchlauf bewertete die Versuchsperson das Systems auf einer gekürzten Version des SASSI-Fragebogens [7]. Um der Ermüdung der Versuchspersonen vorzubeugen, wurden aus jeder Skala des Fragebogens zwei möglichst repräsentative Items ausgewählt. Dabei handelte es sich in der Regel um die beiden Items mit der höchsten Ladung auf den jeweiligen Faktor. In zwei Fällen wurde das am höchsten ladende Item jedoch nicht genutzt, da die Formulierung weniger klar war als beim am dritthöchsten ladenden Item. Das SASSI-Item „Die Interaktion mit dem System ist effizient" wurde wegen seiner besonderen Bedeutung für die Fragestellung zusätzlich erhoben. Außerdem beantworteten die Versuchspersonen zwei Fragen zum Inhalt der Auskunft des Systems. Dadurch sollte sichergestellt werden, dass der Dialog tatsächlich verstanden wurde.

2.3 System und Aufgaben

Für alle Aufgaben wurde dasselbe Sprachdialogsystem verwendet. Dabei handelte es sich um ein Fahrplanauskunftssystem nach dem Vorbild des o.g. Systems der Deutschen Bahn. Um den Implementierungsaufwand zu minimieren, wurde das Experiment nach dem „Wizard-of-Oz"-Paradigma durchgeführt, d.h., einer der Experimentatoren ersetzte die Spracherkennungs- und Sprachverstehens-Komponente, indem er die vom Nutzer genannten semantischen Konzepte direkt in den Dialogmanager eingab. Dementsprechend traten in den Interaktionen keine Spracherkennungsfehler auf, jedoch wurde ein „no-match"-Event ausgelöst, wenn die Nutzereingabe nicht mit den im aktuellen Dialogzustand zur Verfügung stehenden Konzepte beschrieben werden konnte. Für die Sprachausgabe wurde die Mary-TTS [8] verwendet, wobei wegen der (nach dem Urteil der Autoren) vergleichsweise schlechten Qualität der Formant-Synthesen von Mary eine Diphon-Synthese gewählt wurde.

Der Dialog begann jeweils mit der Abfrage der Eckdaten für die gesuchte Verbindung. Im Anschluss stellte das System verschiedene Varianten der Verbindung bereit und erlaubte dem Nutzer, eine Verbindung auszuwählen, Details dazu zu erfahren und eine Fahrkarte zu bestellen. Für die Auswahl einer Verbindung wurden in den Aufgabenbeschreibungen unterschiedliche Kriterien vorgegeben (z. B. kürzeste Verbindung oder Verbindung mit den wenigsten Umstiegen).

Bei den Aufgaben wurde darauf geachtet, dass die Nutzereingaben möglichst lang sind, so dass Silbenraten ermittelt werden können. Dazu wurden für Start- und Zielbahnhöfe möglichst lange Namen gewählt. Zudem war es Teil der Aufgabenstellung, nach Abschluss des Dialogs jeweils 2 Fragen zur Auskunft des Systems (z. B. Dauer der Reise insgesamt) zu beantworten. Um zu vermeiden, dass die Nutzer einen unnatürlichen Aufwand damit haben, Informationen in der Aufgabenbeschreibung zu suchen, wurde diese Information auf dem Aufgabenblatt in Stichpunkten zusammengefasst, wie in folgendem Beispiel:

> *Bitte suchen Sie eine Verbindung von Eisenhüttenstadt nach Brandenburg an der Havel mit Abfahrt morgen Vormittag. Wählen Sie bei der Verbindungsauswahl die Option mit der kürzesten Reisedauer und bestellen Sie anschließend zwei Fahrkarten.*

Start- und Zielbahnhof: Von Eisenhüttenstadt nach Brandenburg

Zeit: Abfahrt morgen Vormittag.

Verbindungsoption: kürzere Reisedauer.

Anzahl Fahrkarten: 2

2.4 Probanden

Dreizehn Probanden wurden aus dem Bekanntenkreis der Experimentatoren rekrutiert. Unter den Teilnehmern waren 5 Frauen und 8 Männer. Das Durchschnittsalter betrug 24,5 Jahre. Neun Teilnehmer waren Studenten, drei waren berufstätig und eine Versuchsperson befand sich in einer Berufsausbildung. Unter den Teilnehmern waren fünf Personen, die bereits Erfahrung mit einem Dialogsystem oder einem sprachgesteuerten persönlichen Assistenten hatten. Vier dieser fünf Personen nutzten derartige Systeme jedoch nur selten, eine Person zumindest wöchentlich. Alle Versuchspersonen verfügten nach eigenem Kenntnisstand über eine normal ausgeprägte Hörfähigkeit. Einer der 13 Probanden war kein deutscher Muttersprachler.

3 Daten

3.1 Performanz

Die Effizienz des Systems wurde über die Ausführungszeit (*DD* für *Dialog duration*) operationalisiert. Um den Einfluss der Silbenrate auf den Dialogverlauf quantifizieren zu können, wurden weitere Interaktions-Parameter gemessen:

- *#Turns*: Anzahl Dialogschritte beider Interaktionspartner
- *#Repetition-requests*: Anzahl von Kommandos, die letzte Systemausgabe zu wiederholen
- *#No-matches*: Anzahl von Nutzeräußerungen, die im aktuellen Zustand des Systems nicht verarbeitet werden können
- *#Abortions*: Anzahl Aufgabenabbrüche durch den Nutzer
- *#Barge-ins*: Anzahl der Unterbrechungen der Systemausgabe durch den Nutzer

Außerdem wurde die Silbenrate der Nutzeräußerungen geschätzt, indem für jeden Dialog die Rate für die erste Nutzeräußerung im Dialog ermittelt wurde. Ein Adaptionseffekt konnte bereits zum Zeitpunkt der ersten Nutzeräußerung erwartet werden, da dieser ein relativ langer Willkommens-Prompt durch das System voran ging.

3.2 Fragebogen

Der SASSI-Fragebogen umfasst die Skalen *System Response Accuracy*, *Likeability*, *Cognitive Demand*, *Annoyance*, *Habitability* und *Speed*. Für jede Skala wurden 2 repräsentative Fragen ausgewählt. Bei der Datenauswertung zeigten sich jedoch niedrige Korrelationen zwischen den zu einer Skala gehörenden Fragebogen-Items (r=[0,04; 0,69]).

Daher wurde, anstatt die Mittelwerte der beiden Items jeder Skala zu bilden, zunächst eine Faktorenanalyse mit Oblimin-Rotation zur Identifikation der dem Fragebogen unterliegenden Bewertungsdimensionen durchgeführt. Faktoren mit Eigenwerten größer 1 wurden weiter ausgewertet. Die Oblimin-Methode wurde für die Rotation gewählt, da von Korrelation der Bewertungs-Dimensionen ausgegangen werden kann. Um plausible und konsistente Faktoren zu erhalten, wurden nach dem ersten Versuch drei Items von der Faktorenanalyse ausgeschlossen, die im Vergleich zu den anderen eher die Einstellung der Nutzer zum System als deren Wahrnehmung des Systems repräsentieren. Diese Items wurden im Folgenden einzeln ausgewertet. Aus den verbleibenden Items wurden 3 Faktoren gebildet:

- *Genauigkeit der Systemantwort*
- *Kognitive Beanspruchung*
- *Tempo*

Die Faktoren sind also inhaltlich mit den SASSI-Skalen vergleichbar, jedoch fehlen die Skalen *Annoyance*, *Likability* und *Habitability*. Der Aspekt *Likability* wird jedoch durch zwei der drei verbleibenden Items abgedeckt. Da die Reliabilität der gebildeten Skalen (Cronbach's Alpha) dürftig ausfiel, wurden die Faktor-Scores für die Auswertung verwendet.

4 Ergebnisse

Die Auswertung des Experiments erfolgte zunächst anhand von Grafiken, die Mittelwerte der gemessenen Parameter für die unterschiedlichen Silbenraten gegenüberstellen. Zusätzlich wurden Unterschiede zwischen den Silbenraten auf Signifikanz geprüft. Dabei wurde soweit möglich das Verfahren für intervallskalierte Daten (ANOVA mit Messwiederholung) verwendet. Fiel der Mauchly-Test auf Sphärizität signifikant aus (d.h., konnte Sphärizität nicht angenommen werden), wurde der p-Wert über das Greenhaus-Geisser-Verfahren berechnet, um eine progressive Entscheidung zu vermeiden.

4.1 Einfluss von Silbenrate auf Performanz

Erwartungsgemäß fällt die Ausführungszeit bei steigender Silbenrate des Systems stark ab, wobei sie zwischen der langsamsten und schnellsten Bedingung etwa halbiert wird (s. Abb. 1). Zwischen den Bedingungen bestehen signifikante Unterschiede ($F(1{,}537)=68{,}971$; $p<0{,}01$). Hingegen liegt kein signifikanter Einfluss auf die Anzahl der benötigten Dialogschritte vor ($F(1{,}787)=0{,}624$; $p=0{,}53$), d.h., auch bei schnellem Sprechtempo des Systems konnten die Nutzer die Aufgaben ohne Umwege erledigen. Dementsprechend wurde kein nennenswerter Einfluss auf *#No-matches*, *#Abortions* oder *#Barge-ins* gefunden (Abb. 2). Die Anzahl der Kommandos zur Wiederholung des letzten Prompts (*#Repetition-requests*) steigt mit steigender Silbenrate leicht an, insbesondere wenn die TTS mehr als neun Silben pro Sekunnde produziert. Da es sich um Häufigkeiten mit sehr niedrigen Werten handelt, wurde zur Überprüfung der Signifikanz der Unterschiede der nicht-parametrische Friedman-Test gewählt. Dieser fiel signifikant aus (Chi^2(4)=15,227; $p<0{,}01$).

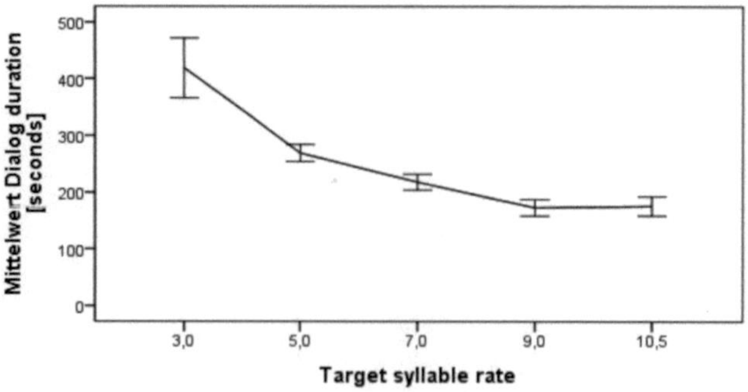

Abbildung 1 - Einfluss der Silbenrate auf die mittlere Ausführungszeit (Fehlerbalken bedeuten 95%-Konfidenzintervalle)

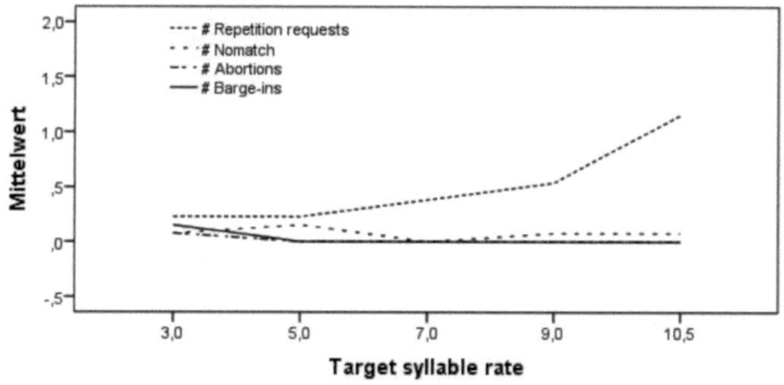

Abbildung 2 - Einfluss der Silbenrate auf verschiedene Interaktionsparameter

4.2 Einfluss von Silbenrate auf Beurteilung

Wie Abb. 3 zu entnehmen ist, steigt die Bewertung des Tempos der Interaktion mit der Silbenrate des Systems (F(2,394)=36,128; p<0,01). Andererseits steigt jedoch auch die kognitive Beanspruchung, d.h., die Bewertung des Systems wird auf diesem Faktor schlechter (F(4)=7,157, p<0,01). Obwohl die Performanz-Daten allenfalls auf geringfügige Unterschiede in den Dialogverläufen bei unterschiedlichen Silbenraten hindeuten, wurde die Genauigkeit der Systemantwort bei mittleren Silbenraten tendenziell am besten bewertet. Die Varianzanalyse zeigt hier einen Effekt auf dem 5%-Signifikanzniveau (F(4)=2,991, p=0,028<0.05), der Effekt ist also gegenüber den anderen Ergebnissen mit einer höheren Irrtumswahrscheinlichkeit behaftet.

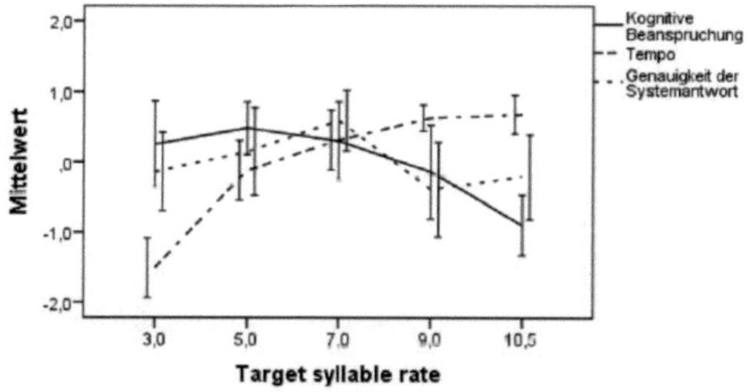

Abbildung 3 - Einfluss der Silbenrate auf die Wahrnehmung der Eigenschaften des Dialogs (Bewertungsdimensionen aus dem Fragebogen; Fehlerbalken bedeuten 95%-Konfidenzintervalle)

Die Einstellung der Nutzer zum System ist erwartungsgemäß bei mittleren Silbenraten am besten. Dies steht auch mit den Performanz-Daten bei den unterschiedlichen Silbenraten in Einklang Das Item „Das System ist nützlich“ zeigte die höchste mittlere Bewertung für Silbenraten zwischen 5 und 7 s/s (F(2,376)=6,711, p<0,01). Das gleiche gilt für das Item „Das System ist angenehm“ (F(4)=14,869; p<0,01). Interessanterweise wird auch die Effizienz des Systems für mittlere Silbenraten am besten bewertet. Auffällig ist hier außerdem, dass die Bewertung zur langsamsten Silbenrate von 3 s/s besonders stark abfällt, während zwischen 5 und 7 s/s kein Unterschied in der wahrgenommenen Effizienz beobachtet wurde.

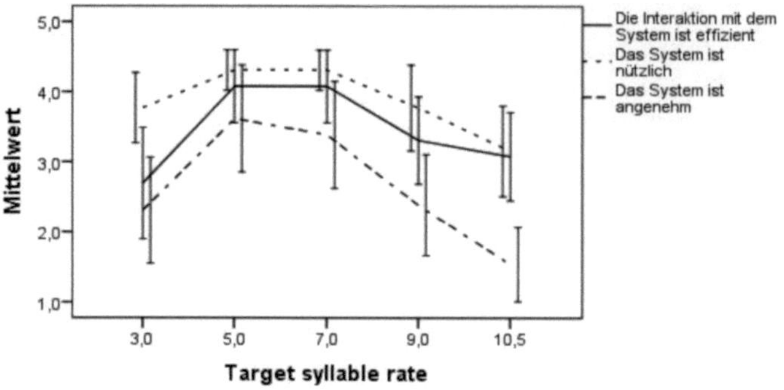

Abbildung 4 - Einfluss der Silbenrate auf die Bewertung des Systems

4.3 Einfluss von Silbenrate auf Timing

Die Silbenrate der Nutzer steigt bis zu einem Sprechtempo des Systems von 7 s/s leicht an und bleibt dann konstant ($F(4)=5,153$, $p<0,01$. Es ist also ein Adaptionseffekt zu beobachten. Im Mittel liegen die Silbenraten der Nutzer im Einklang mit [6] bei 5 s/s.

Die geplante Analyse der Nutzerbewertungen der Reaktionszeiten des Systems konnte nicht sinnvoll durchgeführt werden, da das entsprechende Fragebogen-Item („Das System reagiert zu langsam“) anscheinend anders interpretiert wurde als gedacht: Die Aussage erhielt mit steigender Sprechgeschwindigkeit des Systems zunehmend weniger Zustimmung (erwartet wurde, dass Reaktionszeiten bei schnelleren Sprechtempi als länger wahrgenommen werden).

5 Diskussion

Zusammenfassend lässt sich sagen, dass Silbenraten zwischen 5 und 7 s/s am besten bewertet wurden. Ein Optimum zwischen minimaler und maximal verständlicher Silbenrate war erwartet worden, da sich hier ein Kompromiss zwischen der Länge des Dialogs und der kognitiven Beanspruchung der Nutzer einstellt.

Eine Silbenrate von 7 s/s entspricht einer Verdopplung der Silbenrate des Auskunftssystems der Deutschen Bahn, das für diese Studie als Referenz diente. Die Ausführungszeit wurde für das hier verwendete System mit dieser Silbenrate in etwa halbiert. Bei einer weiteren Erhöhung des Sprechtempos ist der Abfall der Ausführungszeit weniger steil, d.h., eine weitere Erhöhung der Silbenrate ist auch im Hinblick auf die Performanz des Gesamtsystems kaum noch sinnvoll. Auf den Dialogverlauf im Sinne der hier gemessenen Interaktionsparameter hatte eine Erhöhung der Silbenrate auf 7 s/s keinen nennenswerten Einfluss: lediglich die Anzahl der Kommandos zur Wiederholung des vorangehenden System-Prompts zeigt bei dieser Silbenrate bereits einen leichten Anstieg.

Dies spiegelte sich auch in der Wahrnehmung der Interaktion durch die Nutzer wider. Während das wahrgenommene Tempo der Interaktion bis 7 s/s stark ansteigt, wurden für die kognitive Beanspruchung und die Genauigkeit der Systemantwort bei dieser Silbenrate noch keine Einbußen gegenüber den langsameren Sprechtempi beobachtet. Bei höheren Geschwindigkeiten verbessert sich die Wahrnehmung des Tempos der Interaktion nur geringfügig, was jedoch auf Kosten einer schnellen Erhöhung des kognitiven Aufwands geht.

Dass der Effekt auf die Beurteilung der Effizienz des Systems hier eher der Einstellung der Nutzer zum System als der Tempo-Wahrnehmung folgt, könnte daran liegen, dass die Nutzer auch die kognitive Belastung als Kriterium für Effizienz sehen. Möglicherweise handelt es sich aber hierbei um einen Halo-Effekt, d.h., die Gesamtbeurteilung färbte auf die Effizienz-

Beurteilung ab. Ein Halo-Effekt könnte auch die schlechtere Bewertung für die Genauigkeit der Systemantwort bei hohen Silbenraten trotz gleicher Fehleranzahl erklären.

Ein möglicher Bias der Ergebnisse ergibt sich aus der Reihenfolge, in der die Systeme mit unterschiedlichen Sprechtempi den Probanden präsentiert wurden. Probanden, die zunächst die Bedingung mit langsameren Sprechtempi erfahren hatten, kannten Teile der Prompts bereits und waren somit im Vorteil gegenüber Nutzern, die direkt mit einem System mit hohem Sprechtempo interagieren müssen. Eine Alternative wäre gewesen, dass die Tempi 10,5 s/s und evtl. auch 9 s/s immer zuerst getestet werden. Hier musste beim Design des Experiments ein Kompromiss gemacht werden zwischen Lerneffekten und der Verteilung von Reihenfolgeeffekten über alle Bedingungen. Da die Lerneffekte leichter abschätzbar sind, wurde ein diesbezüglicher Fehler bevorzugt in Kauf genommen.

Hinsichtlich des Gültigkeitsbereichs der Studie ergeben sich einige Einschränkungen. Zunächst wurde das Experiment als Labortest durchgeführt, die Probanden befanden sich also in einer ruhigen Umgebung, in der keine Störungen des Dialogs auftraten. Durch die vorgegebene Aufgabenstellung hatten sie zudem Informationen über die Struktur des Interaktionsablaufs, die normale Nutzer des Systems möglicherweise aus den Prompts ableiten müssten. Beides wirkt sich tendenziell zum Vorteil höherer Silbenraten aus.

Ferner war das verwendete System nicht in allen Punkten realistisch. Da in dem Experiment keine Spracherkennungsfehler auftraten (bzw. simuliert wurden), diese jedoch die kognitive Beanspruchung der Nutzer stark erhöhen können, ist eine entsprechende Folge-Studie angezeigt, um diese Ergebnisse zu bestätigen. Dabei sollte auch berücksichtigt werden, dass durch die Telefonübertragungsqualität Einbußen in der Verständlichkeit möglich sind, und dass diese sich bei unterschiedlichen Sprechtempi unterschiedlich auswirken können. In dieser Studie wurde hingegen das Audiosignal weitgehend ungestört übertragen.

Schließlich handelt es sich bei den Testnutzern um eine relativ kleine und homogene Gruppe, bestehend aus größtenteils jungen Menschen ohne bekannte Gehörprobleme. In der Praxis werden Sprachdialogsysteme meist für viele unterschiedliche Nutzertypen designt. Das Sprechtempo sollte in diesem Fall auch für die schwächste Gruppe noch verständlich sein. Eine Adaption an den Nutzer wäre hier ggf. sinnvoll.

Literatur

[1] Ward, A. Rivera, K. Ward, D. Novick: Some Usability Issues and Research Priorities in Spoken Dialog Applications. Technical Report UTEP-CS-05-23, 2005.

[2] Moos, A., Trouvain, J.: Einzelfallstudie zu Grenzen der Verständlichkeit ultra-schneller Sprachsynthese. In: Tagungsband der ESSV 2008, Frankfurt am Main, 2008, S. 207–214.

[3] Moos, A., Trouvain, J.: Comprehension of ultra-fast speech – blind vs. "normally hearing" persons. In: Proc. 16th ICPhS, Saarbrücken, 2007, S. 677–680.

[4] Trouvain, J.: On the comprehension of extremely fast synthetic speech, Saarland Working Papers in Linguistics 1, 2007, S. 5-13.

[5] Stent, A., Syrdal, A., Mishra, T.: On the Intelligibility of Fast Synthesized Speech for Individuals with Early-Onset Blindness. In: Proc. ASSETS '11, Dundee, Schottland, 2011, S. 211-218.

[6] Dioubina, O. I.: Prosody of Dialogues: Influence of Recognition Failure on Local Speech Rate. In: Proc. Speech Prosody 2004, Nara, Japan, 2004, S. 275-278.

[7] Hone, K. S., Graham, R.: Towards a Tool for the Subjective Assessment of Speech System Interfaces (SASSI). *Natural Language Engineering, 6*(3-4), 2000, S. 287-303.

[8] Schröder, M., Trouvain, J.: The German Text-to-Speech Synthesis System MARY: A Tool for Research, Development and Teaching. *International Journal of Speech Technology, 6,* 2003, S. 365-377.

ARABIC TEXT TO SPEECH SYNTHESIS SYSTEM

Aymen EL KADHI[1], Guntram STRECHA[2], Rüdiger HOFFMANN[2] and Hamid AMIRI[1]

1 National School of Engineers of Tunis, University Tunis El Manar
2 Institute of Systems Theory and Speech Technology, TU Dresden, Germany

ay.kadhi@yahoo.fr; guntram.strecha@ias.et.tu-dresden.de; Ruediger.Hoffmann@tu-dresden.de; hamidlamiri@gmail.com

Abstract:

This paper describes in details the construction of an Arabic Text To Speech (TTS) Synthesizer System for the Arabic language. The conversion process from input text into acoustic waveform is performed in tow steps. The first one is text analysis, we developed a module for the conversion of input text into a phonetic representation. The second one is the generation of speech waveforms, where the acoustic output is produced from this phonetic transcription. For this task we used the framework which is named UASR (Unified Approach for Speech Synthesis and Recognition). This system needs training because it is based on HMM speech synthesis.

We trained it with a Standard Arabic Single Speaker Corpus (SASSC), it is composed of more than 7 hours of professional speaker recording.

The results obtained after testing our text-to-speech synthesis system show that the developed system is intelligible and it also obtains an acceptable level of naturalness.

Keywords: Arabic language, speech synthesis, Grapheme to phoneme conversion, HMM

1 Introduction :

Synthesis of speech from text means all treatment allowing a machine to transform a written text into a spoken message. No restriction is made on the nature of words to synthesize (abbreviation, date, number ...), neither on the size of the vocabulary to use.

The contemporary standard Arabic cannot be distinguished from the classical Arabic. It keeps almost in its entirety the same syntax and morphology, it is called literal Arabic. It is the language of the liturgical Islamic religion, press, media, conferences, modern literature, and political speeches. It has a stable and well-regulated writing that is broadcast through a formal education. Standard Arabic retains a monopoly in any official life of the inhabitants of 24 countries whose number exceeds 360 million.

This paper describes the overall architecture of the Arabic TTS, several components of the system, and the linguistic concepts for the Arabic language. A block diagram of a general TTS engine is illustrated in Figure 1.

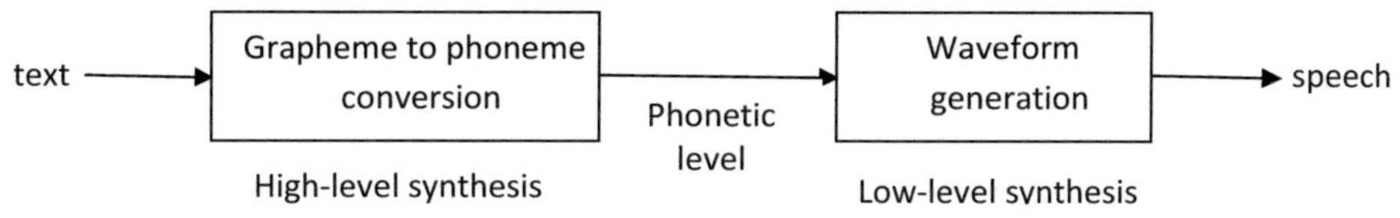

Figure 1- General structure of a TTS synthesizer

At the present time two methods dominate the TTS systems, units selection and parametrics systems. Our work focuses on the parametric speech synthesis by HMM. Hidden Markov Models (HMMs) demonstrated to be an efficient parametric model for speech acoustics in the framework of speech synthesis [1].

This paper is structured as follows. Section 2 describes the Arabic phonology developed to generate phrase targets and phonological features. The description of grapheme-to-phoneme conversion is presented in section 3. The used corpus is presented in section 4. Section 5, describe briefly the TTS model generation and output evaluation procedures. Section 6, summaries our conclusions and an expected future work.

2 ARABIC LANGUAGE

As part of our work we will be dealing with Arabic language in reference to what is commonly known as Modern Standard Arabic language. It is the common official language throughout the Arab world.

The Arabic alphabet is composed of 28 letters. All of them are consonants (Figure 1), and three of them are also used as long vowels (ا و ي). We have 6 vowels which are divided into three short vowels and three long vowels. The duration of a long vowel is about twice the short vowel. These vowels are characterized by the vibration of the vocal cords. The long vowels have similar spectral properties like their short vowel versions. They are represented in the following table:

short vowels	long vowels
/◌ُ /◌ِ /◌َ	◌َا ◌ِي ◌ُو

Table 1- Classification of vowels of the Arabic language.

However, the current system has 38 phonetic letters by adding extra phonemes to reflect the effect of the pharyngealized phonemes. Used phonemes are mentioned in the table 2 [2].

An Arabic word is written with consonants and vowels. Vowels are added above or below consonants. The absence of vowels creates some ambiguity at two levels: Meaning of the word and difficulty in identifying its function in the sentence. Arabic sentences are read from right to left. Arabic letters change the presentation form according to their positions in the word.

Syllabification for Arabic language has only six syllable types (CV, CVC, CVV, CVVC, CVCC and CVVCC). Due to their heavy pronunciation the last three types generally appear at the end of phrase. The number of vowels and the number of syllables must be equal in phrase.

Symbol	Phone	Symbol	Phone	Symbol	Phone	Symbol	Phone
a	(فتحة) ◌َ	gh	غ	m	م	T	ط
A	(فتحة مفخمة) ◌َ	h	ه	n	ن	th	ث
aa	ا	i	(كسرة) ◌ِ	pau	pause	TH	ظ
Aa	(مد مفخم) ا	I	ي	q	ق	u	(ضمة) ◌ُ
Ah	ح	j	ج	r	ر	U	و
Az	ذ	Jn	ء	R	رِ	w	و
b	ب	JU	ع	s	س	y	ي
d	د	k	ك	S	ص	z	ز
D	ض	kx	خ	sh	ش		
f	ف	l	ل	t	ت		

Table 2 - Phonemes and their corresponding labels in the transcription files

3 Grapheme-to-phoneme conversion :

Grapheme-to-phoneme (G2P) conversion called also letter-to-sound conversion has become an indispensable component in the Text To Speech synthesis system. This conversion is to create the phonetic sequence associated with the sequence of graphemes. A grapheme is the smallest distinctive and meaningful unit of writing, it commonly represents a letter of the alphabetic writing.

There are several techniques of phonetisation: some use explicit knowledge data as a phonetic lexicon or rules of transcription, other must first pass through a training stage from aligned phonetic corpus [3] [4].

The approach we have adopted to implement the grapheme to phoneme conversion

is divided into two phases of language processing. The first phase is the pre-processing module, it organizes the input sentences into convenient lists of words or breathing groups. It also identifies abbreviations, acronyms and numbers in order to transforms them into a full text.

The second phase consists of the phonetic text pretreated using two different methods. The first method is based on the use of a lexicon containing a list of words and abbreviations exceptions, by directly entering the corresponding phonetic words without using the rule-based phonetic transcription, which ensures more speed in processing. The second method is to treat the rest of the text by using a rule-based phonetic transcription.

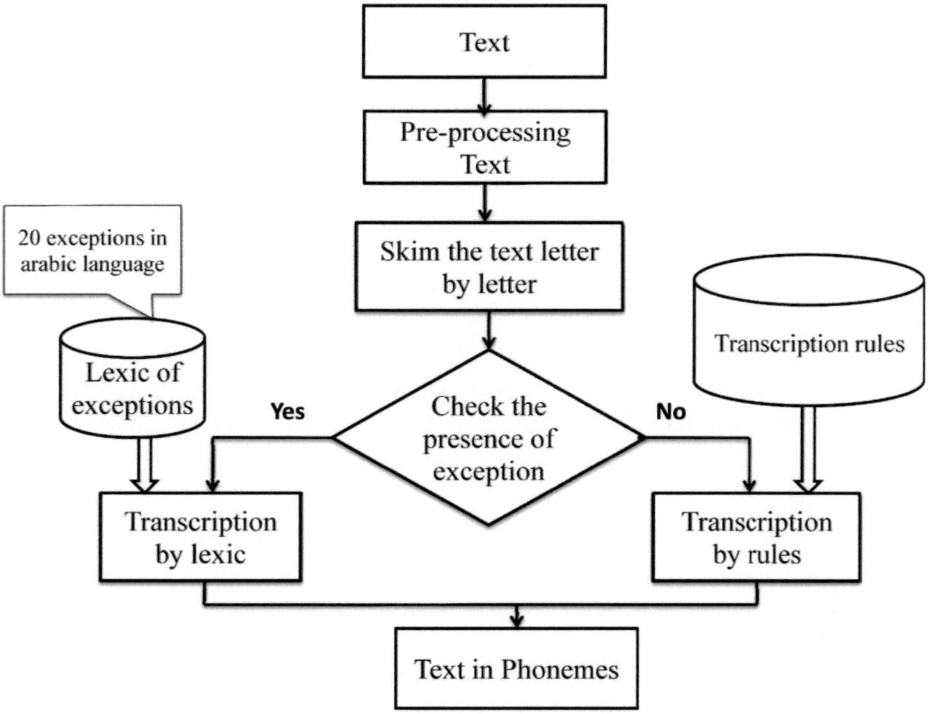

Figure 2 - Architecture of grapheme-to-phoneme conversion system

4 Speech corpus

Us our system is an HMM-based speech synthesis, we need a speech corpus to train the speech model. In state of the art speech synthesis system needs at least a total volume of 5h of speech. Ideally the recordings should cover all phonetic variations as well as all prosodic variations. The convenience of the recorded speech depends on the quality of the speech signal and on the precision with which the transcription was done [5].

In current work the speech corpus called Standard Arabic Single Speaker Corpus (SASSC) is used. It was developed in the computer research institute of King Abdulaziz city for science and technology of Riyadh, Saudi Arabia. It was created to be used as a database for speech recognition and HMM-based speech synthesis, it is freely available for research and educational purposes.

The corpus consists of 51,432 words, it required 7 hours and 20 minutes of audio recording.

The SASSC corpus contains several files that correspond to the different sentences. Each file audio ". wav" (sampling rate of 96 kHz), it matches the base 3 other files that are as follows:

- EGG signal in 96 kHz
- Diacritized text
- Transcription along with the phoneme boundary segmentation.

Owing to the nature and size of the corpus, a professional male news anchor who has worked in several TV programs was selected due to his capacity in preserving his performance for long recording sessions. A linguist was present to correct the speaker in case he skipped or mispronounced. Each recording session was 15 minutes long and no more than four sessions per day were taken [2].

5 Waveform generation and evaluation

This section will describe briefly the TTS model generation and output evaluation procedures.

In current work we used parametric speech synthesis, which is more and more diffused into the field of speech synthesis due to the quality of results insured by this method.

The model is parametric because it describes the speech using parameters, rather than stored exemplars. It is statistical because it characterizes those parameters using statistics (e.g., means and variances of probability density functions) which capture the distribution of parameters found in the training data [6]. The principle is to use the HMM in a generative mode (not as classifier) to find a plausible sequence of parameters for each diphone used in the Arabic language. For this aim we used the Unified Approach to Speech Synthesis and Recognition (UASR) system [7]. First step was the conversion of our speech recordings from 96kHz to 16kHz with a simple bash script. After that we trained the HMM phoneme models.

Therfore we used just diphone carrier words (one word per diphone) to train the models. We used these HMMs to compute the optimal HMM state sequences of all carrier words and chose the diphones whitch have the best recognition log-likelihood for duplicate diphones.

Each selected diphone is represented by a sequence of HMM state indexes. When we synthesis these index sequences will be concatenated according to the wanted phoneme sequence [8].

To rule out the influence of synthetic prosody on the listening test we introduced manually natural prosody in all experiments. And we asked individually 20 Arabic natives speakers evaluators to choice arbitrary 5 audio clips from a directory containing 50 synthesized wave files and rate each audio clip (on a scale from 1 to 5) based on the following qualities :

- Naturalness: How close was the synthesised speech to being natural? (1: Very robotic sound 5: Close to natural)
- Intelligibility: How much hard to understand the content of the sample? (1: Hard to focus - 5: Easy to understand)

At the end we computed the average: for naturalness score it was 3.1 and for intelligibility it was 3.9.

6 Conclusion

The overall architecture of our Text-To-Speech system for Arabic language has been presented. The exposed results validate the use of HMMs as consistent models of Arabic speech, in the sense that they are capable to product a high-quality synthetic sentences.

In order to increase the naturalness and to have a complete Arabic text to speech synthesis system with the best possible quality of the output speech we need the inclusion of prosodic properties automatically.

References

[1] H. Zen, T. Toda, and K. Tokuda, “The Nitech-NAIST HMM-based speech synthesis system for the BlizzardChallenge 2006,” in Proc. Blizzard Challenge’06, 2006.

[2] Almosallam, A.AlKhalifa, M. Alghamdi, M. Alkanhal, A. Alkhairy SASSC: A Standard Arabic Single Speaker Corpus I. 8th ISCA Speech Synthesis Workshop August 31 – September 2, 2013, Barcelona, Spain.

[3] Paul Taylor. Hidden markov models for grapheme to phoneme conversion. In Proc. of Interspeech, 2005.

[4] Chotimongkol, A., & Black, A. W. (2000, October). Statistically trained orthographic to sound models for Thai. In *INTERSPEECH* (pp. 551-554).

[5] W. Zhu; W. Zhang; S.Qin; F. Chen; H. Li; X. Ma; L. Shen, "Corpus building for data-driven TTS systems," *Speech Synthesis, 2002. Proceedings of 2002 IEEE Workshop*, pp.199,202, 11-13 Sept. 2002

[6] King, S. : An introduction to statistical parametric speech synthesis, *Sadhana* 36(5) (2011), 837-852.

[7] Hoffmann, R., Eichner, M., Wolff, M.: Analysis of verbal and nonverbal acoustic signals with the Dresden UASR system. In: A. Esposito et al. (Eds.): Verbal and Nonverbal Communication Behaviours. Berlin etc.: Springer 2007 (LNAI vol. 4775), 200 - 218.

[8] Strecha, G., & Wolff, M. : Speech synthesis using hmm based diphone inventory encoding for low-resource devices. In *Acoustics, Speech and Signal Processing (ICASSP), 2011 IEEE International Conference on* (pp. 5380-5383). IEEE.

Semantisches Taskmodell für Dialoge mit Taskwechsel

Sven Reichel[1], Philipp Pfarherr[1], Ute Ehrlich[1], André Berton[1] und Michael Weber[2]
[1] Speech Dialogue Systems, Daimler AG, Ulm
[2] Institut für Medieninformatik, Universität Ulm
sven.reichel@daimler.com

Kurzfassung: Infotainmentsysteme im Fahrzeug haben heutzutage oftmals Zugang zum Internet und erweitern ihren Funktionsumfang durch Online-Anwendungen. Die Aufgaben, die ein Nutzer mit solch einem System ausführen möchte, sind nicht mehr nur an einzelne Anwendungen gerichtet, sondern involvieren mehrere. Sprachdialogsysteme ermöglichen eine kurze und effiziente Interaktion über Anwendungsgrenzen hinweg und sichern den Blick auf der Straße und die Hände am Lenkrad. In diesem Beitrag wird eine Methode vorgestellt, wie Multi-Anwendungsdialoge - mit Werteübergabe zwischen Anwendungen - effizient in einem Sprachdialogsystem implementiert werden können. Hierfür werden die einzelnen Anwendungen, mit ihren Ein- und Ausgabewerten, semantisch durch eine globale Ontologie beschrieben. Der Taskmanager kann auf dieser Basis die nächstmöglichen Aktionen vorhersagen und stellt entsprechende Information inklusive einer Historie dem Dialogmanager zur Verfügung. Eine Proof-of-Concept-Umsetzung zeigt, dass eine Integration in ein Sprachdialogsystem denkbar wäre, aber weiterer Forschungsbedarf hinsichtlich der Ontologie besteht.

1 Einleitung

Durch die starke Verbreitung von Smartphones setzen immer mehr Kunden voraus, auch im Fahrzeug vernetzt zu sein. Eine Bedienung des Smartphones lenkt von der Fahrsituation ab und ist daher in vielen Ländern hinter dem Steuer verboten. Trotz des Verbots verursachen abgelenkte Fahrer weiterhin Unfälle [6]. Aus diesem Grund bieten mehr und mehr Infotainmentsysteme Online-Funktionalitäten an. Wie beim Smartphone werden die einzelnen Funktionen solcher Systeme in Anwendungen gekapselt, die die Onboard-Funktionalitäten (z.B. Navigation oder Telefon) mit Offboard-Inhalten (z.B. Mercedes-Benz Apps wie News oder Restaurantsuche) erweitern. Allerdings sind die Aufgaben der Nutzer nicht immer auf eine Anwendung beschränkt. Angenommen der Fahrer sucht ein Restaurant zum Mittagessen und wählt eine Pizzeria aus. Wenn er dort anrufen möchte und die Restaurantanwendung nicht explizit mit der Telefonanwendung verknüpft ist, muss er die Anwendung wechseln und die Telefonnummer manuell eingeben. Bei einfach zu merkenden Daten mag dies während der Fahrt funktionieren. Sollte die Nummer allerdings länger sein, wird der Fahrer diese Aufgabe kaum ausführen können. Eine Verknüpfung von Anwendungen und ein Datenaustausch ist somit unerlässlich.

Gerade beim Autofahren ist es wichtig, kurze und effiziente Interaktionen zwischen Mensch und Maschine zu gewährleisten, um die Ablenkung des Fahrers so gering wie möglich zu halten. Ein Sprachdialogsystem (SDS) bietet dem Nutzer die Möglichkeit, komplexe Aufgaben einfach auszuführen und ermöglicht ihm, den Blick auf der Straße sowie die Hände am Lenkrad zu behalten. Dies trägt entscheidend zur Fahrsicherheit bei [4]. Im Gegensatz zur grafisch/haptischen Bedienschnittstelle, die durch die begrenzte Bildschirmgröße meist hierarchisch strukturiert wird, bietet ein SDS die Chance viele verschiedene Äußerungen direkt zu verstehen. Dies ermöglicht eine einheitliche, aufgabenorientierte Bedienschnittstelle, wie beschrieben in [9]. Aus Sicht des Nutzers muss er sich in einem Sprachdialog nicht an Anwendungsgrenzen halten, sondern kann mit anaphorischen Äußerungen, wie zum Beispiel „Ich möchte diese Pizzeria anrufen", direkt sein Interaktionsziel erreichen.

Ein SDS, welches Dialoge über verschiedene Domänen hinweg ermöglicht, stellt hohe Anforderungen an die Entwickler. Anwendungssprünge, sowie der Datenaustausch, müssen definiert werden. Speziell bei vielen Anwendungen oder dynamisch erweiterbaren Systemen (z.B. durch Download neuer Anwendungen) steigt der Aufwand. Wir stellen in diesem Beitrag eine Methode vor, wie Multi-Domänen-Dialoge - mit Werteübergabe zwischen Anwendungen - effizient in einem Sprachdialogsystem implementiert werden können. Hierfür werden Anwendungen und ihre Ein- und Ausgabewerte semantisch beschrieben und zur Laufzeit dynamisch mit einer globalen Ontologie zu einem semantischen Taskmodell verbunden. Durch die Ein- und Ausgabewerte verschiedener Anwendungen bzw. Aktionen, ergeben sich mögliche Dialogpfade durch das Taskmodell.

Der restliche Teil dieses Beitrags ist folgendermaßen gegliedert: In Abschnitt 2 wird auf bestehende Multi-Domänen-SDS eingegangen. Daraufhin zeigen wir unser Konzept des semantischen Taskmanagers mit Ontologie, sowie die Anwendungsbeschreibung in Abschnitt 3. Die Implementierung in RDF und Jena, wie beschrieben in Kapitel 4, bildet die Basis für die Evaluierung (Kapitel 5). Wir schließen in Abschnitt 6 mit der Erkenntnis, dass ein semantischer Taskmanager Multi-Domänen-Dialoge ermöglicht.

2 Multi-Domänen Sprachdialogsysteme

Ein SDS kann in mehrere Module unterteilt werden, wie unter anderem von Carstensen et al. [1] beschrieben (siehe Abbildung 1). Über ein Analyse- und Interpretationsmodul wird die Äußerung des Nutzers erkannt und im Dialogmanager verarbeitet. Dieser stößt die vom Nutzer gewünschte Aktion über den Taskmanager an und veranlasst die Ausgabe über eine Präsentationsplanungs- und Generierungskomponente. Dieser Beitrag betrachtet hauptsächlich den Taskmanager, der mittels eines semantischen Netzes dynamisch Anwendungen im Backend verwaltet und passende Schnittstellen für den Dialogmanager bereitstellt, um Dialoge mit Taskwechsel zu ermöglichen.

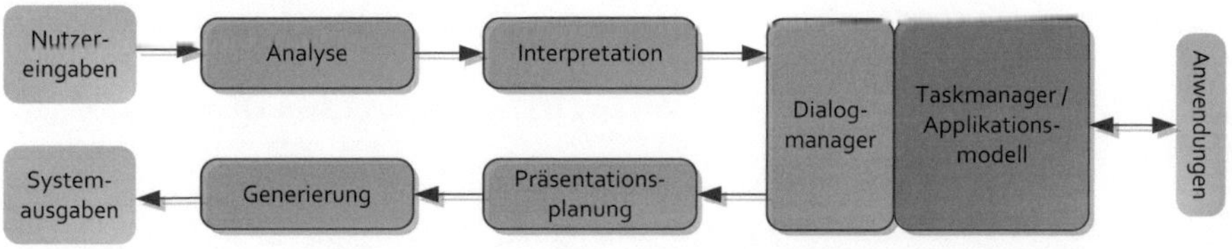

Abbildung 1 - Architektur eines Dialogsystems (nach Carstensen et al. [1])

Multi-Domänen SDS ermöglichen dem Nutzer, Dialoge mit mehreren Anwendungen zu führen. Diverse Systeme unterstützen dies, unter anderem SmartKom [10] und CHAT [13]. SmartKom bietet 50 verschiedene Funktionalitäten in 14 Anwendungen mit einer kohärenten Bedienschnittstelle und CHAT drei Anwendungen. Beide Systeme interpretieren die Nutzereingabe und bestimmen auf dieser Basis die zuständige Anwendung. Einen ähnlichen Ansatz verfolgt Lee et al. [3], indem erst jede Anwendung mit der Eingabe konfrontiert wird und diejenige, die die Anfrage am besten interpretieren kann, ausgeführt wird. Unser Ansatz geht nicht von der Nutzereingabe aus, sondern von den Anwendungen und kann dem Dialogmanager die wahrscheinlichsten, nächsten Aktionen zur Verfügung stellen. Dies erlaubt eine Optimierung des

Sprachverstehens, da eine Einschränkung je nach Kontext möglich wird.
Das Vereinigen von mehreren einzelnen Anwendungen bzw. Services zu komplexeren ist im Bereich der serviceorientierten Architektur (SOA) lange bekannt. Zum Beispiel nutzen Rao et al. [8] DAML-S zur semantischen Beschreibung von Services, die sie über eine lineare Logik zu einem Prozessmodell zusammenfügen. Eine globale Ontologie, wie in diesem Beitrag gezeigt, besteht allerdings nicht. Anders bei Zhang et al. [14], die zusätzlich eine Webservice-Ontologie nutzen, um mit einem Shortest-Path-Algorithmus eine Servicesequenz zu erstellen und damit eine Nutzeraufgabe zu erfüllen. Diese Arbeiten betrachten nicht die Integration in ein SDS, was wir in diesem Beitrag vorstellen.

3 Konzept eines semantischen Taskmanagers

Wie im vorherigen Abschnitt gezeigt, bildet ein Taskmanager die Schnittstelle zwischen dem Dialogmanager und verschiedenen Anwendungen. Er kapselt die Funktionalitäten der Anwendungen und bindet diese, inklusive ihrer Ein- und Ausgabewerte, in eine Ontologie ein. Eine Instanz dieser Ontologie bildet ein domänenübergreifendes semantisches Taskmodell, welches dem Dialogmanager abhängig vom Dialogkontext eine Aktionsliste und Wertehistorie zur Verfügung stellt. Bei entsprechenden Nutzeräußerungen wird die benötigte Aktion aufgerufen und von der jeweiligen Anwendung ausgeführt.

3.1 Domänenübergreifendes semantisches Taskmodell

Das semantische, anwendungsübergreifende Taskmodell ist ein Verbund aus einzelnen Taskmodellen der Anwendungen, die zur Laufzeit mit einer globalen Ontologie eine Instanz bilden. Dieser Abschnitt beschreibt die Ontologie, die Definition von Anwendungen und die Erzeugung der Instanz des Taskmodells.

3.1.1 Ontologiedefinition

Um ein zusammenhängendes Taskmodell und damit einen Informationsaustausch über Anwendungen hinweg zu ermöglichen, ist eine Modell nötig, das den Schluss von Verbindungen zwischen Anwendungen erlaubt. Die Ontologie definiert Objekte der realen Welt, mit welchen die Aktionen von Anwendungen und ihre zugehörigen Ein- und Ausgabewerte beschrieben werden können (siehe Abschnitt 3.1.2). Diese Werte können beliebige Objekte sein, was hohe Anforderungen an die Granularität des semantischen Netzes stellt [7]. Um ein zusammenhängendes Taskmodell zu gewährleisten, muss die Onotologie verbunden sein. Die Web Ontology Language (OWL) sieht hier das Konzept `owl:Thing` vor, welches Oberklasse eines jeden Objekts ist.

3.1.2 Semantische Beschreibung von Anwendungen

Eine jede Anwendung kann mehrere Aktionen besitzen, die die Aufgaben, die ein Nutzer an das SDS stellt, ausführen. Hierbei ist jede Aktion als atomare Einheit zu sehen. Sie wird von einem externen Modul ausgeführt und ist nicht Teil des Taskmanagers. Zum Beispiel kann dies eine Webanbindung um Restaurants zu suchen, die Steuerung der Klimaanlage des Fahrzeugs oder aber ein Telefon sein. Jede Aktion kann hierbei Eingabewerte benötigen, wie zum Beispiel die Telefonnummer des Anzurufenden. Weiterhin kann eine Aktion Ausgabewerte zur Verfügung stellen, wie beispielsweise die Telefonnummer eines Restaurants.
Der Anwendungsmodellierer beschreibt die Eingabe- und Ausgabewerte der Aktion, sowie die Aktion selbst, indem er auf Objekte in der Ontologie verweist. Hierfür stehen die Relationen `hat_Eingabewert`, `hat_Ausgabewert` und `hat_Funktion` zur Verfügung. Dabei ist es wichtig, eine eindeutige Abbildung in die Ontologie zu gewährleisten, um einen Dialogfluss

über Anwendungen hinweg zu ermöglichen. Wie in Abschnitt 3.1.1 erwähnt, ist die Granularität der Ontologie kritisch. Bei einer zu groben Granularität kann es passieren, dass Aktionen und Werte existieren, die in der Ontologie nicht abgebildet werden können. Aus diesem Grund ist es dem Anwendungsmodellierer möglich, lokal in der Anwendung das semantische Netz so zu erweitern, bis eine Abbildung in die globale Ontologie stattfinden kann.

3.1.3 Erzeugung eines anwendungsübergreifenden Taskmodells

Im schnelllebigen Internetzeitalter ist es wichtig, auf aktuelle Trends reagieren zu können. Dies stellt die Anforderung, neue Anwendungen auch zur Laufzeit nachladen zu können. Um dem Folge zu leisten, wird das anwendungsübergreifende Taskmodell zur Laufzeit dynamisch aus den verfügbaren Anwendungen und der Ontologie zusammengesetzt. Abbildung 2 zeigt ein vereinfachtes Beispiel mit den beiden Aktionen *Restaurant suchen* und *Nummer anrufen* aus zwei verschiedenen Anwendungen. In der semantischen Beschreibung beider Aktionen ist definiert auf welche Objekte in der Ontologie referenziert wird. Im Beispiel definiert die *Restaurant suchen* Aktion eine *Telefonnummer* als Ausgabewert. Die Aktion *Nummer anrufen* verweist ebenso auf *Telefonnummer* und erwartet diesen Wert als Eingabe. Alle Anwendungen im Infotainmentsystem verweisen auf die Ontologie, so dass die Instanz des Modells die Gesamtfunktionalität des Infotainmentsystems ausdrückt und eine Informationsübergabe definiert.

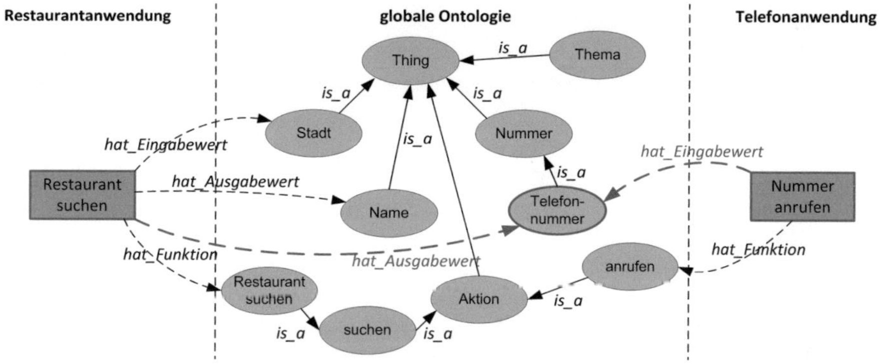

Abbildung 2 - Instanz eines anwendungsübergreifenden Taskmodells

3.2 Integration in ein Dialogsystem

Wie in Abschnitt 2 gezeigt, steht der Taskmanager zwischen dem Dialogmanager und den Anwendungen. Er verwaltet Schnittstellen zu Anwendungen und ermöglicht somit eine Ausführung von Aktionslogik. Die Schnittstelle zum Dialogmanager beschreibt einerseits eine Aktionsliste der im aktuellen Kontext ausführbaren Aktionen, und andererseits eine Wertehistorie.

3.2.1 Liste der im Kontext ausführbaren Aktionen

Die Aktionsliste wird dem Dialogmanager zur Verfügung gestellt und beinhaltet eine Auflistung der im aktuellen Kontext ausführbaren Aktionen, inklusive der erforderlichen und vorhandenen Werte, sowie einer Wahrscheinlichkeit zur Ausführung (siehe Tabelle 1). Die Kommunikation mit dem Nutzer wird durch den Dialogmanager gesteuert. Das heißt, dieser ermittelt die Aktion, die der Nutzer auszuführen wünscht, sowie die dafür notwendigen Eingabewerte.

Tabelle 1 zeigt das Beispiel einer Aktionsliste nach einer Restaurantsuche. Die Aktion *Restaurant suchen* aus Abbildung 2 wurde aufgerufen und es wurde ein Restaurant mit dem

Tabelle 1 - Aktionsliste nach einer Restaurantsuche

Aktion	notwendige Eingabewerte	Übergangs-wahrscheinlichkeit	Vorhandene Eingabewerte
Restaurant bewerten	Bewertung, Name	hoch	Name[Pizzeria Ulmia]
anrufen	Telefonnummer	niedrig	Telefonnummer[0731-229]
Hilfe abrufen	Thema	niedrig	

Namen[Pizzeria Ulmia] und der *Telefonnummer[0731-229]* gefunden. Angenommen die Restaurantanwendung hätte eine Aktion *Restaurant bewerten* mit *Namen* und *Bewertung* als Eingabeparameter. Dann wäre im aktuellen Kontext möglich, einerseits das Restaurant Ulmia zu bewerten, andererseits es anzurufen. Durch die vorhandenen Eingabewerte zu den Aktionen wird dem Dialogmanager bekannt gegeben, welche Werte noch zusätzlich durch den Nutzer eingeben werden müssen. Bei der Aktion *Restaurant bewerten* könnte dies zum Beispiel die *Bewertung* in Form einer Schulnote sein. Wohingegen die Aktion *anrufen* keine weiteren Werte benötigt und mit einer Äußerung „Rufe die Pizzeria an" initiiert werden kann. Die Planung der Dialoge übernimmt der Dialogmanager.

Menschen agieren und kommunizieren oftmals innerhalb eines bestimmten Themengebiets. Dem tragen Anwendungen Rechnung, indem sie thematisch ähnliche Aktionen gruppieren. In der Aktionsliste sind somit Aktionen, die zur selben Anwendung wie die zuletzt ausgeführte Aktion gehören, mit einer hohen Übergangswahrscheinlichkeit gekennzeichnet. Aktionen von anderen Anwendungen, die über die Ontologie verbunden werden, erhalten eine niedrige Übergangswahrscheinlichkeit. Bisher wird lediglich die Wahrscheinlichkeit anhand der Aktionszugehörigkeit zwischen hoch und niedrig unterschieden. Dies soll dem Dialogmanager bei der Entscheidung helfen. Beim Anwendungswechsel sollte sicher gestellt werden, dass der Nutzer dies wirklich beabsichtigt, zum Beispiel über eine explizite Nachfrage.

Die Aktionsliste wird nach jeder Aktionsausführung aktualisiert, somit lassen sich sequentielle Aktionsfolgen mit zusammenhängendem Informationsfluss erreichen. Zusätzlich ist es möglich, Aktionen in der semantischen Beschreibung als statisch zu definieren, um sie dauerhaft in der Liste aufzuführen. In Tabelle 1 ist die Aktion *Hilfe abrufen* beispielsweise eine statische Aktion.

3.2.2 Wertehistorie

Die Aktionsliste enthält jeweils nur die Ausgabewerte der direkt zuvor ausgeführten Aktion (vorhandene Eingabewerte). Oftmals referenziert ein Nutzer sprachlich aber auch auf Diskursentitäten aus dem vorhergehenden Dialog [2]. Hierfür ist es also notwendig, dem Dialogmanager eine Historie aller Ein- und Ausgabewerte zur Verfügung zu stellen. Die Wertehistorie gibt Auskunft über den Wertetyp und den Betrag, sowie einen Zeitstempel, wann der Wert aufgenommen wurde. Ein Dialogmanager kann aufgrund dessen entscheiden, ob ein Wert noch gültig sein soll oder nicht.

Tabelle 2 - Beispiel einer Wertehistorie

Wertetyp	Zeitstempel	Betrag
Name	2013/01/31 17:05:15	Pizzeria Ulmia
Telefonnummer	2013/01/31 17:05:15	0731-229
Stadt	2013/01/31 17:05:12	Ulm
Thema	2013/01/31 17:03:31	Sprachbedienung

Tabelle 2 zeigt ein Beispiel einer Wertehistorie basierend auf dem Taskmodell aus Abbildung 2. Die Wertehistorie ist nach Zeitstempel sortiert.

3.3 Dialoge mit Taskwechsel

Die Aufgaben, die ein Nutzer an ein SDS stellt, können unter Umständen komplexer Natur sein und mehrere Aktionen involvieren. Offensichtliche Taskwechsel, wie z.B. das Anrufen eines Restaurants, sind bereits in aktuellen Infotainmentsystemen implementiert. Problematischer sind weniger naheliegende Dialoge, wie beispielsweise, zum Interpret des aktuell gespielten Musikstücks neue Schlagzeilen abzurufen. Durch den dynamischen Aufbau des Taskmodells definieren sich selbst komplexe Aktionssequenzen in unserem Taskmanager implizit.

Dialoge mit Taskwechsel definieren sich anhand der Ein- und Ausgabewerte, die semantisch über die Ontologie beschrieben werden. Wenn eine Aktion die Eingabewerte vom selben Typ erwartet wie die Ausgabewerte einer anderen Aktion, ist ein Dialog über diese Anwendungen möglich. Voraussetzung hierfür ist natürlich, dass dies vom Dialogmanager unterstützt wird. Ein fiktiver Dialogmanager könnte die Schnittstelle zum semantischen Taskmanager wie folgt nutzen (die eingerückten Zeilen bedienen die Schnittstelle zum Dialogmanager):

U: „Suche ein italienisches Restaurant in Ulm"
`IN: Restaurant suchen, Stadt[Ulm], Küche[italienisch]`
`OUT: Name[Ulmia], Telefonnummer[0731-229], Adresse[Platz 1]`
S: „Ich habe die Pizzeria Ulmia gefunden"
U: „Rufe die Pizzeria an"
`IN: anrufen`
<Telefongespräch>
U: „Navigiere mich dorthin"
`IN: navigieren, Adresse[Platz 1]`

Die jeweiligen Nutzeräußerungen müssen in die richtigen semantischen Werte interpretiert werden, was nicht Teil dieses Beitrags ist. Ebenso muss die Ausgabe des Taskmanagers in eine akustische Ausgabe für den Nutzer überführt werden.

4 Implementierung semantischer Taskmanager

Eine Proof-of-Concept-Implementierung soll zeigen, ob das Konzept, wie beschrieben in Abschnitt 3, in einem SDS umzusetzen ist. Hierbei soll nicht nur die technische Machbarkeit nachgewiesen werden, sondern auch die Systemantwortzeit. In der Mensch-Computer-Interaktion ist die Systemantwortzeit ein entscheidender Faktor bezüglich Produktiviät und Zufriedenheit [11]. Shneiderman definiert eine Antwortzeit unter einer Sekunde als zufriedenstellend. Heutzutage wird allerdings eine sofortige Systemantwort oftmals vorausgesetzt, weshalb wir an den Taskmanager die Anforderung stellen unter 50ms zu antworten. In der gesamten Prozessarchitektur des SDS, benötigen andere Module schließlich auch Zeit für die Verarbeitung.

Die semantische Beschreibung von Anwendungen und der Ontologie sollen einfach zu verarbeiten und zwischen Geräten austauschbar sein. Das **R**esource **D**escription **F**ramework (RDF) bietet die Möglichkeit, Beschreibungen mit Subjekt-Prädikat-Objekt in XML zu definieren. Durch die Erweiterbarkeit von Relationstypen lassen sich unsere Abbildungen in die Ontologie definieren. Zum Interpretieren, Instanziieren und Zusammensetzen von RDF-Dokumenten bietet sich die Java Bibliothek Jena [5] an.

Die Proof-of-Concept-Implementierung beinhaltet den semantischen Taskmanager in Java und eine Simulationsumgebung für einen funktionalen Test, sowie einen Leistungstest. Es wurden Anwendungen, wie eine Hotelanwendung, Suchanfrage und Wettervorhersage simuliert. Das nachfolgende Kapitel gibt Aufschluss über die Ergebnisse, die mit der Implementierung erzielt werden konnten.

5 Evaluation, Diskussion und Ausblick

Auf Basis der Proof-of-Concept-Implementierung soll die Machbarkeit und der Einsatz in einem SDS nachgewiesen werden. Hierfür dient die Simulationsumgebung, die ein dynamisches Nachladen von RDF-Dokumenten erlaubt und ein Überblick über das resultierende Taskmodell liefert. Zusätzlich werden Aktionsliste und Wertehistorie dargestellt. Es konnte gezeigt werden, dass die Umsetzung mit RDF und Jena prinzipiell möglich ist, bezüglich der Aktionsliste allerdings Schwächen zeigt. Durch die implizite Kontextdefinition über Ein- und Ausgabewerte ist es nur möglich, Aktionssequenzen auszuführen, die über diese Werte verbunden sind. Dies kann gelöst werden, indem alle Aktionen in der Aktionsliste aufgeführt werden und eine feinere Abstufung über die Übergangswahrscheinlichkeit vorgenommen wird. Z.B. über ein Modell, das andere Anwendungen oder kontextuelle Werte wie Nutzerpräferenzen berücksichtigt.

Wie bereits erwähnt, sind die Antwortzeiten im Mensch-Maschine-Dialog entscheidend für die Produktivität und Zufriedenheit der Nutzer. Somit ist zu testen, ob das vorgestellte Konzept eine zufriedenstellende Antwortzeit ermöglicht. Hierfür wurde der Taskmanager einem Leistungstest unterzogen. Drei Faktoren haben Einfluss auf die Antwortzeit: Anzahl der Ein-/Ausgabewerte, Aktionsausführung im Backend und die Größe des Taskmodells. Die Anzahl der Ein-/Ausgabewerte hat linearen Einfluss auf die Antwortzeit, da für jeden Wert eine Suche im semantischen Netz stattfindet und muss somit im Leistungstest nicht variiert werden. Die Aktionsausführung im Backend, wie zum Beispiel eine Webservice-Anfrage, ist mit oder ohne Taskmanager notwendig und muss daher nicht im Test berücksichtigt werden. Es muss somit lediglich die Größe des Taskmodells variiert werden, um eine Aussage zu treffen in wie weit sich das Konzept für Infotainmentsysteme mit mehreren Anwendungen einsetzen lassen würde. Hierfür wurden automatisch RDF-Dokumente generiert, die bis zu 25000 Aktionen beinhalten und über Ein-/Ausgabewerte verbunden werden können. Das Ergebnis der mittleren Antwortzeit über 25000 Durchgänge, sowie die Maxima sind Abbildung 3 zu entnehmen (ermittelt mit Intel Core i5, 3.2Ghz, 4GB, 64Bit Win7 Sp1). Im Mittel liegen alle Werte unter 10ms und sind somit für ein SDS tragbar. Sollte eine Antwort im Ausnahmefall bis zu einer halben Sekunde (15000 Aktionen, 448ms) dauern, ist dies ebenso akzeptabel.

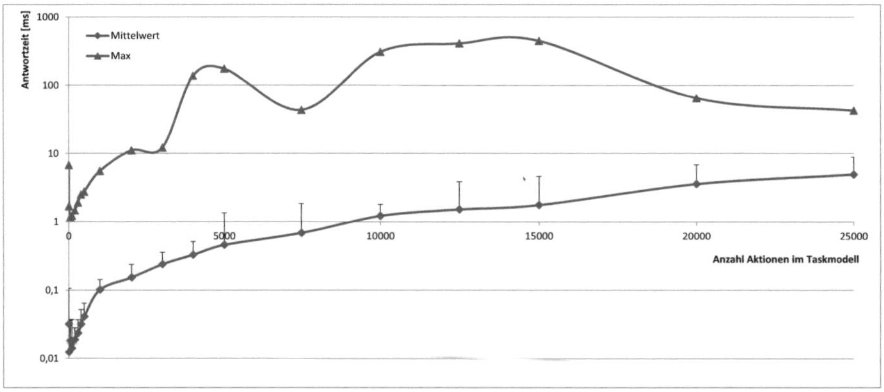

Abbildung 3 - Analyse der Antworzeit in Abhängigkeit von der Anzahl der Aktionen im Taskmodell

Im vorliegenden Beitrag zeigten wir, wie sich ein semantischer Taskmanager für Taskwechsel implementieren lässt. Derzeit erfolgt die Nutzung des semantischen Netzes nur sehr rudimentär, ähnlich einer Klassenhierarchie. In Zukunft müssen noch weitere Beziehungsarten untersucht und nicht nur ein eindeutiges Wertemapping implementiert werden, sondern auch Abbildungen über Inferenz im semantischen Netz. Dies mag einerseits über Abstraktions- und Konkretisierungsrelationen geschehen, andererseits aber auch über semantische Ähnlichkeit (z.B. mit Tverskys Modell [12]). Weiterhin muss untersucht werden, wie das Taskmodell und die Implementierung sich mit großen, realen Ontologien verhält und wie fein granular diese sein müssen. Nach erfolgreicher Integration in ein SDS soll ein Nutzertest zeigen, ob ein Einsatz hinsichtlich Usability-Gesichtspunkten sinnvoll erscheint.

6 Zusammenfassung

Im vorliegenden Beitrag wurde ein semantischer Taskmanager vorgestellt, der Dialoge mit Taskwechsel ermöglicht. Durch die semantische Beschreibung von Anwendungen und einer globalen Ontologie wird ein Informationsaustausch zwischen Anwendungen möglich. Auf Basis von Ein- und Ausgabewerten wird eine Prädiktion der im Kontext sinnvollen Aktionen über eine Aktionsliste, sowie eine Historie an Werten, dem Dialogmanager zur Verfügung gestellt. Die Proof-of-Concept-Umsetzung zeigt, dass eine Antwortzeit von weniger als 10ms im Mittel möglich ist und daher ein Einsatz im SDS denkbar wäre, allerdings weitere Untersuchungen bezüglich der Granularität der Ontologie erforderlich sind. Weitergehend soll untersucht werden, wie Inferenzen im semantischen Taskmodell bei der Werteübergabe genutzt werden könnten, um ein Mapping über Relationen innerhalb der Ontologie zu ermöglichen.

Acknowledgments

The work presented here was funded by GetHomeSafe (EU 7th Framework STREP 288667).

Literatur

[1] Carstensen, K.-U., C. Ebert, C. Ebert, S. Jekat, R. Klabunde und H. Langer: *Computerlinguistik und Sprachtechnologie*. Spektrum, Akad. Verl., 2010.

[2] Fromkin, V., R. Rodman und N. Hyams: *An Introduction to Language*. Rosenberg, Michael, 2003.

[3] Lee, I., S. Kim, K. Kim, D. Lee, J. Choi, S. Ryu und G. Lee: *A Two-Step Approach for Efficient Domain Selection in Multi-Domain Dialog Systems*. In: Mariani, J., S. Rosset, M. Garnier-Rizet und L. Devillers (Hrsg.): *Natural Interaction with Robots, Knowbots and Smartphones*. Springer NY, 2014.

[4] Maciej, J. und M. Vollrath: *Comparison of manual vs. speech-based interaction with in-vehicle information systems*. Accident Analysis and Prevention, 41(5):924 – 930, 2009.

[5] McBride, B.: *Jena: Implementing the RDF Model and Syntax Specification*. In: *SemWeb*, 2001.

[6] National Highway Traffic Safety Administration: *Distracted Driving 2011*. Techn. Ber., 2013.

[7] Passin, T. B.: *Explorer's Guide to the Semantic Web*. Manning, Greenwich, 2004.

[8] Rao, J., P. Kungas und M. Matskin: *Logic-based Web services composition: from service description to process model*. In: *Web Services, 2004. Proceedings. IEEE International Conference on*, 2004.

[9] Reichel, S., A. Berton, U. Ehrlich und M. Weber: *Semantische Anwendungsmodellierung und Nutzermodelle: Anforderungen an einen sprachlich zu bedienenden persönlichen Assistenten im dynamischen Systemumfeld*. In: *24. Konferenz zur Elektronischen Sprachsignalverarbeitung*, Bielefeld, 2013.

[10] Reithinger, N., J. Alexandersson, T. Becker, A. Blocher, R. Engel, M. Löckelt, J. Müller, N. Pfleger, P. Poller, M. Streit und V. Tschernomas: *SmartKom: Adaptive and Flexible Multimodal Access to Multiple Applications*. In: *Multimodal interfaces*, New York, 2003.

[11] Shneiderman, B.: *Response Time and Display Rate in Human Performance with Computers*. ACM Comput. Surv., 16(3), 1984.

[12] Tversky, A.: *Features of similarity*. In: *Psychological Review*, Bd. 84. 1977.

[13] Weng, F., B. Yan, Z. Feng, F. Ratiu, M. Raya, B. Lathrop, A. Lien, S. Varges, R. Mishra, F. Lin, M. Purver, H. Bratt, Y. Meng, S. Peters, T. Scheideck, B. Raghunathan und Z. Zhang: *CHAT to your destination*. In: *In Proceedings of 8th SIGdial Workshop on Discourse and Dialogue*, 2007.

[14] Zhang, R., I. B. Arpinar und B. Aleman-Meza: *Automatic Composition of Semantic Web Services.*. In: *ICWS*, Bd. 3, 2003.

Evaluation von Nutzersimulationen anhand eines Ähnlichkeitsmasses für Dialogkorpora

Stefan Hillmann

stefan.hillmann@tu-berlin.de
Telekom Innovation Laboratories, Technische Universität Berlin

Kurzfassung: Mittels einer Leave-One-Out-Kreuzvalidierung werden Klassifikatoren auf ihre Leistungsfähigkeit bei der Klassifizierung von Dialogen getestet. Die Klassifikation erfolgt mittels Distanzmaßen, welche auf Dialogakt-basierte N-Gramm-Modelle von Dialogen und Dialogkorpora angewendet werden. Die Kreuzvalidierung dient dazu den optimalen Klassifikator für vorhandene Daten zu bestimmen. Die Konfiguration des Klassifikators wird dann dafür genutzt, die Unterschiede zwischen Dialogkorpora zu bestimmen. Die Methode kann u. a. dazu verwendet werden, die Simulation von Dialogverläufen zu bewerten.

1 Einleitung

Mit Hilfe der Simulation von Dialogverläufen können in der Mensch-Maschine-Interaktion Aspekte der Usability von Sprachdialogsystemen automatisiert evaluiert werden. Dazu werden die simulierten Dialoge hinsichtlich relevanter Interaktionsparameter, wie z. B. Aufgabenerfolg, Dialoglänge, Konzeptfehlerrate oder Grad der Abweichung vom optimalen Lösungsweg, untersucht. Anhand der Analyseergebnisse kann die Usability des Systems bewertet werden, ohne dass eine Untersuchung mit realen Nutzern durchgeführt wird.

Voraussetzung dafür ist, dass die simulierten Dialogverläufe den Verläufen aus realen Interaktionen – zumindest hinsichtlich der zu analysierenden Interaktionsparameter – hinreichend ähnlich sind. In dieser Arbeit soll ein Verfahren vorgestellt werden mit dem der Unterschied zwischen zwei Korpora von Dialogen bestimmt werden kann. Für zwei Dialogkorpora, die mit verschiedenen Simulationen erzeugt wurden ist es dann möglich zu entscheiden, welcher einem empirisch erhobenen Dialogkorpus ähnlicher ist. Dies erlaubt eine Bewertung und Ordnung der Simulationswerkzeuge anhand der gemessenen Ähnlichkeit zu realen Dialogen.

In Abschnitt 2 werden zunächst die Grundlagen zur Bildung von N-Gramm-Modellen auf Basis von Dialogakten vorgestellt. Dann werden verschiedene Distanzmaße eingeführt die genutzt werden können, um den Unterschied zwischen zwei N-Gramm-Modellen zu bestimmen. Wie die Distanzmaße objektiv bewertet werden können, indem sie als Klassifikator verwendet werden, und wie sie zum Messen von Unterschieden eingesetzt werden können ist in Abschnitt 3 beschrieben. Die erzielten Resultate werden in Abschnitt 4 vorgestellt. Schließlich werden in Abschnitt 5 die Eigenschaften der Distanzmaße und die Resultate diskutiert und eine Ausblick auf die kommenden Arbeiten gegeben.

2 Methodische Grundlagen

Eine Übersicht verschiedener Ansätzen zur Evaluierung von Nutzersimulationen gibt [7]. Pietquin und Hastie nennen dort u. a. die Nutzung von N-Gramm-Modellen und deren Vergleich mittels Kullback-Leibler Divergenz. In [3] werden auf Basis von Dialogakten N-Gramme gebildet, die jedoch nicht der Evaluation dienen. Vielmehr wird das resultierende N-Gramm-Modell direkt als Nutzermodell zur Simulation von Dialogverläufen verwendet. Ein weiterer Ansatz zum Vergleich von Nutzersimulationen ist in [10] beschrieben. Williams vergleicht dort allerdings nur die Auftretenswahrscheinlichkeit von Dialogakten, aber betrachtet nicht deren zeitliche Abfolge.

2.1 Erzeugung von N-Gramm-Modellen auf Basis von Dialogakten

Dialoge können als Sequenzen von Dialogakten betrachtet und in Teilsequenzen der Länge n zerlegt werden. Für ein entsprechend annotiertes Dialogkorpus kann auf Basis dieser Teilsequenzen ein N-Gramm-Modell berechnet werden. Ein Dialogschritt teilt sich in die Äußerung eines Dialogpartners und die Antwort des anderen Partners darauf. Bei den hier verwendeten N-Grammen, besteht ein Unigramm (n=1) aus genau einem solchen Schritt; ein Trigramm (n=3) aus 3 Dialogschritten. Ein Trigramm enthält Informationen aus 6 alternierenden Äußerungen (3 pro Dialogteilnehmer), die in ihrer zeitlichen Abfolge angeordnet sind. Für den hier beschriebenen Ansatz ist hervorzuheben, dass die Elemente eines N-Gramms Eigenschaften von einem Dialogakt (Akttyp, verwendete Konzepte) widerspiegeln und nicht direkt aus den konkreten textuellen Äußerungen erzeugt werden.

Das N-Gramm-Modell eines Dialogs oder Dialogkorpus beschreibt für jedes seiner N-Gramme wie häufig es auftritt, wobei im Folgenden immer von der relativen Häufigkeit ausgegangen wird. In diesem Fall, kann ein N-Gramm-Modell als Vektor von rationalen Zahlen dargestellt werden. Die Position eines Wertes im Vektor entspricht einem konkreten N-Gramm, der Wert selber der relativen Häufigkeit dieses N-Gramms im Korpus.

2.2 Glättung eins N-Gramm-Modells

Vor dem Vergleich von zwei N-Gramm-Modellen müssen aus Beiden zwei neue Modelle erstellt werden, welche jeweils die Vereinigungsmenge der N-Gramme aus den ursprünglichen Modellen enthalten. Durch diesen Vorgang kann die Auftretenswahrscheinlichkeit (p) eines N-Gramms in einem der neuen Modelle 0 betragen. Diese 0-Werte müssen durch eine geeignetes Verfahren auf einen Wert $p > 0$ angepasst werden, mit der Bedingung, dass die Summe aller Wahrscheinlichkeiten in einem Modell weiterhin 1 beträgt. Im Rahmen der hier beschriebenen Arbeiten wurde dafür die Laplace Glättung [1] (s. Gl. 1) verwendet.

$$p_\lambda(x_i) = \frac{|x_i| + \lambda}{|X| + \lambda N} \tag{1}$$

$p_\lambda(x_i)$ entspricht der Wahrscheinlichkeit, dass das i-te N-Gramm x_i in dem Modell m auftritt. Dabei ist $|x_i|$ die absolute Häufigkeit von x_i in m, $|X|$ die Anzahl aller N-Gramme in m und N die Anzahl der voneinander verschiedene N-Gramme in m. λ ist ein frei gewählter Parameter größer 0 (z. B. $0,5$).

2.3 Messung der Ähnlichkeit von N-Gramm-Modellen

Mit jedem der nachfolgend vorgestellten Maße kann die Ähnlichkeit von zwei Vektoren P und Q berechnet werden, welche z. B. aus den N-Gramm-Modelle m_P und m_Q bestimmt wurden. Die Dimensionen von P und Q müssen in jedem Fall gleich sein, und Werte an der gleichen Position, sich auf das selbe N-Gramm beziehen.

Die Kosinusähnlichkeit [8] (s. Gl. 2) ist ein geometrisch motiviertes Maß und entspricht dem Winkel zwischen zwei Vektoren. Für sie gilt im Allgemeinen $-1 \leq cd(P||Q) \leq 1$, bei der Anwendung auf N-Gramm-Modelle kann das Intervall jedoch auf $0 \leq cd(P||Q) \leq 1$ eingegrenzt

[1] Auch als Laplace smoothing oder additive smoothing bekannt.

werden. Dies ist möglich, da ein N-Gramm nicht weniger häufig als 0 mal in einem Korpus auftreten kann, weshalb P und Q hier keine negativen Werte enthalten können. Im Folgenden wird die, auf der Kosinusähnlichkeit basierende, Kosinusdistanz (s. Gl. 3) verwendet, bei welcher 0 völlige Übereinstimmung und 1 maximaler Unterschied bedeutet. Die Kosinusdistanz ist kommutativ, d. h. es gilt $cd(P||Q) = cd(Q||P)$.

Die Kullbak-Leibler Divergenz [5] (KLD, s. Gl. 4) berechnet den Unterschied zwischen zwei Wahrscheinlichkeitsverteilungen und wurde bereits, z. B. in [10, S. 39] sowie [7, S. 68], zur Bewertung von Nutzermodellen eingesetzt. Ein entscheidendes Merkmal der KLD ist, dass sie *nicht* kommutativ ist, d. h. $kld(P||Q) = kld(Q||P)$ gilt nicht zwingend.

Um ein echtes Distanzmaß zu erhalten, können die Mittlere Kullback-Leibler Divergenz [7, S. 62] (mKLD, s. Gl. 5) oder auch die Symmetric Kullback-Leibler Divergenz [1, S. 309] (sKLD, s. Gl. 6) verwendet werden, die beide kommutativ sind. Da allerdings gilt dass $sKLD(P||Q) = 2 * mKLD(P||Q)$, wird hier nur die mKLD weiter betrachtet.

Für die KLD gilt $0 \leq kld(P||Q) < \infty$ und je größer $kld(P||Q$ ist, um so unähnlich sind sich P und Q. Beides gilt analog für die mKLD und die sKLD

Die Jensen Differenzen Distanz [9] (JD, s. Gl. 7) bestimmt ebenfalls den Unterschied zwischen zwei Wahrscheinlichkeitsverteilungen. Sie ist ist kommutativ und es gilt $0 \leq jd(P||Q) \leq 1$.

Kosinusähnlichkeit
$$cs(P||Q) = \frac{\sum_{i=1}^{n} p_i q_i}{\sqrt{\sum_{i=1}^{n} p_i^2 \sum_{i=1}^{n} q_i^2}} \tag{2}$$

Kosinusdistanz
$$cd(P||Q) = 1 - cs(P||Q) \tag{3}$$

Kullback-Leibler Divergenz (KLD)
$$kld(P||Q) = \sum_{i=1}^{n} p_i \ln\left(\frac{p_i}{q_i}\right) \tag{4}$$

Mittlere KLD
$$mkl(P||Q) = \frac{kl(P||Q) + kl(Q||P)}{2} \tag{5}$$

Symmetric KLD
$$skl(P||Q) = \sum_{i=1}^{n} (p_i - q_i) \ln\left(\frac{p_i}{q_i}\right) \tag{6}$$

Jensen Differenzen Distanz
$$jd(P||Q) = \sum_{i=1}^{n} \frac{p_i \ln(p_i) + q_i \ln(q_i)}{2} - \frac{p_i + q_i}{2} \ln\left(\frac{p_i + q_i}{2}\right) \tag{7}$$

3 Bewertung der Distanzmaße und ihre Anwendung

Für die in diesem und den folgenden Abschnitten beschriebenen Arbeiten, wurden Dialoge verwendet die zum einen empirisch erhoben und zum anderen mittels Simulationen erzeugt wurden. Die Simulationen erfolgten mit zwei verschiedenen Aufgabenmodellen welche unterschiedlich realistische Dialoge (im Sinne der Ähnlichkeit zu den Dialogen aus einem empirischen Experiment) erzeugten. Sowohl der empirische Datensatz als auch die beiden Simulation mit unterschiedlichen Aufgabenmodellen sind in [4] beschrieben. Der einzige Unterschied ist, dass in der aktuellen Arbeit auch Dialoge aus der fünften Aufgabenstellung (vgl. [4, S. 25]) der ursprünglichen Studie verwendet wurden.

3.1 Objektive Bewertung der Distanzmaße

In diesem Abschnitt wird beschrieben, wie die oben vorgestellten Distanzmaße durch ihre Leistung als Klassifikator bewertet werden können. Ein Klassifikator wurde jeweils mit einem

Quelle	Kriterium	Kürzel	Anzahl Dialoge	Anzahl Dialogschritte
Simulation	besseres Aufgabenmodell	sb	1.580	12.456
	schlechteres Aufgabenmodell	sw	1.580	10.297
Experiment	kurze Dialoge	si	49	137
	lange Dialoge	li	49	1.132
	Aufgabenziel erreicht	ts	123	1.286
	Aufgabenziel nicht erreicht	tf	73	715
	Worterkennungsrate 100 %	w1	99	787
	Worterkennungsrate 60 %	w6	17	290

Tabelle 1 - Kriterien anhand derer die Testkorpora zusammengestellt wurden. Aus den Simulationen wurden jeweils alle erzeugten Dialoge verwendet.

konkreten Distanzmaß, einem Wert für n (1–8) und einem Wert für den Glättungsfaktor λ ($0,05$, $0,25$ oder $0,5$; s. Abschnitt 2.2) konfiguriert. Jeder dieser Konfigurationen wurde auf einer Reihe von Dialogkorpora getestet, die aus dem emprischen (196 Dialoge mit insgesamt 2001 Dialogschritten) und den simulierten Dialogen extrahiert wurden.

Die Kriterien zur Auswahl von Dialogen sind in Tabelle 1 gelistet und werden nachfolgend kurz beschrieben. In der Tabelle angegebene Kürzel werden auch in den nachfolgenden Tabellen wieder verwendet.

Die Simulation mit dem besseren Aufgabenmodell erzeugte realistischere Dialogverläufe, als die mit dem schlechteren Aufgabenmodell. Zur Ermittlung der kurzen und langen Dialoge wurden alle Dialoge des empirischen Korpus nach ihrer Dialoglänge (Anzahl Dialogschritte) aufsteigend sortiert und jeweils die Ersten und Letzten 25 % der so geordneten Dialoge verwendet. Bei der Auswahl anhand der Erreichung Aufgabenziels (s. [4, S.27]) durch den Nutzer, wurden all Dialoge verwendet und jeweils genau einer der beiden Möglichkeiten (Aufgabenziel erreicht oder nicht erreicht) zugeordnet. Das empirische Korpus enthält Dialoge die bei unterschiedlichen Worterkennungsraten (60 %, 70 %, 80 %, 90 % und 100 %) des Testsystems (BoRIS, [6, S. 241–44 und S. 252–255]) erhoben wurden. In der aktuellen Arbeit wurden alle Dialoge verwendet, die in der damaligen Untersuchung bei einer Worterkennungsrate von 60 % bzw. 100 % erhoben wurden. Das Ziel bei der Auswahl über die Kriterien war es jeweils zwei Teilkorpora von Dialogen zu erhalten, die sich anhand der Dialogverläufe der enthaltenen Dialoge möglichst weit unterscheiden.

Für jede der 96 Kombination aus Distanzmaß, n und λ wurde ein Klassifikator trainiert und mittels Leave-One-Out-Kreuzvalidierung bewertet. Das Training fand jeweils mit den Korpora von korrespondierenden Kriterien (z. B. kurze und lange Dialoge) statt. Konkret wurden die vier Korpuspaarungen (sb, sw), (si, li), (ts, tf) und (w1, w6) verwendet. Training bedeutet hier, dass für die beiden Kopora das N-Gramm-Modell mit den entsprechenden Werten für n und λ erzeugt und dann dem Klassifikator zugeordnet wurden.

Im Rahmen der Leave-One-Out-Kreuzvalidierung erfolgte das Training mit allen Dialogen der Kopruspaarung, außer dem einen Ausgelassenen. Der verbliebene Dialog wurde dann mittels des trainierten Klassifikators einer der beiden trainierten Klassen (z. B. langer Dialog oder kurzer Dialog) zugeordnet. Dies wurde für jeden Dialog in den beiden verwendeten Korpora wiederholt. Für die eigentliche Klassifikation eines Dialogs, wurde zunächst der Abstand des Dialoges zu den beiden trainierten Klassen (Kriterien) mittels des jeweiligen Distanzmaßes berechnet. Der Dialog wurde dann der Klasse, zu der er den geringeren Abstand hatte, zugeordnet. Die Leistung des Klassifikators wurde mit Hilfe des F-Maßes anhand der Werte für richtig-positive (tp), falsch-positive (fp) und falsch-negative(fn) Zuordnung, summiert über alle Validierungsläufe, bestimmt. Das F-Maß wurde anhand der Formel $F_{tp,fp} = (2*tp)/(2*tp+fp+fn)$ ([2, S. 51]) berechnet. Die Ergebnisse der Validierung sind in Tabelle 2 gelistet, welche im Abschnitt 4 weiter erläutert wird.

3.2 Berechnung von Unterschieden zwischen Korpora

Für jede der 96 Kombination aus Distanzmaß, n und λ wurde der der Abstand zwischen den folgenden Dialogkorpora berechnet: (a) kurze und lange Dialoge, (b) erfolgreiche und nicht erfolgreiche Dialoge, Dialoge bei 100 % und 60 % Worterkennungsrate, und schließlich zwischen dem kompletten empirischen Korpus und (d) dem Korpus der guten sowie (e) dem der schlechten Simulation. Eine Auswahl der erhaltenen Resultate ist in Tabelle 3 aufgeführt. Eine weitergehende Betrachtung der Resultate gibt auch hier Abschnitt 4.

4 Resultate

Abschnitt 2 stellt Methoden vor, deren Anwendung auf vorhandene Daten in Abschnitt 3 gezeigt wird. Im Folgenden werden die Resultate, der im vorhergehenden Abschnitt vorgestellten Arbeiten, beschrieben und erläutert. Die Werte in den Tabellen 2 und 3 sind aus Platzgründen nur bis zur zweiten Nachkommastelle angegeben.

Wie oben beschrieben, wurden die Distanzmaße wurden zunächst als Klassifikator verwendet und ihre Klassifikationsleistung mittels Leave-One-Out-Kreuzvalidierung und der Berechnung des $F_{tp,fp}$-Maßes bewertet. Tabelle 2 stellt die $F_{tp,fp}$-Werte für jede der verwendeten Kombinationen einander gegenüber. Die erste Spalte der Tabelle gibt das Kriterium (s. auch Tabelle 1) an, welches der Klassifikator erkennen sollte. Je Kriterium sind die 4 Maße in der zweiten Spalte angegeben. In der ersten Zeile der Tabelle ist der Wert für n bei der Zerlegung der Dialoge in N-Gramme angegeben. Die zu einem Wert für n gehörenden Spalten sind jeweils grau oder weiß hinterlegt. In der zweiten Zeile ist der Wert des verwendeten Faktors bei der Glättung des N-Gramm-Modells (s. Abschnitt 2.2) angeben. Die verwendeten Werte sind: λ_k=0,05, λ_m=0,25 und λ_g=0,5. Bei den leeren Zellen der Tabelle ergab sich für $F_{tp,fp}$ ein Wert von 0. In jeder Zeile ist jeweils der höchste Wert für den jeweiligen Klassifikator (in Abhängigkeit von n und λ) **fett** hervorgehoben. Eine Umrandung markiert pro Kriterium der Dialogauswahl den $F_{tp,fp}$-Wert des besten Klassifikators, also den mit dem höchsten $F_{tp,fp}$-Wert. Sind in dem Block zu einem Kriterium mehrere Werte umrandet, waren diese exakt gleich, auch über die zweite Nachkommastelle hinaus.

Die Distanzen zwischen zwei Korpora wurden, wie in Abschnitt 3.2 beschrieben, mit allen Klassifikatoren berechnet. Tabelle 3 zeigt die Ergebnisse der Distanzberechnung mit der Konfiguration der jeweils besten Klassifikators (Kombination von Distanzmaß sowie Werte für n und λ). Zwischen welchen Korpora die Distanz berechnet wurde gibt jeweils die Spalte P,Q an (s. Tabelle 1). Korrespondierende Werte für die berechnete Distanz (Tabelle 3) und dem $F_{tp,fp}$-Wert des verwendeten Klassifikators sind mit dem gleichen (tiefgestellten) Index versehen. Die Spalten λ und n geben eben diese Werte bei der Berechnung der N-Gramm-Modelle wieder. Die Werte für λ sind wieder: $k = 0,05$, $m = 0,25$ und $g = 0,5$. Für Klassifikatoren, die bei mehreren Konfigurationen den gleichen besten $F_{tp,fp}$-Wert erreichten, sind die Distanzen für all diese Kombinationen angegeben. Die beiden Zeilen mit grauer Textfarbe werden in der Diskussion gesondert besprochen.

n		1			2			3			4			5			6			7			8		
l		λ_k	λ_m	λ_g	λ_k	λ_m	λ_g	λ_k	λ_m	λ_g	λ_k	λ_m	λ_g	λ_k	λ_m	λ_g	λ_k	λ_m	λ_g	λ_k	λ_m	λ_g	λ_k	λ_m	λ_g
ts	c	,58$_{1}$	,58	,55	,58	,45	,39	,44	,33	,23	,49	,25	,16	,37	,23	,05	,32	,09		,26			,19		
	j	**,54**$_{2}$	,44	,3	,4	,15	,03	,3	,08		,24	,02		,23			,16			,13			,05		
	k	**,56**$_{3}$	,33	,16	,44	,14		,37	,05		,28	,03		,28	,02		,28			,26			,22		
	m	**,56**$_{4}$	,42	,24	,4	,15	,03	3	,08		,25			,24			,2			,17			,09		
tf	c	,5	,5	,5	,52	,52	,54	53	,57	,57	,52	,56	,55	,42	**,57**$_{5}$	,55	,47	,56	,54	,44	,54	,54	,45	,54	,54
	j	,55	,57	**,57**$_{6}$	,55	,56	,54	,55	,55	,54	,56	,54	,54	,57	,54	,54	,56	,54	,54	,54	,54	,54	,53	,54	,54
	k	,55	**,58**$_{7}$	,55	,54	,56	,54	,53	,54	,54	,51	,54	,54	,51	,54	,54	,51	,54	,54	,46	,54	,54	,46	,54	,54
	m	,55	,59$_{8}$	,56	,53	,55	,54	,55	,55	,54	,55	,54	,54	,56	,54	,54	,56	,54	,54	,53	,54	,54	,52	,54	,54
li	c	,98	,97	,97	,99	1$_{9}$	1$_{10}$	,38	,88	,91	,5	,57	,75	,32	,56	,78	,25	,59	,83	,2	,6	,77	,25	,63	,72
	j	,98	**,99**$_{11}$	,97	,98	,89	,63	,83	,59	,41	,27	,41	,39	,21	,52	,57	,24	,74	,83	,27	,75	,74	,35	,71	,67
	k	**,99**$_{12}$	,98	,91	,98	,9	,53	,89	,61	,33	,3	,39	,31	,28	,46	,53	,22	,66	,78	,27	,71	,74	,3	,71	,67
	m	,96	**,98**$_{13}$	,95	,94	,89	,59	,81	,61	,44	,29	,41	,39	,25	,5	,56	,22	,7	,82	,27	,73	,73	,34	,7	,67
si	c	,98	,97	,97	,99	1$_{9}$	1$_{10}$	,9	,9	,92	,74	,77	,83	,69	,76	,83	,64	,76	,85	,57	,67	,66	,56	,66	,51
	j	,98	**,99**$_{11}$	,97	,98	,91	,78	,86	,77	,73	,69	,73	,72	,61	,74	,77	,55	,76	,79	,33	,59	,42	,1	,28	
	k	**,99**$_{12}$	,98	,92	,98	,92	,75	,9	,78	,71	,59	,72	,71	,53	,71	,75	,45	,67	,68	,3	,46	,42	,07	,28	
	m	,96	**,98**$_{13}$	,95	,94	,91	,77	,85	,78	,73	,67	,73	,72	,56	,74	,76	,54	,74	,8	,31	,57	,41	,12	,28	
w1	c	,57$_{14}$	,57$_{15}$	,57$_{16}$	,57$_{17}$	,53	,51	,43	,33	,26	,48	,27	,26	,35	,26	,26	,24	,26	,26	,22	,26	,26	,24	,26	,26
	j	,57$_{18}$	,47	,35	,47	,28	,26	,35	,27	,26	,3	,26	,26	,28	,26	,26	,26	,26	,26	,26	,26	,26	,25	,26	,26
	k	**,48**$_{19}$	,31	,26	,47	,28	,26	,35	,27	,26	,31	,26	,26	,3	,26	,26	,26	,26	,26	,24	,26	,26	,23	,26	,26
	m	**,51**$_{20}$	,42	,3	,51	,32	,26	,34	,27	,26	,31	,26	,26	,3	,26	,26	,27	,26	,26	,26	,26	,26	,25	,26	,26
w6	c	,89	,89	,89	,91$_{17}$	,87	,83	,87	,62	,17	87	,17		,76	,02		,52			,28			,26		
	j	**,89**$_{18}$	,78	,57	,81	,28	,04	,62	,11		,34			,23			,04			,06			,06		
	k	**,86**$_{19}$	,51	,15	,81	,28	,04	,69	,17		,51	,02		,39	,02		,29			,21			,16		
	m	**,88**$_{20}$	,71	,41	,83	,42	,04	,67	,13		,39	,02		,31			,13			,06			,06		
sb	c	.57	.56	.52	.58	.6	.66	.63	.69	.69	.54	.69$_{21}$	.67	.61	.69	.67	.58	.68	.67	.58	.67	.67	.57	.65	.67
	j	.5	.29	.18	.42	.36	.34	.44	.39	.39	.51	.67	**.68**$_{22}$	.63	.68	.67	.68	.67	.67	.68	.67	.67	.67	.67	.67
	k	.3			.34	.06	.01	.36	.1	.01	.38	.2	.03	.4	.26	.11	.54	**.68**$_{23}$	.68	.65	.67	.67	.66	.67	.67
	m	.42	.15	.03	.41	.3	.26	.45	.4	.39	.64	**.69**$_{24}$	.68	.68	.67	.67	.68	.67	.67	.67	.67	.67	.67	.67	.67
sw	c	.63	.64	**.66**$_{25}$	.65	.64	.56	.6	.53	.47	.52	.52	.07	.48	.38		.46	.37		.46	.37		.46	.46	.01
	j	.66	.7	.69	.7	.72	.71	.71	.72	.72$_{26}$	.69	.49	.2	.58	.09		.32			.13			.06		
	k	.69	.67	.67	**.71**$_{27}$	.67	.67	.71	.68	.67	.71	.69	.67	.69	.7	.68	.63	.4	.13	.35			.18		
	m	.67	.68	.67	.7	.71	.7	.71	.71	**.72**$_{28}$	.58	.45	.11	.47	.01		.28			.09			.05		

Tabelle 2 - Gegenüberstellung der Werte des $F_{tp,fp}$-Maßes der Klassifikatoren unter verschiedenen Bedingungen. Abkürzungen in Spalte 2: c = Kosinusmaß, j = Jensen Differenzen Distanz, k = Kullback-Leibler Divergenz, m = Mittlere Kullback-Leibler Divergenz.

Kosinus				Jensen				Kullback-Leibler				Mittlere K.-L.			
P, Q	λ	n	D	P, Q	λ	n	D	P, Q	λ	n	D	P, Q	λ	n	D
ts, tf	k	1	,05$_{1}$	ts, tf	k	1	,03$_{2}$	ts, tf	k	1	,14$_{3}$	ts, tf	k	1	,14$_{4}$
ts, tf	m	5	,12$_{5}$	ts, tf	g	1	,03$_{6}$	ts, tf	m	1	,12$_{7}$	ts, tf	m	1	,12$_{8}$
li, si	m	2	,69$_{9}$	li, si	m	1	,25$_{11}$	li, si	k	1	1,49$_{12}$	li, si	m	1	1,29$_{13}$
li, si	g	2	,68$_{10}$												
w1, w6	k	1	,15$_{14}$	w1, w6	k	1	,062$_{18}$	w1, w6	k	1	,29$_{19}$	w1, w6	k	1	,29$_{20}$
w1, w6	m	1	,14$_{15}$												
w1, w6	g	1	,14$_{16}$												
w1, w6	k	2	,27$_{17}$												
ex, sb	m	4	,8$_{21}$	ex, sb	g	4	,46$_{22}$	ex, sb	m	6	3,19$_{23}$	ex, sb	m	4	4,04$_{24}$
ex, sw	m	4	,85	ex, sw	g	4	,47	ex, sw	m	6	3,38	ex, sw	m	4	4,22
ex, sw	g	1	,57$_{25}$	ex, sw	g	3	,52$_{26}$	ex, sw	k	2	6,32$_{27}$	ex, sw	g	3	3,99$_{28}$
ex, sb	g	1	,54	ex, sb	g	3	,49	ex, sb	k	2	5,79	ex, sb	g	3	3,69

Tabelle 3 - Distanzen zwischen zwei Korpora in Abhängigkeit vom verwendeten Distanzmaß und den Werten für n und λ. Abkürzungen: $k = 0,05$, $m = 0,25$ und $g = 0,5$. Neben den Kürzeln aus Tabelle 1, steht ex für das komplette empirischen Korpus.

5 Diskussion und Ausblick

Einige Eigenschafen der verwendeten Maße müssen hier kritisch betrachtet werden. Die Kullback-Leibler Divergenz ist nicht symmetrisch, weshalb an ihrer Stelle immer die Mittlere KLD verwendet werden sollte, wenn sie als Distanzmaß eingesetzt wird. Weiterhin haben KLD-basierte Maße keine obere Grenze, weshalb sie nur verwendet werden können, um den Abstand von 2 Korpora zu einem Dritten zu vergleichen. Eine Abschätzung wie (un)ähnlich ein einzelner Korpus im Vergleich zu einem Anderen ist kann aber nicht vorgenommen werden.

Die Jensen Differenzen Distanz und die Kosinus Distanz liegen immer zwischen 1 und 0, allerdings ist die Kosinusdistanz anschaulicher in ihrer Anwendung und hat sich auch bei anderen N-Gramm-basierten Anwendungen bewährt.

Bei der Anwendung auf acht verschiedene Kriterien ist ein Klassifikator der den Kosinunsabstand verwendet 6 mal der Beste, 2 mal einer auf Basis der Jensen Differenzen Distanz und einmal einer der die Mittlere Kullback-Leibler Divergenz verwendet (wobei für Kosinusdistanz und JD in einem Fall die $F_{tp,fp}$-Wert identisch waren).

Bei der Betrachtung der Distanzen in Tablle 3 fällt auf, dass die Distanz zwischen den Korpora mit erfolgreichen (ts) und nicht erfolgreichen (tf) Dialogen für jedes Maß sehr gering ist. Der Grund dafür liegt vermutlich darin, dass sich diese Dialoge oft nur im letzten Dialogakt unterscheiden, was entsprechend ähnliche N-Gramm-Modelle zur Folge hat.

In Tabelle 2 zeigt sich, dass die Werte für n und λ durchaus einen Einfluss auf die Leistung eincs Klassifikators haben. Besonders auffällig ist der Unterschied des optimalen Wertes für n, bei Klassifikatoren die auf empirischen Daten arbeiten und solchen die mit Simulationsdaten operieren. Deshalb ist die Anwendung der in Abschnitt 3.1 beschriebenen Methode zur Bestimmung der optimalen Konfiguration sinnvoll. Um den Aufwand an dieser Stelle zu reduzieren kann ausschließlich der Kosinusabstand als Distanzmaß verwendet werden, da dieser – bei gut gewähltem n und λ – zu einer guten Klassifikatorleistung und somit auch einer verlässlichen Distanzberechnung führt.

In Tabelle 3 enthalten die Zeilen mit grauem Text nicht die Distanzen die mit einer optimalen Konfiguration ermittelt wurden. Vielmehr wurde die Konfiguration aus der jeweils darüber

stehende Zeile verwendet, um den Abstand zwischen den empirischen Dialogen und denen der jeweils anderen Simulation zu berechnen. Das Ergebnis zeigt, dass alle Distanzmaße einen größeren Unterschied zwischen der schlechten Simulation und dem empirischen Korpus ermitteln, als zwischen der guten Simulation und den empirischen Dialogen. Dieses Resultat entspricht auch der Erwartung, da die bessere Simulation auch realistischere Dialoge erzeugen soll.
In den sich nun anschließenden Arbeiten soll u. a. untersucht werden ob und wie sich bestimmen lässt, welche der Klassifikatorkonfigurationen sich besonders gut zur Messung des Abstandes zwischen empirischen und simulierten Dialogkorpora eignet. Für diese Entscheidung könnten unter anderem Klassifikatoren herangezogen werden, die darauf trainiert sind zwischen simulierten und empirischen Dialogen zu unterscheiden.

Literatur

[1] BIGI, B.: *Using Kullback-Leibler Distance for Text Categorization.* In: SEBASTIANI, F. (Hrsg.): *Advances in Information Retrieval*, Bd. 2633 d. Reihe *Lecture Notes in Computer Science*, S. 305–219. Springer Berlin Heidelberg.

[2] FORMAN, G. und M. SCHOLZ: *Apples-toApples in Cross-Validation Studies: Pitfalls in Classifier Performance Measurement.* SIGKDD Explorations, 12(1):49–57, Juni 2010.

[3] GEORGILA, K., J. HENDERSON und O. LEMON: *User Simulation for Spoken Dialogue Systems: Learning and Evaluation.* In: *Proc. 9th Int. Conf. Spoken Lang. Process.*, S. 1065–1068, Pittsburgh, USA, 2006.

[4] HILLMANN, S. und K.-P. ENGELBRECHT: *Aufgabenmodellierung in der Simulation von Interaktionen mit Sprachdialogsystemen.* In: WAGNER, P. (Hrsg.): *ESSV 2013*, Bd. 65 d. Reihe *Studientexte zur Sprachkommunikation*, S. 20–27. TUDpress, März 2013.

[5] KULLBACK, S. und R. A. LEIBLER: *On Information and Sufficiency.* The Annals of Mathematical Statistics, 22(1):79–86, 1951.

[6] MÖLLER, S.: *Quality of Telephone-Based Spoken Dialogue Systems.* Springer, New York, United States, 2005.

[7] PIETQUIN, O. und H. HASTIE: *A survey on metrics for the evaluation of user simulations.* The Knowledge Engineering Review, 28(1):59–73, 2013.

[8] SALTON, G. und C. BUCKLEY: *Term-weighting approaches in automatic text retrieval.* Information Processing & Management, 24(5):513–523, 1988.

[9] TANEJA, I. J.: *Generalized Information Measures and Their Applications.* 2001.

[10] WILLIAMS, J. D.: *Evaluating user simulations with the Cramér-von Mises divergence.* Speech Communication, 50(10):829–846, Okt. 2008.

Formale Subtextanalyse – Deduktion bedürfnisorientierter Propositionen aus narrativen Äußerungen

Peter Klimczak

Brandenburgische Technische Universität
peter.klimczak@b-tu.de

Zusammenfassung: Die Literatur- und Mediensemiotik fängt traditionell dort an, wo die klassische Sprachwissenschaft mit Pragmatik, Satzsemantik und Textlinguistik aufhört: Ihr geht es darum, die in einer Äußerung unterschwellig mitgeteilte Meinung oder Botschaft, den sog. Subtext, zu rekonstruieren, wobei sich in den letzten zwanzig Jahren die sog. Grenzüberschreitungstheorie als die leistungsstärkste Methode zur Rekonstruktion des Subtextes erwiesen hat. Wie bei jedem anderen literatur- und medienwissenschaftlichen Analyseverfahren besteht allerdings das Problem aus informations- und kommunikationstechnischer Hinsicht in der unzureichenden Formalisierung; auch wenn sich die Forschung seit dreißig Jahren einig ist, dass die Grenzüberschreitungstheorie formalisierbar ist und ein entsprechender Ansatz bereits bestand. Dessen Schwäche war jedoch die Definition der für die Theorie zentralen Größe als formallogischer Widerspruch: Im Falle der Existenz von Widersprüchen können keine formal korrekten Schlüsse mehr gezogen werden, wodurch die ganze Formalisierung wertlos wird. Dieses Problem wurde erst vor kurzem durch die adäquate Verwendung von modallogischen Kalkülen, anstatt der bislang zum Einsatz gekommenen nicht-modalen Prädikatenlogik, gelöst. Da logische Kalküle computersprachengeeignet sind, bietet die Formalisierung der Subtextanalyse zudem die Möglichkeit, dass die Rekonstruktion des Subtextes kurz- oder mittelfristig automatisiert ablaufen könnte, was wiederum zahlreiche informations- und kommunikationstechnische Anwendungsbereiche eröffnen würde.

1 Grenzüberschreitungstheorie

Anfang der siebziger Jahre des 20. Jahrhunderts fasste der estnische Semiotiker Jurij M. Lotman Äußerungen erst dann als narrativ, also als ereignishaft, auf, wenn „ein Faktum [...] stattgefunden hat, obwohl es nicht hätte stattfinden sollen“ [1]. Der Mehrwert dieser Definition von Narration ergibt sich aus ihrem Umkehrschluss: Die Analyse der narrativen Struktur einer Äußerung geht mit der Rekonstruktion ihrer Sollens- und Wollenspropositionen einher – und zwar auch und insbesondere jener Propositionen, die nicht explizit, sondern lediglich implizit via Narration mitgeteilt werden. Letzteres ist auch der Grund, der berechtigt, Lotmans *Grenzüberschreitungstheorie* (so ihre traditionelle Bezeichnung [2]) unter den Begriff der *Subtextanalyse* zu subsumieren. Immerhin wird mit *Subtext* gemeinhin die „unterschwellig mitgeteilte Meinung oder Botschaft“ [3] einer Äußerung bezeichnet.

Anfang der 80er Jahre verstand Karl N. Renner [2], ein deutscher Medien- und Kommunikationswissenschaftler, das Lotmansche Ereignis als formallogischen Widerspruch:

$$p \wedge \neg p$$

Diese bis vor kurzem nicht hinterfragte Vorstellung stellte zwar einen Fortschritt, zugleich aber auch einen Rückschritt dar. Um einen Fortschritt handelte es sich, weil die lediglich metasprachlich ausformulierte Theorie Lotmans nunmehr mithilfe der formalen Logik ausmodelliert wurde und formale Logik sowohl kalkülisier- als auch algorithmisierbar ist, was sie für KI-Applikationen geeignet macht. Einen Rückschritt stellte Renners Remodellierung hingegen deshalb dar, weil er im Gegensatz zu Lotman auf jegliche modale Differenzierung verzichtete. Während Lotman zumindest metasprachlich zwischen Soll- und Istsätzen unterscheidet, gibt es in Renners formallogischer Explikation allein Istsätze – und zwar notwendigerweise, will er das Ereignis doch als Widerspruch modelliert wissen. Widersprüche sind in der formalen Logik aber aufgrund des Satzes vom ausgeschlossenen Widerspruch ausgeschlossen, sodass es nach Renners Ereignisdefinition korrekterweise zu keinen Ereignissen kommen kann. Auf den Satz vom ausgeschlossen Widerspruch kann – wie Renner es implizit, qua Modellierung tut – jedoch nicht verzichtet werden. Ansonsten könnte logisch korrekt auf alles Mögliche geschlossen werden.

2 Deontisch-modale Remodellierung I: Sollsätze

Das mit Renners Ereignisdefinition einhergehende Problem kann erst unter Verwendung der *deontischen Modallogik* [4][5] gelöst werden. Sie verwendet im Gegensatz zur *ontischen Modallogik* anstatt eines Notwendigkeitsoperators (**N**) einen Gebotsoperator (**O**), mit dessen Hilfe Sachverhalte als *gesollt* oder *gewollt* gesetzt werden können:

$$\mathbf{O}(p)$$

Zwar wird von Philosophen zurecht zwischen Sollens- und Wollenssätzen unterschieden, weil anzunehmen ist, dass zwei nicht vereinbare Sachverhalte nicht gesollt, dafür aber gewollt werden können [6]; doch gerade deshalb ist es im hier behandelten Kontext sinnvoll, Wollenssätze innerhalb der deontischen Modallogik, und damit einem Kalkül, das eigentlich nur Sollenssätze zu symbolisieren erlaubt, zu modellieren. Wenn nämlich Widersprüchliches ohne dass ein formallogischer Widerspruch abgeleitet werden kann, zugleich gewollt werden kann, so sind die deduzierten Wollenssätze ohne Wert, da ihnen nicht entsprochen werden kann. Zwar kann Widersprüchliches sehr wohl gewollt, aber keineswegs erfüllt werden. Die Erfüllung von Wollenspropositionen wird aber das Ziel marktkonformer Anwendungen der Subtextanalyse darstellen (siehe unten).

Während also im Kontext der Subtextanalyse $\mathbf{O}(p)$ aussagt, dass ein bestimmter Istzustand, nämlich p, gesollt oder gewollt ist, sagt $\neg p$ aus, dass dieser Sollzustand, also p, nicht zutrifft. Da das Axiomensystem der deontischen Logik kein Äquivalent zum ontisch-modalen $\mathbf{N}(p) \rightarrow p$ besitzt, also gerade *nicht* gilt, dass aus dem Gesollt oder Gewolltsein ein Sein folgt, $\neg[\mathbf{O}(p) \rightarrow p]$, ist auch kein formallogischer Widerspruch zwischen Soll- und Istsätzen deduzierbar. Unabhängig davon besteht auch weiterhin zwischen Gegebenem und Gesolltem/Gewolltem eine Relation, die einem kontradiktorischen Verhältnis entspricht: Zwischen dem gesollten/gewollten p in $\mathbf{O}(p)$ und dem gegebenen $\neg p$ besteht nach wie vor ein kontradiktorisches Verhältnis; der Unterschied zu vorher ist nur jener, dass während $\neg p$ wahr ist, im Falle von p nur dessen *Gesollt- bzw. Gewolltsein*, also lediglich der Sollsatz als Ganzes, $\mathbf{O}(p)$, wahr ist, weshalb es auch zu keinem Widerspruch mit $\neg p$ kommt.

Um Ereignisse deduzieren zu können, ist es folglich nur notwendig, das kontradiktorische Verhältnis zwischen Gegebenem, $\neg p$, und Gesolltem/Gewolltem, p, in ein äquivalentes Verhältnis zwischen Gegebenem, $\neg p$, und Sollsatz, $\mathbf{O}(p)$, zu überführen [7]. Formal lässt sich dies mittels einer Bisubjunktion zwischen E und der Konjunktion von $\mathbf{O}(p)$ und $\neg p$ abbilden:

$$E \leftrightarrow \mathbf{O}(p) \wedge \neg p$$

Während $\mathbf{O}(p)$ für den Sollzustand und $\neg p$ für den Istzustand steht, steht E für das Vorliegen eines Ereignisses, sodass die Bisubjunktion wie folgt zu lesen ist: „Ein Ereignis liegt genau dann vor, wenn das Gesollte/Gewollte in kontradiktorischer Relation zum Gegebenen steht". Mithilfe dieser Bisubjunktion kann unter vollständigem Verzicht auf die Feststellung von Widersprüchen und im Rahmen der Gesetze und Regeln der formalen Logik das Vorliegen oder Nicht-Vorliegen von Ereignissen deduziert werden:

$$[\mathbf{O}(p)\wedge\neg p]\wedge[E\leftrightarrow\mathbf{O}(p)\wedge\neg p]\rightarrow E$$
$$[\mathbf{O}(p)\wedge p]\wedge[E\leftrightarrow\mathbf{O}(p)\wedge\neg p]\rightarrow\neg E$$

Und nicht nur das: Es kann ebenso auf den zugrundeliegenden Sollzustand geschlossen werden. Da ein Ereignis definitionsgemäß die Verletzung eines Gesollten oder Gewollten ist und damit eine *Störung der Ordnung* darstellt, muss es als solches in der Äußerung markiert werden [7]. Ausgehend vom Vorliegen derartiger Markierungen kann auf das Vorliegen eines Ereignisses geschlossen werden und davon ausgehend dann auf den entsprechenden Sollzustand, also die Gültigkeit eines bestimmten Sollsatzes:

$$(E\wedge\neg p)\wedge[E\leftrightarrow\mathbf{O}(p)\wedge\neg p]\rightarrow\mathbf{O}(p)$$

Umgekehrt kann ausgehend vom Nicht-Vorhandensein derartiger Markierungen angenommen werden, dass bezüglich des jeweiligen Istzustandes kein Ereignis vorliegt und wiederum mithilfe der Ereignisbisubjunktion die Nicht-Gültigkeit eines bestimmten Sollsatzes deduziert werden:

$$(\neg E\wedge\neg p)\wedge[E\leftrightarrow\mathbf{O}(p)\wedge\neg p]\rightarrow\neg\mathbf{O}(p)$$

3 Deontisch-modale Remodellierung II: bedingte Sollsätze

Sollens- und Wollenspropositionen sind jedoch nicht nur unbedingter Art. In den meisten Fällen wird etwas nur unter einer bestimmten Bedingung gewollt oder gesollt. Und auch scheinbar unbedingt Gesolltes/Gewolltes weist Ausnahmen auf, sodass es sich aus formaler Sicht nur um bedingt Gesolltes oder Gewolltes handelt. In der deontischen Logik besteht allerdings Uneinigkeit darüber, wie bedingte Sollsätze zu formalisieren sind. Es wird im Wesentlichen entweder für *deontisch bedingte Sollsätze* der Form $\mathbf{O}(q\rightarrow p)$ oder aber für *material bedingte Sollsätze* der Form $q\rightarrow\mathbf{O}(p)$ plädiert.

Im Kontext der *Formalen Subtextanalyse* würde der Einsatz von deontisch bedingten Sollsätzen unweigerlich zur Ableitbarkeit von Paradoxien oder aber logischen Widersprüchen führen [7]. Da beides nicht hinnehmbar ist, kommt die Modellierung von bedingten Sollsätzen nur als material bedingte Sollsätze infrage. Die Verwendung von material bedingten Sollsätzen bringt aber das Problem mit sich, dass diese (im Gegensatz zu deontisch bedingten Sollsätzen) nicht mithilfe der Ereignisformel $E\leftrightarrow\mathbf{O}(p)\wedge\neg p$ operationalisierbar sind. Es bedarf daher einer entsprechenden Erweiterung der Standardformel:

$$E\leftrightarrow[q\rightarrow\mathbf{O}(p)]\wedge(q\wedge\neg p)$$

Durch den Einsatz beider Formeln ist die Ableitung von Ereignissen sowohl bezüglich unbedingter als auch bedingter Sollens- und Wollenspropositionen möglich:

$$\{[q\rightarrow\mathbf{O}(p)]\wedge(q\wedge\neg p)\}\wedge\{E\leftrightarrow[q\rightarrow\mathbf{O}(p)]\wedge(q\wedge\neg p)\}\rightarrow E$$
$$\{[q\rightarrow\mathbf{O}(p)]\wedge(q\wedge p)\}\wedge\{E\leftrightarrow[q\rightarrow\mathbf{O}(p)]\wedge(q\wedge\neg p)\}\rightarrow\neg E$$
$$\{[q\rightarrow\mathbf{O}(p)]\wedge(\neg q\wedge p)\}\wedge\{E\leftrightarrow[q\rightarrow\mathbf{O}(p)]\wedge(q\wedge\neg p)\}\rightarrow\neg E$$
$$\{[q\rightarrow\mathbf{O}(p)]\wedge(\neg q\wedge\neg p)\}\wedge\{E\leftrightarrow[q\rightarrow\mathbf{O}(p)]\wedge(q\wedge\neg p)\}\rightarrow\neg E$$

Dasselbe gilt auch bezüglich des Schlusses vom Vorliegen eines ereignishaften Zustandes auf den zugrundeliegenden Sollsatz oder aber des Schlusses auf die Negation eines entsprechenden Sollsatzes:

$$[E\wedge(q\wedge\neg p)]\wedge\{E\leftrightarrow[q\rightarrow\mathbf{O}(p)]\wedge(q\wedge\neg p)\}\rightarrow[q\rightarrow\mathbf{O}(p)]$$
$$[\neg E\wedge(q\wedge\neg p)]\wedge\{E\leftrightarrow[q\rightarrow\mathbf{O}(p)]\wedge(q\wedge\neg p)\}\rightarrow\neg[q\rightarrow\mathbf{O}(p)]$$

Im Gegensatz zu unbedingten Sollsätzen ist im Falle von bedingten Sollsätzen zu beachten, dass sich im konkreten Kontext jeweils zwei unterschiedliche Sollsätze bzw. deren Negationen ableiten lassen [7]. Sie unterscheiden sich darin, was Bedingung und was Gesolltes ist (siehe weiter unten).

4 Ontisch-modale Erweiterung I: Narration und mögliche Welten

Die alleinige Verwendung deontischer Kalküle reicht jedoch nicht aus. Unabhängig von Lotmans spezieller Definition der Narrativität müssen sich narrative Texte auch durch mindestens eine Merkmalsveränderung auszeichnen [8]. Allerdings bringt das wiederum einen formallogischen Widerspruch und damit ein Problem mit sich: Das eine Mal gilt p, das andere Mal ¬p. Gültige Schlüsse können aber nur unter Ausschluss von Widersprüchen gezogen werden. Die Lösung für dieses Problem besteht darin, dass mit jeder Merkmalsveränderung der Beginn eines neuen Zeitraumes des Universums der Rede angenommen wird und die einzelnen Zeiträume als *mögliche Welten* im Sinne der ontischen Modallogik aufgefasst werden [7]. Aus formallogischer Perspektive müssen die einzelnen möglichen Welten dabei in reflexiver, symmetrischer und transitiver Relation zueinander stehend gedacht werden [4], damit gilt: (1.1) Was in mindestens einer möglichen Welt gegeben ist, ist im Universum der Rede möglich und umgekehrt. (1.2) Was in jeder möglichen Welt gegeben ist, ist im Universum der Rede notwendig und umgekehrt. Darüber hinaus gilt: (2.1) Was im Universum der Rede möglich ist, ist in jeder möglichen Welt möglich. (2.2) Was im Universum der Rede notwendig ist, ist in jeder möglichen Welt notwendig. (3.1) Was in jeder möglichen Welt möglich ist, ist notwendigerweise möglich. (3.2) Was in jeder möglichen Welt notwendig ist, ist notwendigerweise notwendig.

Da nur Sollens- und Wollenspropositionen, die für die gesamte Äußerung Gültigkeit haben, von Relevanz sind, müssen diese zu jedem Zeitpunkt und damit auch in jeder möglichen Welt wahr sein. Das wiederum bedeutet, dass sie als notwendig wahr angenommen werden müssen:

$$\mathbf{N}[\mathbf{O}(p)]$$
$$\mathbf{N}[q \rightarrow \mathbf{O}(p)]$$

Umgekehrt heißt das, dass im Falle dessen, dass zu einem einzigen Zeitpunkt, in einer einzigen möglichen Welt, die Gültigkeit einer Sollens- oder Wollensproposition ausgeschlossen werden kann, die Ungültigkeit der Sollens- oder Wollensproposition auch für das Universum der Rede als solches auszuschließen ist. Aus formallogischer Sicht folgt aus der Ungültigkeit zu einem einzigen Zeitpunkt, in einer einzigen möglichen Welt, die Möglichkeit der Ungültigkeit für das ganze Universum der Rede und damit auch die Ungültigkeit der Notwendigkeit der Gültigkeit des Sollsatzes:

$$\neg\mathbf{O}(p) \rightarrow \mathbf{M}[\neg\mathbf{O}(p)] \leftrightarrow \neg\mathbf{N}[\mathbf{O}(p)]$$
$$[q \wedge \neg\mathbf{O}(p)] \rightarrow \mathbf{M}[q \wedge \neg\mathbf{O}(p)] \leftrightarrow \neg\mathbf{N}[q \rightarrow \mathbf{O}(p)]$$

Entsprechend dem Sachverhalt, dass Sollens- und Wollenspropositionen als notwendig wahre Sollsätze darzustellen sind, ist auch eine Modifikation der Ereignisbisubjunktion vonnöten:

$$E \leftrightarrow \mathbf{N}[\mathbf{O}(p)] \wedge \neg p$$
$$E \leftrightarrow \mathbf{N}[q \rightarrow \mathbf{O}(p)] \wedge (q \wedge \neg p)$$

Diese ontisch-modale Erweiterung ändert jedoch nichts an den möglichen und bereits dargelegten Schlussoperationen. Auch weiterhin kann im entsprechenden Kontext sowohl auf das Vorliegen oder Nicht-Vorliegen von Ereignissen als auch auf die Gültigkeit oder Ungültigkeit von Sollens- und Wollenspropostionen geschlossen werden.

5 Ontisch-modale Erweiterung II: Kausalität und mittelbare Sollsätze

Die Literatur- und Mediensemiotik geht davon aus, dass Äußerungen nicht die Realität, also die Welt als solche, abbilden, sondern eine eigene Realität, eine eigene Welt, modellieren [8][9]. Obwohl diese *dargestellte Welt* aufgrund ihrer im Verhältnis zur realen Welt notwendigen Begrenztheit maximal nur einen Ausschnitt der realen Welt abbilden kann, ist die dargestellte Welt nicht nur als ein derartiger Ausschnitt der realen Welt aufzufassen, sondern als Vorstellung, als Modell dieser [9]. Damit geht einher, dass alles, was in einer dargestellten Welt gegeben oder nicht gegeben ist, als ebenso gegeben oder nicht gegeben anzunehmen ist – unabhängig davon, ob es in der realen Welt gegeben oder nicht gegeben ist. Und da das Universum der Rede als Abfolge von möglichen Welten verstanden wird, liegt alles, was zu keinem Zeitpunkt, in keiner möglichen Welt des Universums der Rede vorliegt, $\neg(p \wedge q)$, notwendigerweise nicht vor [7]:

$$\mathbf{N}[\neg(p \wedge q)]$$

Der Mehrwert dieses Gedankenganges ist nicht zu unterschätzen. Erst er ermöglicht die exakte und *jenseits* sprachlicher Ex- und Implikationen und damit verbundener Probleme [10] liegende Ableitung von *Kausalitäten*, also Bedingungs- und Folgerungsrelationen. Diese sind nämlich als *notwendige Subjunktionen* aufzufassen [7] und eben jene sind logisch äquivalent mit notwendigerweise nicht-vorliegenden Konjunktionen:

$$\mathbf{N}[\neg(p \wedge q)] \leftrightarrow \mathbf{N}(p \rightarrow \neg q)$$

Zur Veranschaulichung sei die Minimalgeschichte angenommen, in der das Individuum h zum Zeitpunkt t=0 nicht Pepsi-Trinker ist und nicht Rap singt; es zum Zeitpunkt t=1 eine Pepsi trinkt, womit es zum Pepsi-Trinker wird und zum Zeitpunkt t=2 zu rappen beginnt. Symbolisiert man „Pepsi-Trinker sein“ mit P und „Rap singen“ mit R, so gilt:

t=0	$\neg Ph \wedge \neg Rh$
t=1	$Ph \wedge \neg Rh$
t=2	$Ph \wedge Rh$

Es liegt zu keinem Zeitpunkt, in keiner möglichen Welt, und damit notwendigerweise sowohl $\neg Ph$ als auch Rh vor, was wiederum logisch äquivalent mit der Folgerungsrelation ist, dass wenn das Individuum h keine Pepsi trinkt, es nicht rappt:

$$\mathbf{N}[\neg(\neg Ph \wedge Rh)] \leftrightarrow \mathbf{N}(\neg Ph \rightarrow \neg Rh)$$

Dass die Kausalität zwischen Pepsi-Trinken und Rap-Singen mit den Erfahrungswerten aus der realen Welt nicht ohne weiteres übereinstimmen wird, spricht nicht gegen den Wert des beschriebenen Verfahrens (ganz im Gegenteil, wie weiter unten noch erläutert wird). Alternativ soll aber eine minimale dargestellte Welt angenommen werden, deren Schlüsse evidenter sind, weil sie eben nicht den Gegebenheiten der realen Welt widersprechen (wobei auch hier angenommen wird, dass in der Äußerung keine Kausalität zwischen den Merkmalen artikuliert wird): Zum Zeitpunkt t=0 wird ein Zimmer nicht beheizt, es ist unbewohnbar. Zum Zeitpunkt t=1 wird das Zimmer beheizt, zum Zeitpunkt t=2 ist es bewohnbar geworden. Wenn man nun „Zimmer wird bewohnbar“ mit B und „Zimmer heizen“ mit H symbolisiert, liegt zum Zeitpunkt t=0 $\neg H$ und $\neg B$ vor, zum Zeitpunkt t=1 H und $\neg B$ und zum Zeitpunkt t=2 H und B. Da zu keinem Zeitpunkt, in keiner möglichen Welt, sowohl $\neg H$ als auch B vorliegt, liegt beides notwendigerweise nicht vor, $\mathbf{N}[\neg(\neg H \wedge B)]$, was wiederum logisch äquivalent mit $\mathbf{N}(\neg H \rightarrow \neg B)$ ist: der Folgerungsrelation, dass das Zimmer nicht bewohnbar ist, wenn es nicht beheizt wird.

Derartige Folgerungsrelationen sind deshalb so wertvoll, weil sie die Ableitung von weiteren, und zwar von *mittelbaren Sollens- und Wollenspropositionen* erlauben. Entgegen linguistischen und argumentationstheoretischen Annahmen [11][12][13] kann dabei nicht vom Sollen der Folge auf das Sollen der Ursache, also vom Sollen des Nachsatzes der Subjunktion auf das Sollen ihres Vordersatzes geschlossen werden – das würde unweigerlich zu unmittelbaren und mittelbaren Widersprüchen und damit Fehlschlüssen schon in den einfachsten Kontexten führen [7]. Formallogisch möglich, also widerspruchsfrei, ist die Ableitung von mittelbaren Sollens- oder Wollenspropositionen nur in umgekehrter Richtung, vom Sollen/Wollen des

Vordersatzes auf das Sollen/Wollen des Nachsatzes (*deontischer modus ponens*) oder entsprechend transponiert vom Sollen/Wollen der Negation des Nachsatzes auf das Sollen/Wollen der Negation des Vordersatzes (*deontischer modus tollens*) [7]:

$$\mathbf{N}[\mathbf{O}(p)]\wedge\mathbf{N}[\mathbf{N}(p\rightarrow q)]\rightarrow\mathbf{N}[\mathbf{O}(q)]$$
$$\mathbf{N}[\mathbf{O}(\neg q)]\wedge\mathbf{N}[\mathbf{N}(p\rightarrow q)]\rightarrow\mathbf{N}[\mathbf{O}(\neg p)]$$

Bezogen auf das obige Beispiel des sowohl Pepsi trinkenden und nicht-trinkenden als auch Rap singenden und nicht-singenden Individuums h, könnte im Falle dessen, dass das Rappen gesollt oder gewollt ist, auf das Sollen oder Wollen des Trinkens von Pepsi geschlossen werden:

$$\mathbf{N}[\mathbf{O}(Rh)]\wedge\mathbf{N}[\mathbf{N}(\neg Ph\rightarrow\neg Rh)]\rightarrow\mathbf{N}[\mathbf{O}(Ph)]$$

6 Beispielanalyse: Rap und Pepsi

Die Ableitung des Gesollt- bzw. Gewolltseins des Trinkens von Pepsi stellt den Kern der Subtextanalyse eines ganz konkreten Beispiels dar. Es handelt sich um die erzählte Geschichte eines Werbespots des Getränkeherstellers Pepsi, in welchem der als sympathisch geltende Rapper MC Hammer die Hauptrolle spielt. Transkribieren ließe sich der 30 Sekunden dauernde Werbeclip etwa wie folgt [7][14]:

„Der Pepsi-Trinker (1) MC Hammer steht auf der Bühne (2) und rappt (3). Seine Band spielt (4) und die Konzertbesucher tanzen (5). *Kurze Zeit später* verlässt Hammer, nicht mehr rappend (6), die Bühne (7), während weiterhin seine Band spielt (8) und die Besucher tanzen (9)(10). *Nachdem er hinter der Bühne angekommen ist* (11), trinkt er unbemerkt anstatt seiner Pepsi eine andere Cola (12). Im Hintergrund ist weiterhin zu hören, wie die Band spielt (13) und die Konzertbesucher tanzen (14)(15). *Zurück auf der Bühne* (16) fängt MC Hammer zu singen an, allerdings nicht Rap (17). Die Besucher hören auf zu tanzen (18), die Band hört auf zu spielen (19)(20). *Während* die Besucher und die Band immer noch still halten (21)(22), trinkt der ebenfalls noch auf der Bühne stehende MC Hammer (23) eine Pepsi (24)(25). *Danach* ist alles wie vorher: Hammer rappt (26) auf der Bühne (27), die Band spielt (28) und die Besucher tanzen (29)(30)."

Die eingeklammerten Zahlen markieren das Ende jener Textstellen, die Aufschluss über die Merkmals-Figuren-Zuordnungen geben. Der Prozess der Rekonstruktion dieser Zuordnungen stellt die Grundlage für jede Subtextanalyse dar, ist dieser aber zugleich vorgelagert. Er ist nicht Bestandteil der Formalen Subtextanalyse und entweder manuell durch den Menschen oder maschinell durch entsprechend angepasste oder entwickelte Verfahren der Computerlinguistik bzw. Computersemantik zu vollbringen [15]. Unabhängig davon könnte sich, gesetzt dem Fall, dass die Prädikate „Pepsi trinken" mit P, „Auf der Bühne stehen" mit B, „rappen" mit R, „spielen" mit S, „tanzen" mit T und die Individuen bzw. Individuengruppen „MC Hammer" mit h, „Band" mit b und „Konzertbesucher" mit v symbolisiert würden, die unten stehende Merkmals-Figuren-Zuordnung ergeben. Der Platzersparnis wegen ist sie bereits nach den jeweiligen Zeitpunkten aufgeschlüsselt, die sich aufgrund der im Transkript kursiv gesetzten Satzteile ergeben („Kurze Zeit später" etc.). Ferner ist zum Verständnis der Auflistung zu berücksichtigen, dass im Falle dessen, dass innerhalb eines Zeitabschnittes kein expliziter Hinweis auf eine bestimmte Merkmals-Figuren-Zuordnung erfolgt, die Merkmals-Figuren-Zuordnung des vorhergehenden Zeitpunktes anzunehmen ist. Dieser Fall wird durch ein zusätzliches „WW" in den entsprechenden runden Klammern gekennzeichnet, das für „Weltwissen" steht:

t=0	(1) Ph, (2) Bh, (3) Rh, (4) Sb, (5) Tv
t=1	(6) ¬Rh, (7) ¬Bh, (8) Sb, (9) Tv, (10 WW) Ph
t=2	(11) ¬Bh, (12) ¬Ph, (13) Sb, (14) Tv, (15 WW) ¬Rh

t=3	(16) Bh, (17) $\neg$Rh, (18) $\neg$Tv, (19) $\neg$Sb, (20 WW) $\neg$Ph
t=4	(21) $\neg$Tv, (22) $\neg$Sb, (23) Bh, (24) Ph, (25 WW) $\neg$Rh
t=5	(26) Rh, (27) Bh (28) Sb, (29) Tv, (30 WW) Ph

Berücksichtigt man, dass es sich beim Ort des dargestellten Geschehens um ein Konzert mit Bandmitglieder, Sänger und Konzertbesucher handelt, so sind das Nicht-Spielen der Band und das Nicht-Tanzen der Besucher als Störungen der Ordnung anzusehen und als entsprechende Markierungen von ereignishaften Zuständen zu betrachten. Alternativ kann dieser Sachverhalt auch ganz explizit mit den Mitteln der Formalen Subtextanalyse gewonnen werden. Im Konzertkontext ist, ebenfalls dem Weltwissen entsprechend, das Gesollt- oder Gewolltsein des Spielens der Band und des Tanzens der Konzertbesucher anzunehmen: $\mathbf{N}[\mathbf{O}(Sb)]$ und $\mathbf{N}[\mathbf{O}(Tv)]$. Aufgrund des jeweiligen Spielens und Nicht-Spielens der Bandmitglieder bzw. des Tanzens bzw. Nicht-Tanzens der Konzertbesucher können die einzelnen Zeitpunkte dann entsprechend als ereignishaft (t=0, t=1, t=2, t=5) oder nicht ereignishaft (t=3, t=4) eingestuft werden:

t=0	$\{\mathbf{N}[\mathbf{O}(Sb)]\wedge Sb\}\wedge\{\mathbf{N}[\mathbf{O}(Tv]\wedge Tv\}\rightarrow\neg E$
t=1	$\{\mathbf{N}[\mathbf{O}(Sb)]\wedge Sb\}\wedge\{\mathbf{N}[\mathbf{O}(Tv)]\wedge Tv\}\rightarrow\neg E$
t=2	$\{\mathbf{N}[\mathbf{O}(Sb)]\wedge Sb\}\wedge\{\mathbf{N}[\mathbf{O}(Tv)]\wedge Tv\}\rightarrow\neg E$
t=3	$\{\mathbf{N}[\mathbf{O}(Sb)]\wedge\neg Sb\}\wedge\{\mathbf{N}[\mathbf{O}(Tv)]\wedge\neg Tv\}\rightarrow E$
t=4	$\{\mathbf{N}[\mathbf{O}(Sb)]\wedge\neg Sb\}\wedge\{\mathbf{N}[\mathbf{O}(Tv)]\wedge\neg Tv\}\rightarrow E$
t=5	$\{\mathbf{N}[\mathbf{O}(Sb)]\wedge Sb\}\wedge\{\mathbf{N}[\mathbf{O}(Tv)]\wedge Tv\}\rightarrow\neg E$

Im darauffolgenden Schritt können nunmehr aufgrund der vorliegenden ereignishaften und nicht-ereignishaften Zustände bezüglich der noch nicht behandelten bzw. berücksichtigten Merkmals-Figuren-Zuordnungen die entsprechend gültigen oder ungültigen Sollens- und Wollenspropositionen erschlossen werden. Da das Austrinken der anderen Cola hinter der Bühne geschieht und damit nicht nur ohne das Wissen MC Hammers, sondern auch der Konzertbesucher und der Bandmitglieder, ist nur noch das Rappen bzw. Nicht-Rappen sowie MC Hammers Stehen oder Nicht-Stehen auf der Bühne zu berücksichtigen. Entsprechend dem Sachverhalt, dass sowohl unbedingte als auch bedingte Sollsätze (und im Falle nicht-ereignishafter Zeitabschnitte deren Negationen) abgeleitet werden können, ergibt sich folgende Auflistung:

t=0, t=5	t=1, t=2	t=3, t=4
$Bh\wedge Rh\wedge\neg E$	$\neg Bh\wedge\neg Rh\wedge\neg E$	$Bh\wedge\neg Rh\wedge E$
$\neg\mathbf{N}[\mathbf{O}(\neg Bh)]$	$\neg\mathbf{N}[\mathbf{O}(Bh)]$	$\mathbf{N}[\mathbf{O}(\neg Bh)]$
$\neg\mathbf{N}[\mathbf{O}(\neg Rh)]$	$\neg\mathbf{N}[\mathbf{O}(Rh)]$	$\mathbf{N}[\mathbf{O}(Rh)]$
$\neg\mathbf{N}[Rh\rightarrow\mathbf{O}(\neg Bh)]$	$\neg\mathbf{N}[\neg Rh\rightarrow\mathbf{O}(Bh)]$	$\mathbf{N}[\neg Rh\rightarrow\mathbf{O}(\neg Bh)]$
$\neg\mathbf{N}[Bh\rightarrow\mathbf{O}(\neg Rh)]$	$\neg\mathbf{N}[\neg Bh\rightarrow\mathbf{O}(Rh)]$	$\mathbf{N}[Bh\rightarrow\mathbf{O}(Rh)]$

Während also lediglich vier Sollsätze deduziert werden können, sind acht Negationen von Sollsätzen ableitbar; davon sieben unterschiedliche, da $\neg\mathbf{N}[\mathbf{O}(\neg Bh)]$ aufgrund des jeweils nicht-ereignishaft vorliegenden Bh sowohl zu den Zeitpunkten t=0 und t=5 als auch t=3 und t=4 vorliegt. Entscheidend ist nun, dass zwei der vier Sollsätze durch die abgeleiteten Negationen ausgeschlossen werden, also ungültig sind. Es handelt sich dabei um die beiden unbedingten Sollsätze $\mathbf{N}[\mathbf{O}(\neg Bh)]$ und $\mathbf{N}[\mathbf{O}(Rh)]$, die mit $\neg\mathbf{N}[\mathbf{O}(\neg Bh)]$ bzw. $\neg\mathbf{N}[\mathbf{O}(Rh)]$ in Widerspruch stehen. Als gültig anzunehmen sind also nur die zwei verbliebenen, bedingten Sollsätze $\mathbf{N}[\neg Rh\rightarrow\mathbf{O}(\neg Bh)]$ und $\mathbf{N}[Bh\rightarrow\mathbf{O}(Rh)]$.

Nach der Deduktion dieser unmittelbaren Sollsätze können nun auch die Bedingungs- bzw. Folgerungsrelationen, die der dargestellten Welt inhärent sind, bestimmt werden. Bedingt dadurch, dass zum einen $\neg$Bh gesollt wird (unter der Bedingung $\neg$Rh) und zum anderen Rh (unter der Bedingung Bh), bedarf es lediglich der Relationen zwischen Bh/¬Bh und Ph/¬Ph sowie der zwischen Rh/¬Rh und Ph/¬Ph. Alle anderen Verhältnisse müssen keine Berücksichtigung finden, da es keinen Sinn macht, auf das Sollen der jeweiligen Bedingung oder das Sollen der Negation dieser Bedingung zu schließen. Die Relation zwischen Bh/¬Bh und Rh/¬Rh muss deshalb genauso wenig wie jene zwischen Rh/¬Rh und Bh/¬Bh betrachtet werden. Bezüglich Bh/¬Bh und Ph/¬Ph ist festzustellen, dass alle vier möglichen Kombinationen in der dargestellten Welt gegeben sind. Bh∧Ph zum Zeitpunkt t=0, t=4 und t=5, ¬Bh∧Ph zum Zeitpunkt t=1, ¬Bh∧¬Ph zum Zeitpunkt t=2 und Bh∧¬Ph zum Zeitpunkt t=3. Anders verhält sich der Fall bezüglich Rh/¬Rh und Ph/¬Ph: Zum Zeitpunkt t=0 und t=5 liegt Rh∧Ph vor, zum Zeitpunkt t=1 und t=4 ¬Rh∧Ph und zum Zeitpunkt t=2 und t=3 ¬Rh∧¬Ph. Damit liegt zu keinem Zeitpunkt und damit in keiner möglichen Welt und folglich auch notwendigerweise nicht Rh∧¬Ph vor:

$$\mathbf{N}[\neg(Rh\wedge\neg Ph)]$$

Da **N**[¬(Rh∧¬Ph)] logisch äquivalent mit **N**(Rh→Ph) ist, kann mithilfe des zuvor abgeleiteten unmittelbaren Sollsatzes **N**[Bh→**O**(Rh)] und des deontischen modus ponens der mittelbare Sollsatz **N**[Bh→**O**(Ph)] abgeleitet werden:

$$\{\mathbf{NN}(Rh\rightarrow Ph)\wedge\mathbf{N}[Bh\rightarrow\mathbf{O}(Rh)]\}\rightarrow\mathbf{N}[Bh\rightarrow\mathbf{O}(Ph)]$$

MC Hammer soll demnach Pepsi trinken (bzw. getrunken haben), wenn er auf der Bühne steht. Damit handelt es sich lediglich um die bedingte Variante jenes Sollsatzes, der bereits das Ergebnis der obigen Ableitungen darstellte und die als Kern der jetzt geleisteten Ableitungen bezeichnet wurde.

7 Rückblick und Ausblick: individuelles Wissen und personalisierte Werbung

Um aus einer konkreten Äußerung Merkmalsveränderungen, Merkmals-Figuren-Zuordnungen sowie Ordnungsstörungen gewinnen zu können, müssen wie zuletzt Wissensmengen vorausgesetzt werden: zum einen Sprachwissen, zum anderen äußerungsspezifisches Weltwissen. Allerdings handelt es sich hierbei um Wissensmengen, die bekannt und zugänglich sind, sei es in Form von Grammatiken, Lexika oder Datenbanken [16]. Das Wissen hingegen, das durch die Formale Subtextanalyse gewonnen wird, ist unbekanntes, neues Wissen, das bestehende Wissensmengen erweitert oder negiert. Dass Pepsi-Trinken eine notwendige Bedingung für Rap-Singen darstellt und dass man deshalb Pepsi trinken soll, kann in keinem Lexikon nachgeschlagen werden; es gehört weder zum tradierten, noch, so ist anzunehmen, akzeptierten Wissen.

Nichtsdestotrotz handelt es sich bei diesen äußerungsspezifischen Propositionen, die vom Weltwissen abweichen, nicht um „falsches“ Wissen [16]. Es ist die vornehmliche Eigenschaft von Äußerungen, dass sie eine eigene Welt modellieren, in der sowohl deskriptive als auch präskriptive Propositionen von der extratextuellen Wirklichkeit abweichen können [8]. Mithilfe der Formalen Subtextanalyse wird also gerade subjektives und damit individuelles Wissen zugänglich.

Bedenkt man, dass logische Kalküle computersprachengeeignet sind [15], ist der Verzicht auf den Menschen als bislang unabdingbare Komponente von komplexeren Textanalyseprozessen, wie sie die Subtextanalyse darstellt, denkbar. Das wiederum könnte eine Reihe von möglichen informationstechnischen und marktkonformen Anwendungsbereichen eröffnen, von denen nur zwei angesprochen seien. Erstens könnten persönliche digitale Assistenten nicht nur das explizit Gesagte, sondern auch das implizit Gemeinte erfassen. Da es sich bei diesem Gemeinten – bedingt durch die Anlage der Formalen Subtextanalyse – um das implizit Gesollte oder Gewollte handelt, wäre ein persönlicher digitaler Assistent in der Lage, auch entsprechend dahingehend zu (re)agieren: entweder dadurch, dass das Gesollte oder Gewollte vollzogen wird oder Angebote unterbreitet werden, die die Erfüllung dieses Gesollten oder Gewollten ermöglichen. Zweitens ließe sich nach demselben Muster auch personalisierte Werbung verbessern: Durch die Analyse des Subtextes von anwenderproduzierten elektronischen Alltagstexten, beispielsweise E-Mails und Postings, könnten individuellere und intelligentere Produktangebote unterbreitet werden. Letzteres wären sie deshalb, weil sie ihren Ursprung nunmehr jenseits bloßer im Text verwendeter Schlagwörter hätten.

Literatur

[1] Lotman, J.: Die Struktur literarischer Texte. München: Fink 1973.

[2] Renner, K.: Der Findling. Eine Erzählung von Heinrich von Kleist und ein Film von George Moorse. Prinzipien einer adäquaten Wiedergabe narrativer Strukturen. München: Fink 1983.

[3] Wahrig-Burfeind, R. et al.: Brockhaus Wahrig Deutsches Wörterbuch. Gütersloh et al.: Wissensmedia 2012.

[4] Zoglauer, T.: Einführung in die formale Logik für Philosophen. Göttingen: Vandenhoeck & Ruprecht 2008.

[5] Kutschera, F.: Einführung in die Logik der Normen, Werte und Entscheidungen. Freiburg et al.: Alber 1973.

[6] Zoglauer, T.: Normenkonflikte. Zur Logik und Rationalität ethischen Argumentierens. Stuttgart: Frommann-Holzboog 1998.

[7] Klimczak, P.: Formale Subtextanalyse. Modallogische Grundlegung der Grenzüberschreitungstheorie. Cottbus: Dissertationsschrift 2013.

[8] Titzmann, M.: Semiotische Aspekte der Literaturwissenschaft: Literatursemiotik. In: Posner, R. et al. (Hg.): Semiotik. Ein Handbuch zu den zeichentheoretischen Grundlagen von Natur und Kultur. Berlin: de Gruyter 2003, S. 3028 – 3103.

[9] Krah, H.: Einführung in die Literaturwissenschaft/Textanalyse. Kiel: Ludwig 2006.

[10] Stegmüller, W.: Probleme und Resultate der Wissenschaftstheorie und Analytischen Philosophie. Band I: Erklärung – Begründung – Kausalität. Berlin et al.: Springer 1983.

[11] Bayer, K.: Argument und Argumentation. Logische Grundlagen der Argumentationsanalyse. Göttingen: Vandenhoeck & Ruprecht 2007.

[12] Naess, A.: Kommunikation und Argumentation. Eine Einführung in die angewandte Semantik. Kronberg: Scriptor 1975.

[13] Weimer, W.: Logisches Argumentieren. Stuttgart: Reclam 2005.

[14] http://www.youtube.com/watch?v=CmhJPBQ2Bp4

[15] Carstensen, K.-U. et al. (Hg): Computerlinguistik und Sprachtechnologie. Heidelberg: Spektrum 2010.

[16] Titzmann, M.: Propositionale Analyse – kulturelles Wissen – Interpretation. In: Krah, H. et al. (Hg.): Medien und Kommunikation. Eine interdisziplinäre Einführung. Passau: Stutz 2006, S. 67 – 92.

DIE KOGNITIVE HEIZUNG

P. Klimczak, M. Wolff, J. Lindemann, C. Petersen, R. Römer und T. Zoglauer
Brandenburgische Technische Universität
matthias.wolff@tu-cottbus.de

Kurzfassung: Die strukturale Narrativik bedient sich der deontischen Logik zur Modellierung von Ereignissen im Sinne von Normverletzungen [1]. Wir zeigen, wie solche Ereignisse für die Verhaltenssteuerung kognitiver Systeme verwendet werden können. Man kann nämlich das Eintreten *unerwarteter* (verbaler) Nutzerreaktionen bei gegebener Vorgeschichte und unter Kenntnis des bisherigen (verbalen) Systemverhaltens als ein solches Ereignis verstehen. Somit sind Kommunikationssituationen erkennbar, in denen eine Anpassung der semantischen Modelle notwendig ist, da diese die tatsächlich eingetretene Nutzerreaktion nicht korrekt vorhersagen konnten. Am trivialen Beispiel einer „kognitiven" Heizungssteuerung diskutieren wir, wie in einer ereignishaften Situation ein Zusammenhang zwischen dem verbalen Verhalten des Nutzers (also einer Äußerung) und der Bedeutung dieser Äußerung für das kognitive System hergestellt werden kann. Dafür ist *keine* semantische Analyse der Äußerung im Sinne der Computerlinguistik notwendig.

Wir glauben, damit einen ersten Ansatz zum automatischen Lernen von Günther Wirschings Äußerungs-Bedeutungs-Paaren (*utterance meaning pairs*, UMP [3, 4]) gefunden zu haben, welche die technische Grundlage der bedeutungsorientierten Sprachmodelle (*meaning oriented language models*, MOLM [4]) sind. Da es sich bei letzteren um stochastische endliche Grammatiken handelt, präsentieren wir eine Bayes'sche Interpretation von Skinners ABC-Schema des verbalen Verhaltens [2]. Wir zeigen, wie die von Wirsching postulierte bedingte Wahrscheinlichkeit verbalen Verhaltens (*behavior*, B) bei gegebenen Vorbedingungen (*antecedents*, A) und angestrebten Auswirkungen (*consequences*, C) mit Hilfe des Bayes'schen Satzes sowohl als kognitive als auch als intentionale Bedeutung interpretiert werden kann.

1 Bedeutung und Verhalten

Bekanntermaßen verortet B. F. Skinner die Bedeutung einer sprachlichen Äußerung („verbal behavior", *B*) nicht in der Äußerung oder ihrer Transliteration selbst. Er argumentiert vielmehr, dass verbales Verhalten eine Funktion von Vorbedingungen (auch der Vorgeschichte, „antecedents", *A*) und der vom Sprecher beabsichtigten Wirkung („consequences", *C*) ist. Das Erkennen der Bedeutung verbalen Verhaltens liegt nach Skinner im (wenigstens teilweisen) Erkennen der ihm zugrunde liegenden Vorbedingungen und Konsequenzen [2] (zitiert nach [4]).

Mit dem sogenannten ABC-Schema wählte Skinner einen experimentellen Zugang und beschreibt die Bedeutung des Verhaltens B als bedingte Wahrscheinlichkeitsverteilung, in der die Vorgeschichte A und die beabsichtigte Konsequenz C durch den Experimentator weitgehend kontrolliert werden können und sich deshalb als Bedingungen verankern lassen. Die Bedeutung des Verhaltens wird dann als eine vermittelnde Variable aufgefasst, welche die Vorgeschichte

A mit dem Verhalten B und dieses wiederum mit der Konsequenz C verbindet. Um dies zu zeigen, geht man zunächst von der Verbundwahrscheinlichhkeit $P(A,B,C)$ aus, faktorisiert diese nach dem Bayes'schen Prinzip und wendet die Markov-Bedingung an. Bei zwei gegebenen Bedingungen führt dies auf zwei komplementäre Sichtweisen.

$$P(B|A,C) \overset{\text{Bayes}}{=} \frac{P(A|B,C)\cdot P(B|C)}{P(A|C)} \overset{\text{Markov}}{\approx} \frac{P(A|B)\cdot P(B|C)}{P(A|C)} \quad (1)$$

In dieser Schreibweise finden sich im Zähler eine Likelihood des Verhaltens sowie dessen A-priori-Wahrscheinlichkeit bei gegebener Konsequenz C wieder. Der Nenner ist unabhängig vom Verhalten B und sorgt bei gegebener Konsequenz C für eine entsprechende Normierung. Da hier die Konsequenz möglicher Aktionen (durch die Motorik) gegeben ist, wird diese Sichtweise als intentionale Bedeutung des Verhaltens interpretiert.

$$P(B|A,C) \overset{\text{Bayes}}{=} \frac{P(C|B,A)\cdot P(B|A)}{P(C|A)} \overset{\text{Markov}}{\approx} \frac{P(C|B)\cdot P(B|A)}{P(C|A)} \quad (2)$$

In der komplementären Sichtweise findet sich im Zähler ebenfalls eine Likelihood des Verhaltens. In den anderen beiden Termen ist nun jedoch die Vorgeschichte A gegeben, welche von der Sensorik erfasst wird. Mit dieser Interpretation kann auf die kognitive Bedeutung des Verhaltens geschlossen werden.

2 Ereignishaftes Verhalten

Sich selbsttätig an die Umwelt anpassen zu können ist ein wesentliches Merkmal kognitiver Systeme. Technisch erfolgt dies durch eine Modelladaption. Die entscheidende Frage ist dabei: Wann ist eine Adaption notwendig und wann nicht? Die Standardantwort lautet: „Immer". Die strukturale Narrativik erlaubt eine bessere Antort: „Adaption ist beim Eintreten ereignishafter Zustände notwendig."

Als ereignishafter Zustand wird das Eintreten eines formal-logischen Widerspruchs definiert: $p \wedge \neg p$. Diese bis vor Kurzem in der Narratologie-Forschung nicht hinterfragte Vorstellung stellt allerdings ein Problem dar, da Widersprüche in der formalen Logik aufgrund des Satzes vom ausgeschlossenen Widerspruch ausgeschlossen sind, sodass es nach einer derartigen Modellierung formal-logisch zu keinen Ereignissen kommen kann. Auf den Satz vom ausgeschlossen Widerspruch kann jedoch nicht verzichtet werden, da ansonsten formal-logisch korrekt auf alles Mögliche geschlossen werden könnte. Dieses Problem konnte erst vor kurzem unter Verwendung der deontischen Modallogik gelöst werden [1]. Sie verwendet im Gegensatz zur ontischen Modallogik anstatt eines Notwendigkeitsoperators N einen *Gebotsoperator O*, mit dessen Hilfe Sachverhalte als geboten gesetzt werden können: $O(p)$.

Während also $\neg p$ aussagt, dass ein bestimmter Istzustand p nicht zutrifft, sagt $O(p)$ aus, dass dieser bestimmte Istzustand geboten ist. Es besteht also auch weiterhin zwischen Gegebenem und Gebotenem eine Relation, die einem kontradiktorischen Verhältnis entspricht mit dem entscheidenden Unterschied, dass während $\neg p$ wahr ist, im Falle von p aber nur dessen Gebotensein, also lediglich der Gebotssatz als Ganzes, $O(p)$, wahr ist. Entsprechend kann es auch zu keinem formal-logischen Widerspruch mit $\neg p$ kommen. Um Ereignisse deduzieren zu können, ist es folglich nur notwendig, das kontradiktorische Verhältnis zwischen *Gegebenem*, $\neg p$, und *Gebotenem*, p, in ein äquivalentes Verhältnis zwischen Gegebenem, ¬p, und *Gebot*, $O(p)$, zu überführen, was sich formal mittels einer Bisubjunktion zwischen E, was für das Vorliegen eines Ereignisses steht, und der Konjunktion von $O(p)$ und $\neg p$ abbilden lässt:

$$E \leftrightarrow O(p) \wedge \neg p. \quad (3)$$

Somit ist ein Ereignis im Sinne der Normenlogik als die Verletzung eines Ordnungssatzes definiert. In einem kognitiven System unterscheiden wir zwischen Ordnungssätzen bezüglich des Systems und Ordnungssätzen bezüglich der Umwelt. Der Einfachheit halber stellen wir uns als „Umwelt“ im Folgenden einen menschlichen Nutzer des Systems vor. Wir postulieren:

1. Was bezüglich des Systems „geboten“ ist, wird vom System getan (Systemverhalten: B_S).
2. Was bezüglich des Nutzers „geboten“ ist, erwartet das System vom Nutzer (Nutzerverhalten B_N).

Wir sehen, dass wir zwischen System- und Nutzerverhalten unterscheiden müssen. Beide sind kognitive Systeme und „verhalten“ sich dementsprechend. Da die Frage nach der Ereignishaftigkeit des Systemverhaltens sich erst in viel komplexeren Systemen stellt, wird an dieser Stelle angenommen, dass dahingehend kein Ereignis eintreten kann und darüber hinaus aus dem Gebotensein eines Systemverhaltens zum Zeitpunkt k dessen Realisierung zum darauffolgenden Zeitpunkt, also $k+1$, folgt:

$$O(B_S)^k \rightarrow B_S^{k+1}. \tag{4}$$

Anders beim Nutzerverhalten: Was aus Systemsicht zum Zeitpunkt k für den Nutzer geboten ist, muss dieser natürlich nicht tatsächlich tun. Falls der Nutzer sich zum Zeitpunkt k nicht wie vom System erwartet verhält, liegt ein Ereignis vor:

$$E^k \leftrightarrow \left[O(B_N)^k \wedge \neg B_N^k\right] \vee \left[O(\neg B_N)^k \wedge B_N^k\right]. \tag{5}$$

In diesem Fall ist eine entsprechende Anpassung an das Nutzerverhalten erforderlich, was auch die Modifikation von bestehenden Regeln mit einschließt.

3 Fallbeispiel: Die kognitive Heizung

Wir betrachten folgendes Szenarium: Es ist Winter, sodass die Raumtemperatur bei ausgeschalteter Heizung kontinuierlich sinkt. Unsere triviale „kognitive“ Heizung kann die Raumtemperatur gradgenau messen und ein- oder ausgeschaltet sein:

$$a_0 = \vartheta\,^\circ\mathrm{C}, \tag{6}$$

$$a_1 = \begin{cases} H & \text{heizen oder} \\ \neg H & \text{nicht heizen.} \end{cases} \tag{7}$$

Beides sind Vorbedingungen für das Verhalten der Heizung und des Nutzers, also wählen wir a als Formelzeichen. Angezeigt wird dem Nutzer lediglich der momentane Zustand a_1 der Heizung. Es geht gerade darum, dass der Nutzer nicht aufgrund einer entsprechenden notwendigerweise abstrakten Raumtemperaturanzeige auf das Verhalten der Heizung einwirkt, sondern aufgrund seines intuitiven, individuellen und kontextuellen, sprich natürlichen, Raumtemperaturempfindens. Unabhängig davon, welche Äußerungen der Nutzer auch von sich gibt, sie haben aus Sicht der Heizung nur zwei mögliche Bedeutungen:

$$c = \begin{cases} V & \text{Veto oder} \\ \neg V & \text{kein Veto} \end{cases} \tag{8}$$

gegen den angezeigten Zustand der Heizung. Da die Handlungen des Nutzers aus Sicht der Heizung die Konsequenz ihres eigenen Handels darstellen, wählen wir das Formelzeichen c.

Im Initialzustand ist der Heizung eingeschrieben, dass sie weder heizt noch heizen soll und sie auch kein Veto erwartet:

$$R_{1.1}: \quad \neg H^k \tag{9}$$

$$R_{1.2}: \quad O(\neg H)^k \tag{10}$$

$$R_{1.3}: \quad O(\neg V)^k. \tag{11}$$

Wir untersuchen nun drei Kommunikationssituationen mit der kognitiven Heizung:

- In der ersten Situation soll die Heizung aufgrund eines Vetos seitens des Nutzers ihr Verhalten ändern, also sowohl vom Nicht-Heizen zum Heizen wechseln als auch umgekehrt vom Heizen zum Nicht-Heizen.
- In der zweiten Situation soll die Heizung dasselbe Verhalten an den Tag legen, aber ohne dass der Nutzer in das Verhalten der Heizung mit seinem Veto eingreifen muss. Ob er dabei mit dem Verhalten der Heizung zufrieden oder einfach nicht anwesend ist, spielt keine Rolle. Sein Nicht-Reagieren auf das Verhalten der Heizung hat für die Heizung stets die Bedeutung von $\neg V$.
- In der dritten Situation wird angenommen, dass der Nutzer gegen das gelernte Verhalten der Heizung, bei einer bestimmten Temperatur vom Nicht-Heizen ins Heizen zu wechseln, votiert. Die Heizung soll daraufhin ihr Verhalten ändern und aufhören zu heizen.

In allen drei Situationen werden die beiden bereits angesprochenen Regeln benötigt: die Ereignisregel und die allgemeine Handlungsregel für das Systemverhalten. Entsprechend dem Sachverhalt, dass jeweils zwei Varianten bezüglich des Nutzerverhaltens (V, $\neg V$) und des Systemverhaltens (H, $\neg H$) möglich sind, ergeben sich insgesamt folgende vier Regeln:

$$R_{2.1}: \quad O(V)^k \wedge \neg V^k \quad \leftrightarrow E^k \tag{12}$$
$$R_{2.2}: \quad O(\neg V)^k \wedge V^k \quad \leftrightarrow E^k \tag{13}$$
$$R_{3.1}: \quad O(H)^k \quad \rightarrow H^{k+1} \tag{14}$$
$$R_{3.2}: \quad O(\neg H)^k \quad \rightarrow \neg H^{k+1}. \tag{15}$$

Des Weiteren werden vier elementare Handlungsregeln für das aus dem Nutzerverhalten resultierende Systemverhalten benötigt:

$$R_{4.1}: \quad H^k \wedge \neg E^{k-1} \quad \rightarrow O(H)^k \tag{16}$$
$$R_{4.2}: \quad \neg H^k \wedge \neg E^{k-1} \quad \rightarrow O(\neg H)^k \tag{17}$$
$$R_{4.3}: \quad H^k \wedge E^{k-1} \quad \rightarrow O(\neg H)^k \tag{18}$$
$$R_{4.4}: \quad \neg H^k \wedge E^{k-1} \quad \rightarrow O(H)^k. \tag{19}$$

Das Nutzerverhalten fließt dabei nicht unmittelbar ein, sondern mittelbar über das Eingetretensein oder Nicht-Eingetretensein eines Ereignisses zum vorhergehenden Zeitpunkt. Dass der Ereigniszustand des vorhergehenden Zeitpunktes zu berücksichtigen ist, hat formallogische, sprich systemische Gründe. Der Grund dafür, dass das Nutzerverhalten nur mittelbar über den Ereigniszustand und nicht unmittelbar über das Einlegen oder Nicht-Einlegen des Vetos erfolgt, liegt darin, dass dieser lediglich mittelbare Einbezug des Nutzerverhaltens bereits die Lösung der in der zweiten und dritten Situation gestellten Aufgaben ermöglicht. In der ersten Situation würde es hingegen tatsächlich reichen, wenn anstatt E^{k-1} und $\neg E^{k-1}$ lediglich V^{k-1} und $\neg V^{k-1}$ in den Formeln stünden.

Ebenfalls für alle Situationen gilt, dass Änderungen im Weltmodell durch das Quasi-Eintreten von Widersprüchen zustande kommen. Da diese aufgrund des Satzes vom ausgeschlossenen Widerspruch verboten sind, kommt es aber nicht zum Widerspruch, sondern zur Negation bzw. Löschung der älteren Regel.

Die formallogische Darstellung der ersten Situation lautet mit den oben beschriebenen Regeln:

k	$a_0^k/°\mathrm{C}$	a_1^k	b_1^k	b_2^k	c^k	$\tilde{c}^k$	E^k
0	17	$\neg H$	$O(\neg H)$		$\neg V$	$O(\neg V)$	0
1	16	$\neg H$	$O(\neg H)$		V	$O(\neg V)$	1
2	16	$\neg H$	$O(H)$	$\ominus R_{1.2}$	$\neg V$	$O(\neg V)$	0
3	16	H	$O(H)$	$\ominus R_{1.1}$	$\neg V$	$O(\neg V)$	0
4	17	H	$O(H)$		$\neg V$	$O(\neg V)$	0
5	24	H	$O(H)$		V	$O(\neg V)$	1
6	24	H	$O(\neg H)$		$\neg V$	$O(\neg V)$	0
7	24	$\neg H$	$O(\neg H)$		$\neg V$	$O(\neg V)$	0
8	20	$\neg H$	$O(\neg H)$		$\neg V$	$O(\neg V)$	0

(20)

Die Spalten haben folgende Bedeutungen: k – Zeitpunkt, a_0 – Raumtemperatur in °C (Antezedenz), a_1 – tatsächliches Verhalten der Heizung (Antezedenz), b_1 – gebotenes Verhalten der Heizung (nach Gl. 4 sowie nach $R_{3.1}$ und $R_{3.2}$ das *tatsächliche* Verhalten der Heizung zum nächsten Zeitpunkt), b_2 – Lernverhalten der Heizung: Installation ($\oplus$) oder Deinstallation ($\ominus$) von Regeln, c – tatsächliches Verhalten des Nutzers (Konsequenz aus Sicht der Heizung) und $\tilde{c}$ – erwartetes Verhalten des Nutzers (erwartete Konsequenz aus Sicht der Heizung).

Der Tabelle ist zu entnehmen, dass der Nutzer bei Erreichen einer Raumtemperatur von 16 °C sein Veto gegen das Nicht-Heizen einlegt ($k = 1$). Wegen $R_{2.2}$ ist dieser Zustand ereignishaft. Entsprechend leitet die Heizung am nächsten Zeitpunkt ($k = 2$) das Gebotensein zu heizen ab, was sie dann ab dem nächsten Zeitpunkt ($k = 3$) auch tut. Die Temperatur beginnt entsprechend zu steigen ($k = 4$), bis bei Erreichen von 24 °C Raumtemperatur abermals ein Veto seitens des Nutzers eingelegt wird ($k = 5$). Entsprechend wird das Gebotensein nicht zu heizen abgeleitet ($k = 6$) und dieses dann auch realisiert ($k = 7$), woraufhin die Temperatur wieder fällt ($k = 8$).

Um nun, wie in der zweiten Situation gefordert, ein wiederholtes Einwirken des Nutzers auf das Heizverhalten bei derselben Raumtemperatur zu erübrigen, müssen der Heizung zwei zusätzliche Regeln eingeschrieben sein. Beide installieren jeweils drei weitere Regeln:

$$R_{5.1}(\vartheta): \quad [\neg H^k \wedge E^{k-1} \wedge (a_0 = \vartheta)^k] \rightarrow \tag{21}$$
$$R_{5.1.1}(\vartheta): \quad [(a_0 = \vartheta)^k \wedge O(\neg H)^k \rightarrow O(V)^k] \quad \wedge \tag{22}$$
$$R_{5.1.2}(\vartheta): \quad [(a_0 = \vartheta)^k \wedge O(H)^k \rightarrow O(\neg V)^k] \quad \wedge \tag{23}$$
$$R_{5.1.3}(\vartheta): \quad [(a_0 \neq \vartheta)^k \wedge O(\neg H)^k \rightarrow O(\neg V)^k], \tag{24}$$

$$R_{5.2}(\vartheta): \quad [H^k \wedge E^{k-1} \wedge (a_0 = \vartheta)^k] \rightarrow \tag{25}$$
$$R_{5.2.1}(\vartheta): \quad [(a_0 = \vartheta)^k \wedge O(H)^k \rightarrow O(V)^k] \quad \wedge \tag{26}$$
$$R_{5.2.2}(\vartheta): \quad [(a_0 = \vartheta)^k \wedge O(\neg H)^k \rightarrow O(\neg V)^k] \quad \wedge \tag{27}$$
$$R_{5.2.3}(\vartheta): \quad [(a_0 \neq \vartheta)^k \wedge O(H)^k \rightarrow O(\neg V)^k]. \tag{28}$$

$R_{5.1}$ installiert für den Fall, dass nicht geheizt wird und ein ereignishafter Zustand eintritt, die Regeln ($R_{5.1.1}$, $R_{5.1.2}$, $R_{5.1.3}$). $R_{5.2}$ installiert hingegen im Fall dessen, dass geheizt wird und ein Ereignis eintritt, die Regeln ($R_{5.2.1}$, $R_{5.2.2}$, $R_{5.2.3}$). Das Besondere an den sechs zu installierenden Regeln ist dabei, dass sie nicht das Heizverhalten der Heizung steuern, sondern nur die Nutzererwartung der Heizung. Die Steuerung des Heizverhaltens der Heizung wird weiterhin durch die Regeln $R_{4.1}$ bis $R_{4.4}$ übernommen. Das ist nur deshalb möglich, weil die Regeln $R_{4.1}$ bis $R_{4.4}$, wie bereits erläutert, das Nutzerverhalten (V, $\neg V$) nicht unmittelbar berücksichtigen, sondern nur mittelbar über das Eintreten oder Nicht-Eintreten von Ereignissen (E, $\neg E$). Dies ist zum einen vom Nutzerverhalten selbst abhängig, zum anderen aber von der Erwartung des Systems über das Verhalten des Nutzers ($R_{2.1}$ und $R_{2.2}$).

Entsprechend ergibt sich für die zweite Situation folgende formale Darstellung:

k	$a_0^k/°\mathrm{C}$	a_1^k	b_1^k	b_2^k	c^k	$\tilde{c}^k$	E^k
0	17	$\neg H$	$O(\neg H)$		$\neg V$	$O(\neg V)$	0
1	16	$\neg H$	$O(\neg H)$		V	$O(\neg V)$	1
2	16	$\neg H$	$O(H)$	$\ominus R_{1.2}$	$\neg V$	$O(\neg V)$	0
				$\oplus R_{5.1.1}(16\,°\mathrm{C})$			
				$\oplus R_{5.1.2}(16\,°\mathrm{C})$			
				$\oplus R_{5.1.3}(16\,°\mathrm{C})$			
3	16	H	$O(H)$	$\ominus R_{1.1}$	$\neg V$	$O(\neg V)$	0
4	17	H	$O(H)$		$\neg V$	$O(\neg V)$	0
5	24	H	$O(H)$		V	$O(\neg V)$	1
6	24	H	$O(\neg H)$	$\oplus R_{5.2.1}(24\,°\mathrm{C})$	$\neg V$	$O(\neg V)$	0
				$\oplus R_{5.2.2}(24\,°\mathrm{C})$			
				$\oplus R_{5.2.3}(24\,°\mathrm{C})$			
7	24	$\neg H$	$O(\neg H)$		$\neg V$	$O(\neg V)$	0
8	20	$\neg H$	$O(\neg H)$		$\neg V$	$O(\neg V)$	0
9	16	$\neg H$	$O(\neg H)$	$\ominus R_{1.3}$	$\neg V$	$O(V)$	1
10	16	$\neg H$	$O(H)$		$\neg V$	$O(\neg V)$	0
11	16	H	$O(H)$		$\neg V$	$O(\neg V)$	0
12	20	H	$O(H)$		$\neg V$	$O(\neg V)$	0

(29)

Was die Raumtemperatur, aber auch das Nutzer- und Heizverhalten angeht, sind die Zeitpunkte bis $k = 8$ dieselben wie in der ersten Situation. Dasselbe gilt auch für das vom System erwartete Nutzerverhalten und damit auch für das Eintreffen und Nicht-Eintreffen von Ereignissen. Bis zum achten Zeitpunkt ($k = 8$) besteht zur ersten Situation nur insofern ein Unterschied, als dass zum zweiten und sechsten Zeitpunkt ($k = 2$, $k = 6$) aufgrund der im Vergleich zum ersten Szenario beiden neuen Regeln $R_{5.1}$ und $R_{5.2}$ jeweils drei neue Regeln automatisch installiert werden: zum Zeitpunkt $k = 2$ aufgrund der Regel $R_{5.1}$ die Regeln $R_{5.1.1}$ bis $R_{5.1.3}$ und zum Zeitpunkt $k = 6$ aufgrund der Regel $R_{5.2}$ die Regeln $R_{5.2.1}$ bis $R_{5.2.3}$. Diese allerdings haben bis zum Zeitpunkt $k = 8$ keine Auswirkungen auf die anderen Parameter (und Regeln).

Zwar kann aufgrund der Regeln $R_{5.1.3}$ und $R_{5.2.3}$ zu entsprechenden Zeitpunkten ebenfalls $O(\neg V)$, also die Systemerwartung über das jeweilige Nutzerverhalten, deduziert werden, allerdings bringt das keine Folgen mit sich, da $O(\neg V)$ bereits systemisch (Regel $R_{1.3}$) seit der Initialisierung gilt. Es wird (bis zum betrachteten Zeitpunkt $k = 8$) auch nicht negiert und das obwohl seit dem zweiten Zeitpunkt mit der Regel $R_{5.1.1}$ und seit dem sechsten Zeitpunkt mit der Regel $R_{5.2.1}$ zwei Regeln gelten, die dieser Regel potenziell widersprechen: allerdings nur potenziell, weil das $O(\neg V)$ widersprechende $O(V)$ seitens einer dieser beiden Regeln noch nicht zum Tragen gekommen ist. Bis zum achten Zeitpunkt ($k = 8$) lag weder $(a_0 = 16\,°\mathrm{C}) \wedge O(\neg H)$ noch $(a_0 = 24\,°\mathrm{C}) \wedge O(H)$ vor, sodass weder aufgrund von $R_{5.1.1}$ noch $R_{5.2.1}$ auf $O(V)$ zu schließen gewesen wäre. Dieser Fall tritt erst zum Zeitpunkt $k = 9$ ein. Erst dann liegen sowohl 16 °C Raumtemperatur als auch das Gebotensein nicht zu heizen, $O(\neg H)$, vor. Das damit aufgrund der Regel $R_{5.1.1}$ einhergehende $O(V)$ widerspricht dann dem nach wie vor von Anfang an geltenden $O(\neg V)$ und damit auch der Regel $R_{1.3}$. Sie ist entsprechend zu deinstallieren. Aufgrund des nunmehr vorliegenden $O(V)$ verursacht der Sachverhalt, dass der Nutzer kein Veto äußert – sei es, weil er darauf vertraut, dass die Heizung nach seiner vormaligen Intervention gelernt hat, oder sei es, weil er sich außerhalb des Hauses befindet – ein Ereignis. Dieses Ereignis wiederum führt dazu, dass die Heizung aufgrund der Regel $R_{4.4}$ wieder zu heizen beginnt: Das System erwartet, dass der Nutzer sein Veto einlegt, doch gerade das tut er nicht. Hätte anstatt des Eintreffens eines Ereignisses, wie noch im Vorfeld des ersten Szenarios angedacht, das Äußern eines Vetos dessen Platz eingenommen, so hätte das gerade dazu geführt, dass kein Systemverhaltenswechsel stattgefunden hätte – das Veto bleibt ja, wie gesagt, aus. So aber ändert das System sein Verhalten und beginnt zu heizen ($k = 11$). Entsprechend steigt die Temperatur ($k = 12$).

Die dritte Situation setzt nun genau an dieser Stelle an. Angenommen werden muss lediglich, dass das Ausbleiben des Vetos beim Absinken der Temperatur auf 16 °C seinen Grund nicht darin hatte, dass der Nutzer abwesend war, sondern der Nutzer lediglich auf den Lerneffekt der Heizung vertraut hatte oder sein Veto schlicht „vergaß“. Jedenfalls soll im dritten Szenario angenommen werden, dass der Nutzer anwesend ist und mitgeteilt bekommt, dass die Heizung heizt, was er allerdings nicht will. Also legt er zum besagten Zeitpunkt $k = 11$ sein Veto ein. Da das System gleichzeitig aufgrund der Regel $R_{5.1.2}$ (und $R_{5.3.3}$) erwartet, dass der Nutzer kein Veto einlegt, ist abermals ein Ereignis eingetreten. Entsprechend der Regel $R_{4.3}$ folgt daraus das Gebotensein nicht zu heizen ($k = 12'$), was im darauffolgenden Zeitpunkt entsprechend der Regel $R_{3.2}$ auch getan wird ($k = 13'$). Die Temperatur beginnt dann auch zu sinken ($k = 14'$):

k	$a_0^k/°\mathrm{C}$	a_1^k	b_1^k	b_2^k	c^k	$\tilde{c}^k$	E^k
⋮	⋮	⋮	⋮	⋮	⋮	⋮	⋮
$11'$	16	H	$O(H)$		V	$O(\neg V)$	1
$12'$	16	H	$O(\neg H)$	$\oplus R_{5.2.1}(16°\mathrm{C})$ $\oplus R_{5.2.2}(16°\mathrm{C})$ $\oplus R_{5.2.3}(16°\mathrm{C})$ $\ominus R_{5.1.1}(16°\mathrm{C})$	$\neg V$	$O(\neg V)$	0
$13'$	16	$\neg H$	$O(\neg H)$		$\neg V$	$O(\neg V)$	0
$14'$	14	$\neg H$	$O(\neg H)$		$\neg V$	$O(\neg V)$	0

(30)

Gleichzeitig werden aufgrund der Regel $R_{5.2}$ drei neue Regeln eingeführt, analog zu denen, die zum Zeitpunkt $k = 6$ eingeführt wurden; allein mit dem Unterschied, dass sie nunmehr keine Aussagen bezüglich der Raumtemperatur von 24 °C treffen, sondern solche bezüglich einer Raumtemperatur von 16 °C. Da zudem sowohl $a_0 = 16\,°\mathrm{C}$ als auch $O(\neg H)$ vorliegen, führt das einerseits aufgrund der neu installierten Regel $R_{5.2.2}(16\,°\mathrm{C}) : (a_0 = 16\,°\mathrm{C}) \wedge O(\neg H) \rightarrow O(\neg V)$ zum Vorliegen von $O(\neg V)$, während andererseits aufgrund der zum zweiten Zeitpunkt installierten Regel $(a_0 = 16\,°\mathrm{C}) \wedge O(\neg H) \rightarrow O(V)$ das Vorliegen von $O(V)$ folgen würde. Da sich beides widerspricht, wird die zum zweiten Zeitpunkt installierte Regel gelöscht. Entsprechendes würde bei Vorliegen von $(a_0 = 16\,°\mathrm{C}) \wedge O(\neg H)$ auch für die Gültigkeit der zum Zeitpunkt $k = 2$ installierten Regel $R_{5.1.2}(16\,°\mathrm{C}) : (a_0 = 16\,°\mathrm{C}) \wedge O(H) \rightarrow O(\neg V)$ gelten. Sie würde aufgrund der zum aktuellen Zeitpunkt $k = 12'$ installierten Regel $R_{5.2.1}(16\,°\mathrm{C}) : (a_0 = 16\,°\mathrm{C}) \wedge O(H) \rightarrow O(V)$ ebenfalls gelöscht werden. Ansonsten lägen abermals sowohl $O(\neg V)$ als auch $O(V)$ vor. Das bedürfte aber, wie gesagt, des Gebotenseins zu heizen, was ausgehend vom Zeitpunkt $14'$ erst eines Vetos bedürfte und eines abermaligen Handlungswechsels des Systems.

4 Ausblick

Probabilistische Erweiterung: Die oben ausgeführten Betrachtungen beruhen zunächst auf einem formallogischen Kalkül. Nach Abschnitt 1 steht jedoch noch der Rückbezug zum probabilistischen Modell nach B. F. Skinner aus, welcher an dieser Stelle nur kurz umrissen werden kann und zu einem späteren Zeitpunkt genauer ausgeführt wird. Wir gehen wieder von der Verbundwahrscheinlichkeit $P(A,B_S,C)$ aus und erhalten ein Modell für die bedingte Wahrscheinlichkeit einer Konsequenz:

$$P(C|A,B_S) = \frac{P(B_S|A,C)\cdot P(C|A)}{P(B_S|A)} = \frac{P(B_S|A,C)\cdot P(C|A)}{\sum_C P(B_S|A,C)}. \tag{31}$$

Dieses Modell enthält im Zähler die kognitive bzw. intentionale Bedeutung des Verhaltens nach Gleichung (1) bzw. (2) und die (a-priori) bedingte Wahrscheinlichkeit der Konsequenz, in die das Verhalten (noch) nicht eingegangen ist. Den Nenner erhält man als Randverteilung über Gleichung (1) oder (2). Mit diesem Modell können wir sowohl die erwartete Konsequenz

$$\tilde{c} = \text{argmax}_C P(C|A,B_S) \tag{32}$$

als auch die Ereignishaftigkeit einer tatsächlich eingetroffenen Konsequenz $C = c$ bestimmen:

$$E := P(C|A,B_S) < \varepsilon. \tag{33}$$

Schließlich kann das auszuwählende Systemverhalten entsprechend der Entscheidungsfunktion

$$b_S^* = \text{argmax}_{B_S} P(B_S|A,C) \tag{34}$$

bestimmt werden.

Unüberwachtes Lernen von UMPs: Das Beispiel in Abschnitt 3 spart absichtlich das konkrete (verbale) Verhalten des Nutzers gegenüber der Heizung aus. Er bringt lediglich sein „Veto" zum Ausdruck. Im einfachsten Fall interpretiert die Heizung zunächst jede Äußerung, die der Nutzer an sie richtet, als Veto, verbindet die Wortfolge (oder auch nur die HMA-Zustandsfolge) mit der durch die Vorbedingungen und die Konsequenz V definierten Bedeutung und lernt damit ein Äußerungs-Bedeutungs-Paar. Falls diese Interpretation der Nutzeräußerung zu Ereignissen führt (beispielsweise indem der Nutzer sein Veto gegen ein irrtümlich verstandenes Veto einlegt), muss die Semantik des UMP später gegebenenfalls geändert werden. Das kann nach dem gleichen Prinzip wie die Änderung der Ordnungssätze hinsichtlich des Heizverhaltens geschehen. Obwohl dieser Gedanke noch nicht zu Ende gedacht und das vorgestellte Beispiel zu trivial für eine vertiefende Diskussion ist, scheint sich hier doch eine Möglichkeit des unüberwachten Lernens von UMPs zu eröffnen. Die Idee ist vielversprechend, da ein technisches kognitives System nur die (wenigen) Semantiken lernen, erkennen und verarbeiten muss, welche für seinen Handlungsspielraum relevant sind. Aus Sicht der Heizung sind zum Beispiel die Vetos „Ich fahre weg" und „Ich gehe schlafen" gegen das Heizen gleichbedeutend! Eine semantische Analyse der Nutzeräußerungen im herkömmlichen Sinne ist (weitestgehend) unnötig, da die Bedeutung ja nur in den Vorbedingungen und gewünschten Konsequenzen (Ausschalten!) liegt.

Literatur

[1] KLIMCZAK, P.: *Formale Subtextanalyse. Modallogische Grundlegung der Grenzüberschreitungstheorie.* Dissertationsschrift, BTU, Cottbus, 2013.

[2] SKINNER, B. F.: *Verbal Behavior.* Prentice Hall, Englewood Cliffs, New Jersey, 1957.

[3] WIRSCHING, G., M. HUBER, C. KÖLBL, R. LORENZ und R. RÖMER: *Semantic Dialogue Modeling.* In: A. ESPOSITO ET AL (Hrsg.): *Behavioral Cognitive Systems*, Bd. 7403 d. Reihe *LNCS*, S. 104–113, 2012.

[4] WIRSCHING, G. und R. LORENZ: *Towards meaning-oriented language modeling.* In: BARANYI, P. ET AL. (Hrsg.): *IEEE 4th Int. Conf. on Cognitive InfoCommunication, Budapest, Hungary, December 2-5*, S. 369–374. IEEE Xplore, 2013.

Konstruktion einer mikrolokalen Grammatik mit OpenFST am Beispiel einer Home-Entertainment-Anwendung

Dennis Ritter und Günther Wirsching

Katholische Universität Eichstätt-Ingolstadt
guenther.wirsching@ku.de

Kurzfassung: Bei der Konstruktion eines Sprachdialogsystems ist es sinnvoll, die erforderlichen Sprachmodelle von vorne herein bedeutungsorientiert zu gestalten. Ein wichtiger Schritt ist dabei die Konstruktion mikrolokaler Grammatiken. An einem ausgewählten Beispielsatz aus einem WOz-Experiment zu einer Home-Entertainment Anwendung wird ein halbautomatisches Verfahren zum Erzeugen einer mikrolokalen Grammatik vorgestellt, wobei speziell hierfür entwickelte Softwarewerkzeuge zum Einsatz kommen.

1 Einleitung

Im Fokus dieser Arbeit steht die Modellierung der Syntax-Semantik-Schnittstelle im Rahmen des UASR (*Unified Approach for Speech Synthesis and Recognition*), das an der TU Dresden von Rüdiger Hoffmann et al. entwickelt wurde. Sowohl im Analyse- als auch im Synthesezweig des UASR soll diese Schnittstelle aus bidirektional verwendbaren *mikrolokalen Grammatiken* aufgebaut werden. Wir konzentrieren uns hier auf den Analysezweig und zeigen die Konstruktion eines *Transduktors* (FST = *Finite State Transducer*), der einerseits eine Menge von zu einem *semantischen Schema* gehörender Wortfolgen beschreibt, und andererseits jeder solchen Wortfolge eine Darstellung ihrer Bedeutung zuordnet. Dazu wurden Software-Werkzeuge entwickelt, die eine Anbindung an OpenFST [1], und damit ans UASR, ermöglichen.

Wir beginnen mit formalen Definitionen grundlegender Begriffe unserer Semantikmodellierung, insbesondere *(kombinierbare) semantische Anker*, *Äußerung-Bedeutung-Paar* (UMP = *Utterance-Meaning Pair*), *semantisches Schema*, und *mikrolokale Grammatik* [4]. Dabei zeigt sich, dass bei praktischen Anwendungen *Merkmal-Werte-Relationen* eine wichtige Rolle spielen. Anschließend demonstrieren wir, wie solche Strukturen zur Analyse von Wizard of Oz-Daten eingesetzt werden können. Daraus ergibt sich ein Verfahren zur Generierung mikrolokaler Grammatiken aus geeignet annotierten Wizard of Oz-Daten. Zur Demonstration dieses Verfahrens haben wir Software-Werkzeuge entwickelt, deren Einsatz an einem Beispiel gezeigt werden soll.

2 Modellierung der Semantik

2.1 Formaler Hintergrund

Hintergrund der hier verwendeten Modellierung der Semantik ist das in [4] beschriebene allgemeine Semantikmodell. Formal basiert dieses auf der Zermelo-Fraenkelschen Axiomatisierung der Mengenlehre, wobei es praktisch ist, der ursprünglichen Idee von Ernst Zermelo zu folgen und *Urelemente* miteinzubeziehen. Unsere Semantiksprache ist also ZFU (Zermelo-Fraenkel mit Urelementen); unter einem *ZFU-Objekt* verstehen wir entweder ein Urelement oder eine Menge in ZFU. Ein *semantischer Anker* ist, per definitionem, ein ZFU-Objekt, das sich (subjektiv) auf Realität bezieht. Dabei heißen zwei oder mehrere semantische Anker *kompatibel*, wenn sie (wieder subjektiv) zwei oder mehrere Aspekte der gleichen Realität referenzieren. Unter einer *Bedeutung* verstehen wir eine Menge kompatibler semantischer Anker. Die Bausteine einer natürlichen Sprache sind dann Äußerung-Bedeutung-Paare, bestehend aus einer Äußerung, die in eine Situation passt, wo auch die Bedeutung passt.

2.2 Anwendung auf automatische Dialogsysteme

Aus der subjektiven Sicht eines automatischen Dialogsystems bestehen alle möglichen Realitätsreferenzen aus Daten, die in einer geeigneten Datenbank vorliegen. Eine naheliegende Methode ist, solche Daten als *Merkmal-Wert-Paare*, z. B.

$\boxed{\text{Nachname}} \rightarrow \boxed{\text{Grant}}$,

oder als Folgen von Merkmal-Wert-Paaren, z. B.

$\boxed{\text{Medienobjekt}} \rightarrow \boxed{\text{Film}} \rightarrow \boxed{\text{Titel}} \rightarrow \boxed{\text{Titanic}}$,

darzustellen. Es ist klar, dass sich derartige Strukturen als ZFU-Objekte betrachten lassen: die Bezeichner „Nachname“, „Grant“, etc., sind die Urelemente, und Folgen sind mengentheoretisch konstruierte n-Tupel. Eine Bedeutung einer Äußerung besteht dann aus mehreren solchen Merkmal-Wert-Folgen, die insgesamt in vielen Fällen eine Baumstruktur ergeben.

Nehmen wir als Beispiel eine Home-Entertainment-Anwendung, wie sie in [3] und [2] betrachtet wurde, und betrachten wir die folgende Äußerung, die in dem in [3] beschriebenen Wizard of Oz-Experiment aufgenommen worden ist:

> *Auf Platz 1 soll der Film den ich letztens gesehen habe, mit äh Hugh Grant und äh der Schauspielerin die auch in Titanic mitgespielt hat.*

Im Hinblick auf die Datenbank der Home-Enterteinment-Anwendung könnte man dieser Äußerung die folgenden Merkmal-Wert-Strukturen als Bedeutung zuordnen:

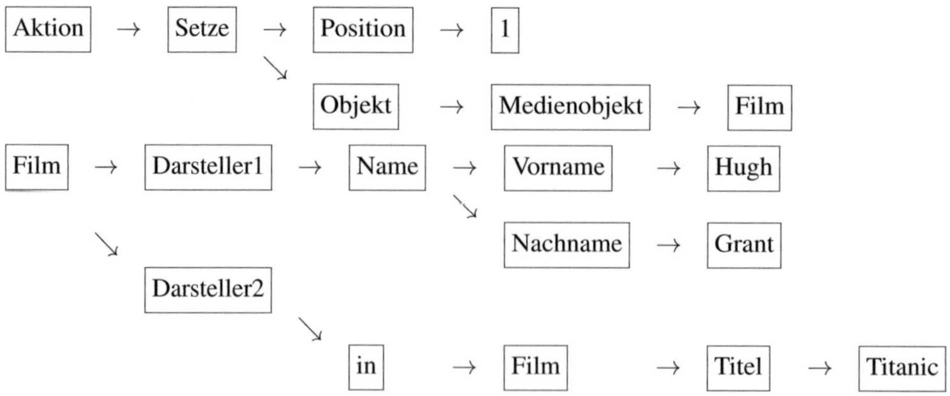

Prinzipiell wäre es möglich, noch mehr Information aus der Äußerung in die Semantik abzubilden, z. B. das Geschlecht von „Darsteller2“, oder eine Referenz auf Daten, die mit der

Formulierung *letztens* in Verbindung gebracht werden können. Zur Illustration des Vorgehens beschränken wir uns hier auf die genannten Merkmal-Wert-Strukturen.

Die Idee ist nun, in einer solchen Merkmal-Wert-Struktur bestimmte semantische Anker durch *Platzhalter* zu ersetzen – im Beispiel ist es naheliegend, den Namen des Schauspielers *„Hugh Grant"* und den Filmtitel *„Titanic"* offen zu lassen. Durch das Einfügen von Platzhaltern anstelle bestimmter semantischer Anker ergibt sich ein *semantisches Schema*. Zu jedem Platzhalter gehört eine Menge möglicher semantischer Anker, die an dieser Stelle sinnvoll eingesetzt werden können – im Beispiel wären das verschiedene Namen von Schauspieler oder Schauspielerinnen, bzw. verschiedene Filmtitel.

2.3 Die Verwendung von FSTs

Ein Ziel dieser Arbeit ist die Konstruktion einer auf der Äußerung aus dem WOz-Experiment basierenden *mikrolokalen Grammatik*, die alle Varianten dieser Äußerung beschreibt, die sich durch Befüllen der Platzhalter mit verschiedenen passenden Datenbankeinträgen ergeben. Außerdem soll eine Methode realisiert werden, die jedem Satz der mikrolokalen Grammatik seine Bedeutung als Merkmal-Wert-Struktur zuordnet.

Sowohl die mikrolokale Grammatik als auch die Zuordnung von Bedeutungen sollen als FST (Finite State Transducer) realisiert werden, wobei wir in dieser Arbeit von Gewichten absehen. Der zu konstruierende FST soll als Input-Folgen genau die Sätze der mikrolokalen Grammatik akzeptieren. Da der Output eines FST ebenfalls eine Zeichenkette ist, muss die Merkmal-Wert-Struktur irgendwie als Zeichenkette dargestellt werden. Dies geschieht in der gleichen Weise, wie es in [5] beschrieben ist. Die Bedeutung unseres oben genannten Beispielsatzes wird also durch folgende Zeichenkette dargestellt:

```
FVR[
  Aktion[
    Setze[
      Position[
        1
    ] ][
      Objekt[
        Medienobjekt[
          Film[
            Darsteller1[
              Name[
                Vorname[
                  Hugh
              ] ][
                Nachname[
                  Grant
          ] ] ] ][
            Darsteller2[
              in[
                Film[
                  Titel[
                    Titanic
] ] ] ] ] ] ] ] ] ]
```

3 Konstruktion des FST

Ein erster – naheliegender – Zugang zur Konstruktion einer mikrolokalen Grammatik wäre, sich einfach selbst ein paar Sätze zu überlegen, die die gewünschte Bedeutung ausdrücken, und aus diesen dann per Hand die Grammatik zu basteln. Bei einem solchen Vorgehen würden wir von einem individuellen Sprachverständnis ausgehen, das ausreicht, den gewünschten Ausschnitt einer natürlichen Sprache angemessen zu approximieren.

Besser ist jedenfalls ein Zugang, der sich auf Messwerte aus realitätsnahen Situationen stützt. Nun ist es schwierig, in einem Wizard of Oz-Experiment wirklich realitätsnahe Situationen zu erzeugen. Die Methode mit den semantischen Ankern ermöglicht es aber, wenigstens diejenigen Aspekte zu realisieren, die für die Bedeutung von Äußerungen aus Sicht des Dialogsystems relevant sind. Die im WOz-Experiment aufgenommenen Äußerungen sind dann als psychologische Messungen zu behandeln. Unsere FSTs werden so konstruiert, dass jede aufgenommene Äußerung als Anhaltspunkt für eine mikrolokale Grammatik genommen wird.

3.1 Syntaktische Aufgaben des FST

Prinzipiell hat der zu konstruierende FST zwei syntaktische Aufgaben:

1. Abstraktion von Datenwerten, und
2. Anpassungen im Kontext, um die grammatische Stimmigkeit der Äußerung zu erhalten.

Ausgehend vom vorliegenden Beispielsatz soll die mikrolokale Grammatik außer dem Beispielsatz selbst noch Sätze zulassen, bei denen die folgenden Bestandteile variiert sind:

- Anstelle des Schauspielernamens *Hugh Grant* sollen auch andere Namen von Schauspielern oder Schauspielerinnen verstanden werden.
- Statt „*... der Schauspielerin, die ...*“ soll auch „*... dem Schauspieler, der ...*“ verstanden werden können.
- Auch andere Filmtitel als *Titanic* sind zulässig.

Die Abstraktion von Datenwerten erfolgt dadurch, dass die zugehörigen Worte in der Äußerung zunächst lokalisiert und dann durch geeignete Platzhalter ersetzt werden. Im Beispiel betrifft das den Schauspielernamen und den Filmtitel.

Zur Behandlung von Kontextanpassungen kommt ein Markierungssystem zum Einsatz. Im Beispiel betrifft das die Ersetzung des Worts *Schauspielerin* durch *Schauspieler*. Der erste Schritt ist die Ersetzung des Worts *Schauspielerin* durch einen Platzhalter „ `_den_actor` “. Eine Liste möglicher Einträge für diesen Platzhalter muss zu jedem Eintrag einen Hinweis auf sein grammatisches Geschlecht enthalten:

```
Schauspielerin f
Schauspieler   m
Darstellerin   f
Darsteller     m
```

Die Anpassung der bestimmten Artikel erfolgt durch eine Ersetzungstabelle, die folgende Gestalt hat:

```
der      die     das
ein      eine    ein
welcher  welche  welches
dessen   deren   dessen
dem      der     dem
den      die     das
dieser   diese   dieses
dieses   dieser  dieses
diesem   dieser  diesem
diesen   diese   dieses
sein     ihr     sein
seine    ihre    seine
seines   ihres   seines
seiner   ihrer   seiner
seinem   ihrem   seinem
seinen   ihren   seinen
er       sie     es
ihn      sie     es
ihm      ihr     ihm
```

Hier wird ausgenutzt, dass in der deutschen Sprache die maskulinen Formen der angeführten Artikel und Pronomen so stark flektieren, dass sich eine zusätzliche Markierung des grammatischen Kasus erübrigt. – Für eine Anwendung in anderen Sprachen muss die Gestalt der Markierungen angepasst und ggf. erweitert werden.

Damit die Anpassungen bei der Konstruktion des FST wirksam werden können, müssen die anzupassenden Worte in der Ausgangsäußerung markiert werden. Das Format ist:

(anzupassendes Wort in der maskulinen Form)<(beeinflussendes Merkmal).

Mit dem „beeinflussenden Merkmal" ist hier der Platzhalter für denjenigen semantischen Anker gemeint, durch dessen grammatisches Geschlecht die Form des anzupassenden Wortes bestimmt wird. Z. B. wird die Wortfolge „ `der Schauspielerin, die` " zur Zeichenkette

```
dem<_den_actor   _den_actor   der<_den_actor
```

wobei das Komma weggelassen werden kann.

3.2 Der halbautomatische Schritt in der FST-Konstruktion

Die Konstruktion des gesuchten FST erfolgt, indem zunächst in einem halbautomatischen Verfahren die Semantik hinzugefügt und die Abstraktion der Datenwerte und die Kontextanpassungen vorbereitet werden. Zunächst wird die Äußerung von Satzzeichen befreit und automatisch tokenisiert, und das Ergebnis im openFST-Format mit zunächst leeren Ausgabesymbolen abgelegt. Diesen Schritt erledigt bei uns das PerlSkript

```
string2fst.pl
```

Als nächstes wird zu diesem Ergebnis die Bedeutung von Hand hinzugefügt – dabei ist es sinnvoll, darauf zu achten, dass die auszugebenen Bestandteile der Semantik möglichst genau an den Worten stehen, denen man die jeweiligen Bestandteile zuordnen möchte. Das ermöglicht im Prinzip auch ein Übertragen von Konfidenzen einzelner Worte auf Semantikbestandteile.

In unserem Beispiel ist das Resultat nach diesem halbautomatischen Schritt das folgende:

```
0     1     -              FVR[
1     2     Auf            Aktion[
2     3     Platz          Setze[Position[
3     4     1              1]][
4     5     soll           Objekt[
5     6     der            -
6     7     Film           Medienobjekt[Film[
7     8     den            -
8     9     ich            -
9     10    letztens       -
10    11    gesehen        -
11    12    habe           -
12    13    mit            Darsteller1[
13    14    äh             -
14    15    _first_name    Name[Vorname[_first_name]][
15    16    _last_name     Nachname[_last_name]]
16    17    und            -
17    18    äh             -
18    19    dem<_den_actor -
19    20    _den_actor     Darsteller2[
20    21    der<_den_actor -
21    22    auch           -
22    23    in             in[
23    24    _film          Film[_film]
24    25    mitgespielt    -
25    26    hat            ]]]]]]]]]
26
```

Die erste Zeile ist immer: 0<TAB>1<TAB>-<TAB>FVR[. Die Nummer des Zustands, der als akzeptierend gekennzeichnet werden soll, wird alleine in eine eigene Zeile geschrieben. Eine Datei mit diesem Inhalt ist der Ausgangspunkt für die weitere – automatisierte – Verarbeitung.

3.3 Der automatische Teil der FST-Konstruktion

Die automatische Generierung der mikrolokalen Grammatik benötigt folgende Daten:

1. Ein annotierten und markierten Ausgangssatz.
2. Zu jedem Platzhalter eine Liste der in Frage kommenden semantischen Anker.
3. Eine Ersetzungstabelle für die Kontextanpassung.

Unser Softwarewerkzeug erzeugt dann zunächst alle nach diesen Vorgaben möglichen Sätze. Anschließend wird die Grammatik durch Verbaumen etwas kompakter gestaltet. Abb. 1 zeigt,

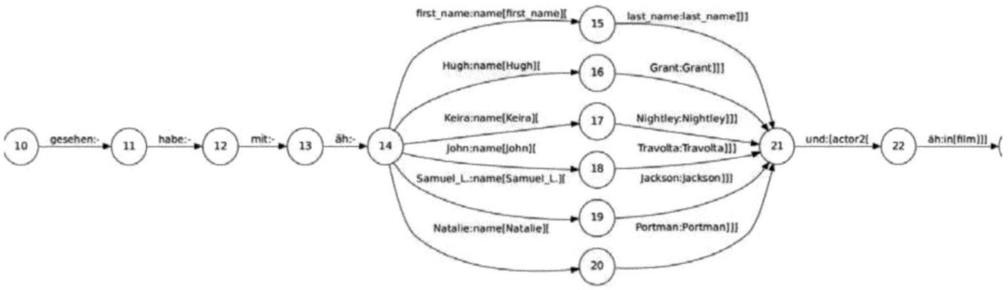

Abbildung 1 - Die Variationsmöglichkeiten bei den Namen erzeugt ein „Knäuel“ im FST.

wie durch Einfügen von Varianten ein FST, der eine mikrolokale Grammatik darstellt, verändert wird.

4 Schlussbemerkung und Ausblick

Die vorliegende Arbeit stellt einen ersten Schritt zur praktischen Erzeugung mikrolokaler Grammatiken aus einzelnen Sätzen aus Wizard of Oz-Experimenten dar, indem zunächst alle Kombinationen aus gegebenen Listen semantischer Anker zugelassen werden. In unserem Beispiel in Abb. 1 haben wir nur solche Vorname-Nachname Kombinationen zugelassen, die in einer Liste von Schauspielernamen stehen. Es bleibt eine Frage des Dialog-Designs, ob und ggf. in wie weit unzulässige Kombinationen – wie z. B. nicht zusammenpassende Vor- und Nachnamen – in der Erkennergrammatik zugelassen werden sollen – in dieser Richtung ist unser Softwarewerkzeug recht flexibel einsetzbar.

Ein Fernziel wäre es, mit der Zeit eine Datenbank mikrolokaler Grammatiken aufzubauen, die dann in unterschiedlichen Sprachdialogsystem eingesetzt werden könnten.

Literatur

[1] *OpenFST*. http://www.openfst.org/twiki/bin/view/FST/WebHome.

[2] Huber, M., C. Kölbl, R. Lorenz und G. Wirsching: *Konstruktion von UMP-Transduktoren aus Wizard-of-Oz Daten*. In: *ESSV2013*, S. 111–118.

[3] Karnagel, K., R. Römer, S. Rogge und J. Lindemann: *Semantische Modellierung von System-Benutzer-Interaktionen am Beispiel einer Home-Entertainment Steuerung*. In: Wolff, M. (Hrsg.): *ESSV2012*, Bd. 64 d. Reihe *Studientexte zur Sprachkommunikation*, S. 306–313, Dresden, August 2012. TUDPress.

[4] Wirsching, G. und R. Lorenz: *Towards meaning-oriented language modeling*. In: *IEEE 4th Int. Conf. on Cognitive InfoCommunication, Budapest, Hungary, December 2-5*, 2013.

[5] Wirsching, G. und M. Wolff: *Semantische Dekodierung von Sprachsignalen am Beispiel einer Mikrofonfeldsteuerung*. In diesem Tagungsband.

Semantische Dekodierung von Sprachsignalen am Beispiel einer Mikrofonfeldsteuerung

Günther Wirsching und Matthias Wolff***

**Katholische Universität Eichstätt, **Brandenburgische Technische Universität*
guenther.wirsching@ku.de

1 Einleitung

In [5] wird gezeigt, dass – einige vernünftige Modellannahmen vorausgesetzt – jede natürliche Sprache endlich ist. Das gilt erst recht für domänenspezifische Sprachen wie beispielsweise verbale Maschinensteuerungen. Weiterhin folgen wir – wie in [5] – B. F. Skinners Auffassung, dass die Bedeutung einer sprachlichen Äußerung („verbales Verhalten“, *behavior*) nicht in dieser selbst, sondern im Eintreten bestimmter durch sie ausgelöster Auswirkungen (*consequences*) unter bestimmten Vorbedingungen (*antecedents*) liegt. Wir bezeichnen – geeignet formalisierte – Vorbedingungen und Auswirkungen als semantische Anker. Eine Bedeutung ist demnach formal durch eine Menge semantischer Anker beschrieben. Aus praktischen Gründen lassen wir zusätzlich auch Platzhalter (beispielsweise „dreistellige Kardinalzahl“ oder „Ortsbezeichnung“) zu und bezeichnen eine Bedeutung mit Platzhaltern als semantisches Schema [5]. Wie früher gezeigt wurde [4], eignen sich – in für die Modellierung der Mensch-Maschine-Schnittstelle interessanten Fällen – zu deren formaler Darstellung Merkmal-Werte-Relationen (*feature value relations*, FVR), das sind im einfachsten Fall beschriftete Bäume. Die Übersetzung zwischen Äußerung und als FVR dargestellter Bedeutung geschieht mit Hilfe sogenannter Äußerungs-Bedeutungs-Transduktoren (*utterance meaning transducers*, UMT). Die Äußerungsseite dieser Transduktoren kann aufgrund der oben stehenden Argumentation immer ein endlicher Akzeptor sein. Die genaue Natur der Bedeutungsseite ist Gegenstand unserer aktuellen Untersuchungen.

In diesem Beitrag stellen wir erste Versuche zur praktischen Konstruktion von UMTs für die Steuerung des Mikrofonfelds im Sprachlabor der BTU vor. Wir zeigen, dass obwohl die dazu erforderliche Sprache zweifellos endlich ist, man praktisch schon bei dieser einfachen Aufgabe äußerungsseitig nicht mit kreisfreien Grammatiken auskommt. Wir präsentieren weiterhin eine Zeichenkettendarstellung von Merkmal-Werte-Relationen und ein endliches Sprachmodell, welches diese FVR-Zeichenketten als Ausgabe erzeugt. Die FVR-Zeichenketten stellen einen ersten Zwischenschritt auf dem Weg zur automatischen Übersetzung von Erkennergebnissen in eine Baumstruktur dar. Die Umsetzung der syntagmatischen Relation zwischen den semantischen Ankern in eine hierarchische Relation gelingt allerdings nur teilweise, so dass für die Synthese des endgültigen Merkmal-Werte-Baums noch eine Nachbearbeitung notwendig ist. Wir zeigen außerdem, wie aus der Spracherkennerausgabe individuelle Konfidenzen für alle semantischen Anker ermittelt werden können.

Zukünftig wollen wir noch eine Übersetzung der FVR-Zeichenketten in Merkmal-Werte-Relationen realisieren. Vielversprechende Formalismen dafür scheinen Petrinetz-Transduktoren oder – falls wir uns auf Merkmal-Werte-Bäume beschränken können – Baumtransduktoren zu sein.

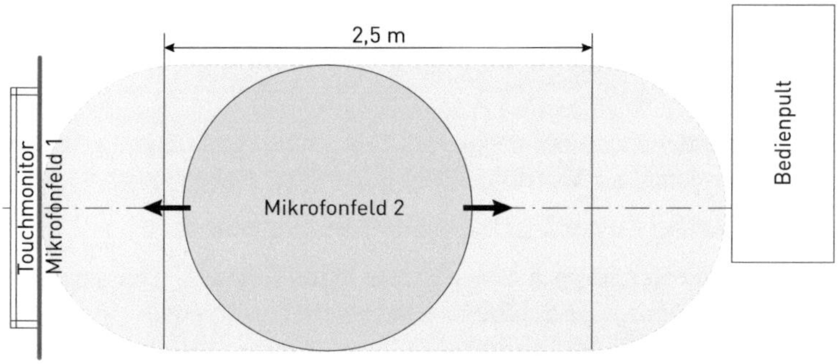

Abbildung 1 - Schematische Darstellung des zu steuernden Mikrofonfelds im Sprachlabor der BTU (Aufsicht, nicht maßstäblich).

2 Hintergrund

Das zu steuernde Mikrofonfeld im Sprachlabor der BTU besteht aus zwei Einheiten mit jeweils 32 Mikrofonen. Die erste Einheit ist um einen fest montierten 72-Zoll-Touchmonitor angeordnet, die zweite auf einem beweglichen Schlitten an der Decke des Labors in einem Winkel von ca. 81° zur ersten Einheit. Bild 1 zeigt die Anordnung schematisch (Details zum Mikrofonfeld siehe [1]). Die Sprachsteuerung dient zum Bewegen des Schlittens (Mikrofonfeld 2) sowie zum Ein- und Ausschalten einzelner Mikrofone oder von Mikrofongruppen.

In unserem Setting ist ein UMT dazu da,

1. zu einem gegebenen Kontext und einer gegebenen Bedeutungsstruktur möglichst genau alle passenden Wortfolgen abzubilden (als Akzeptor), und
2. zu jeder ankommenden passenden Wortfolge deren Bedeutung(en) auszugeben (als Generator).

Die bisherigen Arbeiten hierzu [3, 2] basieren auf der Idee, den ersten Teil als FST ohne Ausgaben und den zweiten Teil als PNT ohne Eingaben zu realisieren. Motiviert ist das von der Vorstellung, dass im ersten Teil ja nur *sequentielle* Daten zu verarbeiten sind, während der zweite Teil *partielle Worte* ausgeben muss.

2.1 Eine Hierarchie von Grammatiken

Unter einer *lokalen Grammatik* verstehen wir einen endlichen Akzeptor, der (möglichst) genau alle sinnvollen Sätze zu einem Themengebiet — häufig als *Domäne* bezeichnet — akzeptiert. (Oder, wenn die Kantenbeschriftungen als Ausgabezeichen interpretiert werden, generiert.)

Die *Bedeutung* einer Wortfolge wird als Baum *B* repräsentiert, wobei jedes Blatt eine Beschriftung aufweist, die einen konkreten semantischen Anker (keinen Platzhalter) bezeichnet. Stehen an einem oder mehreren Knoten eines beschrifteten Baums *S* Platzhalter, dann bezeichnen wir *S* als *semantisches Schema*. Wir sagen, dass eine Bedeutung *B* in ein semantisches Schema *S* *passt*, wenn *B* aus *S* durch die Ersetzung der Platzhalter durch semantische Anker entsteht.

Eine *mikrolokale* Grammatik zu einem gegebenen semantischen Schema S ist derjenige Teil einer lokalen Grammatik, der genau diejenigen Wortfolgen akzeptiert, deren Bedeutung ins semantische Schema S passt.

Eine *elementare* Grammatik zu einer gegebenen Bedeutung B ist derjenige Teil einer mikrolokalen Grammatik, der genau die Wortfolgen mit Bedeutung B akzeptiert.

Die in unserer Anwendung verwendeten semantischen Schemata sind:

`SWITCH`	Mikrofongruppen oder einzelne Mikrofone ein- oder aussschalten,
`MOVETOABS`	Bewegung des Schlittens an absolute Position und
`MOVETOREL`	Bewegung des Schlittens an Position relativ zu einem Bezugspunkt.

Alle enthalten sowohl Platzhalter für (untergeordnete) semantische Schemata, beispielsweise

`MCID`	Liste von Mikrofonnummern (in `SWITCH`),
`LDIM`	Längenangabe (in `MOVETOABS` und `MOVETOREL`)
usw.,	

als auch Platzhalter für konkrete semantische Anker.

2.2 Äußerung-Bedeutung-Transduktoren aus elementaren Grammatiken

Gemäß [3, 2] entsteht ein UMT als PNT durch Komponieren einer elementaren Grammatik zu einer gegebenen Bedeutung B mit einem Generator, der genau die Bedeutung B generiert — das Ergebnis nennen wir einen *elementaren UMT zur Bedeutung B*. Um zu einer mikrolokalen Grammatik einen UMT zu bauen, nimmt man einfach alle Bedeutungen der mikrolokalen Grammatik, baut zu jeder einzelnen Bedeutung einen elementaren UMT, und lässt anschließend eine geeignete PNT-Optimierung (noch zu bauen) darüber laufen.

Theoretisch wäre dagegen nichts einzuwenden — schließlich sind alle elementaren Grammatiken endlich, und in jedem Anwendungsfall sind auch nur endlich viele Bedeutungen zu verarbeiten. Matthias' Mikrofonfeldsteuerung enthält jedoch eine Teilgrammatik, bei der die Anzahl der möglichen Bedeutungen so groß ist, das diese Teilgrammatik praktisch nicht ohne Schleife realisierbar ist. Das Mikrofonfeld enthält 64 Mikrofone, von denen durch ein Kommando eine beliebige Teilmenge ein- oder ausgeschaltet werden können soll. Bekanntlich ist für jedes $n \in \mathbb{N}$ die Anzahl der Teilmengen der Menge $\{1,\dots,n\}$ durch die folgende Formel gegeben:

$$t_n = \sum_{k=0}^{n} \binom{n}{k} = 2^n, \qquad \text{für } n = 64 \text{ also:} \quad 2^{64} = 2^4 \cdot 1024^6 \approx 1{,}84 \cdot 10^{19}.$$

Zudem sollte es prinzipiell möglich sein, in der Bedeutung auch die Reihenfolge der Elemente der Teilmenge beliebig festzulegen. Damit steigt die Anzahl der Möglichkeiten auf

$$r_n = \sum_{k=0}^{n} \binom{n}{k} \cdot k! = \sum_{k=0}^{n} \frac{n!}{(n-k)!} = n! \cdot \sum_{k=0}^{n} \frac{1}{k!} \approx en!,$$

wobei $e = \sum_{k=0}^{\infty} \frac{1}{k!} \approx 2{,}718$ die Eulersche Zahl bezeichnet. Setzt man hier $n = 64$ ein, dann erhält man als Anzahl der Pfade in der Teilgrammatik

$$r_{64} \approx 3{,}4 \cdot 10^{89},$$

was zunächst mal jenseits technischer Möglichkeiten liegt.

3 Der neue Plan

Wie zuvor sieht auch der neue Plan vor, einen UMT zu einer mikrolokalen Grammatik aus einem FST und einem PNT zu komponieren — diesmal allerdings nicht mit einem Zustand pro Bedeutung, sondern analog zur FST-Komposition mit einem Übergabestring, der alle relevante Information enthält.

3.1 Aufsammeln von Bedeutungen in der Grammatik

In der praktischen Implementierung ist der zweitgenannte Autor bereits den folgenden Weg gegangen: Die Bestandteile der Bedeutung werden bereits während der Erkennung aufgesammelt und in einem Format gespeichert, das ausreichend Information enthält und uns für die weitere Verarbeitung sinnvoll erscheint. Ein Teilsatz als Beispiel:

„ein Meter zwanzig“

Die Bedeutung dazu ist:

```
FVR[
  LDIM:0.61[
    val:1[
      DIG:1[
        o:1[
          (ein)1:1
  ] ] ] ][
    val:NaN[
      komma:NaN
  ] ][
    unit:0.7[
      (m)m:0.7
  ] ][
    val:0.36[
      CN2:0.36[
        t:0.36[
          (zwan)2(-zig):0.36
] ] ] ] ]
```

Diese Darstellung enthält in runden Klammern die erkannte Wortfolge (als „Kommentar“) sowie durch die eckigen Klammern und die Buchstabenfolgen dazwischen alle für Aufbau und Beschriftung des Baums erforderliche Information. Die Beschriftungen bestehen aus einem Namen und – abgeteilt durch einen Doppelpunkt – der Erkennerkonfidenz für das korrespondierende Signalstück. Man beachte, dass die Zeichenkette semantische Anker enthalten kann, zu denen kein Teil der Äußerung gehört (im Beispiel: `[val[komma]]`). Solche Ausgaben werden durch Kanten ohne Eingabesymbol in der mikrolokalen Grammatik erzeugt. Eine Konfidenz ist in diesem Fall nicht definiert (`NaN`).

Die formale Syntax gewichteter und kommentierter FVR-Zeichenketten ist (eBNF):

```
FVR      = "FVR" state
state    = "[" states statedef states "]"
states   = [ [ states ] state ]
statedef =  comments label comments [ ":" weight ] comments
comments = [ [ comments ] comment ]
comment  = "(" <alpha> ")"
label    = <alpha>
weight   = <numeric> | "NaN"
```

wobei `<alpha>` für beliebige Zeichenketten ohne Leer- und Sonderzeichen und `<numeric>` für Gleitkommazahlen (englisches Format) steht.

Bei der Verarbeitung werden zunächst die runden Klammern mit Inhalt herausgenommen und gesondert ausgegeben. Die verbleibende Zeichenkette hat die folgenden Eigenschaften:

a) Durch die Klammern ist die Baumstruktur eindeutig festgelegt.

b) Die Knotenbeschriftungen tauchen in der Reihenfolge auf, in der sie erzeugt werden. Prinzipiell ist bei gegebener Baumstruktur jedoch nicht jede Reihenfolge per Klammerausdruck darstellbar — dieser Umstand wird eine Extrabehandlung bei der Nachbearbeitung erfordern.

c) Die Klammern machen es prinzipiell möglich, einzelnen Bedeutungsbestandteilen Signalsegmente und damit Konfidenzen zuzuordnen. Hier besteht aber noch Forschungsbedarf, da wir noch keine Möglichkeit gefunden haben, eine Konfidenz allein mit Hilfe von im FST zulässigen Operationen zu berechnen.

3.2 Nachbearbeitung des Übergabestrings

Dem PNT-Teil des UMTs soll jetzt die Aufgabe übertragen werden, aus dem Übergabestring ein partielles Wort zu erzeugen. In Matthias' Aufbau werden dazu zwei Verarbeitungsschritte durchgeführt, von denen keiner per FST erledigbar ist:

1. Aufbau eines beschrifteten Baums aus der Klammerstruktur. Das hat Matthias versuchsweise in Java als rekursiv arbeitenden Parser implementiert; automatentheoretisch wäre dazu z. B. ein Kellerautomat geeignet. In der Java Implementierung ist es so, dass gleichnamige Geschwisterknoten in der gleichen Reihenfolge ausgegeben werden in der sie eingegeben wurden; damit wird implizit die Reihenfolge mitübergeben.

2. Kaskadieren gleichnamiger Geschwisterknoten unter der Verwendung ihrer Reihenfolge.

Hierbei ist zu beachten, dass es nicht genügt, vom ersten zum zweiten Schritt nur den Baum zu übergeben — die zur Kaskadierung benötigte Reihenfolge ist ebenfalls zu übermitteln. In Bild 2 sind die Verarbeitungsschritte an obigem Beispiel illustriert. In diesem Beispiel ist auch klar, dass es auf die Reihenfolge der „`val`"s ankommt.

Beim Experimentieren haben wir eine Möglichkeit gefunden, durch eine Erweiterung der Syntax des Übergabestrings das Verbaumen und das Kaskadieren in einem zu machen — leider funktioniert das nur, wenn sichergestellt ist, dass gleichnamige Beschriftungen im Übergabestring direkt hintereinander stehen. Wenn, wie im Beispiel, dazwischen eine andere Beschriftung „`unit`" steht, wäre das nur mit noch größeren Bauchschmerzen behandelbar.

4 Schluss

Aus unserer praktischen Arbeit an der Mikrofonfeldsteuerung lassen sich einige Schlüsse ziehen, die in der Entwicklung kognitiver Sprachdialogsysteme relevant sind:

1. Grundsätzlich sind FSTs auch geeignet, um Äußerungen in Bedeutungen zu übersetzen. Ein wichtiger Punkt hierbei ist die Möglichkeit, einzelnen Bestandteilen der Bedeutung konkrete Signalabschnitte zuzuordnen.

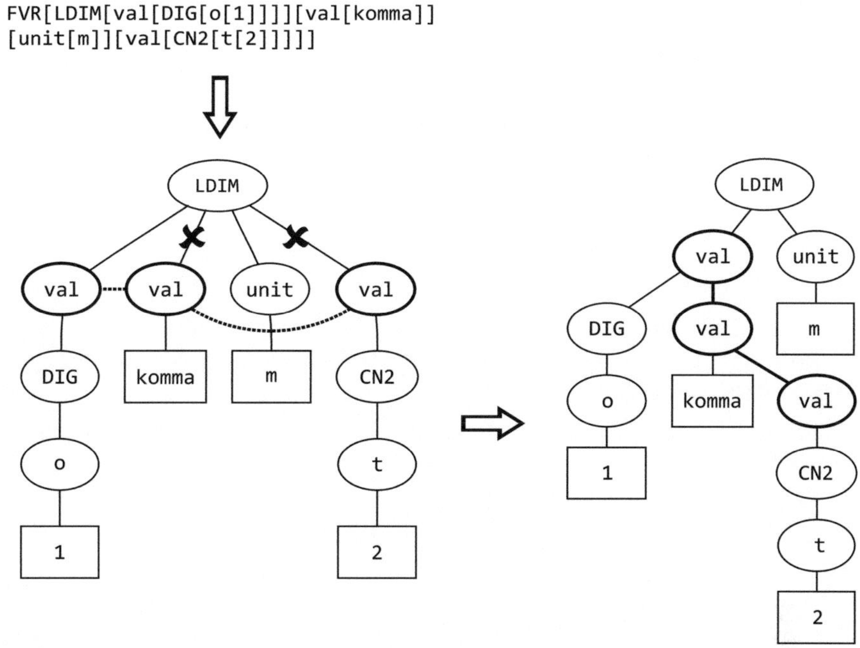

Abbildung 2 - Die beiden Verarbeitungsschritte in einem Beispiel.

2. Die große Zahl möglicher Bedeutungen in unserem Beispiel einer Mikrofonfeldsteuerung zeigt, dass eine Beschränkung auf azyklische Transduktoren nicht sinnvoll ist.

3. Mit unserer Konstruktion eines semantischen Übergabestrings scheint die Grenze dessen erreicht, was mit FSTs machbar ist. Weitere Verarbeitungsschritte müssen in der Lage sein, zumindest baumartige Strukturen angemessen zu verarbeiten.

Literatur

[1] M. Birth. Sprecherlokalisation mit einem 3d-mikrofonfeld. In *diesem Tagungsband.*

[2] R. Lorenz and M. Huber. Realising the Translation of Utterances into Meanings by Petri Net Transducers. In *ESSV2013.*

[3] Robert Lorenz and Markus Huber. Petri net transducers in semantic dialogue modelling. In Matthias Wolff, editor, *ESSV2012*, volume 64 of *Studientexte zur Sprachkommunikation*, pages 298–305, Dresden, August 2012. TUDPress.

[4] Günther Wirsching, Markus Huber, Christian Kölbl, Robert Lorenz, and Ronald Römer. Semantic dialogue modeling. In Anna Esposito, A. M. Esposito, A. Vinciarelli, R. Hoffmann, and V. C. Müller, editors, *Behavioral Cognitive Systems*, volume 7403 of *LNCS*, pages 104–113, 2012.

[5] Günther Wirsching and Robert Lorenz. Towards meaning-oriented language modeling. In *IEEE 4th Int. Conf. on Cognitive InfoCommunication, Budapest, Hungary, December 2-5*, pages 369–374, 2013.

CONSTRUCTING PETRI NET TRANSDUCERS WITH PNT$_\varepsilon^{\text{OOL}}$

Markus Huber *Robert Lorenz* *Daniel Straßner*
Department of Computer Science
University of Augsburg
markus.huber@informatik.uni-augsburg.de

Abstract: Petri net transducers (PNTs) were developed for the translation of utterances into meanings within a hierarchical cognitive dynamic speech signal processing system [9, 10].

PNTs are a natural generalisation of weighted finite state transducers (FSTs) for the translation of partial languages consisting of partial words (with a partial order on their symbols) instead of (linear) words (having a total order on their symbols).

PNT$_\varepsilon^{\text{OOL}}$ is a python library for the modular construction of PNTs through composition operations. Constructed PNTs can be exported in an XML-format which is based on the standard PNML format developed for basic Petri net variants [16]. Moreover, PNTs can be visualised and pictures can be exported in all standard formats. PNT$_\varepsilon^{\text{OOL}}$ serves as a basis for the implementation and evaluation of algorithms for analysis, simulation and optimisation of PNTs.

PNT$_\varepsilon^{\text{OOL}}$ is implemented within the framework SNAKES aiming at the quick prototyping of new Petri net classes [12, 13]. Its basic functionality was developed in the bachelor thesis [15].

1 Introduction

In [9] we introduced Petri net transducers and showed in [7, 10] how they can be successfully applied in the field of semantic dialogue modelling for translating utterances into meanings.
In short PNTs are a formalism for the weighted translation of labelled partial orders (LPOs), which are words consisting not of a total order between their symbols but of a partial order. In this sense they are a generalisation of weighted finite state transducers translating words.
In figure 1a on the following page one can see two simple PNTs called N_1 and N_2. A PNT consists of transitions (drawn as rectangles), places (circles) and a flow relation between places and transitions (directed edges). The flow relation assigns pre- and post-conditions to transitions. The state of a PNT is given by tokens marking places (black filled circles inside places). If a place is marked by a token, then the corresponding condition is satisfied. The occurrence of a transition is possible, if all of its pre-conditions are satisfied. Its occurrence leads to a state where none of its pre-conditions and all of its post-conditions are satisfied. Like for weighted FSTs input symbols, output symbols and weights are annotated to the transitions. The weights are elements of an algebraic structure called bisemiring [9]. So the transition of N_1 reads the symbol `a` and writes the symbol `x` (with weight 0.5) – thus N_1 translates the word `a` into the word `x` (with weight 0.5). The symbol ε is used to denote empty input or output. So the PNT N_2 is a generator which produces the word `y`.
The main difference to automata is that the state of a PNT is distributed over several locations. If, in some state, two transitions do not share pre-conditions and all pre-conditions of both transitions are satisfied, then both transitions may occur independently in any order or also

(a) A transducer and a generator. (b) Parallel product of N_1 and N_2 after t_I has fired.

Figure 1: Some simple PNTs.

simultaneously. Such transitions are called concurrent (in the considered state). To be able to combine the weights of concurrent transitions, a bisemiring extends the weight structure of semirings used in the case of FSTs by an operation for parallel multiplication of weights.

As for FSTs there exist composition operations for combining simple transducers to more complex ones. For example, figure 1b shows the parallel product of the PNTs from figure 1a – an operation which does not exist for FSTs. In figures, we omit annotations of the form $\varepsilon{:}\varepsilon/\overline{1}$ where $\overline{1}$ is the neutral weight w.r.t. sequential and parallel multiplication. The PNT from figure 1b is not in its initial state – a single token in a distinct source place – but in the state after the transition t_1 has occurred. In this state there a two transitions which can occur concurrently. The shown transducer realises the translation from the word a into the LPO w=x$\|$y where $\|$ denotes the parallel composition of LPOs and the two symbols x and y are unordered in w.

Note that PNTs are defined to always have a single source place which holds exactly one token at the initial state. Furthermore a PNT has a single sink place and per definition only such (non-sequential) runs of the net are considered, which lead to a state where exactly the sink place is marked by one token.[1]

For such a formalism to be useful one needs a tool where PNTs can be implemented, analysed, combined, simulated, drawn and the like. Since the PNT-formalism is new we decided to start $\text{PNT}^{\text{OOL}}_{\varepsilon}$. We use the SNAKES framework [13] which is a Python [17] library supporting the rapid prototyping of new Petri net formalisms and provides many basic Petri net components and functionality. Therefore we implemented $\text{PNT}^{\text{OOL}}_{\varepsilon}$ as a Python library extending SNAKES such that we essentially can use all the functionality already provided by SNAKES. All graphics in this paper were generated by $\text{PNT}^{\text{OOL}}_{\varepsilon}$.

The paper is organised as follows: In section 2 we describe the objectives of $\text{PNT}^{\text{OOL}}_{\varepsilon}$. In section 3 we explain its functionality. In section 4 we give a brief overview of its architecture. Finally, in section 5 we compare $\text{PNT}^{\text{OOL}}_{\varepsilon}$ to other Petri net tools, give a brief outlook on further developments, and provide information on how to obtain and install $\text{PNT}^{\text{OOL}}_{\varepsilon}$.

2 Objectives

$\text{PNT}^{\text{OOL}}_{\varepsilon}$ is mainly targeted at researchers in the area of PNTs. By the use of SNAKES it is relatively easy to implement and evaluate extensions, variations and new algorithms[2], as for example: Additional composition operations, optimised algorithms for existing composition operations, new algebraic weight structures, simulation algorithms, and optimisation algorithms (ε-removal, weight-pushing).

The support of graphical output serves both as a possibility to check the implementation and as a handy utility in the process of writing scientific papers. $\text{PNT}^{\text{OOL}}_{\varepsilon}$'s functionality supports fast

[1] Runs are LPOs over transition names. Each run translates an input LPO into an output LPO via a projection onto input symbols resp. output symbols [9].

[2] The SNAKES website states: "SNAKES' main aim is to be a general Petri net library, being able to cope with most Petri nets models, and providing the researcher with a tool to quickly prototype new ideas."

construction of concrete example PNTs for case studies. PNML export can be used to analyse constructed example PNTs with other Petri net tools.

In the context of our research activities, PNT$^{OOL}_{\varepsilon}$ serves as a scientific prototype for the development of an open library openPNT of efficient algorithms for the construction, composition, simulation and optimisation of PNTs which can be used in real world examples.

3 Functionality

In this section we show how PNT$^{OOL}_{\varepsilon}$ is used to construct and compose PNTs. We list the source code of the examples and also show the graphics produced by the programme.

To use PNT$^{OOL}_{\varepsilon}$ one has to create a text file and put the following code into it. These lines load the SNAKES library and the `transducer`-plugin.

```
1 import snakes.plugins
2 snakes.plugins.load(['transducer'], 'snakes.nets', 'pnts')
3 from pnts import *
```

We now create our first PNTs and produce the two outputs from figure 1a on the previous page. For this the class method `N` from the class `PetriNet` is used. This way in lines 4 and 7 each a PNT consisting of a source place with one token, a sink place, and a single transition in between is created. As one can see the parameters of this single transition are provided as named parameters to `N`. In lines 5 and 8 graphical output of the PNTs is generated. Note that the orientation of the generated graphs is controlled by the parameter `leftright` of the method `draw` in those lines. This parameter is only effective if Ti*k*Z-output is to be created (see subsection 4.3.1 for prerequisites). The format of the output is controlled by the extension of the file-name given to the method `draw` as first argument. For example in line 17 on the following page a PNT is exported into the PNG format which is shown in figure 2c where one can see that tokens are not drawn as filled circles but instead are given by its count inside a place. For more available export formats one may consult the documentation of the Graphviz [6] package which is utilised by SNAKES for the export.

```
4 n1 = PetriNet.N('N1', weight = .5, input_symbol = 'a',
    output_symbol = 'x')
5 n1.draw("N1.tikz", leftright = True)
6
7 n2 = PetriNet.N('N2', weight = .25, output_symbol='y')
8 n2.draw("N2.tikz", leftright = True)
```

Now we use the operator of parallel composition in line 9 to create the PNT from figure 1b on the previous page. After the composition we change the left one of the new transitions. By default, transitions which are added during compositions get the name `t_I` if they are connected to the source place and `t_F` if they are connected to the sink place. If two transitions are added they are named `t_1I` and `t_2I` resp. `t_1F` and `t_2F`. By using the method `transition` in line 10 with a name as parameter we receive the transition object corresponding to this name. We change the label of the transition – its `print_name` – to `t_1` in line 11 which gets rendered as t_1 by LaTeX if our `sty`-file is used with the option `petrimath` putting the text of places and transitions in math-mode. In line 12 the transition is fired according to the description of *occurrence* in the introduction. To finally get the picture from figure 1b one has to adjust the position of the label a:x/0.5 in the generated Ti*k*Z-Code (output of line 14) since it is positioned above the transition by default (see subsection 4.3.1 for more information).

```
9 n = n1 | n2
```

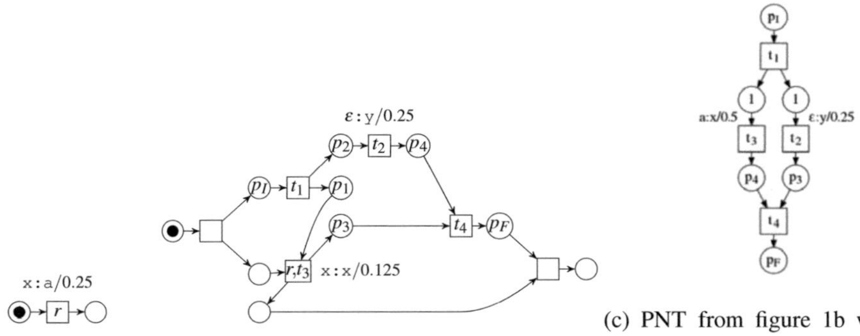

(a) PNT N_3.

(b) Language composition.

(c) PNT from figure 1b with new names as PNG.

Figure 2: Some more PNTs.

```
10 t = n.transition('t_I')
11 t.set_print_name('t_1')
12 t.fire()
13
14 n.draw("N1␣par␣N2.tikz", leftright = True)
```

Subscripts can be also rendered in graphical output if the version of Graphviz supports HTML. The HTML output of PNT$_{\varepsilon}^{\text{OOL}}$ can be switched on and off according to lines 15 and 18. In line 16 we change the `print_names` of all places and transitions via topological sorting. If the transducer contains any cycles an error is raised. The output of line 17 is shown in figure 2c.

```
15 activateSub()
16 n.clean_names(print_names = True)
17 n.draw("N1␣par␣N2.png")
18 deactivateSub()
```

We create another PNT in line 19 and change the label of its only transition which is named `t` by default in line 20. The drawing of `n3` is shown in figure 2a. In line 23 the language composition of the newly created PNT and the transducer from figure 2c is computed. The result is depicted in figure 2b (output of line 24). Note that the `print_names` were retained resp. merged by the composition operation. The weight of the transition labelled r, t_3 is computed from the weights of the transitions labelled r and t_3 using the sequential product of the bisemiring associated to the PNTs. This structure defaults to a bisemiring based on the Viterbi-semiring with min as parallel multiplication. Whenever transitions are merged their weights are also merged and an error is raised if the bisemirings of the operands are different.

```
19 n3 = PetriNet.N('N3', weight = .25, input_symbol = 'x',
       output_symbol = 'a')
20 n3.transition('t').set_print_name('r')
21 n3.draw("N3.tikz", leftright = True)
22
23 comp = n3 > n
24 comp.draw("N3␣comp␣N1␣par␣N2.tikz", leftright = True)
```

As a last example we export a PNT with the function `savePNML` – a wrapper of SNAKES methods – taking a file-name as second argument. For loading we provide `loadPNML`.

```
25 savePNML(n, "N1␣par␣N2.pnml")
```

There are more operators defined for PNTs namely $\star$ for concatenation, + for union, ~ for closure, and ^ for synchronous product as defined in [10].

4 Architecture

$\text{PNT}_{\varepsilon}^{\text{OOL}}$ is implemented as a bunch of plugins on top of SNAKES and thus as a Python library. At first we describe some aspects of SNAKES itself and afterwards of its plugin-system. After that we present all the plugins that form $\text{PNT}_{\varepsilon}^{\text{OOL}}$.

4.1 The Python Library SNAKES

In SNAKES Petri nets are implemented as a collection of objects. The class `PetriNet` puts them all together as it contains objects of the classes `Place` and `Transition` – through the methods `add_place` and `add_transition` – and provides the methods `add_input` and `add_output` to link places and transitions.

Actually SNAKES implements so-called coloured Petri nets [8] where Python objects and expressions are used for the annotations. However $\text{PNT}_{\varepsilon}^{\text{OOL}}$ does not use most of these features.

SNAKES allows for firing of transitions by the method `fire` of class `Transition`. The class `StateGraph` provides a method `build` which can compute the state graph for a given net. As nets, state graphs can also be exported to pictures by the use of the method `draw`. Another feature also present in the core of SNAKES is the export in PNML format.

For extensibility SNAKES implements a plugin-system briefly described in the next subsection.

4.2 The Plugin-System of SNAKES

A plugin for SNAKES is a separate Python library which specialises already defined classes or adds new classes to SNAKES. Plugins can be loaded and are stacked onto each other. This way a class hierarchy is established.

A function `extend` has to be implemented and some rules have to be followed for which the interested reader should refer to the SNAKES homepage.

A plugin can depend on other plugins and can even mention conflicting plugins.

4.3 The Plugins of $\text{PNT}_{\varepsilon}^{\text{OOL}}$

The following subsections describe each of the plugins that comprise $\text{PNT}_{\varepsilon}^{\text{OOL}}$. The first and fourth plugins can be used independently from the other plugins while the remaining three build upon each other.

4.3.1 The `d2t`-Plugin

This plugin extends the features of the `gv`-plugin which is delivered with SNAKES. By the use of that plugin a representation of Petri nets in the `dot`-language from Graphviz [6] can be produced which is then processed by Graphviz to compute a layout and eventually produce a graphical output. Our `d2t`-plugin adds four features to the graphical output routine.

The first one hooks into the code of `gv`-plugin. The `dot`-language is able to embed HTML constructs inside of labels. We utilise this to produce subscripts by replacing for example a label `t_I` with the text `<t<subscript>I</subscript>>` which produces the nice label $\mathtt{t}_{\mathtt{I}}$. This functionality can be switched on and off by the use of the functions `activateSub` and `deactivateSub` which are both exported into to global namespace by our plugin.

The second feature adds an attribute `_print_name` to places and transitions which can be changed by the method `set_print_name` and queried by the method `print_name` for any object of class `Place` or `Transition`. This attribute can be used by the graphical output routine for example to label only those nodes which have assigned a `_print_name`. This can lead to more lucid graphics.

As a third feature the plugin adds an attribute `_draw_defaults` to Petri nets which is set to a new object of class `DrawDefaults`. Such an object contains class-wide default values, per object default values and per object functions to influence the output of the method `draw` if all of its `*_attrs`-parameters have a value of `None`. The purpose of this attribute is to associate certain defaults to a net which change the graphical output of its components. All values and functions can be changed by the methods `set_draw`, `del_draw`, `set_draw_attr`, and `del_draw_attr` of class `PetriNet`.

The last feature adds Ti*k*Z as a new export format to the `draw`-method of Petri nets. The export utilises the package `dot2tex` [1]. This package can convert the `dot`-language into various other formats. However we only use the ability to convert into the Ti*k*Z-language. Using this feature we are able to integrate the graphical output of $\text{PNT}_{\varepsilon}^{\text{OOL}}$ seamlessly into papers written in LaTeX – like this one. Note that the position of annotations of transitions is not retained by this conversion and requires manual intervention. For convenience we provide the possibility to change the orientation of the generated Ti*k*Z-output to left-to-right.

4.3.2 The `pt`-Plugin

As already said in subsection 4.1 SNAKES implements coloured Petri nets. Since the underlying net of a PNT is actually a place/transition Petri net we decided to write a plugin which restricts the nets of SNAKES by only allowing those constructs which are needed for them.

At first, the type of tokens is restricted to `tBlackToken`, the type of simple tokens of SNAKES. An error is raised if one tries to install other type restrictions for tokens. The given tokens are revised and an error is raised if other than simple tokens are to be used. For convenience any list of integers can be used instead of simple tokens. The sum of the list gives the number of simple tokens for the place.

Transitions received a restriction on their guards. Since the firing of transitions in place/transition Petri nets only depends on enough tokens in all places which are predecessors of the transition there is no guard needed. In SNAKES this means the guard is `Expression("True")` which is the default if `None` is given as a parameter. Consequently only these two values are allowed and an error is raised otherwise. The method `fire` gets `None` as a default value of its parameter `binding` since only simple tokens are used and no variables are involved.

The last restriction concerns edges. Place/transition Petri nets only allow for positive integers which state the number of tokens to be consumed resp. produced.

4.3.3 The `terminal`-Plugin

By using the `pt`-plugin and adding a few features to the class `PetriNet`, this plugin implements Petri nets that have a single source place and single sink place. Although SNAKES delivers the `label`-plugin to add properties to any node of a net we decided to implement our own mechanism because we only need a fraction of its functionality.

With these properties it is possible to define several composition operations. While SNAKES delivers the `ops`-plugin which implements composition operations according to [3] we implemented our own mechanism because the definitions of the operations defer. Our plugin implements `union`, `sequential_product`, `parallel_product`, and `closure`. By the use of the `cluster`-plugin delivered with SNAKES the operands get preserved in the layout.

Additionally we provide a notation to create a *singleton* net consisting of a source and a sink place and a transition in between. This feature is implemented as the class method `N` of class `PetriNet`. To support future extensions we use factory methods [5] for the creation of the places – `create_source` and `create_sink` – and the transition – `create_link`.

4.3.4 The `bisemiring`-Plugin

We implemented the class `Bisemiring` and the association of weights to transitions in a separate plugin. `Bisemiring` objects hold definitions of the set of weights, neutral elements and functions for binary addition, sequential and parallel multiplication of a bisemiring.
A Petri net now contains an object of class `Bisemiring` – as default a Viterbi-based bisemiring which uses min for parallel multiplication. Every transition has a weight which can be checked against the bisemiring of the net. If transitions get merged by the method `merge_transitions` an operation can be specified to compose the individual weights.

4.3.5 The `transducer`-Plugin

The last plugin builds on top of the `terminal`- and `bisemiring`-plugin and equips transitions with input- and output-symbols which can be arbitrary Python objects. An additional class implements the ε-symbol. The `N`-notation of subsection 4.3.3 is extended to support weights and input- and output-symbols for the single transition.
This plugin implements the additional composition operations of synchronisation and language composition [10] as methods `synchronous_product` and `language_composition`. As syntactic sugar we overloaded some operators for the class `PetriNet`.
Also the graphical output of transitions is changed using the functionality of `d2t`-plugin. The generated Ti*k*Z-code uses definitions from a separate `sty`-file to provide adaptable graphics.

5 Outlook

Up to our best knowledge, $\mathrm{PNT}_{\varepsilon}^{\mathrm{OOL}}$ is the first tool concerning PNTs. There are several other Petri net dialects dealing with transitions annotated with weights, such as stochastic Petri nets, time Petri nets, hybrid Petri nets or continuous Petri nets. But these values have a strictly different semantics (they represent e.g. time or priorities) and need no underlying algebraic structure.
Some of the algorithms we implemented or plan to implement for PNTs are similar as in the case of other Petri net classes and tools. For example there are several Petri net classes supporting composition operations which are similar to some of those for PNTs (as for example the PBC [3]). As another example, simulation of PNTs is based on unfolding algorithms for place/transition Petri nets as implemented for example in VipTool [4]. Nevertheless, it is not possible to use these similar constructions directly, since syntax and semantics are different and cannot be translated to PNTs.
Other PNT algorithms as for example concerning some special composition operations like language composition, optimisation of PNT models or the algebraic weight structure are not comparable to any functionality of existing Petri net tools. Concerning such algorithms, $\mathrm{PNT}_{\varepsilon}^{\mathrm{OOL}}$ is more related to the open library openFST [2] for FST algorithms. As already mentioned, we plan to develop a similar open library of PNT algorithms based on the prototype $\mathrm{PNT}_{\varepsilon}^{\mathrm{OOL}}$.
$\mathrm{PNT}_{\varepsilon}^{\mathrm{OOL}}$ can be downloaded from our website `www.informatik.uni-augsburg.de/lehrstuehle/inf/mitarbeiter/huber/software/` as a ZIP-archive. Assumed you have a working installation of Python, SNAKES, Graphviz, and dot2tex you only need to copy the `py`-files into the `plugins` sub-directory of your SNAKES installation and you should be able to reproduce the examples from section 3. The mentioned `sty`-file is also included.

References

[1] dot2tex. `http://code.google.com/p/dot2tex/`, 1 2014.

[2] C. Allauzen, M. Riley, J. Schalkwyk, W. Skut, and M. Mohri. Openfst: A general and efficient weighted finite-state transducer library. In *Proceedings of the Twelth International Conference on Implementation and Application of Automata, (CIAA 2007)*, volume 4783 of *Lecture Notes in Computer Science*, pages 11 – 23. Springer, 2007.

[3] E. Best, R. R. Devillers, and J. G. Hall. The box calculus: a new causal algebra with multi-label communication. In Rozenberg [14], pages 21 – 69.

[4] J. Desel. VipTool-Homepage., 2010.

[5] E. Gamma, R. Johnson, R. Helm, and J. Vlissides. *Design Patters: Elements of Reusable Object-Oriented Software*. Addison-Wesley, Boston, 2003.

[6] E. R. Gansner and S. C. North. An open graph visualization system and its applications to software engineering. *SOFTWARE - PRACTICE AND EXPERIENCE*, 30(11):1203 – 1233, 2000.

[7] M. Huber, C. Kölbl, R. Lorenz, and G. Wirsching. Konstruktion von UMP-Transduktoren aus Wizard-of-Oz Daten. In *Proceedings of "Elektronische Sprachsignalverarbeitung (ESSV)"*, pages 111 – 118, 2013.

[8] K. Jensen. *Coloured Petri Nets - Basic Concepts, Analysis Methods and Practical Use*, volume 1 of *EATCS Monographs in Theoretical Computer Science*. Springer, 1992.

[9] R. Lorenz and M. Huber. Petri net transducers in semantic dialogue modelling. In *Proceedings of "Elektronische Sprachsignalverarbeitung (ESSV)"*, volume 64 of *Studientexte zur Sprachkommunikation*, pages 286 – 297, 2012.

[10] R. Lorenz and M. Huber. Realizing the Translation of Utterances into Meanings by Petri Net Transducers. In *Proceedings of "Elektronische Sprachsignalverarbeitung (ESSV)"*, volume 65 of *Studientexte zur Sprachkommunikation*, 2013.

[11] S. Molnár, J. R. Heath, O. Dalle, and G. A. Wainer, editors. *Proceedings of the 1st International Conference on Simulation Tools and Techniques for Communications, Networks and Systems, SimuTools 2008, Marseille, France, March 3-7, 2008*. ICST, 2008.

[12] F. Pommereau. Quickly Prototyping Petri Nets Tools with SNAKES. In Molnár et al. [11], page 17.

[13] F. Pommereau. The SNAKES toolkit. `https://www.ibisc.univ-evry.fr/~fpommereau/SNAKES`, 2013.

[14] G. Rozenberg, editor. *Advances in Petri Nets 1992, The DEMON Project*. Springer, 1992.

[15] D. Straßner. Prototypische Implementierung von Petrinetz-Transduktoren mit SNAKES. Bachelor thesis, Augsburg University, 2013.

[16] P. team. Pnml.org: The petri net markup language home page. `http://www.pnml.org`, 8 2011.

[17] G. van Rossum and F. L. Drake. *The Python Language Reference Manual*. PythonLabs, Virginia, USA, 2001.

Semantische Verarbeitung von Gebärdensprache in intelligenten hierarchischen Sprachdialogsystemen

Jens Lindemann

Brandenburgische Technische Universität Cottbus - Senftenberg
lindemann@tu-cottbus.de

Kurzfassung: In diesem Beitrag wird das Konzept des eigenen Forschungsvorhabens im Kontext der hierarchischen kognitiven Dialogsysteme vorgestellt. Die Benutzerschnittstellen solcher Systeme sollten multimodal gestaltet werden. In diesem Zusammenhang ist es für bestimmte Szenarien sinnvoll gehörlosen Personen die Spracheingabe mittels Gebärden zu ermöglichen, welche dann vom System analysiert und interpretiert werden müssen. Die Zuordnung einer sprachlichen Äußerung zu seiner Bedeutung wird im vorgestellten Ansatz sowohl für die Lautsprache als auch für die Gebärdensprache durch Transduktoren realisiert. Als Bedeutungsträger werden in unserem System *Merkmal-Werte-Relationen* verwendet. Die Informationsverarbeitung oberhalb der semantischen Ebene ist in dem Modell bedeutungsgetrieben, so dass sie aus derzeitiger Sicht für alle durch das System analysierbaren multimodalen Benutzereingaben identisch erfolgen kann.

1 Natürlichsprachliche Dialogsysteme

Die Sprache ist die bedeutendste und natürlichste Kommunikationsform. Auch technische Systeme sollten in der Lage sein im gegebenen Anwendungskontext sinnvolle freie sprachliche Benutzereingaben zu „verstehen", so dass der Benutzer keine vorgegebenen Kommandophrasen lernen muss oder ihm System- oder Menüstrukturen bekannt sein müssen. Für die Akzeptanz eines solchen Systems als Kommunikationspartner sind neben einer hohen Spracherkennungs- und Sprachsynthesegüte auch ein vernünftiges Dialogmanagement sowie die Möglichkeit der Adaption des technischen Systems an den jeweiligen Nutzer nötig. Hierbei müssen nach [1] in zukünftigen Systemen verschiedene Gesichtspunkte berücksichtigt werden. Dies können zum Beispiel

- soziale Aspekte (z. B. Alter, Geschlecht, Herkunft (multilinguale Systeme)),
- sensorische und motorische Fähigkeiten des Benutzers,
- Verhalten und emotionaler Zustand des Anwenders,
- Umweltfaktoren, wie beispielsweise ein erhöhter Störgeräuschpegel,
- die kognitive Auslastung (Dialogdauer und -verlauf, Erfahrungen mit System),
- oder unerwartete Benutzereingaben sein.

Um ältere Menschen sowie Menschen mit Behinderungen nicht von der Verwendung von Dialogsystemen auszuschließen, sollte die Mensch-Maschine-Schnittstelle möglichst barrierefrei und somit auch multimodal (optisch, akustisch, haptisch) gestaltet werden. Bei Schwerhörigen und Gehörlosen besteht das Problem, dass akustische Informationen unzureichend oder nicht mehr wahrgenommen werden können. Bei gehörlosen Personen kann auch durch Einsatz von technischen bzw. medizinischen Hilfsmitteln keine ausreichende Sprachverstehbarkeit und somit auch –verständlichkeit erreicht werden. Dies führt gleichzeitig zu einer schlechten lautsprachlichen Artikulationsfähigkeit. Während Blinde und Sehbehinderte von lautsprachlichen Systemeingaben und akustischen Systemreaktionen profitieren, müssen Informationen für Gehörlose visualisiert dargestellt werden. Für diese Zielgruppe sollte deshalb auch die Möglichkeit der Gebärdenspracheingabe realisiert werden. Zudem ist der Einsatz von Gebärdensprachavataren für die Darstellung von komplexen Sachverhalten auf der Syntheseseite sinnvoll.

2 Gebärdensprache

Zur Kommunikation untereinander verwenden gehörlose Personen die Gebärdensprache. Wie bei den Lautsprachen gibt es auf der Welt unterschiedliche nationale Gebärdensprachen. In Deutschland z. B. wird die *Deutsche Gebärdensprache* (*DGS*) verwendet. Weiterhin gibt es innerhalb eines Landes auch regional unterschiedliche Sprachvarianten und Dialekte sowie Abweichungen zwischen verschiedenen Generationen von Gehörlosen. Zur Darstellung der Gebärdensprache werden visuell wahrnehmbare Sprachelemente verwendet. Gebärdensprachliche Zeichen werden mit den Händen artikuliert und durch parallel ausgeführte bedeutungstragende nichtmanuelle Parameter, wie Gesichtsausdruck, Mundbild, Kopfhaltung, Blickrichtung und Ausrichtung des Oberkörpers ergänzt. Die simultan ausgeführten nichtmanuellen Parameter dienen u. a. zur Präzisierung einer Gebärde, zur Bedeutungsunterscheidung, zur Kennzeichnung von Satztypen sowie zur Artikulation von nicht durch Gebärden darstellbaren Adjektiven und Adverbien [2], [3], [4]. Die simultan beobachtbaren manuellen und nichtmanuellen Ausdrucksmittel sind vergleichbar mit den Phonemen der Lautsprache.

Neben der Verwendung von konventionellen Gebärden können auch spontan neue, bildhafte Gebärden erzeugt werden. Solche produktiven Gebärden werden zum Beispiel zur Beschreibung von Formen, Bewegungsabläufen und räumlichen Verhältnisse verwendet. Unbekannte Begriffe, wie Fachtermini und Eigennamen können mittels des Fingeralphabets „buchstabiert" werden. Weiterhin können Einzelgebärden auch vereinigt werden (*Inkorporation*). Als Beispiel kann der Ausdruck „VIER-STUNDEN" angegeben werden. Hierbei erfolgt die Integration der Zahlhandform in die Gebärde STUNDE. Gebärdensprachen zeichnen sich durch ein hohes Maß an Simultanität aus. Komplexe Sachverhalte können mittels der Gebärdensprache ebenso gut wie in der gesprochenen Sprache vermittelt werden. Diese Form der Kommunikation ist zudem in ihrer Ausdrucksfähigkeit und Sprechdauer durchaus vergleichbar mit der Lautsprache [5].

Notationssysteme

Für die Sprachverarbeitung in technischen Systemen ist es erforderlich die gesprochenen Sprachzeichen in einer äquivalenten schriftlichen Form abzubilden. Für die Gebärdensprache existiert aktuell kein einheitliches Notationssystem. Basierend auf dem *Parametermodell* [6] gibt es linguistische Notationsformen, wie die *Stokoe-Notation* und das *Hamburger Notationssystem* (*HamNoSys*), mit denen die Gebärden phonetisch transkribiert werden können. Die im HamNoSys verwendeten Symbole, welche als Unicode verfügbar sind, repräsentieren die manuellen und nichtmanuellen Ausdrucksmittel der Gebärdensprache. Aufgrund der Vielzahl möglicher Gebärdensprachparameter wird der Schriftsatz stetig weiterentwickelt. Gerade die nichtmanuellen Komponenten sind in der aktuellen Version des HamNoSys noch unzureichend berücksichtigt worden. Ein häufig verwendetes Schriftsystem stellt die Glossen-Notation dar. Glossen sind mit lateinischen Großbuchstaben geschriebene Wörter, welche durch zusätzliche Zeichen ergänzt werden. Eine Glosse steht dabei meist für die Bedeutung eine Gebärde. Im Vergleich zu phonetisch motivierter Notation stellt dies also eine höhere Abstraktionsebene dar. Im Allgemeinen ist diese Notationsform auch für Nichtgebärdensprachler gut verständlich und leicht zu erlernen. Die zusätzlichen Symbole werden für grammatikalische Angaben, wie z. B. für Angaben zu Positionen im Gebärdenraum, Betonung, Negation oder Pluralbildung verwendet. Für die Glossen-Notation existiert leider keine einheitliche Codierungsvorschrift. Neben linguistischen Verschriftlichungsformen gibt es auch animationsorientierte Notationssysteme, wie z. B. *Signing Gesture Markup Language* (*SIGML*) sowie *Embodied Agent Behavior Realizer Script* (*EMBRScript*), welche zur Ansteuerung von Gebärdensprachavataren entwickelt wurden und zumeist auf XML basieren.

Syntax

Die Gebärdensprachzeichen werden unter Berücksichtigung von grammatikalischen Regeln zu Sätzen verknüpft. Der Satzbau von DGS unterscheidet sich von der Syntax der deutschen Lautsprache. Die Wortfolge in der Gebärdensprache ist relativ fest und spielt für die Bedeutung einer Aussage eine vergleichsweise untergeordnete Rolle. Grammatikalische Funktionen werden vorwiegend durch eine Abwandlung oder Hinzufügen einzelner Sprachparameter erreicht, nicht aber durch eine Änderung der Wortfolge. Ein wesentlicher Unterschied zur Lautsprache ist, dass das Prädikat am Satzende steht. Die beiden Satzglieder Subjekt und Objekt können jedoch auch in das Prädikat (durch Bewegungsrichtung, Ausführungsstelle oder Handform) inkorporiert werden [4]. Bei der Benennung mehrerer Objekte in einem Satz wird allgemein die Regel verwendet, dass große Objekte vor kleinen und unbewegliche Objekte vor beweglichen genannt werden. Zudem ist es üblich, dass wichtige Aspekte vor unwichtigen artikuliert werden. Manuell ausgedrückte Adverbien, wie Zeit- und Ortsangaben (z. B. „HIER", „MORGEN", „FRÜHER"), werden am Satzanfang gebärdet, wobei Zeit- vor Ortsbezeichnungen erfolgen. Abfolgen werden chronologisch dargestellt, wie in dem Beispiel 1 zu erkennen ist. Ein attributives Adjektiv folgt nach Substantiv oder wird simultan durch Mimik ausgedrückt [3].

Beispiel 1: Satz in Schriftsprache und Glossennotation für mögliche Gebärdensprachrealisierung

Ich gehe heute zur Universität, nachdem ich gefrühstückt habe.

HEUTE INDEX-ich FRÜHSTÜCKEN DANN UNIVERSITÄT ich-BESUCHEN-mi

In der DGS werden einfache Verben nicht flektiert. Eine Konjugation wird meist nur durch einen Orts- oder Personenbezug erzeugt. Bei dem Transferverb bzw. Richtungsverb „besuchen" (siehe Beispiel 1) wird die Bewegung vom Subjekt zum Objekt ausgeführt [4].

3 Intelligente hierarchische Dialogsysteme

Für das an der TU Dresden entwickelte hierarchische System UASR (*Unified Approach for Speech Synthesis and Recognition*) zur gemeinsamen Sprachsynthese und –erkennung sind Weiterentwicklungen nach dem Vorbild der humanen Informationsverarbeitung geplant [7]. Ein Konzept für die Struktur eines intelligenten dynamischen hierarchischen Dialogsystems auf Basis von [7] ist durch Abb. 1 gegeben. Ein Ansatzpunkt ist die Implementierung einer bidirektionalen Informationsverarbeitung zwischen den Hierarchieebenen, wie sie in biologischen und sensomotorischen Modellen zu finden ist. Dabei können durch Spiegelung der Signalverarbeitung des Kommunikationspartners im eigenen Systemmodell Informationen zur Prädiktion auf der Analyseseite aus höheren Verarbeitungsebenen genutzt werden. Solch ein System besitzt also die Möglichkeit Objektverhalten „vorherzusagen". Zudem kann auch die Synthese durch Feedbackinformation aus der Bottom-Up Richtung profitieren. Derzeitige Forschungsaufgaben beschäftigen sich auch mit der semantischen und pragmatischen Verarbeitung im UASR-System. Im Folgenden werden einige Anforderungen beschrieben, die aus unserer Sicht technische Systeme kognitiv machen. In der Literatur werden bereits Lösungsansätze hierfür aufgezeigt. Trotzdem gibt es in einigen Teilgebieten noch großes Entwicklungspotential. Ein kognitives System muss ein zielgerichtetes Verhalten aufweisen. Die optimale Systemreaktion ist ggf. mittels einer Bewertungsfunktion anhand der zu erwartenden Konsequenzen im Dialogverlauf auszuwählen. Zudem muss die Verhaltenssteuerung für eine durchgeführte Aktion die Erwartungswahrscheinlichkeiten für die nächste Benutzereingabe berechnen können. Neben der Möglichkeit Dialogstrategien anzupassen, besitzen intelligente Systeme die Fähigkeit zum Schließen und Folgern. Somit können beispielsweise mehrdeutige Eingaben unter Verwendung von Kontextinformationen aufgelöst bzw. interpretiert werden. Weiterhin müssen sich solche technischen Systeme an die Umgebung und an das Kommunikationsobjekt anpassen können. Durch die Fähigkeit des Systems zu Lernen, können Wissensmodelle adaptiert und somit eine höhere Robustheit erreicht werden. Ein kognitives Dialogsystem muss nicht nur Entscheidungen unter Unsicherheit treffen, sondern auch seine Umgebung ausreichend wahrnehmen können. Dafür ist die Implementierung eines multimodalen Systems nötig, welches akustische, visuelle und haptische Information vom Benutzer aufnehmen kann. Sinnvoll ist eine parallele Erkennung und Interpretation von unterschiedlichen Eingabeformen durch das technische System. Dies führt im Allgemeinen zu einer erhöhten Interaktionssicherheit, Natürlichkeit und Flexibilität.

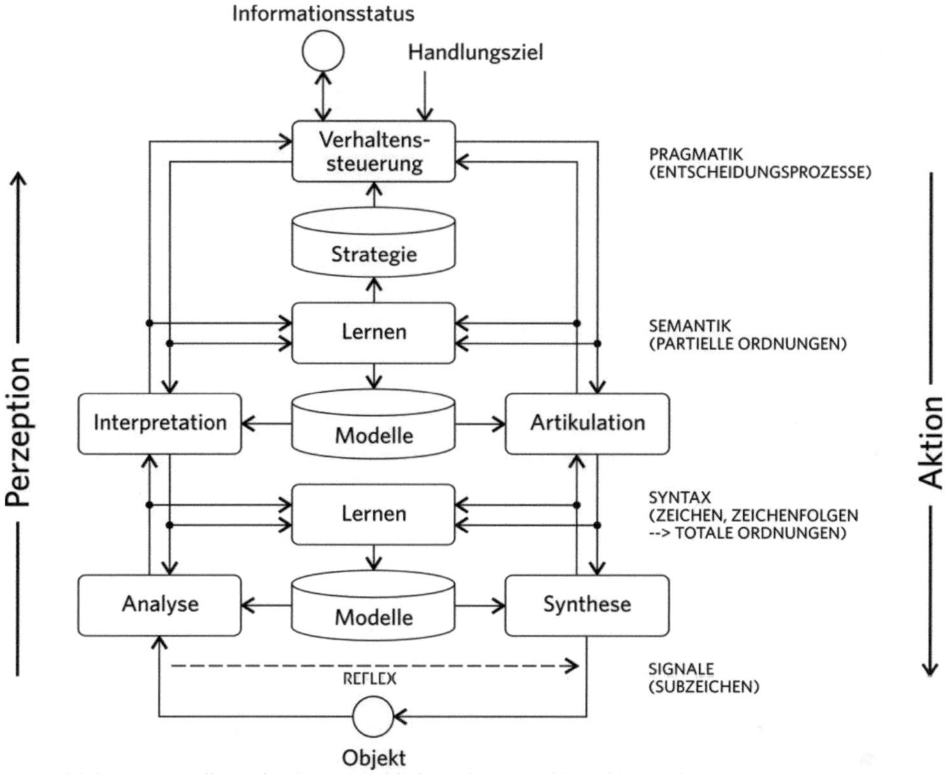

Abbildung 1 – Allgemeine Systemarchitektur eines kognitiven hierarchischen Dialogsystems

In den verschiedenen Verarbeitungsebenen kann durch die aufgebauten Parallelwelten somit möglicherweise eine Entscheidung unter geringerer Unsicherheit getroffen werden. Ein intelligentes Dialogsystem sollte auch gebärdensprachliche Eingaben analysieren und „verstehen" können und adäquat darauf reagieren. Natürlich sind für die Analyse und Synthese von Gebärdensprache andere Modelle als für die Lautsprache notwendig, da sich beide Kommunikationsformen grundsätzlich unterscheiden. Aktuelle Systeme zur sprecherunabhängigen kontinuierlichen Gebärdenspracherkennung arbeiten ebenfalls nach dem Prinzip der Lautsprachanalyse [8], [9]. Dazu sind eine Klassifikation von geeigneten visuellen Merkmalvektorfolgen für die Erkennung von manuellen und nicht-manuellen Gebärdensprachparametern und die statistische Übersetzung in eine Wortfolge (Text) erforderlich. Problematisch für die Übersetzung ist die Notwendigkeit von entsprechenden großen Mengen an annotierten bilingualen Sprachdatenbasen [10]. Auf der Syntheseseite wird die ausgewählte Systemantwort idealerweise für Gehörlose durch einen Avatar (virtuellen Menschen) oder gegebenenfalls auch mittels Piktogrammen dargestellt. Prinzipiell kann auch Text direkt auf einem Display präsentiert werden. Allerdings ist das Leseniveau bei dieser Zielgruppe oft nur mäßig ausgeprägt, so dass bei umfangreichen Formulierungen eventuell Akzeptanzprobleme auftreten.

4 Gebärdensprachinterpretation in intelligenten technischen Systemen

In den geplanten eigenen Untersuchungen soll für ein konkretes Anwendungsszenario die semantische Verarbeitung von Gebärdensprache realisiert werden. Parallel dazu ist für dieselbe eingeschränkte Domäne die Analyse von lautsprachlichen Benutzereingaben angedacht. Die Funktionalitäten des Anwendungssystems sowie die Erstellung einer Wissensbasis (Weltmodell) sind unabhängig von der Eingabesprache und können deshalb für Laut- und Gebärdensprache gemeinsam definiert und modelliert werden. Zur Verarbeitung und Modellierung von Daten, wie HMMs (Hidden Markov Models), Grammatiken und Lexika, werden im UASR-System einheitlich *Finite State Transducers* (*FST*) verwendet. Auf Basis dieser Systemtechnologie und der Möglichkeit der Verwendung der Automatenalgebra kann möglicherweise auch die Interpretation der Nutzeräußerung erfolgen. Ein Spracherkenner liefert als Ergebnis der Analyse einer artikulierten sprachlichen Äußerung (*Utterance*) des Benutzers einen gewichteten Text- bzw. Wortphrasenhypothesegraph, jedoch keine Angaben zur möglichen Bedeutung (*Meaning*) der Spracheingabe. Bei der semantischen Interpretation soll nun der erkannten Zeichenkette seine unmittelbare Bedeutung durch sogenannte *Utterance-Meaning Pairs (UMP)* zugeordnet werden. Die Bedeutung einer Aussage ist unserer Meinung nach nicht in der kompositionellen Semantik der Bedeutungen seiner einzelnen Konstituenten zu suchen, sondern in der beabsichtigten Wirkung (*Consequences*) der gesamten sprachlichen Äußerung, unter Berücksichtigung von Kontextinformationen (*Antecedents*), wie z. B. des aktuellen System- bzw. Dialogzustands. Die Intention des Benutzers, welche er durch sein Verhalten bei konkret definierten Vorbedingungen zum Ausdruck bringt, könnte auch für die Adaption der semantischen Modelle verwendet werden. Der beschriebene Ansatz basiert auf der Theorie von Burrhus Frederic Skinner zur Analyse sprachlichen Verhaltens (*Behavior*) (vgl. [11]). Es gibt natürlich eine Vielzahl von konkreten Äußerungen für das Erreichen eines Kommunikationsziels. In der Domäne des Dialogsystems hat also unterschiedliches Benutzerverhalten, bei identischen Antecedents (Vorbedingungen) und denselben Konsequenzen, für das System dieselbe Bedeutung. Auf diesem Weg wäre es möglich, auch neue Äußerungen mit derselben intentionalen Bedeutung zu erlernen.

Die semantische und pragmatische Repräsentation der sprachlichen Äußerungen wird in unserem hierarchischen Systemmodell durch *gewichtete Merkmal-Werte-Relationen (gMWR)* [12] realisiert. Dies sind partielle Ordnungen über eine Menge von Merkmalen und Werten. Die erkannten Bedeutungsträger werden durch Unifikation in den bestehenden Informationsstatus des Systems (vgl. Abb. 1) eingetragen. Dieser Informationsstatus beinhaltet eine Menge von Merkmal-Werte-Paaren und liefert zudem die Interaktionshistorie. Aus diesem Informationsstand kann die Verhaltenssteuerung entnehmen, ob durch Benutzereingaben eine Systemfunktion mit der zu ihrer Ausführung benötigten Parametern eindeutig identifizierbar ist. Mit Hilfe des Informationsstatus kann das System also zielgerichtet auf seine Umgebung einwirken (Aktion). Entweder ist es möglich eine angeforderte Funktion auszuführen, oder die dafür fehlenden Informationen müssen vom Benutzer durch Rückfragen eingeholt werden.

Oberhalb der semantischen Ebene werden in unserem Systemmodell für Laut- und Gebärdensprache dieselben nichtsequentiellen Bedeutungsträger verwendet. Dies führt zu der These, dass die Informationsverarbeitung in der semantischen und pragmatischen Ebene des Systems unabhängig von der perzipierten Sprach- bzw. Eingabeform durchgeführt werden kann. Da derzeit kein Gebärdenspracherkenner verfügbar ist, soll für die semantische Analyse zunächst eine manuelle Transkription gebärdensprachlicher Äußerungen der Probanden durch einen Gebärdensprachdolmetscher oder –experten erfolgen. Dieser stellt jedoch im Normalfall einen idealen Spracherkenner dar, welcher im Allgemeinen eine eindeutige und ungewichtete Entscheidung liefert. In Abhängigkeit vom Notationssystem verwendet man für die Verschriftlichung ein spezielles Alphabet X. Als Notation der erkannten Gebärdensprachäußerung $u \in X^*$ bietet sich eine Glossenumschrift (siehe Kap. 2) an. In der Hierarchie der Sprachzeichen sind Glossen etwa vergleichbar mit den Wörtern in der Lautsprache.

Für das zu realisierende System ist in unserem Fall eine lokale Grammatik zu entwickeln, welche möglichst alle sinnvollen Sätze in der Domäne akzeptiert und unter Berücksichtigung einer ungeordneten Menge von Antecedents deren Bedeutung ausgibt. Diese Interpretation der Textnotation von gebärdensprachlichen Äußerungen soll in der Systemapplikation durch gewichtete Transduktoren [13], [14], [15] erfolgen. Ein Transduktor bildet im Allgemeinen eine endliche Zeichenkette $u \in X^*$ der Sprache $L_X \subseteq X^*$ in eine Zeichenfolge $v \in Y^*$ der Zielsprache $L_Y \subseteq Y^*$ ab. Die Zeichenfolgen bestehen aus Eingabesymbolen x des Alphabets X bzw. aus Buchstaben y des Ausgabealphabets Y, wobei das leere Zeichen ε jeweils Bestandteil der Alphabete X und Y ist. Schon für kleinere Anwendungsbeispiele können die UMP-Transduktoren sehr groß und unübersichtlich werden. Deshalb ist es sinnvoll zunächst die lokale Grammatik als Sammlung von Graphen zu schreiben. Hierbei bietet es sich an durch Generalisierungen Platzhalter in übergeordneten Graphen einzusetzen. Diese Platzhalter müssen dann durch ihre dazugehörigen Transduktoren spezifiziert werden. Die dadurch entstehenden Subgraphen können dann modular als Bestandteil anderer Graphen eingesetzt werden. Die auf diesem Weg definierten mikrolokalen Grammatiken können letztendlich wieder zu einem gesamten UMP-Transduktor vereinigt werden. Zudem muss bei der Generierung des UMP-Transduktors nur der Gegenstandsbereich modelliert werden, der in dieser beschränkten Welt sinnvoll erscheint. Die Erstellung der lokalen Grammatik soll mit Hilfe von *Wizard-of-Oz* Experimenten manuell realisiert werden [16]. Aus diesem Grund sollte für prinzipielle Untersuchung des hier vorgeschlagenen Ansatzes die Domäne des Dialogsystems zunächst stark eingeschränkt werden. In den Wizard-of-Oz Experimenten wird ein funktionierendes System simuliert und Probanden müssen hierbei unter Angabe bestimmter *Antecedents* verschiedene vorgegebene Zielvorstellungen (*Consequences*) erreichen. Dies dient zum einen zum Sammeln verschiedener möglicher sprachlicher Äußerungen (*Behavior*) und zum anderen auch zur Überprüfung und ggf. Verfeinerung der Modellierung des zu erstellenden Anwendungssystems.

Ein UMP-Transduktor hat bei der Perzeption die Aufgabe aus einer sequentiellen textlichen Repräsentation der Benutzereingabe alle möglichen intentionalen Bedeutungen als partielle Worte zu generieren. Falls sich nicht aus der Gewichtung eine finale Bedeutung des Systems ergibt, muss diese gezielt beim Benutzer erfragt werden. Weiterhin können UMP-Transduktoren auf der Perzeptionsseite auch für die zu artikulierenden semantischen Daten alle passenden Wortfolgen ermitteln. Diese Zeichenketten können dann für die nachfolgende Synthese verwendet werden.

Der aktuelle Stand des Konzepts zur Umsetzung einer semantischen Interpretation für das zu realisierende System ist in [17] beschrieben. Bisher werden durch FSTs Zeichenketten erzeugt, welche die Informationen für die Erstellung gewichteter MWRen zu den analysierten Sprachäußerungen beinhalten. Die erkannten semantisch bedeutenden Bestandteile werden hierbei zunächst in der Reihenfolge von links nach rechts aufgeführt, in der sie erkannt wurden. Zu beachten ist, dass bei partiellen Worten, die als Interpretationsergebnis der UMP-Transduktoren erzeugt werden, die Reihenfolgeinformation nicht mehr erhalten bleibt. Dies ist auch in den meisten Fällen sinnvoll. Betrachtet man den Satz in Schriftsprache aus dem Beispiel 2, so hat dieser unter Annahme der gleichen Vorbedingungen dieselbe Bedeutung, wie der Satz „*Von Berlin nach Dresden möchte ich morgen fahren.*“, obwohl sich die Reihenfolge der Satzglieder unterscheidet. In einigen Fällen benötigt man jedoch die Information, in welcher Reihenfolge bestimmte sprachliche Zeichen genannt wurden. In dem aufgeführten Beispiel 2 ist dies erforderlich, um für die Routenberechnung den entsprechenden Bezug zu den Ortsangaben zu erhalten. Das Transferverb FAHREN definiert in diesem Beispiel durch die Verortung im Gebärdenraum den Start- und Zielpunkt. Man kann sich hierbei auch die komplexere Routenanfrage vom Startpunkt A über B und C zum

Ziel D vorstellen. Dabei kann es ein großer Unterschied sein, ob man erst über B und dann über C oder erst über C und dann über B fährt. Aus diesem Grund wurden in der Ausgabezeichenkette des Transduktors alle gleichnamig beschrifteten Merkmale, welche den gleichen Vorgängerknoten besitzen, für die Weiterverarbeitung hintereinander aufgeführt [17].

Beispiel 2: Glossennotation und Zeichenkette mit semantischer Information für sprachliche Äußerung

geschriebene Sprache s:

Ich möchte morgen von Berlin nach Dresden fahren.

Glossennotation u für eine mögliche Realisierung von s in Gebärdensprache:

MORGEN INDEX-ich WUNSCH BERLIN INDEX-li DRESDEN INDEX-re li-FAHREN-re

möglicher ungewichteter FVR-String v für Gebärdensprachäußerung:

[*date_rel*[*tomorrow*]][*loc*[*Berlin*][*loc*[*Dresden*]]]*route_abs*[*direction_abs*[*1to2*]]

Für eine äquivalente und übersichtliche Darstellung des FVR-Strings kann man mit Hilfe der Klammerzeichen eine Baumstruktur erzeugen. Für die Merkmal-Werte-Relation im Beispiel 2 erhält man den in Abbildung 2 dargestellten beschrifteten gerichteten Graphen. Leider kann ein FST diese partiellen Worte nicht direkt erzeugen, so dass für die technische Realisierung wahrscheinlich *Petrinetz-Transduktoren* (*PNTs*) zu verwenden sind. Diese können als Verallgemeinerung der FSTs angesehen werden. Entsprechende algebraische Operationen, wie die Komposition, wurden z. B. bereits in [15] definiert.

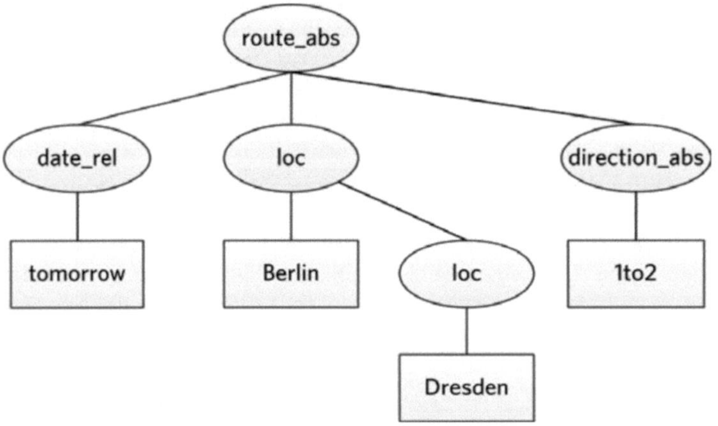

Abbildung 2: Baumstruktur zur FVR-Zeichenkette aus Beispiel 2

Zu berücksichtigen ist hierbei, dass diese Form der semantischen Präsentation die unmittelbare Bedeutung der Äußerung u angibt. Aus diesem Grund erfolgt im Beispiel 2 auch noch keine absolute Datumsangabe. Die notwendige Substitution in der MWR wird im dynamischen Dialogsystem erst in einem höheren Verarbeitungsschritt mit Hilfe von Weltwissen realisiert.

5 Ausblick

In diesem Beitrag wurde ein Konzept für die semantische Verarbeitung von sprachlichen Äußerungen vorgestellt. Darauf aufbauend soll in der nächsten Zeit ein System zur gemeinsamen Interpretation von Laut- und Gebärdensprachäußerungen erstellt und praktisch erprobt werden. Dazu sind neben der Entwicklung von effizienten Algorithmen noch weitere Untersuchungen zum unüberwachten Lernen, zur Gewichtung von semantischen Trägern und zur Informationsverarbeitung auf der pragmatischen Ebene notwendig.

Literatur

[1] Schmitt, Alexander; Minker, Wolfgang: *Towards adaptive spoken dialog systems.* New York, NY: Springer, 2013

[2] Boyes-Braem, Penny: *Einführung in die Gebärdensprache und ihre Erforschung.* Hamburg: Signum, 1990.

[3] Happ, Daniela; Vorköper, Marc-Oliver: *Deutsche Gebärdensprache. Ein Lehr- und Arbeitsbuch.* Frankfurt am Main: Fachhochsch.-Verl, 2006.

[4] Papaspyrou, Chrissostomos et al: *Grammatik der deutschen Gebärdensprache aus der Sicht gehörloser Fachleute.* Seedorf: Signum, 2008.

[5] Lindemann, Jens: *Vergleich der Produktionsgeschwindigkeit von Laut- und Gebärdensprache.* In: Matthias Wolff (Hg.): Elektronische Sprachsignalverarbeitung 2012. S. 236–243: TUDpress. Dresden (Studientexte zur Sprachkommunikation, 64), 2012.

[6] Dotter, Franz; Holzinger, Daniel: *Typologie und Gebärdensprache: Sequentialität und Simultanität.* In: Sprachtypologie und Universalienforschung (48), S. 311–349, 1995.

[7] Wolff, M.; Römer, R.; Hoffmann, R.: *Hierarchische kognitive dynamische Systeme zur Sprach- und Signalverarbeitung.* In: Matthias Wolff (Hg.): Elektronische Sprachsignalverarbeitung 2012. S. 96–103: TUDpress. Dresden (Studientexte zur Sprachkommunikation, 64), 2012.

[8] Dreuw, P.; Stein, D.; Deselaers, T.; Rybach, D.; Zahedi, M.; Bungeroth, J. and Ney H.: *Spoken language processing techniques for sign language recognition and translation.* In: Technology and Disability 20 (2), S. 121–133, 2008.

[9] Cooper, H.; Holt, B.; Bowden, R.: *Sign Language Recognition.* In: Thomas B. Moeslund, Adrian Hilton, Volker Krüger und Leonid Sigal (Hg.): Visual Analysis of Humans, S. 539–562: Springer London. London, 2011.

[10] Stein, Daniel, 2012: *Soft features for statistical machine translation of spoken and signed languages.* Dissertation. Aachen, Techn. Hochsch, Aachen, 2012.

[11] Wolff, M.; Klimczak, P.; Lindemann, J.; Petersen, C.; Römer, R. und Zoglauer, T.: *Die Kognitive Heizung.* In: Rüdiger Hoffmann (Hg.): Elektronische Sprachsignalverarbeitung 2014; TUDpress. Dresden, 2014.

[12] Huber, M.; Kölbl, C.; Lorenz, R.; Römer, R.; Wirsching, G.: *Semantische Dialogmodellierung mit gewichteten Merkmal-Werte-Relationen.* In: Rüdiger Hoffmann (Hg.): Elektronische Sprachsignalverarbeitung 2009; TUDpress. Dresden, 2009.

[13] Kölbl, C.; Huber, M.; Wirsching, G.: *Endliche gewichtete Transduktoren als semantischer Träger.* In: Bernd J. Kröger und Peter Birkholz (Hg.): Elektronische Sprachsignalverarbeitung 2011; TUDpress. Dresden, 2011.

[14] Mohri, Mehryar: *Weighted Automata Algorithms.* In: Manfred Droste (Hg.): Handbook of Weighted Automata, S. 213–254: Springer. Berlin (Monographs in Theoretical Computer Science), 2009.

[15] Lorenz, Robert; Huber, Markus: *Realising the translation of utterances into meanings by Petri Net Transducers.* In: Petra Wagner (Hg.): Elektronische Sprachsignalverarbeitung 2013. S. 103–110: TUDpress. Dresden (Studientexte zur Sprachkommunikation, 65), 2013.

[16] Huber, M.; Kölbl, C.; Lorenz, R.; Wirsching, G.: *Konstruktion von UMP-Transduktoren aus Wizard-of-Oz Daten.* In: Petra Wagner (Hg.): Elektronische Sprachsignalverarbeitung 2013. S. 111 – 118; TUDpress. Dresden, 2013.

[17] Wirsching, Günther; Wolff, Matthias: *Semantische Dekodierung von Sprachsignalen am Beispiel einer Mikrofonfeldsteuerung.* In: Rüdiger Hoffmann (Hg.): Elektronische Sprachsignalverarbeitung 2014; TUDpress. Dresden, 2014.

TOWARDS NON-INVASIVE VELUM STATE DETECTION DURING SPEAKING USING HIGH-FREQUENCY ACOUSTIC CHIRPS

Peter Birkholz, Michael Schutte, Simon Preuß, Christiane Neuschaefer-Rube

Clinic of Phoniatrics, Pedaudiology, and Communication Disorders
University Hospital Aachen and RWTH Aachen University
peterbirkholz@gmx.de

Abstract: This paper presents our progress towards a convenient and non-invasive real-time method to measure the state of the velum (raised vs. lowered) that works both during normal and silent speaking. The method emits acoustic signals with a power band from 12 to 24 kHz into a nostril and analyzes the "echo" from the nasal cavity. Here we describe two design iterations of the method, present first test results, and outline strategies for further improvements. The results indicate that the method can possibly discriminate not only the raised from the lowered velum state, but also intermediate states. Applications for the method are, for example, basic phonetic research and silent speech interfaces.

1 Introduction

The size of the velopharyngeal opening, which is related to the state of the velum, determines the oral or nasal nature of speech sounds. Measuring the state of the velum is therefore of great interest in phonetic research, e.g., to examine the coordination between velar and lingual gestures, for silent speech interfaces to discriminate nasal and non-nasal sounds, and to study nasality disorders.

The velum state can be observed with either general imaging techniques like radiography or magnetic resonance imaging, or with specialized techniques. The latter are usually cheaper, less complex, and easier to use than the former. Based on the principle of operation, the existing specialized techniques can be divided into optical, mechanical, and acoustic methods. Optical systems are the "Velograph" [7] and the "Nasograph" [3]. They are based on the transmission of light through the velopharyngeal port and require a flexible tube or optical fibers to be placed through the nasal cavity into the pharynx. A mechanical system was presented by Moller et al. [8]. It is based on a displacement transducer made of thin spring wire and a resistance strain gauge that is fixed to the molars and touches the velum at the bottom side to register velar movements. Another mechanical system is the "Velotrace" [6], which transmits velar movements from an internal lever resting on the upper side of the velum to an external lever via rods on the floor of the nasal cavity. While these optical and mechanical systems can continually track velar movements, they are invasive and rather inconvenient for the user.

An non-invasive acoustic method to measure the velum state is "Rhinometry" [5]. This method is based on acoustic reflection and actually provides an estimate of the cross-sectional area of the nasal cavity as a function of distance. As the cross-sectional area in the posterior nasal cavity varies with velar position, this method can successfully detect changes in velar positioning [10]. While this method is non-invasive, it needs about 1 s for a single measurement, it does not work with simultaneous phonation, and the device is rather bulky. Another non-invasive acoustic method estimates the degree of velopharyngeal opening from separated recordings of the oral and nasal acoustic energies, but works only during normal speech production [4].

In this paper we present our progress towards a new approach to measure the velum state based on acoustic reflections. The main goal was to be able to discriminate whether the velopharyngeal port is open (lowered velum) or closed (raised velum) and possibly to detect different degrees of opening. Our method was supposed to be non-invasive, convenient and cheap, have a sampling rate of at least 40 Hz, and work both with and without simultaneous phonation. Hence, it should combine the ease of use of Rhinometry with the advantages of the optical and mechanical methods (real-time state tracking; simultaneous phonation possible) and finally require only a small and cheap device.

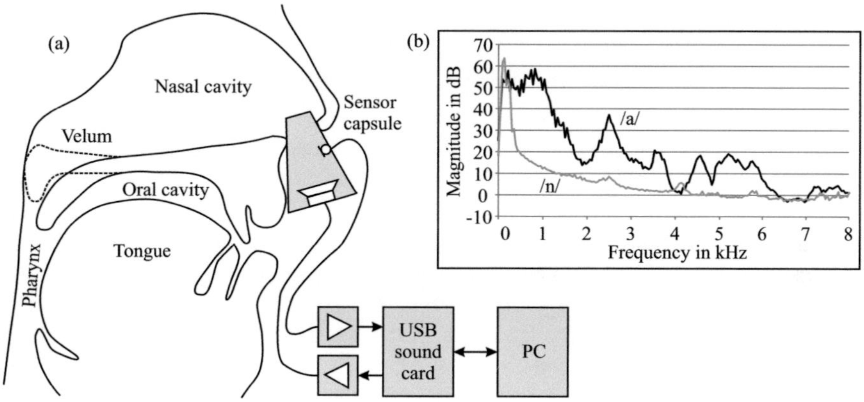

Figure 1 - (a) General setup of the measurement system. (b) Long-term average spectra of /n/ (gray curve) and /a/ (black curve) as measured by a microphone a few centimeters in front of the mouth.

The basic idea was as follows: A frustum-shaped capsule containing a miniature loudspeaker and a miniature microphone is inserted into one nostril as illustrated in Figure 1a. The loudspeaker periodically emits sound bursts with a high-frequency power band into the nasal cavity through the upper open end of the frustum, and the microphone records the sound of the bursts filtered by the nasal cavity. As the resonance characteristics of the nasal cavity change with the degree of velopharyngeal opening, we expected these changes to be reliably detectable in the recorded signals by pattern matching. The high-frequency power band should prevent interference of the measurement with simultaneous phonation. As the long-term average spectra of the sounds /a/ and /n/ exemplify in Figure 1b, speech sounds have only little power left at frequencies of 7 kHz or higher. Somewhat similar to our approach, low-frequency ultrasound, emitted and recorded by a mobile phone a few centimeters in front of the mouth, was recently successfully applied for *mouth* state detection (open vs. partially open vs. closed) [1].

2 First prototype

2.1 System design

The first prototype of our system is shown in Figure 2. It consists of a frustum-shaped capsule with a height of 27 mm and outer diameters of 19 mm and 10 mm at the bottom and top, respectively. The shape of the capsule was designed using the 3D modeling software SketchUp

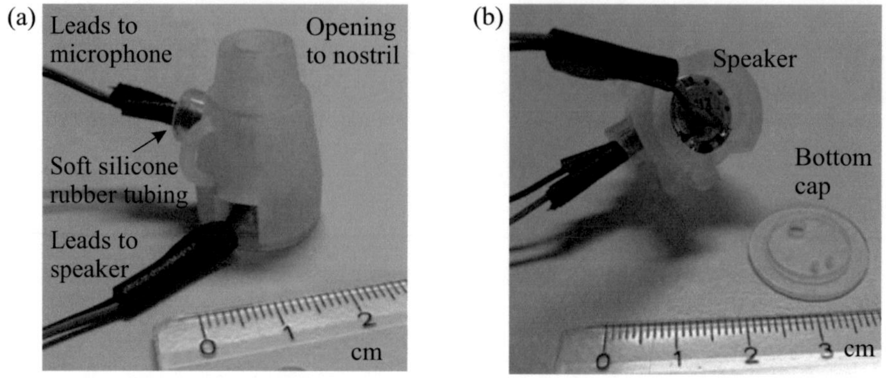

Figure 2 - First design of the capsule in (a) assembled state and (b) disassembled state.

version 8.0 and created with a 3D printer by fused deposition modeling. A dynamic miniature loudspeaker (type KDMG13008C-03 by Kingstate Electronics Corp., 13 mm diameter, 3 mm height, 0.3 W rated power) was flush mounted in the bottom end of the capsule. The upper end of the capsule is open to feed the loudspeaker sound into the nostril. At half the height of the capsule, an omnidirectional miniature electret microphone (type CME-1538-100LB by CUI Inc., 4 mm diameter, 1.5 mm height, 120 dB max. SPL, 58 dBA SNR) was inserted through a hole into the capsule flush with the inner side of the wall. The microphone was embedded in soft silicone rubber tubing to reduce structure-borne sound from the loudspeaker. The upper frequency limits of both the loudspeaker and the microphone were specified as 20 kHz.

The loudspeaker and microphone were connected to a laptop via a consumer USB sound card (type SC010 by SWEEX). This sound card allows simultaneous playback and recording with a sampling rate of 96 kHz and 16 bit quantization. For a high signal-to-noise ratio of the measurements and little harmonic distortions, the loudspeaker should be operated around its rated power of 300 mW. However, the internal amplifier of the sound card was only able to deliver about 140 mW to the 8 Ω loudspeaker, which we estimated from the measured peak amplitude of the output voltage $\hat{V} = 1.5$ V with the equation $P = \hat{V}^2/2R_{\text{speaker}}$. Therefore, we connected a custom-built USB-powered audio amplifier based on the bridge-connected audio power amplifier LM4861 (Texas Instruments) between the sound card output and the loudspeaker. The microphone did not require external amplification and was directly connected to the sound card. The sensitivity of the microphone was in fact so high that we had to set the recording level to about 5% to avoid clipping during the measurements.

A customized program running on the laptop was created for playback and recording control, data processing, and visualization. Audio data were processed with 96 kHz/16 bit. The source signal used to drive the loudspeaker was a band-pass filtered unit impulse with a passband (i.e., power band) between 12 and 24 kHz. The unit impulse was filtered with a high-pass and a low-pass Chebyshev filter (8th order each) and then normalized in amplitude. Figure 3a shows the waveform of the source signal, and the upper black curve in Figure 3b shows its magnitude spectrum. The source signal was emitted at a rate of 40 Hz in order to allow quasi-continuous velum state tracking. Given that raising and lowering gestures of the velum have a minimum duration of 100 ms [11], 40 Hz appears to be a sufficiently high rate for velum state sampling.

To perform a measurement, the capsule has to be pushed into one nostril as illustrated in Figure 1a. Then the source pulses are emitted by the loudspeaker, passing through the capsule into the nasal cavity. The sound pressure in the capsule is simultaneously recorded with the mi-

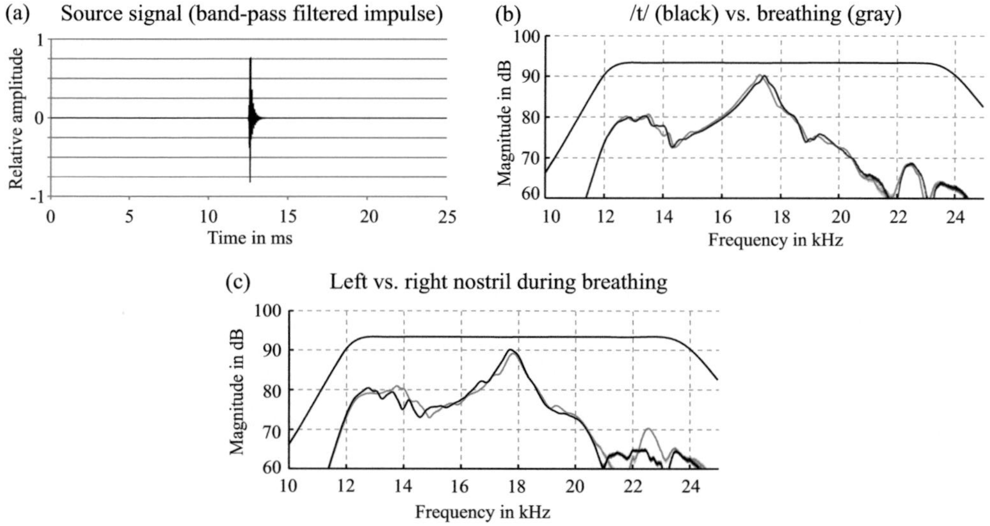

Figure 3 - (a) Source signal. (b) Spectra for the closure phase of /t/ vs. breathing (low velum) measured for the left nostril. (c) Spectra for a low velum during breathing measured at the left and right nostrils. The shaded regions indicate the confidence interval from the mean ± 1 standard deviation. They are generally very small and visible for low magnitudes only.

crophone. After measurement, the recorded signal is high-pass filtered with a cutoff frequency of 12 kHz using an 8th order Chebyshev filter to eliminate a potential voice signal. Hence, the filtered signal contains essentially the response of the nasal cavity to the emitted source pulses. For each recorded pulse, the magnitude spectrum is calculated, because these spectra are likely to reflect differences in velum state. Therefore, each pulse is multiplied with a custom window and transformed into the frequency domain by FFT. The custom window is centered around the pulse and has the form

$$w_i = \begin{cases} 0.5(1 - cos(\pi i/K)) & \text{if } 0 \leq i < K \\ 1 & \text{if } K \leq i < M - K \\ 0.5(1 + cos(\pi(i - M + K)/K)) & \text{if } M - K \leq i < M \\ 0 & \text{otherwise} \end{cases} \tag{1}$$

where $M = 2400$ is the window length in samples (corresponding to the frame length of 1/40 s at the audio sampling rate of 96 kHz) and $K = 240$ is 1/10th of the window length. Hence, the window is essentially rectangular with a smooth decay towards zero at the ends. This flat-top type of window was chosen to preserve the shape of the recorded pulse in the center of the window, but to prevent spectral distortions if the signal in the high-frequency band happened to be not completely zero in the regions *between* the pulses, e.g., due to high-frequency noise. To consistently center the windows for calculating the spectra, the precise position of the recorded pulses is detected using cross-correlation between the source pulses and the recorded pulses. The lag between the two is apparent as a clear peak in the correlation function.

2.2 Tests

To test the system, we recorded and compared pulses for raised and lowered velum states. For the first test, one subject with the capsule in place produced a silent /t/ by closing the vocal tract with the tongue tip, raising the velum, and generating an excess pressure for about 2 s. Then the velum was lowered to breath out through the nose for another two seconds. From the stationary portions in the middle of both phases the spectra of about 20 recorded pulses were obtained. Figure 3b shows the average spectra for both conditions. The variation of the spectra over the 20 pulses is shown by shaded regions around the average spectra extending from the mean ± 1 S.D. For both conditions, the variation was so small that it can hardly be seen. As Figure 3b shows, there were clear spectral differences between the raised and lowered velum states, especially in the regions around 14 and 17 kHz.

In a second test, we examined the difference between the left and right nostril for the lowered velum state (normal breathing). Figure 3c shows that there were great spectral differences between the nostrils, and that they were greater than the differences between the raised and lowered velum state measured at one nostril (Figure 3b). This indicates that the system needs to be calibrated individually for each nostril.

In a third test, the subject produced each of the phones /n/ and /s/ for multiple seconds to contrast the raised and lowered velum states during normal speech production. While we obtained good spectra for /s/ (similar to the silent /t/), we encountered serious problems with /n/, because the sound pressure level (SPL) in the capsule became very high due to phonation. This high pressure level had two negative effects. Firstly, the recording level had to be strongly reduced to avoid clipping of the signal. Lowering the recording level also reduces the intensity of the high-frequency pulses in the signal and hence the SNR of the measurements. Secondly, and even worse, the recorded pulses varied strongly and apparently unpredictably (despite the absence of clipping) so that the signals were deemed unusable. The second effect may have two causes, namely that the SPL in the capsule exceeded the maximum rated SPL of the microphone, resulting in strong harmonic distortions, and that the high SPL alters the normal vibration of the loudspeaker membrane in a non-linear way.

3 Second prototype

3.1 System design

The main limitation of the first prototype was the very high SPL in the capsule during production of nasal sounds. The reason for this was most probably that the capsule completely closed the nasal cavity at one nostril, because it is known from acoustic theory that standing waves in tubes reach pressure maxima at closed ends of tubes. Hence, for the second prototype, the capsule design was altered to have an opening at the bottom end.

The new design is shown in Figure 4. It has again the shape of a frustum, but with slightly greater dimensions (30 mm height, outer diameters of 22 mm and 9 mm at the bottom and top, respectively). The microphone is of the same type and mounted in the same way as in the first design. However, the loudspeaker is somewhat smaller (type KDMG10008C-03 by Kingstate Electronics Corp., 10 mm diameter, 3 mm height, 0.3 W rated power) and embedded in a rubber ring on the bottom cap to further reduce structure-borne sound transmission from loudspeaker to microphone. Next to the loudspeaker, a banana-shaped hole was cut into the bottom cap to reduce the occurrence of high acoustic pressures in the capsule during nasal sound production.

With respect to the source pulse, the filtered impulse of the first design was replaced with a

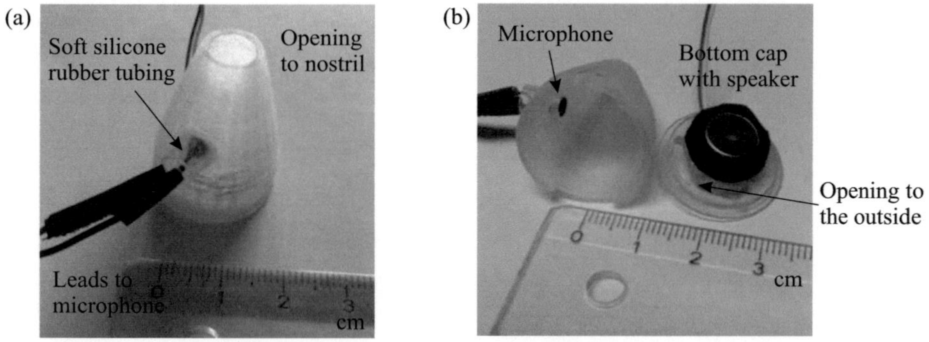

Figure 4 - Second design of the capsule in (a) assembled state and (b) disassembled state.

chirp between 12 and 24 kHz. Compared to impulses, chirps have the lowest possible peak to RMS amplitude ratio and can achieve the highest feasible signal to noise level [2]. In fact, the energy in the chirp signals was 88.4 times the energy in the filtered impulses used in the first design. This promised to increase the SNR of the measurements.

The actual waveform of the chirps was generated analogously to [9] as

$$s(t) = A(t)\sin(\phi(t)), \tag{2}$$

where $A(t)$ is the envelope of the chirp (a 25 ms long Hanning window in our case) and

$$\phi(t) = 2\pi \int_0^t f(\tau)d\tau \tag{3}$$

is the phase. $f(\cdot)$ denotes the instantaneous frequency, which would linearly increase from the lower to the upper frequency limit for linear chirps. However, with a linear increase of instantaneous frequency, the signal power between the lower and upper frequency limits would vary according to the envelope $A(t)$. To obtain constant power for all frequencies in the power band, the instantaneous frequency must increase more slowly for lower envelope amplitudes. This was achieved with the equation

$$f(t) = f_{\min} + (f_{\max} - f_{\min}) \cdot \frac{\int_0^t A^2(\tau)d\tau}{\int_0^T A^2(\tau)d\tau}, \tag{4}$$

where $T = 25$ ms is the window length. The power band limits were set to $f_{\min} = 12$ kHz and $f_{\max} = 24$ kHz as in the first design. The new source signal is shown in Figure 5a and the corresponding magnitude spectrum is the upper black curve in Figure 5b. Apart from the capsule design and the source pulse shape, the other aspects of the measurement system are the same as for the first prototype.

3.2 Tests

In the first step, we compared the spectra of the recorded pulses (chirps) for a silent /t/ (raised velum) and during breathing (lowered velum) again. Figure 5c illustrates that there were pronounced spectral differences between these velum states at multiple frequencies marked by the arrows. Note that these spectra differ from Figure 3b (first design) due to the new loudspeaker type and capsule shape. Next, we obtained averaged spectra for sustained /s/ (raised velum) and /n/ (lowered velum) produced at a normal loudness level. This time, the SPL in the capsule

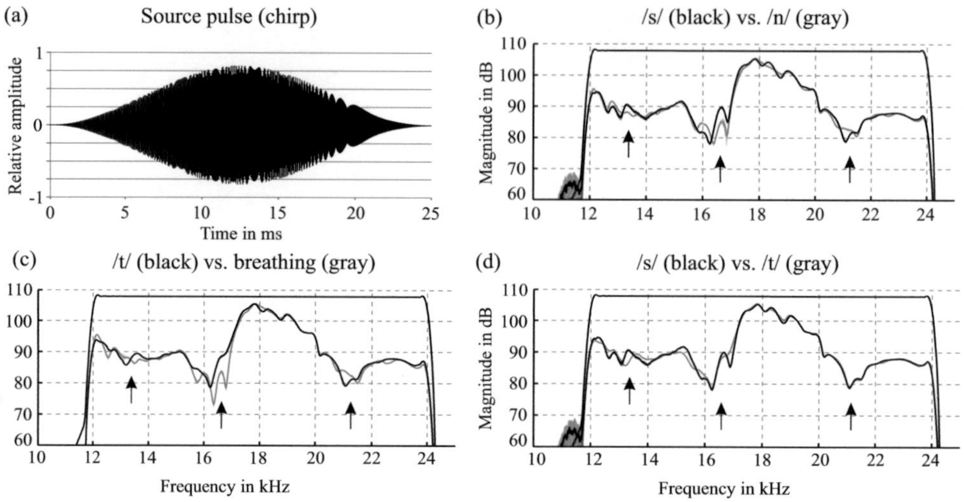

Figure 5 - (a) Chirp signal. (b) Spectra for /s/ vs. /n/. (c) Spectra for the closing phase during /t/ vs. normal breathing. The shaded regions indicate the confidence interval from the mean ± 1 standard deviation. They are generally very small and visible for low magnitudes only.

was sufficiently low to greatly reduce the negative effects encountered with the first prototype. Figure 5b shows that the differences between the raised and lowered velum states were very similar to the differences during the silent articulations shown in Figure 5c (black arrows are at the same frequencies). Apparently, the opening in the bottom cap of the capsule helped to reduce the SPL during nasal sound production sufficiently to prevent excessive harmonic distortions of the microphone and negative effects on the loudspeaker membrane, and hence to obtain stable measurements. Additional measurements showed that the average signal amplitude of the recordings with an open capsule decreased to about 1/4 ($= -12$ dB) of the amplitude with a closed capsule (as in the first design). Interestingly, the opening of the capsule mainly reduced the acoustic pressure in the low-frequency band ($0 - 12$ kHz), i.e., the sound pressure caused by the voice, while the amplitude of the recorded high-frequency pulses was almost the same for the open and closed capsules. This is probably caused by the difference in the diffraction of low and high frequency sound waves. Finally, we compared the spectra for /s/ and /t/, which are shown in Figure 5d. Although the velum is raised in both conditions, there are still minor differences in the recorded pulse spectra (which are much smaller than differences between raised and lowered velum states). A closer analysis of the *transitions* between lowered and raised velum states (for example in the consonant cluster /nt/) showed that these differences can be well explained by the fact that the actual velum position during /s/ is somewhat lower than during the closing phase of /t/.

4 Outlook

This study presented a working prototype of a system to detect differences in velum state using high-frequency pulse reflectometry. The advantages of the system are that it is non-invasive and convenient, allows real-time tracking at 40 Hz, works with and without simultaneous phonation, and is conceptually simple and cheap. However, a few issues remain to be addressed before it can be considered fully matured. Firstly, we presented only qualitative measurement results in terms of pulse spectra. For automatic velum state detection, the system must be extended with methods for pattern recognition and calibration. Secondly, for very loud productions of nasal sounds, the problems with the high SPL in the capsule can surface also in the second design and distort the measurements. Here, further types of miniature loudspeakers and new capsule designs must be examined. Finally, the part of the capsule that is inserted into the nostril can possibly be improved for a better fit to different nostril shapes. After all, we are confident that this approach will be highly effective for phonetic research and for velum state detection in silent speech interfaces.

5 Acknowledgments

We would like to thank Dietmar Faßbänder for 3D printing the capsules, Ian McLoughlin and Gottfried Behler for useful discussions, and Ingmar Steiner for proofreading the paper.

References

[1] F. Ahmadi, M. Ahmadi, and I. McLoughlin. Human mouth state detection using low frequency ultrasound. In *Interspeech 2013*, pages 1806–1810, Lyon, France, 2013.

[2] J. C. Burgess. Chirp design for acoustical system identification. *Journal of the Acoustical Society of America*, 91(3):1525–1530, 1992.

[3] R. M. Dalston. Photodetector assessment of velopharyngeal activity. *Cleft Palate Journal*, 19(1):1–8, 1982.

[4] S. G. Fletcher, I. Sooudi, and S. D. Frost. Quantitative and graphic analysis of prosthetic treatment for 'nasalance' in speech. *The Journal of Prosthetic Dentistry*, 32(3):284–291, 1974.

[5] O. Hilberg, A. C. Jackson, D. L. Swift, and O. F. Pedersen. Acoustic rhinometry: evaluation of nasal cavity geometry by acoustic reflection. *Journal of Applied Physiology*, 66(1):295–303, 1989.

[6] S. Horiguchi and F. Bell-Berti. The velotrace: A device for monitoring velar position. *Cleft Palate Journal*, 24(2):104–111, 1987.

[7] H. J. Künzel. Röntgenvideographische Evaluierung eines photoelektrischen Verfahrens zur Registrierung der Velumhöhe beim Sprechen. *Folia Phoniatrica et Logopaedica*, 31(3):153–166, 1979.

[8] K. T. Moller, R. R. Martin, and R. L. Christiansen. A technique for recording velar movement. *Cleft Palate Journal*, 8:263–276, 1971.

[9] J. Neumann. *Recording Techniques, Theory and Audiological Application of Otoacoustic Emissions*. BIS-Verlag Oldenburg, 1997.

[10] E. J. Seaver, M. P. Karnell, A. Gasparaitis, and J. Corey. Acoustic rhinometric measurements of changes in velar positioning. *Cleft Palate-Craniofacial Journal*, 32(1):49–54, 1995.

[11] K. N. Stevens. *Acoustic Phonetics*. The MIT Press, Cambridge, Massachusetts, 1998.

Ein OPG-gesteuertes Serious Game zur Unterstützung von mundmotorischen Übungen

Simon Preuß, Cornelia Eckers, Peter Birkholz und Christiane Neuschaefer-Rube

Klinik für Phoniatrie, Pädaudiologie und Kommunikationsstörungen,
Universitätsklinikum RWTH Aachen, RWTH Aachen University
{sipreuss, ceckers, pbirkholz, cneuschaefer}@ukaachen.de

Kurzfassung: Die vorliegende Arbeit präsentiert ein Serious Game, das der Unterstützung mundmotorischer Übungen, insbesondere zur Stärkung der Zungenmuskulatur, dient. Durch ein von uns entwickeltes System zur Optopalatographie (OPG) werden dazu die Zungenbewegungen des Patienten erfasst und zur Steuerung des Spiels verwendet. Das entwickelte Spiel enthält eine grafische Oberfläche mit einer leicht verständlichen Aufgabe und ist vor allem an jüngere Anwender gerichtet. Die spielerische Umsetzung der therapeutischen Übung als Serious Game verspricht eine höhere Motivation und Trainingsbereitschaft des Patienten, während die Kompaktheit und Portabilität des OPG-Systems auch eine Anwendung im Heimbereich und so regelmäßige und häufige Übung ermöglicht. Wir schließen mit der Feststellung, dass unser OPG-System ein geeignetes Eingabegerät für ein Therapiespiel darstellt und weitere Studien zum therapeutischen Nutzen dringend wünschenswert sind.

1 Theoretischer Hintergrund

1.1 Relevanz der Zungenmuskulatur für das Schlucken und Sprechen

Die Beweglichkeit und Koordinationsfähigkeit der Zunge spielt eine wichtige Rolle für die Primärfunktion des Schluckens und die Sekundärfunktion des Sprechens (z.B. [18]).
Ein physiologischer Schluckvorgang ist ein hochkomplexer Koordinationsakt, bei dem die innere und äußere Zungenmuskulatur in zeitlich wohldefinierter Abfolge zusammenspielen, um den Bolus in Richtung Ösophaguseingang zu befördern [6, 24]. Beim Sprechen, d.h. bei der Artikulation, tragen die exakte Formung und das Anlegen unterschiedlicher Zungenbereiche an verschiedene Artikulationsorte im Vokaltrakt (z.B. Gaumen, Zähne) durch Kontraktion verschiedener äußerer und innerer Zungenmuskeln einen wesentlichen Teil zur Verständlichkeit der zu produzierenden Laute bei [18].

1.2 Mundmotorische Übungen

In der Sprechdiagnostik von Kindern zeigen sich beim Schlucken und/oder Sprechen häufig Auffälligkeiten, die aus einer fehlerhaften Zungekoordination, häufig kombiniert mit muskulärer Schwäche, resultieren. Allgemein bezeichnet man eine Beeinträchtigung der Muskelkraft und -funktion des Mund- und Rachenraumes als eine myofunktionelle Störung [25]. Sowohl der Schluckvorgang als auch die Verständlichkeit verschiedener Sprachlaute können dadurch beeinträchtigt sein [18].
Zur Verbesserung der Symptome schließt sich in der Regel eine logopädische Therapie an, die vorrangig das Training der Zungenmuskulatur umfasst. Es handelt sich hierbei um eine myofunktionelle Therapie, die sog. mundmotorische Übungen beinhaltet. Diese Übungen zielen

darauf ab die Muskelkraft so zu steigern, dass ein physiologisches Schluckmuster bzw. eine physiologische Artikulation ermöglicht wird (z.B. [18]).
In der Literatur werden zahlreiche Übungen und Konzepte vorgeschlagen, wie z.B. das Heidelberger Gruppenkonzept für myofunktionelle Störungen (GRUMS) [19], die Padovan-Methode [21] oder die klassische Myofunktionelle Therapie nach Garliner [15] oder Kittel [18]. Letztere bietet u.a. verschiedene Übungen speziell für den Bereich der Zunge an. Die Zunge ist ein wichtiges an der Artikulation beteiligtes Instrument (siehe Abschnitt 1.1). Während des Sprechens muss die Zunge im kontinuierlichen Ablauf verschiedene Artikulationsorte erreichen. Eine günstige Voraussetzung für die Kräftigung der Zungenmuskulatur sind eine gute mundmotorische Geschicklichkeit und Beweglichkeit, welche z.B. durch oralperzeptive stereognostische Spiele gefördert werden können [7]. Zur direkten Verbesserung der Zungenmuskelkraft wird in der Regel erst die Zungenruhelage trainiert. Die physiologische Ruhelage der vorderen Zungenpartie befindet sich direkt hinter den oberen Schneidezähnen am Alveolarrand, d.h. an der Papilla Incisiva (dem vorderen harten Gaumen) [13]. Der Patient lernt in der Therapie die Zunge für einen immer längeren Zeitraum am richtigen Platz zu halten, bis sich dieser Vorgang automatisiert. Weitere Übungen mit dem Ziel der Steigerung der für das Schlucken und die Artikulation relevanten Zungenmuskulatur sind z.B. das Zähne zählen, das langsame Kreisen der Zunge über die Außenseite der Zähne sowie das abwechselnde strecken der Zunge in Richtung Nase, Kinn und Ohren. Auch Übungen gegen Widerstand, z.B. mit einem Spatel, werden eingesetzt, um die gesamte Muskulatur trainieren zu können. Eine große Rolle für das Erlangen eines physiologischen Schluckmusters spielen auch Ansaugübungen. Beim Schlucken formen die Zungenränder eine Schüssel, in welcher der Bolus durch ellipsenförmiges Andrücken des Zungenvorder- und mittelteils an den Gaumen nach hinten transportiert wird [6]. Bei den Ansaugübungen handelt es sich meistens um Übungen, bei denen durch die Kräftigung der Muskulatur der Zungenmitte sowie der Zungenränder auch der für das Schlucken erforderliche Unterdruck erzeugt wird [18]. Ein Fehlschlag des physiologischen Schluckvorgangs kann u.a. auch mit der geringeren Hebung des Zungenrückens zusammenhängen, so dass es zu einem vorzeitigen Bolusverlust in den Pharynx kommt. Dies beobachtet man vor allem bei neurogen erworbenen Schluckstörungen [24]. Ansaugübungen und gezielte Übungen zur Stärkung der Zungenrückenmuskulatur können helfen die Symptomatik zu verbessern. Dazu gehören z. B. Übungen, bei denen die Zunge für längere Zeit in der Position des Lautes [k] oder [g] gehalten werden soll [17].
Die Wirksamkeit einer Therapie mit mundmotorischen Übungen setzt ein regelmäßiges konsequentes Beüben der Zungenmuskulatur im häuslichen Umfeld über die üblichen 1-2 Therapieeinheiten pro Woche in der Praxis hinaus voraus [25]. Dies verlangt gerade Schulkindern und Eltern eine hohe Motivation ab. Darüber hinaus ist es wichtig, dass die Übungen korrekt durchgeführt werden, um nicht durch wiederholtes inkorrektes Üben eine Fehleinstellung der Zungenmuskulatur und Zungenbeweglichkeit zu trainieren. Da viele Übungen innerhalb des Mundes realisiert werden, ist es für den behandelnden Therapeuten und die Eltern eher schwierig Rückmeldung über die Richtigkeit der Übungsausführung und somit das Kind durch verbales Feedback oder andere Weise zu belohnen, da die Einsicht in das Innere des Mundes während der Übungen eingeschränkt sein kann. Aus den genannten Gründen ist eine sich aus oben beschriebenem Material ergebende Übung in zwei verschiedenen Modi zur Verbesserung der Geschicklichkeit sowie der Kräftigung der Zungenmuskulatur mit der im Folgenden beschriebenen Technik umgesetzt worden.

1.3 Optopalatographie

Zur Stärkung der Eigenmotivation und zur verbesserten Kontrolle der Ausführung der Übungen zur Steigerung der Zungenkraft wurde im Rahmen dieses Projektes mithilfe der Technik der Optopalatographie ein Serious Game entwickelt, das Kinder beim Training der Zungenmuskulatur unterstützt. Die OPG ist eine minimal-invasive Methode zur Messung des Abstands zwischen Zunge und hartem Gaumen. Sie nutzt hierzu eine an den Probanden angepasste dünne ($\leq 0.5\,\mathrm{mm}$) Gaumenplatte, die mit mehreren optischen Abstandssensoren bestückt wird. Jeder dieser optischen Sensoren besteht aus einer Infrarot-LED und einem Phototransistor. Während einer Messung senden die LEDs nacheinander einen engen Strahl Infrarotlicht aus, der von der Oberfläche der Zunge unterhalb des harten Gaumens reflektiert wird. Der jeweilige Phototransistor wandelt das reflektierte Licht durch eine Detektorschaltung in eine Spannung, die monoton mit der Intensität und damit dem Abstand der reflektierenden Zungenoberfläche variiert (s. Abb. 1). Chuang und Wang [11] präsentierten 1978 das erste Design eines OPG-Systems. Das Prinzip wurde von Fletcher et al. in den 80er Jahren [14] und von Wrench et al. [26, 27] in den 90ern weiterentwickelt. Die Technik wird in der Regel zur Erkennung von Sprachlauten bzw. zur Erkennung der Zungenbewegung bei unterschiedlichen Sprachlauten eingesetzt. Ziel der Entwicklung und Verwendung dieser Technik ist ähnlich wie bei der Elektropalatographie (für eine Übersicht siehe [16]) und der kombinierten EPG und OPG [9] der Einsatz in der Sprechdiagnostik und -therapie bei Patienten mit sowohl Sprech- als auch Schluckstörungen.

1.4 Serious Games

Der Begriff Serious Games beschreibt eine Klasse von (zumeist Video- und Computer-) Spielen, die neben dem Zweck der reinen Unterhaltung weitere Ziele, wie etwa Bildung, Erziehung oder Therapie des Spielers, verfolgen. Die eigentlichen Ziele werden dabei aber im Gegensatz zu klassischer Therapie- oder Bildungssoftware durch die unterhaltsam spielerische Präsentation mehr oder weniger stark maskiert und sollen vom Spieler unbewusst erreicht werden. Serious Games existieren vor allem im Kontext politischer (z.B. [2, 3]) und technischer oder sozialer Bildung (z.B. [5, 4]), aber auch im medizinischen Bereich halten sie zunehmend Einzug (z.B. [20]). Ein großer Vorteil von Serious Games in der medizinischen Therapie gegenüber klassischen Biofeedbackverfahren ist die leichte Zugänglichkeit. Die spielerische Herangehensweise verspricht eine höhere Motivation und eine größere Übungsbereitschaft vor allem für junge Patienten.

2 Methode

Der von uns entwickelte Prototyp eines OPG-Systems verfügt über fünf optische Sensoren entlang der Mittellinie des harten Gaumens und ist in der Lage, in Echtzeit ein OPG mit einer Framerate von 100 Hz aufzunehmen [10, 8, 22] (s. Abb. 1).

Die fünf so gewonnenen Punkte entlang der Zungenkontur im vorderen Teil der Mundhöhle konnten außerdem mittels multilinearer Regression durch weitere Punkte im hinteren Bereich der Mundhöhle zu einer vollständigen Beschreibung der mediosagittalen Zungenkontur erweitert werden, die in einem zweidimensionalen Animationsmodell dargestellt wird [23]. Diese Technik wurde nun als Grundlage in ein Serious Game als Biofeedback-Verfahren für Kinder zur Unterstützung der myofunktionellen Therapie integriert.

Das Spiel ist mithilfe des Frameworks wxWidgets 2.8 [1] in der Programmiersprache C++ entwickelt worden. Im Wesentlichen besteht es aus zwei Ansichten, zwischen denen jederzeit gewechselt werden kann: dem Echtzeit-Vokaltraktfeedback (s. Abb. 2 (a)) und dem eigentlichen

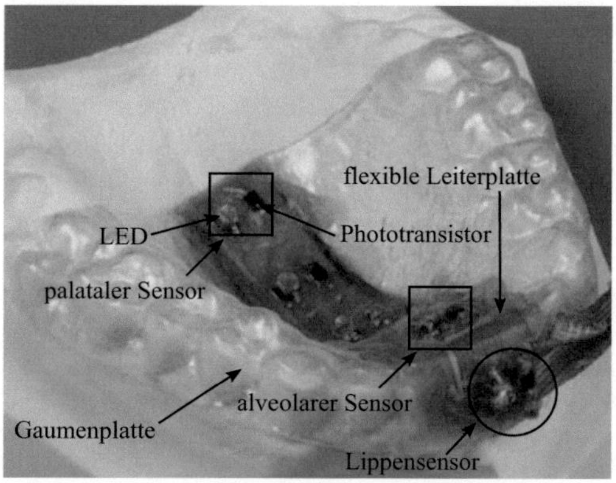

Abbildung 1 - Gaumenplatte mit optischen Abstandssensoren des von uns entwickelten OPG-Systems.

Spielbildschirm (s. Abb. 2 (b)).

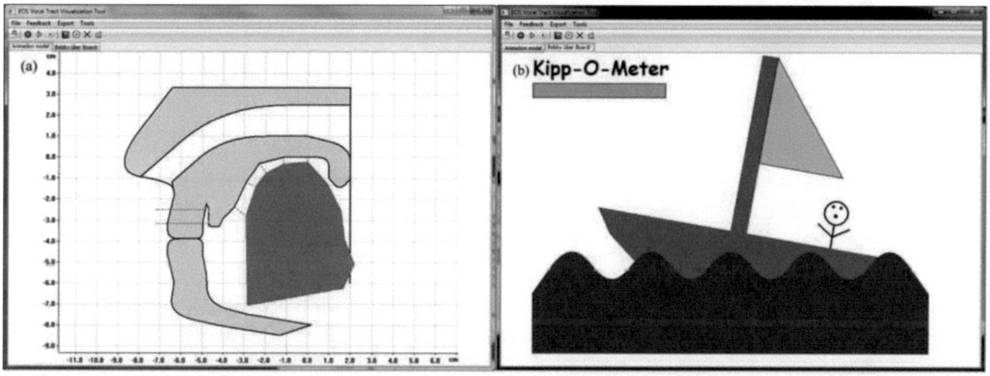

Abbildung 2 - (a) Ansicht des Echtzeit-Vokaltraktfeedbacks (b) Hauptspielbildschirm.

Das Vokaltraktfeedback ist in erster Linie als "Expertenansicht" an den Therapeuten gerichtet und zeigt die durch multilineare Regression erweiterte Zungenkontur und die Lippenöffnung in Echtzeit mit einer maximalen Framerate von 100 Hz (vgl. [23]). In dieser Ansicht kann der Therapeut die Zungenbewegungen des Spielers beobachten und so einen korrekten Übungsverlauf sicherstellen.

Der eigentliche Hauptbildschirm, die Spielansicht, zeigt ein geschlechtsneutrales Strichmännchen auf einem simplifizierten Segelboot auf hoher See. Nach Start des Spiels beginnt das Boot sich zu neigen und droht zu kippen. Durch aufgeregter werdende Mimik und Gestik des Strichmännchens und durch einen Farbbalken (das "Kipp-O-Meter", das sich je nach Neigungswinkel von grün über gelb zu rot verfärbt) wird eine alarmierende Situation erzeugt und der Spieler zum Einschreiten animiert. Tut er dies nicht, erreicht das Boot nach einiger Zeit einen kritischen Neigungswinkel von 35° und gilt damit als gekentert (Spiel ist beendet). Dabei unterscheidet das Spiel zwei Modi: den Geschicklichkeitsmodus und den Ausdauermodus.

Beiden Modi gemein ist die Art und Weise der Steuerung des Spiels: Um das Boot vorm Kentern zu bewahren, muss der Spieler eine von zwei Zungenpositionen einnehmen, die durch das

OPG-System erfasst wird. Neigt sich das Boot nach links herunter, muss die Zunge nahe an den alveolaren Sensor gebracht werden (z.B. durch die Artikulationsstellung für [t]), um das Boot zu stützen. Bei einer Neigung nach rechts muss die Zunge dem palatalen Sensor angenähert werden (z.B. durch die Artikulationsstellung für [k], vgl. Abb. 1 und Abb. 3).

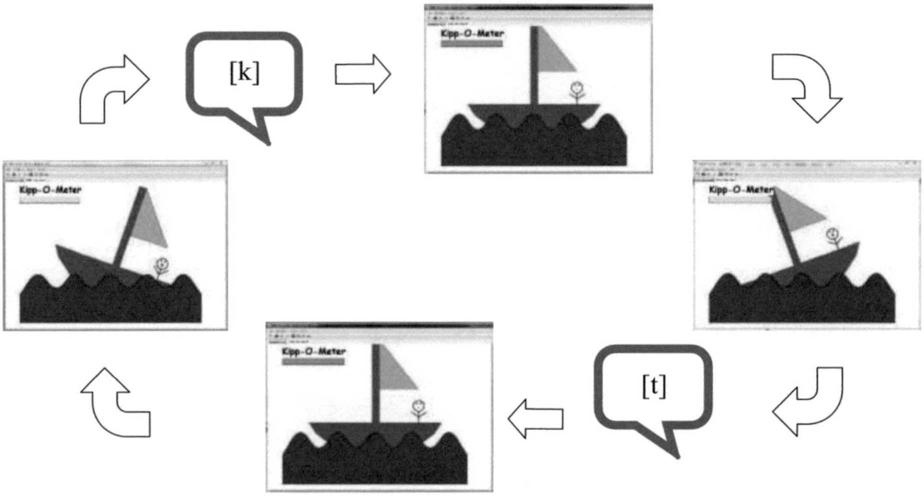

Abbildung 3 - Grundprinzip des Spiels in beiden Modi: Das Boot droht zu kentern und muss durch rechtzeitiges Einnehmen einer bestimmten Zungenposition wieder horizontal ausgerichtet werden.

Im Geschicklichkeitsmodus dreht das Boot sich nun wieder in die Ruhelage, solange der Spieler die richtige Zungenposition hält. Anschließend beginnt das Spiel wieder von vorne. Bei schneller Reaktion des Spielers, wenn er also bereits bei kleinen Neigungswinkeln erfolgreich einschreitet, ist die Haltezeit der Zungenpositionen relativ gering. Trainiert wird allerdings das schnelle Anfahren definierter Punkte am Gaumen mit der Zunge, also die Mobilität der Zunge. Im Ausdauermodus dagegen wird das Boot nach Erkennung der korrekten Zungenposition in seiner aktuellen Position für eine wählbare Zeit gehalten, solange die Zungenposition ebenfalls aufrecht erhalten wird. Damit ist unabhängig von der Reaktionszeit des Spielers eine definierte Haltezeit für jede Übung möglich, womit gezielt die Ausdauer der Zungenmuskulatur gestärkt werden soll. Bei jedem Spielstart kann zwischen den beiden Modi frei gewählt und ggf. die Haltezeit für [t] und [k] unabhängig voneinander angegeben werden. Damit lässt sich die auch für gesunde Sprecher schwer über längere Zeit haltbare Position des [k] kürzer fordern. Im Kontext der in Abschnitt 1.2 beschriebenen in der Therapie etablierten Übungen eignet sich der Ausdauermodus also besonders eine Therapie nach Kittel [18] zu unterstützen, indem stufenweise und erfolgsabhängig die Haltezeiten erhöht werden. Der Geschicklichkeitsmodus kann, wie in Abschnitt 1.2 beschrieben, die als günstige Voraussetzung angesehene Geschicklichkeit und Beweglichkeit der Zunge fördern oder nach erfolgreichem Aufbau der Zungenkraft zum Erhaltungstraining und zur für den Benutzer unterhaltsamen Fertigkeitsprobe angeschlossen werden.

3 Diskussion und Aussicht

Im Rahmen des vorliegenden Projekts wurde ein Serious Game entwickelt, das einen Patienten bei mundmotorischen Übungen, besonders bei der Stärkung der Zungenmuskulatur, unterstützt. Das Spiel nutzt ein in [23] vorgestelltes durch multilineare Regression erweitertes OPG-System als Eingabemethode zur Steuerung mit der Zunge.
Es handelt sich bei dem Serious Game um ein noch nicht evaluiertes Verfahren, so dass die therapeutische Wirksamkeit dieses Spiels auf die Zungenmuskulatur und weiterführend auf das Schluck- und Sprechverhalten nicht nachgewiesen und dementsprechend ausschließlich vermutet werden kann. Aus der Literatur heraus ergibt sich allerdings die Hypothese, dass die Technik kombiniert mit dem Serious Game sowohl zur Stärkung der Motivation [12] als auch der Zungenmuskulatur beiträgt. Dieser Hypothese kann durch zukünftige Einzelfalluntersuchungen im Rahmen einer therapeutischen Indikation nachgegangen werden. Auch die Benutzerfreundlichkeit sollte an Eltern und Kindern überprüft werden. Zum jetzigen Zeitpunkt ist auch noch nicht hinreichend geklärt, in welcher Altersstufe das Spiel eingesetzt werden kann, d.h. es ist fraglich ab welchem Alter das Spiel verstanden und durchgeführt werden kann und bis zu welchem Alter das Spiel die Motivation zu mundmotorischen Übungen fördert. Dies soll ebenfalls durch Befragung verschiedener Einzelfälle evaluiert werden. Dabei muss sich auch die Gebrauchstauglichkeit der Hardware in der Praxis und in den Händen von fachlich unkundigen Nutzern beweisen. Auch die Kosten für die Anpassung einer für das Spiel notwendigen Gaumenplatte müssen einkalkuliert und deren Verhältnis zum Therapiegewinn abgewogen werden. An einer kostengünstigen Variante des OPG-Systems, dass keine angepasste Gaumenplatte benötigt, wird derzeit gearbeitet. Neben der Notwendigkeit der Evaluation des Spiels an Kindern verschiedener Altersgruppen bietet das Spiel viele weitere Möglichkeiten. Die graphische Oberfläche ist weiterhin ausbaubar. Sie könnte zur möglichen weiteren Steigerung der Motivation auch unterschiedliche für Kinder interessante Themen anbieten. So könnte das Boot zum Beispiel als Piratenboot texturiert oder das gleiche Spielprinzip durch eine Prinzessin in einem schwankenden Turm umgesetzt werden. Der Schwierigkeitsgrad und die Haltezeiten im Ausdauermodus könnten zudem dynamisch an die Geschicklichkeit des Spielers angepasst werden um ihn stets im richtigen Maße zu fordern. Der Bildschirm des Vokaltraktfeedbacks könnte außerdem in ein eigenes Fenster verlagert werden, so dass der Therapeut gleichzeitig zum Spiel, etwa auf einem zweiten Bildschirm, die Zungenbewegung überwachen könnte. Eine Funktion zum Datenexport (Gesamtspielzeit, Zeit pro Spielsitzung, Erfolgsquote, Anzahl der Niederlagen, rohe OPG-Daten etc.) würde eine ausgiebige Analyse der Nutzungsgewohnheiten für die Weiterentwicklung des Systems erleichtern und den Therapeuten bei der Übungsbetreuung unterstützen.

Literatur

[1] *wxWidgets - Cross-Platform GUI Library*. `http://www.wxwidgets.org`. [Online; abgerufen 14-Januar-2014].

[2] *Democracy. Poitech Games*. `http://www.positech.co.uk/democracy/`, 2005. [Online; abgerufen 22-Oktober-2013].

[3] *Global Conflict: Palestine. Serious Games Interactive*. `http://www.globalconflicts.eu/`, 2007. [Online; abgerufen 22-Oktober-2013].

[4] *FloodSim. Plygen*. `http://playgen.com/play/floodsim/`, 2008. [Online; abgerufen 22-Oktober-2013].

[5] *Microsoft Flight. Microsoft Studios.* `http://www.microsoft.com/games/flight/`, 2012. [Online; abgerufen 22-Oktober-2013].

[6] BARTOLOME, G., D. BUCHHOLZ, H. FEUSSNER, C. HANNIG, S. NEUMANN, C. PEHL, M. PROSIEGEL, A. WUTTGE-HANNIG und H. SCHRÖTER-MORASCH (HRSG.): *Schluckstörungen: Diagnostik und Rehabilitation*. Elsevier, Urban und Fischer, München, 4 Aufl., 2010.

[7] BIGENZAHN, W.: *Orofaziale Dysfunktionen im Kindesalter*. Georg Thieme Verlag, Stuttgart, 1995.

[8] BIRKHOLZ, P., P. DAECHERT und C. NEUSCHAEFER-RUBE: *Advances in combined electro-optical palatography*. In: *Proc. of Interspeech*, Portland, Oregon, USA, 2012.

[9] BIRKHOLZ, P. und C. NEUSCHAEFER-RUBE: *Combined optical distance sensing and electropalatography to measure articulation*. In: *Proc. of Interspeech*, S. 285–288, Florence, Italy, 2011.

[10] BIRKHOLZ, P. und C. NEUSCHAEFER-RUBE: *A new artificial palate design for the optical measurement of tongue and lip movements*. In: WOLFF, M. (Hrsg.): *Studientexte zur Sprachkommunikation: Elektronische Sprachsignalverarbeitung 2012*, Dresden, Germany, 2012. TUDPress.

[11] CHUANG, C. und W. WANG: *Use of optical distance sensing to track tongue motion*. Journal of Speech and Hearing Research, 21:482–496, 1978.

[12] EGENFELDT-NIELSEN, S.: *Overview of research on the educational use of video games*. Digital Kompetanse, 3(1):184–213, 2006.

[13] FISCHER-VOOSHOLZ, M. und U. SPENTHOF: *Orofaziale Muskelfunktionsstörungen: Klinik, Diagnostik, ganzheitliche Therapie*. Springer Verlag, Berlin, 2002.

[14] FLETCHER, S., M. MCCUTCHEON, S. SMITH und W. SMITH: *Glossometric measurements in vowel production and modification*. Clinical Linguistics and Phonetics, 3(4):359–375, 1989.

[15] GARLINER, D.: *Myofunktionelle Therapie in der Praxis*. Karl F. Haug Fachbuchverlag, Heidelberg, 1989.

[16] HARDCASTLE, W., W. JONES, C. KNIGHT, A. TRUDGENO und G. CALDER: *New developments in electropalatography. A state-of-the-art report*. Clinical Linguistics and Phonetics, 3(1):1–38, 1989.

[17] HOTZENKÖCHERLE, S.: *Funktionelle Dysphagie-Therapie. Ein Übungsprogramm*. Schulz-Kirchner Verlag, Idstein, 2003.

[18] KITTEL, A. M.: *Myofunktionelle Therapie*. Schulz-Kirchner Verlag, Idstein, 2007.

[19] LLERAS, B. und L. MÜLLER: *MFT kann auch Spaß machen. GRUMS (Heidelberger Gruppenkonzept für myofunktionelle Störungen)*. Forum Logopädie, 1:11–13, 1993.

[20] NINTENDO: *Wii Fit*. `http://wiifit.com/`, 2007. [Online; abgerufen 22-Oktober-2013].

[21] PADOVAN, B.: *Die Schluckfehlfunktion*. Ortodontia, 9(1 and 2), 1976.

[22] PREUSS, S., C. NEUSCHAEFER-RUBE und P. BIRKHOLZ: *Prospects of EPG and OPG sensor fusion in pursuit of a 3D real-time representation of oral cavity*. In: WOLFF, M. (Hrsg.): *Studientexte zur Sprachkommunikation: Elektronische Sprachsignalverarbeitung 2013*, Dresden, Germany, 2013. TUDPress.

[23] PREUSS, S., C. NEUSCHAEFER-RUBE und P. BIRKHOLZ: *Real-time control of a 2D animation model of the vocal tract using optopalatography*. In: *Proc. of Interspeech*, Lyon, France, 2013.

[24] PROSIEGEL, M. und S. WEBER: *Dysphagie. Diagnostik und Therapie. Ein Wegweiser für kompetentes Handeln*. Springer Verlag, Heidelberg, 2010.

[25] WENDLANDT, W.: *Sprachstörungen im Kindesalter: Materialien zur Früherkennung und Beratung*. Thieme, Stuttgart, 2010.

[26] WRENCH, A., A. MCINTOSH und W. HARDCASTLE: *Optopalatograph (OPG): A New Apparatus for Speech Production Analysis*. In: *4th International Conference on Spoken Language Processing (ICSLP 1996)*, Philadelphia, PA, USA, 1996.

[27] WRENCH, A., A. MCINTOSH und W. HARDCASTLE: *Optopalatograph: Development of a Device for Measuring Tongue Movement in 3D*. In: *EUROSPEECH '97*, Rhodes, Greece, 1997.

SOM's and GSOM's in Biologically Inspired Models of Speech Processing

Bernd J. Kröger[1,2] & Mengxue Cao[3]

[1]*Neurophonetics Group, Department of Phoniatrics, Pedaudiology, and Communication Disorders, Medical School, RWTH Aachen University, Aachen, Germany*

[2]*Cognitive Computation and Applications Laboratory, School of Computer Science and Technology, Tianjin University, Tianjin, P.R.China*

[3]*Laboratory of Phonetics and Speech Science, Institute of Linguistics, Chinese Academy of Social Sciences, Beijing, China*

bernd.kroeger@rwth-aachen.de, mengxuecao@outlook.com

Abstract: Modeling speech processing in a biologically inspired way can be done by using growing self-organizing maps. But this approach is highly abstract because each "node" here represents an ensemble of "real" neurons, in our interpretation a cortical column. Moreover neural spikes trains are not modeled in this approach. Rather a mean rate of neural activation is taken as basic processing variable for each node. In this paper the concept of growing self-organized maps is reviewed and its neuroscientific relevance is discussed (i) from the viewpoint of spatial and temporal integration (cortical columns and activity rates) and (ii) from the viewpoint of basic neural principles like self-organization and associative learning in speech processing.

1 Introduction: SOMs and GSOMs

The synaptic associations between neurons are organized and modified during learning. Thus, only a part of cortical and subcortical organization is pre-determined by our DNA, while a main part of synaptic links especially at the level of the neocortex result from learning, i.e. from our daily interaction with our environment. For example during babbling the toddler learns sensorimotor associations from exploring random motor states. Later on, during imitation of speech items produced by a caretaker (teacher), the toddler may be awarded for correct or at least understandable word productions (reinforcement learning) but still in this case the learning stimuli occur in a more or less random fashion.

An interesting concept, how the neocortex may organize these learning results (this knowledge) is the concept of self-organization, resulting from non-supervised learning, where the adjustment of synaptic link weights mainly follows a "winner takes all" principle and where the adaptation of link weights is always possible even during later stages of learning (neural plasticity). A quantitative concept called "self-organizing maps" (SOMs), also known as self-organizing feature maps was introduced by Kohonen [1-4]. Here, the self-organizing map in most cases is realized as a 2D map, which could be interpreted as a highly abstract representation of a cortical neural map. These maps highlight features, inherent to the training items by a specific spatial ordering of states; e.g. vocalic states are ordered with respect to phonetic dimensions like high-low or front-back; e.g. consonantal states are ordered with respect to phonetic features like place and manner of articulation [5]. Self-organizing maps can be seen as a nonlinear generalization of principal component analysis. Competitive learning ("winner takes all" principle) is a further important characteristic for the adjustment of link weights between a self-organizing map and its input/output maps [5].

A first main shortcoming of the concept of self-organizing maps may be its simplicity. In these days, most computational or theoretical neuroscientists use spiking neuron approaches (e.g. [6]), where the temporal resolution is high (i.e. at the level of 1 ms) and where each model neuron is assumed to represent a biological one (i.e. high spatial resolution). Moreover the detailed spiking behavior of single neurons as well as the spike-train behavior of neuron groups is modeled. In contrast, the concept of self-organizing maps, which already has been developed during the 70th and 80th of the last century, is different. Here "model neurons" or "nodes" represent a whole ensemble of cortical neurons. Nodes are used as central processing units and even neural activity is accumulated over time intervals (one processing step here may represent 20 to 50 ms intervals). Thus, self-organizing maps belong to the group of *activation rate models*. But it will be shown below that activation rate models and the concept of "activation rates" as well as of "model neurons", representing an ensemble of neighboring biological neurons, can be interpreted quite concrete in biological terms [7].

A further shortcoming of the concept of self-organizing maps may be that the number of model neurons for the self-organizing map needs to be predefined, which is biologically implausible, because due to neural plasticity the number of neurons which are involved in the formation of a self-organizing map should increase during learning in relation to the increasing number of words or syllables which are learned. Thus, algorithms for training of *growing* self-organizing maps (GSOMs) have been developed and it has been shown that GSOMs have advantages in performance with respect to learning effort and feature representation [8].

2 Biological Inspiration: Spatial Aspects

We hypothesize that each computational "node" within a 2D-self-organizing map represents one or more (neighboring) cortical columns, because the ordering of features occurring in SOMs and GSOMs are found as well in cortical maps (see also [25-29] in section 4 of this paper). The concept of cortical columns introduced in 1957 by Mountcastle [9] has become a very attractive concept for combining functional and anatomical aspects of the neocortex (for a review see [10, 11]). Cortical columns here are defined as "basic information processing elements of the cortex, with each column being responsible for analyzing a small range of stimuli" ([11], p.7). Beyond this definition, which is focusing on sensory cortex (i.e. parts of the cortex analyzing somatosensory cortex [9], visual cortex [12], or auditory cortex [13, 14]), cortical columns have been found within motor cortex [15, 16] as well as within higher level supra- or hypermodal and cognitive cortex regions [17].

In cortical columns, cortical layer 4 processes the input signal and the signal is forwarded to output layers 2 and 3 by pyramidal cells [18]. Furthermore, columnar neural activity is processed vertically (i.e. within a cortical column) by pyramidal cells in deep layers 5 and 6. Inhibitory lateral (i.e. horizontal) cortical connections with other cortical columns within a cortical map are established by interneurons, occurring within all cortical layers. In addition some short range excitatory horizontal connections are formed by the neurons of layer 4 (see [11], p. 7).

But the concept of cortical columns has been critically reviewed by other researchers with respect to anatomical aspects [19] as well as with respect to functional aspects [20]. One argument is the failure of finding discrete boundaries between columns in many cases, but the fact of strong vertical connectivity and the fact of existence of input as well as output function, to our opinion are sufficient as biological arguments for the concept of 2D-cortical maps composed of "nodes" or "model neurons". In addition, a horizontal connectivity within one as well as from cortical column to other cortical columns has been reported [11]. Within a cortical column, excitatory synaptic links can be assumed as well from the viewpoint of "model neurons" in order to strengthen their activity, while synaptic connections towards neighboring columns (neighboring model neurons) are mainly inhibitory form the viewpoint of self-organizing maps in order to underpin the winner takes all principle (lateral inhibition [3], pp. 177ff).

3 Biological Inspiration: Temporal Aspects

While spiking neuron models are capable of generating complex spike trains at the level of a millisecond time scale, time representation is raw in neurocomputational *rate models* like self-organizing and growing self-organizing maps. In the case of rate models the network and its synaptic link weight values develop and/or change one time for each training steps. Therefore, each training step represents one time step. Here an input stimulus is modeled by a specific activation pattern of input neurons, which may result in a sum of spikes representing the brain activity related to that input stimulus. The resulting change in link weights between input layer and self-organizing map is influenced mainly by the fact whether a stimulus is awarded or not, and thus the time window for stimulus activation and for the adaptation of synaptic link weights with respect to a stimulus may last one or more seconds [21]. Thus time is not represented *directly* within this network. Only a temporal succession of training items (training stimuli) and a co-occurring temporal succession of changes of synaptic link weights is modeled.

After learning, if the model is producing or perceiving a speech item (production or perception mode of the network), a rate network can be used for calculating activation patterns at the input level from winner neuron activation at the level of the self-organizing map. But here as well no specific modeling of temporal aspects occurs. Here, each time step is used to activate a SOM or GSOM neuron and subsequently a specific neural activation pattern of a whole syllable or word [5]. If stimuli have an intrinsic temporal representation, this intrinsic time is an inherent part of the neural input or output representation. A sequence of time intervals is coded by a (spatial) sequence of model neurons as it may occur in working memory (see our definition of neural representation of auditory states or spectrograms and our neural representation of motor plans [22]).

Here the *multilayer Hebbian-learning model* of Garagnani et al. [7], leading to "Hebbian neuronal circuits" as highly specific functional units, offers a neurobiologically more realistic perspective for modeling sensorimotor aspects of syllables and words. This multilayer Hebbian-learning model especially takes into account important neural functional principles (e.g. neural excitation and inhibition and thus long-term potentiation (LTP) and long-term depression (LTD)) in a less abstract, i.e. in a neurobiologically more realistic way as it is done in SOM or GSOM theory.

Last but not least *recurrent neural networks* (rate based or spiking based) could bring more neurobiological realism as well, because temporal features of sensory or motor stimuli can be coded here intrinsically (intrinsic time representation [23, 24]).

4 Neural Self-Organization, Neural Plasticity, and Associative Learning

A major argument for biological realism of topology preserving cortical maps in speech processing comes from studies which prove spatial ordering e.g. of phonetic features for vowels as well as for consonants [25-29]. These topological aspects of speech sound ordering with respect to phonetic sound features can be modelled using self-organizing maps [5, 30]. Moreover it has been shown that words can be organized very effectively with respect to their semantic features by using self-organizing maps [31, 32]. The resulting self-organizing phonetic as well as semantic maps vary locally during training due to the influence of new learning items and thus show plasticity [33]. Even in the case of lower-level sensor maps – reflecting tonotopy, retinotopy as well as somatotopy – neural plasticity can be modelled by using self-organizing maps [34]. This feature of cortical topology preservation at high supra- or hypermodal levels cannot be modelled currently by spiking neuron models.

Associative learning is one of our major learning principles and can be modelled by SOMs and GSOMs if we do not take input training items just from one input domain – as is usually done in the case of Kohonen's SOMs and in the case of most GSOM applications – but from *two or more input domains*, e.g. auditory, somatosensory and motor domain in parallel in the case of speech processing [5]. In early phases of speech acquisition like babbling, this leads to an association of motor with sensory states. Later on during imitation training this leads to an association of sensorimotor states with phonemic states [5]. Thus, SOMs as well as GSOMs not just lead to an ordering of states with respect to phonetic or semantic features (in case of speech processing) but it occurs as well as an association of auditory, somatosensory, motor, and phonemic representations at the level of the phonetic map. This main feature, i.e. the capability of associating states from sensory and motor domains is a further argument for the biological plausibility of SOMs and GSOMs, because no spiking neuron model exists, which clearly indicates this feature.

In the case of spiking neuron models, a first approach is available to model learning of associations between sensory or motor stimuli and their reward, if these stimuli are rewarded in a communication situation. Reinforcement learning can be modelled here by associating a sensory or motor stimulus with a reward stimulus [35, 36]. This method is not directly comparable to the situation of a direct association of auditory and motor states as described above for SOMs and GSOMs, but gives a deep insight in behaviour of long-term potentiation (LTP) as well as long-term depression (LTD) resulting from spike-timing-dependent plasticity (STDP) of synaptic connections as well as resulting from dopamine modulations, where the later modulation is mainly responsible for long-term effects with respect to associating a motor or sensory state with a reward stimulus.

5 Discussion and Conclusions

If the goal is the development of a large-scale model for speech acquisition, speech production, and speech perception, rate models like SOMs or GSOMs seem to be a reasonable solution. But its neurobiological plausibility is questionable because of its high degree of abstraction. These models are in a way abstract because (i) they use abstract "model neurons" (or "nodes"), because (ii) no specific inherent time representation is given, and because (iii) no explicit modelling of neural inhibition is done. But these models are capable to represent sensory input and motor output in a reasonable way and are capable to learn and store sensorimotor skills (speech action repository [5, 30]) as well as lexical knowledge (e.g. semantic knowledge [31-33]). They are abstract but could be interpreted carefully as biologically motivated to a specific degree, because they incorporate important neurofunctional principles like self-organization, associative learning, Hebbian learning, adaptation, and neural plasticity.

Currently there still seems to be a huge gap for replacing these self-organizing map models by large-scale spiking neuron models. First approaches are still available [24, 36] but these approaches are still far away from modelling the complex interactions between speech learning (acquisition), speech production, and speech perception as it is already possible by using neural rate models, especially SOM- and GSOM-based neural models.

Literature

[1] Kohonen T (1982) Self-organized formation of topologgically corect feature maps. Biological Cybernetics 43, 59-69

[2] Kohonen T (1990) The self-organizing map. Proceedings of the IEEE 78, 1464-1480

[3] Kohonen T (2001) Self-Organizing Maps (Springer, 3rd edition)

[4] Kohonen T, 2013. Essentials of the self-organizing map. Neural Networks 37, 52-65

[5] Kröger BJ, Kannampuzha J, Neuschaefer-Rube C (2009) Towards a neurocomputational model of speech production and perception. Speech Communication 51, 793-809

[6] Kasabov N (2010) To spike or not to spike: A probabilistic spiking neuron model. Neural Networks 23, 16-19

[7] Garagnani M, Wennekers T, Pulvermüller F (2008) A neuroanatomically grounded Hebbian-learning model of attention-language interactions in the human brain. European Journal of Neuroscience 27, 492-513

[8] Alahakoon D, Halgamuge SK, Sirinivasan B (2000) Dynamic self-organizing maps with controlled growth for knowledge discovery. IEEE Transactions on Neural Networks 11, 601-614

[9] Mountcastle VB (1957) Modality and topographic properties of single neurons of cat's somatic sensory cortex. Journal of Neurophysiology 20, 408-434

[10] Mountcastle VB (1997) The columnar organization of the neocortex. Brain 120, 701-722

[11] Goodhill GJ, Carreira-Perpinan MA (2002) Cortical columns. In: Encyclodedia of Cognitive Science (John Wiley & Sons Ltd.) URL: http://onlinelibrary.wiley.com/doi/10.1002/0470018860.s00356/abstract

[12] Hubel DH, Wiesel TN (1977) Functional architecture of the macaque monkey visual cortex. Proceedings of the Royal Society of London B 198, 1-59

[13] Schreiner CE (1995) Order and disorder in auditory cortical maps. Current Opinion in Neurobiology 5, 489-496

[14] Schreiner CE, Winer JA (2007) Auditory cortex mapmaking: principles, projections, and plasticity. Neuron 56, 356-365

[15] Asanuma H (1975) Recent developments in the study of the columnar arrangement of neurons within the motor cortex. Physiological Reviews 55, 143-156

[16] Hatsopoulos NG (2010) Columnar organization in the motor cortex. Cortex 46, 270-271

[17] Silver MA, Kastner S (2009) Topographic maps in human frontal and parietal cortex. Trends in Cognitive Sciences 13, 488-495

[18] Mumford D (1992) On the computational architecture of the neocortex. II: the role of cortico-cortical loops. Biological Cybernetics 66, 241-251

[19] da Costa NM, Kevan KAC (2010) Whose cortical column would that be? Frontiers in Neuroanatomy DOI: 10.3389/fnana.2010.00016

[20] Horton JC, Adams DL (2005) The cortical column: a structure without a function. Philosophical Transactions of the Royal Society B 360, 837-862

[21] Izhikevich EM (2007) Solving the distal reward problem through linkage of STDP and dopamine signaling. Cerebral cortex 17, 2443-2452

[22] Kannampuzha J, Eckers C, Kröger BJ (2011) Training einer sich selbst organisierenden Karte im neurobiologischen Sprachverarbeitungsmodell MSYL. In: Kröger BJ, Birkholz P (eds.) Studientexte zur Sprachkommunikation: Elektronische Sprachsignalverarbeitung 2011 (TUDpress, Dresden, Germany), pp. 154-163

[23] Lazar A, Pipa G, Triesch J (2009) SORN: a self-organizing recurrent neural network. Frontiers in Computational Neuroscience 3(23) doi:10.3389/neuro.10.023.2009

[24] Kiebel S, Yildiz B (2012) How does the brain recognize speech? Modelling using hierarchical recurrent neural networks. In: Wolff M (ed.) Studientexte zur Sprach-

kommunikation: Elektronische Sprachsignalverarbeitung 2012 (TUDpress, Dresden, Germany), pp. 96-103
[25] Obleser J, Lahiri A, Eulitz C (2004) Magnetic brain response mirrors extraction of phonological features from spoken vowels. Journal of Cognitive Neuroscience 11, 31-39
[26] Shestakova A, Brattico E, Soloviev A, Klucharev V, Huotilainen M (2004) Orderly cortical representation of vowel categories presented by multiple exemplars. Cognitive Brain Research 21, 342-350
[27] Obleser J, Boecker H, Drzezga A, Haslinger B, Hennenlotter A, Roettinger M, Eulitz C, Rauschecker JP (2006). Vowel sound extraction in anterior superior temporal cortex. Human Brain Mapping 27, 562-571
[28] Obleser J, Leaver A, Van Meter J, Rauschecker JP (2010) Segregation of vowels and consonants in human auditory cortex: Evidence for distributed hierarchical organization. Frontiers in Psychology 1. doi:10.3389/fpsyg.2010.00232.
[29] Scharinger M, Isardi WJ, Poe S (2011) A comprehensive three-dimensional cortical map of vowel space. Journal of Cognitive Neuroscience 23, 3972-3982
[30] Kröger BJ, Birkholz P, Kannampuzha J, Kaufmann E, Neuschaefer-Rube C (2011) Towards the acquisition of a sensorimotor vocal tract action repository within a neural model of speech processing. In: Esposito A, Vinciarelli A, Vicsi K, Pelachaud C, Nijholt A (eds.) Analysis of Verbal and Nonverbal Communication and Enactment: The Processing Issues. LNCS 6800 (Springer, Berlin), pp. 287-293
[31] Ritter H, Kohonen T (1989) Self-organizing maps. Biological Cybernetics 61, 241-254
[32] Li P. Farkas I, MacWhinney B (2004) Early lexical development in a self-organizing neural network. Neural Networks 17, 1345-1362
[33] Cao M, Li A, Fang Q, Kröger BJ (2013) Growing self-organizing map approach for semantic acquisition modeling. Proceedings of of 4th IEEE Conference on Cognitive Infocommunications.
[34] Ritter H, Schulten K (1986) On the stationary state of Kohonen's self-organizing sensory mapping. Biological Cybernetics 54, 99-106
[35] Izhikevich EM (2007) Solving the distal reward problem through linkage of STDP and dopamine signaling. Cerebral Cortex 17, 2443-2452
[36] Warlaumont AS (2012) A spiking neural network model of canonical babbling development. Proceedings of the 2012 IEEE International Conference on Development and Learning and Epigenetic Robotics (ICDL). DOI: 10.1109/DevLrn.2012.6400842

Modeling Speech Processing Using NENGO: First Steps

Bernd J. Kröger[1,2]

[1]*Neurophonetics Group, Department of Phoniatrics, Pedaudiology, and Communication Disorders, Medical School, RWTH Aachen University, Aachen, Germany*

[2]*Cognitive Computation and Applications Laboratory, School of Computer Science and Technology, Tianjin University, Tianjin, P.R.China*

bernd.kroeger@rwth-aachen.de

Abstract: In our previous modeling of speech processing, SOM and GSOM approaches were used for building up a language specific syllable based speech action repository (SAR) within a neurobiologically plausible model of speech acquisition and speech processing. Because time as well as internal neural noise are not explicitly modeled in SOM and GSOM approaches, it will be difficult to simulate speech disorders in such a model. Therefore we now started using the NENGO neural simulator (http://nengo.ca/) in order to increase the neurobiological realism of our approach. It will be shown that this new approach allows modeling temporal aspects of action selection and action execution. Two examples will be given: (1) sequencing of syllable production and (2) switching between perceiving and reproducing words. Moreover the architecture of our NENGO speech processing model will be introduced and discussed in this paper.

1 Introduction: The NENGO Environment

NENGO (Neural ENGineering Objects; see http://nengo.ca/) is a neural simulation environment capable of modeling for example visual object recognition or copy drawing of manually drawn digits by performing visual perception, cognitive tasks, as well as motor tasks for controlling a two-joint arm [1, 2]. These cognitive and sensorimotor tasks are performed on the basis of a complex brain model which comprises many networks representing cortical circuits, basal ganglia, thalamus, as well as peripheral sensory processing and motor control. Each neural (sub-)network within this approach is based on spiking model neurons, mainly LIF (leaky-integrate-and-fire) neurons ([2], p. 35ff). Moreover this simulation environment comprises a cortex-basalganglia-thalamus-cortex loop capable of modeling action selection and action execution as is needed in order to simulate for example communication behavior (e.g. question-answering scenarios).

We believe that this approach is helpful for modeling speech acquisition and speech processing, because its action selection and execution mechanisms can be extended or modified for modeling speech acquisition (including face-to-face interaction between baby and caretaker; see [3]) as well as for adult speech processing (i.e. production and perception). In the next section of this paper, a preliminary architecture for speech processing is introduced. The third section of this paper describes two simulation experiments which highlight some key features of NENGO which are important for speech processing: (1) simulation of syllable sequencing and (2) simulation of action selection and execution in a listening and articulatory reproduction task.

2 The Architecture of the Speech Processing Model

A speech processing model should comprise a cognitive component (mental lexicon) as well as a sensorimotor component (speech action repository SAR and a production-perception loop, see [3-7]). It is a key feature of our ongoing work on modeling speech acqusition and speech processing that phonological representations arise during early phases of speech acquisition and are *not* predefined in the model at the beginning of speech acquisition [3]. Lexical items (semantic as well as phonological representations) as well as phonetic (i.e. hypermodal sensorimotor) representations of syllables within the speech action repository [6, 8, 9] can be represented in NENGO using the semantic pointer architecture (SPA, see [2], p. 77ff). The word "semantic" is not used in NENGO in a narrow linguistics sense. Thus, semantic pointers are not used exclusively to represent meanings of words, phrases or sentences but can represent motor states as well, e.g. motor state (motor plan) of a complete syllable or motor state (motor plan) of a target-directed hand-arm gesture, or can represent sensory states, e.g. auditory states of syllables, words or phrases, visual states, etc. Thus, a semantic pointer in NENGO can be used to describe discrete cognitive processing units as well as sensory and/or motor states (e.g. phonetic states of syllables as are defined in SAR [6, 8, 9]).

An advantage of the NENGO framework is that it connects cognitive, sensory, and motor sates. A comprehensive brain model including cognitive, sensory and motor modules, called SPAUN ([1] and [2], p. 247ff) has been developed based on NENGO. We believe that the motor system of SPAUN can be augmented by a speech motor component, i.e. by a speech articulator system, which can be implemented in parallel to the already existing manual motor component. A discussion of similarities and differences of controlling hand-arm motor system, articulator motor system and facial motor system (in face-to-face communication scenarios) is given in [10]. Moreover the perceptual system within SPAUN can be augmented by an auditory perceptual system in order to allow speech acquisition and speech perception. This auditory perceptual component can be implemented in parallel to the already existing visual perceptual component (see Figure 1).

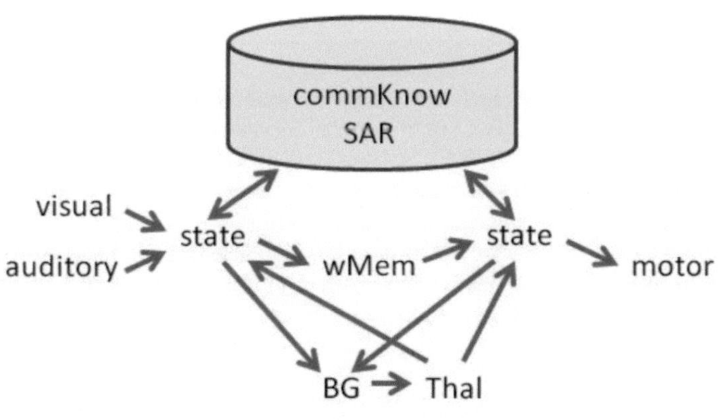

Figure 1. NENGO architecture for syllable and word processing. "commKnow" and "SAR" represent a neural long-term knowledge (communicative knowledge like mental lexicon and syllable action repository). "wMem" represents the working memory, "BG" the basal ganglia neural network, and "Thal" the thalamus neural network. Semantic pointers can be activated and processed in both state networks on the basis of audiovisual input (left state network: perceptual state network) or at the level of motor planning (right state network: action planning network; see also text).

One further advantage of SPAUN is the neurobiological representation of the cortex-basal ganglia-thalamus-cortex loop in order to model action selection and control of perception-action tasks ([2], p. 163ff). We believe that the concepts introduced by [2] for control of visual-perception-manual-action tasks are applicable in a similar way for auditory-perception-articulatory-speech-action tasks.

Sensorimotor as well as semantic knowledge concerning the production and auditory state of syllables as well as of simple (mono-syllablic) words, semantic as well as basic behavioral knowledge for face-to-face communication in speech acquisition scenarios is stored in the SAR (speech action repository) and commKnow (communicative knowledge) module in form of predefined (i.e. learned) semantic pointers (Figure 1). Syllable state pointers (for example representing the syllables "ba", "ga", "ga", …) as well as semantic pointers of communication scenarios (for example representing actions like "listen to a communication partner", "produce a syllable, word or phrase", …) can be activated at the level of the state networks (Figure 1), based on neural representations stored in long term memory and based on actual audiovisual input (for example from a communication partner / interlocutor). This information is processed in working memory as well as in the cortex-basal-ganglia-thalamus-cortex loop in order to generate and activate motor plans (right state network) and in order to directly control motor execution for articulation.

The size of the network components depends on the tasks which need to be performed. In order to fulfill the tasks discussed in the next section (syllable sequencing in speech production and control of question-answering scenarios in speech communication), the size of each cortical state network is 3000 model neurons each, the size of the visual and auditory component as well as of the motor component is 300 model neurons each. The size of the recurrent network representing the working memory is 1000 model neurons. The basal ganglia comprises 5 subnetworks with 600 model neurons each (3000 model neurons in total, see [2], p. 164ff). The thalamus is represented by a network of 750 model neurons (see [2], p. 169ff).

3 Simulation Experiments:

3.1 Sequencing of syllables

For the first simulation experiment, five syllables were activated and sequenced as "bigibadaga" (nonsense word) using the NENGO architecture described in section 2. Each syllable can be represented using a semantic pointer at the level of the state networks. The sequence of syllable production is learned in advance (stored in long-term memory) and the timing of syllable sequencing and thus the activation of syllable pointers at the level of the motor state network is generated by the cortex-basal-ganglia thalamus-cortex loop of our model. Figure 1 displays the neural activation pattern at the level of the motor network. Each syllable state is represented here by one semantic pointer.

3.2 Listening and articulatory reproduction

For the second simulation experiment, a perception period followed by a production period and so on is simulated using the NENGO architecture described in section 2. Firstly, the semantic pointers for "listening" as well as the syllable "one" were activated at about 0.3 s (arrow "perc_1" in Figure 3) at the level of the perceptual state network (left side in Figure 1). These semantic pointers are selecting from long-term memory ("commKnow" part in Figure 1). No processing of visual input (in order to get the information "listen") or of auditory input (in order to get the information "one") is done at the current state of implementation. The auditory and motor information "one" is copied from long-term memory (SAR part in Figure

1) and hold in working memory. The semantic pointer for production of the word "one" is activated at the level of the motor state network (right state network in Figure 1) if the neural activity of the semantic pointer for "listen" decreases and the activity for the semantic pointer representing "reproduce" increases. This occurs at about 1 s (arrow "prod_1" in Figure 3) in our simulation example. The cortico-cortical basalganglia-thalamus loop is involved in this procedure as well. This two-state cycle (listening and reproduction) is activated for a second time for the syllable "two" (arrow "perc_2" and "prod_2 in Figure 3).

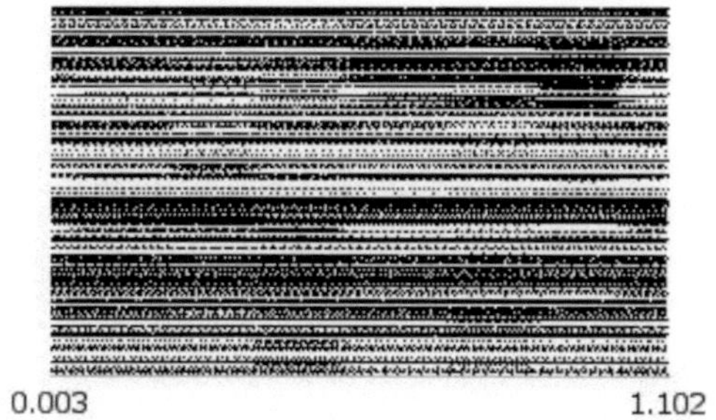

Figure 2. Neural spike raster occurring at the level of the motor network for a group of 100 model neurons during production of the syllable sequence "bigibadaga". The time interval shown is about 1 s. Syllable "bi" starts around 0.3s. Duration of each syllable is about 150ms. The spike raster before first syllable and after fifth syllable represents neural activity for rest position of articulation.

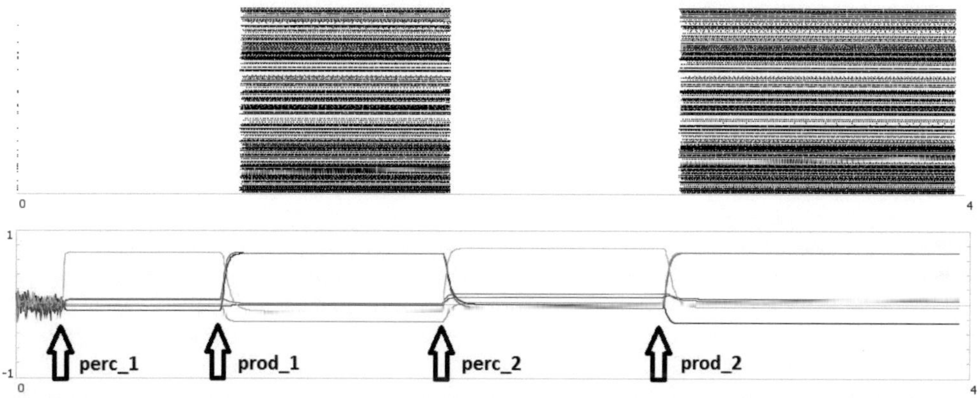

Figure 3. Neural spike raster occurring at the level of the motor state network (on top) and display of six semantic pointers (i.e. "listen", "reproduce", "one", "two", "three", "four") occurring at the level of the perceptual state network (below) over a time period of four seconds during performance of the listening and reproduction task (top: group of 100 model neurons from each state network). Mainly the semantic pointers for "listen" (cyan) and "reproduce" (magenta/pink) are represented within the semantic pointer display (for more information see text).

As already stated above, the switching of some network activity from listening to reproduction is mainly done by the corical-basal-ganglia-thalamus-cortical loop within our network. On the one hand this cortico-cortical loop inhibits the forwarding of neural activity towards the motor state network during listening (see neural connection of thalamus with motor state network in Figure 1) and on the other hand this loop inhibits forwarding of neural activity towards working memory from the sensory state network during production of a speech item (see neural connection of thalamus with perceptual state network in Figure 1).

4 Discussion and Conclusions

First steps in the direction of using NENGO (http://nengo.ca/) in order to model speech acquisition and speech processing are described in this paper. The NENGO framework seems to be advantageous for modelling speech acquisition and speech processing because this approach includes modelling of time as well as internal neural noise generation due to use of LIF neurons in a natural and straight forward way. This allows us to model aspects of speech acquisition and speech processing which are beyond the scope of our earlier SOM and GSOM based approaches. Especially aspects of face-to-face communication in speech acquisition due to perception-action routing in the brain and specific aspects of speech disorders due to different degrees of internal neural noise excitation can now be investigated now in more detail.

Literature

[1] Eliasmith C, Stewart TC, Choo X, Bekolay T, DeWolf T, Tang Y, Rasmussen D (2012) A large-scale model of the functioning brain. Science 338, 1202-1205

[2] Eliasmith C (2013) How to Build a Brain: A Neural Architecture for Biological Cognition. (Oxford University Press, Oxford)

[3] Kröger BJ, Birkholz P, Neuschaefer-Rube C (2011) Towards an articulation-based developmental robotics approach for word processing in face-to-face communication. PALADYN Journal of Behavioral Robotics 2: 82-93

[4] Kröger BJ, Kannampuzha J, Kaufmann E (in press) Associative learning and self-organization as basic principles for simulating speech acquisition, speech production, and speech perception. EPJ Nonlinear Biomedical Physics

[5] Kröger BJ, Kannampuzha J, Eckers C, Heim S, Kaufmann E, Neuschaefer-Rube C (2012) The neurophonetic model of speech processing ACT: structure, knowledge acquisition, and function modes. In: Esposito A, Esposito AM, Vinciarelli A, Hoffmann R, Müller VC (eds.) Cognitive Behavioural Systems, LNCS 7403 (Springer, Heidelberg, Berlin), pp. 398-404

[6] Kröger BJ, Birkholz P, Kannampuzha J, Kaufmann E, Neuschaefer-Rube C (2011) Towards the acquisition of a sensorimotor vocal tract action repository within a neural model of speech processing. In: Esposito A, Vinciarelli A, Vicsi K, Pelachaud C, Nijholt A (eds.) Analysis of Verbal and Nonverbal Communication and Enactment: The Processing Issues. LNCS 6800 (Springer, Berlin), pp. 287-293

[7] Kröger BJ, Kannampuzha J, Neuschaefer-Rube C (2009) Towards a neurocomputational model of speech production and perception. Speech Communication 51, 793-809

[8] Eckers C, Kröger BJ, Sass K, Heim S (2013) Neural representation of the sensorimotor speech-action-repository. Frontiers in Human Neuroscience 7:121

[9] Eckers C, Kröger BJ, Heim S (2013) The speech action repository: Evidence from a single case neuroimaging study. In: Wagner P (ed.) Studientexte zur Sprach-kommunikation: Elektronische Sprachsignalverarbeitung 2013 (TUDpress, Dresden, Germany), pp. 128-135

[10] Kröger BJ, Kopp S, Lowit A (2010) A model for production, perception, and acquisition of actions in face-to-face communication. Cognitive Processing 11: 187-205

Quality Assessment in Pronunciation Trainer for Speech Disorder Therapy

I. Kraljevski, R. Kompe, R. Jaeckel, G. Strecha*,*
*F. Kurnot, M. Rudolph, D. Hirschfeld, R. Hoffmann**

voice INTER connect GmbH, Ammonstraße 35, D-01067 Dresden, Germany
{kraljevski, kompe, kurnot, rudolph, hirschfeld}@voiceinterconnect.de

**TU Dresden, Chair for System Theory and Speech Technology, Dresden, Germany*
{rainer.jaeckel, guntram.strecha, ruediger.hoffmann}@tu-dresden.de

Abstract: In this paper, a Computer-Aided Speech Therapy system for dysarthric speakers is presented. It is based on a client-server architecture, supported by community-based multi-media database allowing content sharing and exchange. The speakers perform exercises where the pronunciation quality of their utterances is evaluated. The quality scores are estimated on phonemic, prosodic, and phonation level by comparison to the voice quality parameters of a reference speaker and presented back to the users. The client-server based implementation, allows the therapists to monitor the progress of their patients, while they train by themselves at home. For testing and evaluation of the speech processing and scoring concepts, a domain-specific speech corpus was recorded, over which the dependency and the optimal contribution of prosody and articulation scores was statistically assessed. The statistical test confirmed that in general scoring significantly differ between the healthy and dysarthric groups.

1 Introduction

Speech impairment is the inability to produce normal speech due to difficulties in articulation and intonation. Difficulties in pronouncing the sounds or in voicing, in general are some examples of speech impairment. Speech difficulties can also be associated with cerebral palsy, hearing impairment and brain stroke or injury. People with speech impairments have difficulty in expressing their ideas which disrupts their ability to communicate. The most common disorders associated with speech and language production are Aphasia, Dysphonia, Dysarthria or Apraxia of speech. People with nerve or brain disorder have the inability to control the larynx and the vocal cords, which causes the condition known as Dysarthria, resulting in improper pronunciation and speech with low intelligibility. The pronunciation of dysarthric speakers often deviates from that of non-dysarthric speakers in several aspects: lower speech rate, differently pronounced segments, less consistent pronunciation and for longer stretches of speech, pronunciation can be even more varying due to fatigue. Speech therapy with these patients can improve their speech production skills and consequently the intelligibility to some extent, but still oral communication might remain difficult. Computer-aided speech therapy systems are getting more reliable and affordable to speech therapists and people suffering speech impairments. Such systems take advantage of using speech technologies, particularly Automatic Speech Recognition (ASR). ASR was used for recognition of dysarthric speech [1] and in speech therapy applications. Speech quality assessment by an ASR is important for research and clinical purpose in order to determine the functional capabilities of speech and voice production [2]. Several research studies observed that just by using common ASR systems frequently, dysarthric speakers can improve their intelligibility [3]. The ASR component can also be employed in systems specialized for pronunciation training similar like those developed language learning (CALL) and pronunciation training (CAPT) [4][5].

This paper presents a specialized pronunciation training system for (but not exclusively) dysarthric speakers based on the concept of an earlier developed system, called AzAR, a PC-based personal tool supporting foreign language learners to improve their pronunciation [6]. The pronunciation scoring concepts were tested on a recorded corpus of German native speakers divided into reference, test and control groups. The statistical tests showed that the control group achieved better averaged pronunciation scores than the test group, which was expected and support the proposed scoring scheme. The paper is organized as follows: Section 2 gives a description of the proposed framework, Section 3 presents the overall system description and the experimental setup. The quality scoring concepts are described in Section 4 and results and the discussion are presented in the following one.

2 Proposed framework

The pronunciation trainer is based on a client-server architecture which gives the possibility of using, besides personal computers, various mobile clients, like tablets or smartphones. A theoretically arbitrary number of simultaneous connections of clients at the same time to the server is possible. The server receives the recorded speech signals, executes the audio processing and compares the results with the ones computed from the reference speech data.

The possibility for content sharing and exchange between users and experts is supported by community based multimedia database. The system can be used as a pronunciation trainer for a broader range of user groups, not only speech impaired persons, but anyone who want to improve their pronunciation. This requires an enhanced set of exercises, which has to be reflected in an extension of the algorithmic base for pronunciation quality measurement and the capabilities of the user interface.

The patients perform exercises presented on the device display, uttering words, word-pairs, phrases or longer texts. The pronunciation and the prosody measures are compared with the ones of a reference speaker by means of standard speech technology. The speech signal is automatically segmented and the basic parameters are calculated in real-time manner. The pronunciation quality can be visualized on the subsegmental and suprasegmental level. For example, the pronunciation goodness can be marked by colors for each phoneme along the visualization of the spectrogram, pitch, short time energy and the formant trajectories.

The results and the pronunciation scores are sent back to the client and presented in an adequate way, taking into account the user's cognitive capabilities and his assumed knowledge about speech, language and phonetics. The server also keeps an anonymous client database to record the exercises done over time including the scoring that indicates the learning progress. Each patient will be provided with the next suited exercise according to the learning progress and previous history using some heuristics or based on a set selected by a therapist. Therapists always have access to all results and speech data of their patients for examination and can anytime supervise and adjust the set of exercises (on- or off-line).

The system aims to help in developing or correcting the speech (articulation, intonation, loudness, rhythm etc.) of patients with speech impairments. Therefore, it is very important that the system presents the speech parameters in a way that is understandable for the patients while remaining correct from the acoustic-phonetic point of view. Various patients groups have different needs regarding exercise type. A large set of exercises reflecting these different needs was compiled, including breathing exercises, as well as training of mimic and motor functions and coordination of mouth muscles. Exercises concerning phonation, prosody, and articulation starts with word-level (one syllable), continue with word pairs, ending up in long sentences or short stories depending on the progress level of the user [7] [8]. For each of the most frequent user groups, individual exercises are grouped together for a default training plan. The therapists, in general, would like to select a very specific set of exercises meeting the training needs of a particular patient. Therefore, a large set of exercises is designed and each of them is annotated with attributes characterizing the exercise. Users will be able to search for specific exercises or to browse through a list of a certain broad category.

For the patients and the therapists it is important to get an idea of the learning progress. The first measurement is how many exercises have been completed at all and the success percentage. This can be broken down to type of exercises. A further measurement is the extent of improvement of quality scores, which is only meaningful if the same exercises are repeated after some time. Some patients, e.g., having Parkinson's disease, will not have a learning progress in the sense of significant improvement of pronunciation quality. The goal of a therapy is, at least, to slow down the decline in pronunciation abilities. They usually will be treated with a small set of exercises repeated in every training unit.

3 System description

3.1 Speech corpus

Domain-specific corpus was recorded for the purpose of preliminary investigation of speech production in speech impaired patients, specialized on pathological speech and pronunciation errors. Also, the database was used for testing and evaluation of the speech processing components as well as the quality scoring concepts. The recorded subjects are German native speakers divided into referent, main and control group. The control group consists of 3 healthy speakers, the main group has 25 patients with Parkinson disease and brain stroke, and the referent group has one male and one female speaker (in total 30). The main and control group were recorded in similar technical conditions in office or room environment. Textual data, list of words and the sentences were provided by linguistics experts, as a test stimuli for the recording process, divided into several categories according to the intended exercise.

3.2 Speech processing methods

For each type of exercises combination of different speech processing methods is required. Some exercises put more focus on the articulation of phonemes, others more on the intonation or the distribution and quality of accents within an utterance, the purpose of some is just to measure the loudness of the speaker's voice and the strength of voicing of to-be-voiced phonemes. In the exercises database, each of the exercises is encoded with information about the set of required processing modules, and how the results should be scored and visually presented to the user. The exact form of presentation takes into account also the specific needs of the user. The user's speech has to be processed in real-time manner, hence the audio processing algorithms should provide immediate results where it is possible. The following base processing modules are implemented: short time energy, spectrogram, fundamental frequency (F0) track, formant trajectories and phoneme segmentation.

On Figure 1, the processing framework and the separate modules providing the feedback to the users are presented. The incoming data stream, consisting of speech and meta-data (exercise identifier) are separated and the speech is processed in real-time parallel analysis modules. Each module produces a data stream with predefined binary format. The resulting binary streams are analyzed and the articulation and intonation quality scores are estimated and multiplexed with the outgoing streams for efficient network transport. On the user's side, the feedback data streams can be uniquely extracted and accordingly presented to the patient/therapist.

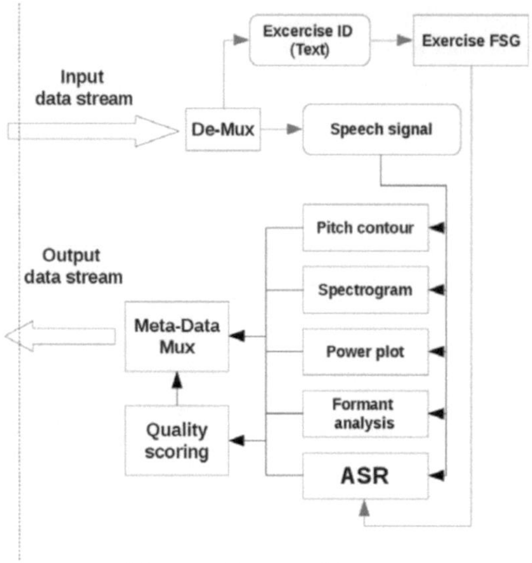

Figure 1 - System architecture

The phoneme segmentation component is based on the Pocketsphinx speech recognition engine [9] and its Gstreamer version. It is chosen because of the low processing and memory footprint: fast feedback to the user will be essential even when many clients connect at the same time and many instances of the engine might be running in parallel. The requirement real-time feedback reduces the choice of the available algorithms, providing, in some cases, non-optimal estimation of the acoustical parameters. This is the case for the pitch and formant contour estimation, where in the first place LPC cepstrum is used for frame-based pitch determination, similarly LPC spectra peak picking method for the formant trackers. Median filtering is applied for contour smoothing and reduction of the outliers.

Each of the processing modules operates in real-time providing results with the lowest possible latency, except for the phoneme segmentation. Here, the whole utterance should be available to produce final segmentation result presented with phoneme boundaries and likelihood scores required for the pronunciation scoring. The acoustic models used for the phonetic alignment were trained on the Verbmobil I spontaneous speech corpus [10]. The recognizer is configured for phoneme recognition, where the "pronunciation dictionary" is faked to consist only of phonemes. Forced-alignment is performed by means of using a separate finite-state grammar for each of the exercises containing a single state sequence without alternatives which corresponds to the words to be spoken.

4 Pronunciation quality scoring

The users' speech is compared against a reference speaker rather than to a (statistical) model being optimized on a large set of speakers. The intention is to resemble a training process conducted by a therapist, where the most important element is that the patient listens to the referent voice of his trainer and tries to imitate it as close as possible. For scoring of articulation, log-likelihood scores obtained from forced-alignment recognition with comparison against a reference utterance were used [11]. For the prosody (global and segmental) scoring, all four basic speech parameters: pitch, short time energy, spectrogram and formants, are first normalized to suppress the differences in the levels of intensity (different recording conditions) and the F0 frequency (different speakers) providing more consistent quality scoring [12].

The data was normalized for each utterance per each component (for spectrogram – number of frequency bins, for the formant contours – the F_1, F_2, ... F_n frequencies). The values for minimum and maximum were chosen from the 95% confidence interval and the data values are transformed in the 0-1 range. The outliers smaller than 0 are set to 0, those larger than 1 are left as they are. For spectrogram the magnitude per frame and per frequency bin is normalized by the maximal amplitude in all frequency bins. Normalized measures were aligned and compared using Dynamic Time Warping (DTW) algorithm with the referent data, giving the RMSE (Root mean square error) along with the number of deletions (*D*) and insertions (I), normalized with the number of frames in the alignment path and the number of the components in the data structure. Phoneme and silence durations were determined from the phonetic labels derived by the forced-alignment recognition and normalized by the total duration of the speech (excluding silence periods). Acoustic (ACS_n) and duration (Dp_n) scores were estimated for each pair of user and reference phoneme with the following expressions:

$$ACS_n = 1 - \left| \frac{ACS_{ref} - ACS}{ACS_{ref}} \right| \quad (1)$$

$$Dp_n = 1 - \left| \frac{Dp_{ref} - Dp}{Dp_{ref}} \right| \quad (2)$$

The final *GOP* scores are composed of the relative difference between acoustic scores per phoneme (ACS_n) obtained with acoustic model trained on large speaker population, as well as the relative difference in the phoneme duration (Dp_n). These two scores are composed in general GOP score using a balancing factor (default $\alpha = 0.5$).

$$GOP = \alpha \cdot ACS_n + (1 - \alpha) \cdot Dp_n \quad (3)$$

All contour matching measures and per phoneme GOP scores are separately transformed into z-scores (according to the statistical analysis on the available speech database) and presented back in appropriate form to the patients or the therapists.

5 Results and discussion

The proposed framework was used to analyze recordings from the collected database. The quality scores were estimated for all subjects (25 test and 3 control) on selected exercise set of 34 sentences from the diagnostic test chosen to address the quality of the articulation. Statistical analysis is required to discover the dependencies and the optimal contribution of the separate scores and to produce one score instead of relative ones. The general score should describe the overall quality including the articulation and the intonation goodness. Additional issue is the sensitivity of the phoneme segmentation to recordings which introduce significant mismatch with the used acoustic model. Environmental factors as the device, room, speaking distance and speakers with lower voice quality, could produce unexpected results. For example, speakers with breathy voice could introduce wrong segmentation of the front phoneme in the sentence due to notable energy presence, the resulting effect is that the segment duration is longer with lower acoustic likelihood. In general, the main requirement is that the speaker should pronounce the exercise as similar as possible with the referent utterance, therefore the choice of the referent speaker(s) is of highest importance.

5.1 Speech parameters contour matching

The contour matching results from 952 samples (sentences) were analyzed. Knowing the mean and the standard deviation, provides the possibility of transferring the score values in the same range where they can be transformed into z-scores. Various statistical tests revealed the interdependency of the analyzed parameters. Strong correlation between the D (deletions) was observed, as well as for the I (insertions) parameters, as well as for I and D across different parameters. However, the RMSE values are almost uncorrelated with the D and I measures, which suggest that RMSE score could be used in combination with them and not introducing redundancy into the scoring procedure. The Wilcoxon Mann-Whitney Test was used as a non-parametric test on the control (102) and the test group (850 sentences) to pinpoint which of the measures significantly differs between the speaker groups. The main hypothesis is that, “the control group achieves better result than the test group”, which means lower values in the control group for the proposed measures.

Score	P-value (95%) C-T <> 0	P-value (95%) C-T > 0	Significance
D1	0,9388	0,4694	
D2	0,0065	1,0000	***
D3	0,6960	0,6521	
D4	0,0002	0,9999	**
I1	0,0000	0,0000	***
I2	0,0028	0,0014	**
I3	0,0001	0,0000	***
I4	0,0007	0,0003	**
rmse1	0,0000	0,0000	***
rmse2	0,0010	0,0005	**
rmse3	0,0100	0,0950	*
rmse4	0,0007	0,0003	***

Signif. codes: 0 '***' 0.001 '**' 0.01 '*' 0.05 '.' 0.1 ' ' 1

Table 1 - Wilcoxon Mann-Whitney Test between the control (N=102) and the test group (N=850), Confidence 95%

The short time energy (1), spectrogram (2) and the formant track (4) contour matching significantly differ across the groups, while the pitch contour (3) matching, does not. The reason is that there is less difference in the F0 contours in the groups due to normalization process. Larger analysis frames were employed in the pitch estimation to cover at least two pitch periods, introducing smaller number of frames used in DTW alignment. Other important reason is, there are speakers with good intonation scores in the test group, but also speakers with bad intonation scores in the control group. This is a direct result of the recording procedure, which differs from the case where the patients should imitate the reference voice.

5.2 Phoneme articulation quality measures

The descriptive statistics of the GOP scores per each phoneme were calculated over 13484 occurrences (1461 control and 12023 test). The statistics were used to convert the relative scores to z-scores providing more meaningful user feedback and visualization. The phoneme distribution for the exercises shows that all the phonemes are appropriately represented which supports that the exercises content is phonetically balanced. The Wilcoxon Mann-Whitney Test between the groups confirms that there is a difference in articulation quality where the control group achieved better pronunciation scores than the test group, which was expected.

Score	P-value (95%) C <> T	P-value (95%) C < T	P-value (95%) C > T	Significance
GOP	0,0000	1,0000	0,0000	***
Duration	0,1855	0,0928	0,9072	

Signif. codes: 0 '***' 0.001 '**' 0.01 '*' 0.05 '.' 0.1 ' ' 1

Table 2 - Wilcoxon Mann-Whitney Test for GOP scores and phoneme duration per group

The Figure 2 presents the comparison between groups of the GOP scores and phoneme durations. It can be seen that the control group achieves better results (higher mean, low deviation, less outliers) than the test group.

The speakers in the experiments are divided in test and control group only by the fact that they are healthy or subjects with speech disorder, the patient's diagnosis (level of disorder) is not taken into account. Apart from that, the speakers from the control group produced speech that is prosodicaly different compared to the referent speaker, as well as the speakers in the test group, because the recording procedure does not resemble the training procedure. In the recording sessions, the speakers were asked to read prepared sentences, not to imitate a reference speaker.

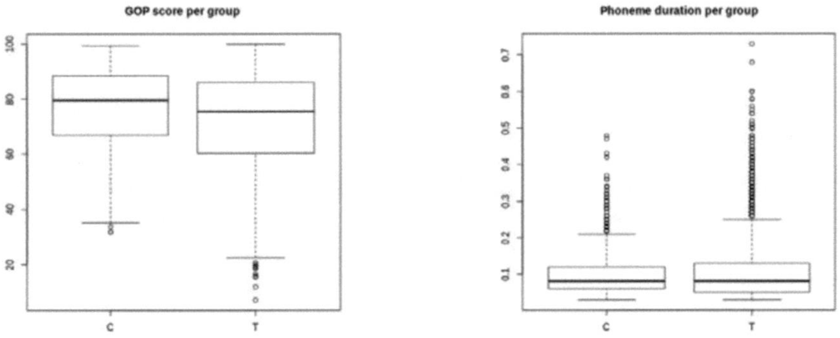

a b

Figure 2 - GOP (a) and Phoneme duration (b) per group (C-control, T-test)

The reference speakers also could produce articulation and intonation errors, which have to be avoided by speech post-processing. The same statistical tests were performed including smaller number of test subjects, comparable with the size of the control group, and the results confirm the previous observations. In order to get more conclusive insight in the quality scoring process, each recorded sentence should be evaluated and scored by a human expert and the correlation with the automatic scores observed. Future research will be focused on quality scoring analysis with the speech data collected from the field tests.

6 Conclusions

In this paper, a Computer-Aided Speech Therapy system for dysarthric speakers based on a client-server platform is presented. The users perform audio-visually presented exercises, uttering words, word-pairs, phrases or longer texts, where the pronunciation and the prosody are compared against reference speech. The intention is to resemble a training process conducted by a therapist, where the patient listens to the reference voice of his trainer and tries to imitate it as close as possible. Learning progress is monitored for users and therapists in a users profile by exercise completion and success, as well as the improvement in pronunciation quality all observed over time. The client-server architecture allows usage of PCs or mobile clients (tablets, smartphones or PDAs) for remote access to the exercises. The recorded speech is streamed to the server in real-time for audio processing and the results are sent back to the client with the lowest possible latency. The results are presented in an adequate way, taking into account the user's cognitive capabilities and his assumed knowledge about speech, language and phonetics.

For testing and evaluation of the speech processing and scoring concepts, a domain-specific speech corpus was recorded. The recorded subjects are German native speakers divided into reference (2 healthy subjects), main (25 dysarthric subjects) and control (3 healthy subjects) group, recorded under similar technical conditions, in office or living room environment. For articulation scoring, comparison of phoneme log-likelihood scores against the reference speech data was used. Pitch, short time energy, spectrogram and formants were normalized and similarity measures compared against the reference speech were computed by DTW algorithm. The dependency and the optimal contribution of each measure to the overall score was statistically assessed over the available corpus. The Wilcoxon Mann-Whitney test showed that all measures (except pitch based) significantly differ across the speakers groups (healthy and dysarthric). The reason is, that in the recording procedure, the speakers were asked to read prepared sentences, not to imitate a reference speaker. For phoneme articulation scores, the same statistical tests confirmed that there is a significant difference in phoneme articulation across the groups. In general, the control group achieved better averaged pronunciation scores than the test group, which was expected. In order to get more conclusive results, each recorded sentence should be observed and evaluated by human experts to assess the correlation with the automatic estimated quality scores. Future activities will be focused on quality scoring analysis with the speech data collected from the field tests.

Acknowledgment: This work is being funded in part by the German Federal Ministry for Economy (BMWi) under grant no. KF2403503BZ2.

References

[1] H. Strik, E. Sanders, M. Ruiter, and L. Beijer, “Automatic recognition of dutch dysarthric speech: a pilot study,” in Proceedings of the 7th International Conference on Spoken Language Processing (ICSLP '02), pp. 661–664, 2002.

[2] Maier, A., Haderlein, T., et al., "Automatic Speech Recognition Systems for the Evaluation of Voice and Speech Disorders in Head and Neck Cancer", EURASIP Journal on Audio, Speech, and Music Processing, Article ID 926951, 2010.

[3] Donegan, M., (2000) Voice Recognition Technology in Education – Factors for Success, ACE Publications.

[4] Vaquero, C., Saz, O., Rodrıguez, W. R., & Lleida, E. (2008). Human Language Technologies for speech therapy in Spanish language. *Proceedings of the LangTech2008*, 129-132.

[5] Kitzing, P., Maier, A., & Åhlander, V. L. (2009). Automatic speech recognition (ASR) and its use as a tool for assessment or therapy of voice, speech, and language disorders. *Logopedics Phonatrics Vocology*, *34*(2), 91-96.

[6] Jokisch, O., Koloska, U., Hirschfeld, D. and Hoffmann, R. “Pronunciation learning and foreign accent reduction by an audiovisual feedback system”. Proc. 1st Intern. Conf. on Affective Computing and Intelligent Interaction (ACII), Beijing, China, 2005, pp. 419-425

[7] Celce-Murcia, M., Brinton, D. M. and Goodwin, J.M. (1996) Teaching Pronunciation. A Reference for Teachers of English to Speakers of Other Languages. Cambridge: Cambridge University Press.

[8] Fiukowski, H. (2004): Sprecherzieherisches Elementarbuch. Niemeyer, Tuebingen

[9] Pocketsphinx (2013). Speech recognition toolkit: http://cmusphinx.sourceforge.net/

[10] Burger, S., Weilhammer, K., Schiel, F. and Tillmann, H.G. (2000): Verbmobil Data Collection and Annotation. In Verbmobil: Foundations of Speech-to-Speech Translation (Ed. Wahlster, W.); Springer; Berlin/ Heidelberg.

[11] Witt, S., and Young, St. (1997). Computer-assisted pronunciation teaching based on automatic speech recognition. Language Teaching and Language Technology Groningen, The Netherlands

[12] Flynn, N. (2011). Comparing vowel formant normalisation procedures. *York Pap. Linguist., Ser*, *2*(11), 1-28.

Untersuchung segmentaler und suprasegmentaler Charakteristiken des Sprechsignals bei Morbus Parkinson

Rainer Jäckel[1], Guntram Strecha[1], Rüdiger Hoffmann[1] und Bernd J. Kröger[2]

[1]TU Dresden, Fakultät Elektrotechnik und Informationstechnik, Professur für Systemtheorie und Sprachtechnologie

[2] RWTH Aachen University, Medizinische Fakultät, Klinik für Phoniatrie, Pädaudiologie und Kommunikationsstörungen

{Rainer.Jaeckel, Guntram.Strecha, Ruediger.Hoffmann}@tu-dresden.de; bkroeger@ukaachen.de

Abstract: Als Untersuchungsmaterial dienten Sprechproben von 30 Patienten (27 m., 3 w.) mit Idiopathischem Parkinson-Syndrom (IPS) im Umfang von jeweils 115 – 125 Äußerungen in den Modalitäten Lesen, Nachsprechen und freies Formulieren, die im Rahmen einer medizinischen Studie am Universitätsklinikum Dresden erhoben wurden. Die Sprachaufnahmen wurden segmentiert, phonemisch und prosodisch etikettiert und zwecks Ermittlung der segmentalen und prosodischen Charakteristiken des Sprechsignals akustischen Messungen unterzogen. Die Stimmqualität der Probanden wurde anhand der RBH - Skala perzeptiv beurteilt. Aus den umfangreichen Messdaten, die die Parameter Dauer der Segmente, Pausen und Sprechabschnitte, Signalintensität, Grundfrequenz, Formantfrequenzen der Vokale, anteilige Stimmhaftigkeit, spektraler Schwerpunkt und Streuung der spektralen Energie für Obstruenten einschließen, wurden Vergleichsmaße wie der Vokalartikulationsindex (VAI), der Stärkeindex der Frikative (ASI) und die lokale Artikulationsrate (LAR) errechnet. Die Ergebnisse der akustischen Untersuchung belegen, dass sich selbst bei Patienten mit leichten Dysarthrien messbare Veränderungen des Sprechsignals zeigen, wobei Artikulation, Phonation, Resonanz, Prosodie und Stimmqualität in unterschiedlichem Ausmaß und oft unabhängig voneinander betroffen sind. Im Bereich der Artikulation und Phonation erscheint die Qualität der medialen Fortisobstuenten geeignet, um Patienten mit IPS von Sprachgesunden vergleichbaren Alters mit vergleichbarer dialektaler Prägung zu unterscheiden. Die Schwächung der Fortisobstruenten ist innerhalb der Patientenpopulation deutlich abgestuft. Der Vokalartikulationsindex zeigt eine gute Korrelation mit der Fortisqualität der Obstruenten. Sprechmelodie, Modulation der Signalintensität und Stimmqualität sind in unterschiedlichem Maße betroffen. Die entsprechenden Parameter sind jedoch mit den segmentalen Charakteristiken eher schwach korreliert. Die akustische Analyse der Sprachaufnahmen verfolgt primär das Ziel, Parameter und Algorithmen zu finden, die in einem logopädischen Assistenzsystem zur Erzeugung eines Nutzerfeedbacks eingesetzt werden können.

1 Material und Methodik der Untersuchung

Das akustische Sprachsignal enthält ein breites Spektrum an Informationen, die Aufschluss über den Zustand der Sprechatmung, der Phonation, der Artikulation und der Prosodie eines Sprechers geben und die als Indikatoren unterschiedlicher Ausprägungen und Schweregrade von Atem-, Stimm- und Sprechstörungen sowie - mit Blick auf eine computergestützte Therapieapplikation - als Eingangsdaten für die objektive Beurteilung des Therapiefortschritts genutzt werden können. Die Auswertung des Sprechsignals ermöglicht daher das Generieren von Bio-Feedback. Die Entwicklung der für die RehaVOX - Therapieanwendung benötigten akustischen Muster und Feedbackalgorithmen erfordert umfangreiche Sprachdatenbasen, die im vorliegenden Fall unter Beachtung neurologischer und logopädischer Spezifikationen erzeugt werden mussten. Als Untersuchungsmaterial dienten Aufnahmen von 30 Patientinnen und Patienten mit Idiopathischem Parkinson-Syndrom (IPS). Die Sprechstimuli basieren auf einem logopädischen Dysarthrietest, der im Fachbereich Logopädie der Klinik Bavaria in Kreischa entwickelt wurde. Die Rekrutierung der Sprecher erfolgte im Rahmen einer umfassenden medizinischen Studie am Uniklinikum Dresden, Klinikum für Neurologie. Pro Patient wurden Aufnahmen im Umfang von ca. 20 min. Nettosprache (je 115 – 125 Äußerungen) in den Modalitäten Nachsprechen, Lesen und freies Formulieren angelegt. Nach der Freigabe der medizinischen Studie durch die zuständige Ethikkommission wurden in Zusammenarbeit mit dem Klinikum für Neurologie an der Medizinischen Fakultät der TU Dresden Sprachaufnahmen mit 3 Patientinnen und 27 Patienten angefertigt. Bei allen Probanden wurde Morbus Parkinson in unterschiedlichen Verlaufsstadien diagnostiziert. Die Sprachaufnahmen zum logopädischen Daysarthrietest sind Bestandteil einer klinisch-diagnostischen Testbatterie (FDA 2, UPDRS I-IV, Hoehn und Yahr, NMSS, ROMP, SCOPA-PS, MOCA u. a.). Die meisten der Patienten sind einer rigid-hypokinetischen Dysarthrie mit unterschiedlichem Schweregrad betroffen. Die Sprachaufnahmen mit den Patienten wurden in ruhig gelegenen Untersuchungsräumen des Klinikums für Neurologie durchgeführt (Aufnahmesettings: Amplitudenauflösung 16 Bit, Abtastrate 44,1 kHz, Speicherformat PCM; Kanal 1: Nacken-Kondensatormikrofon Sennheiser HS2, Kanal 2: Kondensator-Lavaliermikrofon). Die Lesestimuli wurden auf einen PC-Monitor geprompted, die Sprechstimuli für Nachsprechübungen wurden vom Aufnahmeleiter vorgesprochen.

Die Sprachaufnahmen wurden mittels vicAligner1.1.8 (voiceINTERconnect) kanonisch in SAMPA etikettiert und manuellen Korrekturen unterzogen. Gleichzeitig mit der Anpassung der Zeitmarken wurden die vom Sprecher realisierten Betonungen sowie Abweichungen von der kanonischen Form (Einfügungen, Wiederholungen, Unflüssigkeiten, unerwartete Pausen etc.) am Signal aligniert. Nach dem Konvertieren in das Praat-TextGrid-Format erfolgte die parametrische Auswertung in den Dimensionen (1) Artikulation der Vokale, (2) Artikulation und Anregungsart der Obstruenten, (3) Sprechmelodie, (4) lokale Artikulationsrate und (5) Sprechrhythmus.

2 Messungen am akustischen Sprachsignal

2.1 Segmentale Aspekte

Zu den in der Literatur beschriebenen Auswirkungen der Parkinson-Dysarthrie auf die Artikulation der Vokale gehört eine generelle Tendenz zur Zentralisierung der Formant-frequenzen. In unserer Stichprobe zeigte ein Drittel der Patienten eine auffällige Beeinträchtigung der Vokalartikulation (reduzierte bzw. zentralisierte Artikulation). In dieser Gruppe der Patienten äußert sich die Zentralisierung in der Erhöhung des zweiten Formanten von [u:] um durchschnittlich 200 Hz, der Erniedrigung des 2. Formanten von [i:] um durchschnittlich 170 Hz und der Erniedrigung des 2. Formanten von [a:] um durchschnittlich 80 Hz. Bei einigen der Patienten wurden instabile Formantmuster (gehäuft in den Instanzen des gespannten velaren Vokals [u:]) beobachtet.

Zur quantitativen Beurteilung der Vokalartikulation dient der anhand von jeweils 45 Instanzen der gespannten bzw. langen Vokale [a:], [i:] und [u:] ermittelte Vokalartikulationsindex (VAI). Die Messergebnisse bestätigen die durch frühere Studien [1, 2] gezeigte Abnahme des VAI mit zunehmendem Schweregrad der Dysarthrie. Für die 9 sprachgesunden männlichen Vergleichssprecher beträgt der mittlere VAI 1,037, bei den 27 männlichen Parkinson-Patienten 0,957. Innerhalb der Patientenpopulation zeigte sich hinsichtlich des VAI eine deutliche Abstufung. Bei 9 der Patienten variiert der Vokalartikulationsindex zwischen 0,820 und 0,899, bei weiteren 9 Patienten zwischen 0,906 und 0,983. Im oberen Cluster streuen die Werte von 1,003 bis 1,114. Der VAI von 3 Patienten liegt oberhalb des Mittelwertes der Sprachgesunden. Tabelle 1 fasst die Mittelwerte der Formantfrequenzen F1 und F2 für die langen bzw. gespannten Eckvokale sowie die mittleren Vokalartikulationsindizes für weibliche und männliche Sprecher zusammen. Die Unterteilung der Patientenpopulation in 3 Gruppen berücksichtigt ausschließlich die Vokalartikulation (IPS I – VAI > 1, IPS II – VAI ≥ 0,9 < 1, IPS III – VAI < 0,9).

Sprecher	F1 (u:)	F2 (u:)	F1 (i:)	F2 (i:)	F1 (a:)	F2 (a:)	VAI
IPS III	325	1329	266	2080	610	1193	0,86482516
IPS II	298	1158	264	2183	548	1142	0,95463073
IPS I	323	1061	286	2359	651	1192	1,05236416
Controls	330	1067	261	2339	714	1177	1,07818849

Tabelle 1 Mittlere Formantfrequenzen F1 und F2 der langen/ gespannten Eckvokale und Vokalartikulationsindex (VAI) nach Sprechergruppen (weibliche und männliche Sprecher)

Zur Beurteilung der Artikulation sowie der Signalanregung im Bereich der Konsonanten wurden für jedes Segment die Lautdauer, die anteilige Stimmhaftigkeit (fraction of locally unvoiced frames) sowie die Intensität (mean, min, max) mittels Praat-Skript ausgelesen. Für die stimmlosen Frikative wurden zusätzlich der spektrale Schwerpunkt (CoG) und die Streuung der spektralen Energie gemessen. Die Messergebnisse belegen, dass bereits bei mildem bis moderatem IPS gehäuft Lautschwächungen im Bereich der Fortis-Obstruenten auftreten, die sich in einer Abnahme der Segmentdauer, der Zunahme stimmhafter Anteile und der Herabsetzung des spektralen Schwerpunkts (in quasistationären Abschnitten der stimmlosen Frikative) äußert [1].

Die Signalintensität muss differenziert nach Artikulationsarten, für Plosive auch differenziert nach Phasen der Lautbildung (Verschluss, Burst, Friktion/Aspiration) betrachtet werden. Die Verschlussstärke der Plosive manifestiert sich u. a. in der Differenz zwischen dem Intensitätsminimum und dem Intensitätsmaximum bzw. der mittleren Intensität im entsprechenden Segment. Je fester bzw. dichter der Plosivverschluss, desto geringer ist der Energiegehalt im Verschluss, in dem i. d. R. das Minimum der Signalintensität lokalisiert ist. Als informativ erweisen sich in diesem Zusammenhang die Mittelwerte des Parameters *minimum intensity* der Plosive sowie die Differenz aus *mean-energy intensity* und *minimum intensity*. Bei gesunden Sprechern liegt das mittlere Intensitätsminimum in der Verschlussphase der medialen Realisationen von [k] und [t] im Bereich 44,6 dB, bei Patienten mit IPS im Bereich von 55,9 dB. Entsprechend sind die Differenzen zwischen mittlerem I_{min} und mittlerem I_{mean} bei gesunden Vergleichspersonen signifikant größer als bei Sprechern mit IPS. Hier zeigt sich ein enger Zusammenhang mit der Lenisierung bzw. der anteiligen Stimmhaftigkeit der Segmente: je stärker stimmhaft ein Fortis-Plosiv realisiert wurde, desto höher liegt der Wert von I_{min} und desto geringer ist die Differenz zwischen I_{mean} und I_{min}.

[1] Die Schwächung der initialen Plosive in den Äußerungen von Patienten mit IPS war für englischsprachige Patienten bereits 1988 von K. Forrest et al. nachgewiesen worden [5].

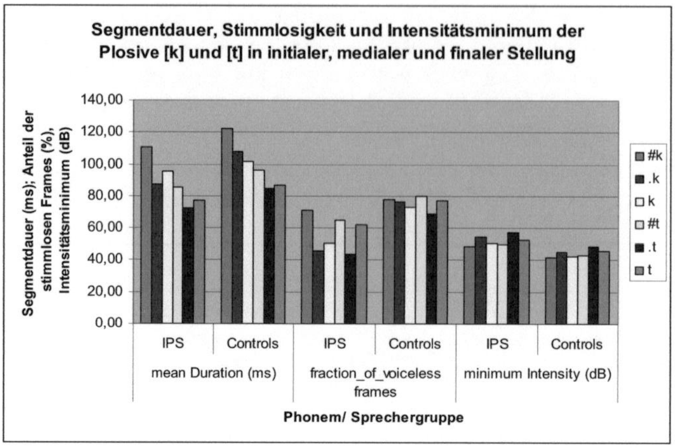

Abb. 1 Mittlere Segmentdauern, mittlere Anteile der stimmlosen Frames und mittleres Intensitätsminimum der Plosive [k] und [t] (nach Sprecherpopulationen)

Die Häufung stimmhafter Realisationen phonologisch stimmloser Obstruenten bei Patienten mit rigid-hypokinetischen Dysarthrien erklärt sich einerseits aus der verminderten Abduktionsfähigkeit der Stimmlippen, andererseits aus der Veränderung der intraoralen Druckverhältnisse infolge des nasopharyngealen Lecks [4]. Für alle 437 Instanzen (je Sprecher) der Obstruenten [f], [s], [t], [k] betrug der mittlere Anteil stimmloser Frames bei Sprachgesunden 79,3 %, bei Patienten mit IPS 61,5 %. Betrachtet man nur die medialen stimmlosen Obstruenten (77 Instanzen je Sprecher), fällt die Differenz noch deutlicher aus: 76,9 % bei den Kontrollsprechern gegenüber 50,1 % bei den Patienten. Die Werte weisen innerhalb der Patientenpopulation eine starke Abstufung auf: die Hälfte der Patienten produzierte die medialen [f], [s], [t], [k] überwiegend stimmhaft, während bei nur 10 % der Sprecher deutlich stimmlose Realisationen (≥ 70% stimml. Frames[2]) überwogen.

Im segmentalen Bereich erweist sich die anteilige Stimmhaftigkeit der Fortisobstruenten als das am besten geeignete Kriterium zur Unterscheidung von Sprechern mit IPS und Sprachgesunden. Der Parameter *Anteil der stimmlosen Frames im Segment* weist zudem im Unterschied zum Vokalartikulationsindex, dessen Wert von der mittleren Grundfrequenz des Sprechers abhängig ist, keine geschlechterspezifische Verteilung auf.

Bei Sprechern mit IPS finden sich – gehäuft in der medialen Position – vollständig oder hochgradig stimmhafte Realisationen der „scharfen“ Frikative [s] und [f]. Die mittleren Anteile der stimmlosen Frames in den medialen Realisationen von [s] und [f] liegen bei Patienten mit IPS bei 55,4 %, bei den Kontrollsprechern bei 81,2 %. Die Schwächung der medialen Frikative äußert sich außerdem in der Kürzung der Segmente: Die mittlere Dauer beträgt bei den Patienten 96 ms gegenüber 116 ms bei den Kontrollsprechern.

[2] Ab einem Anteil des stimmhaften Abschnitts von ca. 30 % der gesamten Segmentdauer werden Fortisobstruenten als lenisiert (geschwächt) wahrgenommen. Das entspricht einem Anteil der stimmlosen Frames von 70%.

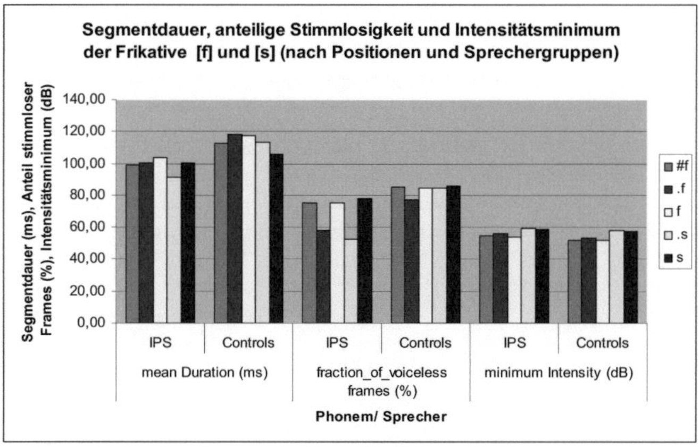

Abb. 2 Vergleich der mittleren Segmentdauern (ms), der mittleren Anteile stimmloser Frames (%) und der Intensitätsminima (dB) in den Segmenten [f] und [s] nach Positionen (/#f/ – initial, /.f/ – medial, /f/ – final) und Sprecherpopulationen

Wie aus Abb. 2 ersichtlich, finden sich die deutlichsten Unterschiede zwischen den Lautrealisationen der Patienten mit IPS und den Kontrollsprechern in den Parametern Segmentdauer und Stimmhaftigkeit der medialen [f] und [s].

Als Vergleichsmaß für die Beurteilung der Artikulationsschärfe diente der Quotient aus dem spektralen Schwerpunkt und der Streuung der spektralen Energie der Frikative [s] und [f]. Für die Messung der Spektralmomente M1 und M2 mussten zuvor aus den quasistationären Abschnitten der Frikative Spektrum-Objekte extrahiert werden. I. d. R. wurde um die Mitte jedes entsprechenden Segments ein Abschnitt von 20 ms markiert, aus dem ein Praat-Skript ein *spectral slice* generiert.

Der spektrale Schwerpunkt (*centre of gravity, CoG*) entspricht dem arithmetischen Mittelwert (mean) der Verteilung. Bildhaft gesprochen, teilt der spektrale Schwerpunkt das Spektrum in zwei Bereiche mit gleichem Energiegehalt. Je höher der spektrale Schwerpunkt, desto größer ist der Energiegehalt in den oberen Frequenzbereichen. Die Streuung der spektralen Energie (*dispersion of spectral energy*) ist die Standardabweichung der Energieverteilung im Frequenzspektrum. Ihr Wert gibt Auskunft darüber, ob sich die Energie des Schallsignals eher in einem schmalen Bandbereich konzentriert oder vielmehr über einen breiten Frequenzbereich gestreut ist.

Die erhaltenen Messwerte für die Parameter CoG und Streuung der spektralen Energie erhärten die Annahme, dass Patienten mit IPS generell eine Tendenz zur Schwächung der Fortisobstruenten zeigen. Für [s] liegt der spektrale Schwerpunkt bei den Patienten um durchschnittlich 1600 Hz, für [f] um 1800 Hz unterhalb des Wertes der Kontrollgruppe. Zudem streuen die Werte in einem breiteren Bereich um den Mittelwert. Die Abweichungen in den Parametern CoG und Dispersion der spektralen Energie sind perzeptiv auffällig. Der spektrale Schwerpunkt stellt ein akustisches Korrelat der deskriptiven Merkmale *acute – grave* (mittelbar auch des distinktiven Merkmals der Artikulationsstelle) dar, die Streuung der spektralen Energie dient als Korrelat der deskriptiven Merkmale *compact vs. diffuse* [6]. Als *acute* werden Frikative mit einem hohen spektralen Schwerpunkt charakterisiert; wenn die spektrale Energie um einen dominanten Bandbereich konzentriert ist, bezeichnet man die Lautrealisation als *compact*. Die komplexere deskriptiv-phonetische Kategorie *tense – lax* berücksichtigt die Lautdauer und den gesamten Energiegehalt im Segment [7]. Während sich die Mittelwerte der Segmentdauern im Vergleich zwischen Patienten und Sprachgesunden in signifikanter Weise unterschieden, scheinen die mittleren mean-Intensity-Werte wenig geeignet, zwischen den Sprechpopulationen zu unterschieden. Wiederum zeigt sich jedoch ein direkter Zusammenhang zwischen Lautdauer und anteiliger Stimmhaftigkeit. Tabelle 2 enthält die mittleren Segmentdauern, die Mittelwerte für *mean Intensity* und *minimum Intensity* sowie der Anteile stimmloser Frames für männliche Patienten und männliche Vergleichssprecher.

Segment/ Position	mean Dur (ms)		%_voiceless frames		mean_Intensity (dB)		min_Intensity (dB)	
	IPS	Controls	IPS	Controls	IPS	Controls	IPS	Controls
#f	99,16	112,96	74,89%	85,60%	61,37	60,77	54,66	51,60
.f	100,24	117,94	57,96%	77,51%	62,94	63,09	56,24	53,21
f	103,99	117,24	75,14%	84,74%	60,68	60,77	53,95	51,73
.s	91,65	113,05	52,79%	84,96%	64,87	66,83	59,64	58,09
s	100,28	106,03	77,65%	86,26%	63,96	67,33	58,75	57,35
#k	110,51	121,97	71,24%	78,14%	60,94	59,38	48,16	41,52
.k	87,46	108,22	45,44%	76,29%	64,56	61,56	54,87	44,76
k	95,34	101,42	50,44%	72,72%	61,25	57,41	50,21	42,32
#t	85,08	96,48	65,10%	79,92%	61,02	57,84	50,11	42,83
.t	72,16	84,72	43,82%	68,91%	66,16	62,96	57,11	48,27
t	76,92	86,65	62,02%	76,84%	62,42	58,52	52,58	45,81

Tabelle 2 Mittelwerte der Parameter *Segmentdauer*, *fraction of voiceless frames*, *mean energy intensity* und *minimum energy intensity* für die stimmlosen Obstruenten /f/, /s/, /k/, /t/ in den Positionen Anlaut (#), Inlaut (.), Auslaut () –Patienten mit IPS (m.) und Sprachgesunde (m.)

Tabelle 2 veranschaulicht den Zusammenhang zwischen Lautposition und Grad der Lautschwächung. Am anfälligsten für Lenisierungsprozesse erweisen sich die untersuchten Fortisobstruenten in medialer Position, wo ihre konsonantische Stärke nicht durch das Wirken suprasegmentaler (phonotaktischer) Regularitäten wie Auslautverhärtung und stimmlose Bindung gestützt wird. Es scheint nahe liegend, dass die Fortisqualität der medialen /.f/, /.s/, /.t/, /.k/ im Vergleich zu den initialen und finalen Realisationen in stärkerem Maße die Fähigkeit zur aktiven Abduktion der Glottis voraussetzt. Die deutlichen Unterschiede in den Intensitätsminima der Plosive zwischen Patienten mit IPS und Vergleichspersonen sprechen für eine geminderte Verschlussstärke der Plosive in den Äußerungen der Patienten.

3 Prosodische Charakteristiken und deren Korrelation mit den segmentalen Parametern

Die Grundfrequenzparameter $F0_{mean}$, $F0_{max}$, $F0_{min}$ und $F0_{SD}$ wurden getrennt nach Sprechmodalitäten (innerhalb der Modalität Lesen auch nach Äußerungsarten) ermittelt. Eine Erhöhung der mittleren Sprechstimmlage auf Werte um 180-200 Hz zeigte sich bei 4 der 27 männlichen Patienten (Alter > 65 J.). Hinsichtlich der Eignung für die Beurteilung der Ausprägung der Parkinson-Dysarthrie erweist sich die F0-Standardabweichung als nützlich. Bei 6 der männlichen Patienten mit intakter Artikulation und Resonanz wurde ein monotoner Verlauf der Grundfrequenz ($F0_{SD} < 20$ Hz) festgestellt.

Im Bereich des Sprechtempos und des Sprechrhythmus fallen die Untersuchungsergebnisse heterogen aus. Im Teilkorpus der Patienten mit IPS finden sich sowohl Fälle einer reduzierten Sprechrate (Bradylalie), als auch einzelne Fälle von erhöhter Sprechrate (Tachylalie), begleitet von Unflüssigkeiten (Hesitationen und Wiederholungen). Zur Beurteilung des Sprechtempos dienten die geschätzte mittlere Artikulationsrate (LAR) sowie die Ratio Pausen/ Sprechabschnitte. Dafür wurden die Zeitmarken zu allen nachgesprochenen und gelesenen Äußerungen jeweils eines Sprechers in Rechentabellen zusammengefasst. Nachdem die Lautsegmente von den Pausen (Label <sil>, <sp>) und intersegmentalen Intervallen (Glottalisierungen an Wortgrenzen <#Q>, Hesitationen <hesit>, unartikulierten Lautäußerungen <ubs> etc.) separiert wurden, verblieben die Dauerwerte für alle artikulierten Signalabschnitte (Dur_{SG})[3]. Als Ausgangswert für die Schätzung der mittleren LAR diente die mittlere Segmentdauer (in ms). Die geschätzte mittlere Artikulationsrate, die dem Reziproken der mittleren Segmentlänge (in Sekunden) entspricht, variierte bei den Patienten mit IPS zwischen 8,9 und 15,7 Phonen/ Sek. Die Streuung der Werte für die einzelnen Patienten um den Mittelwert von 12,27 Phonen pro Sekunde entspricht annähernd einer Normalverteilung. In den Vergleichsaufnahmen der Sprachgesunden sind sowohl der Mittelwert (11,86 Phone/ Sek.) als auch der Streubereich (9,6 – 14,8 Segmente/ Sek.) kleiner. Interessant ist, dass die Werte der Artikulationsrate sowohl bei den Patienten als auch bei den Kontrollsprechern deutlich negativ mit dem Artikulationsschärfeindex und leicht negativ mit dem Vokalartikulationsindex korreliert sind. Tabelle 3 fasst die Korrelationskoeffizienten zwischen den Wertereihen der gemessenen Parameter für die Patienten mit IPS zusammen.

Korrelierte Wertereihen	**Korr_koeffizient**
Artikulationsschärfe (/f/, /s/) x Anteil stimmloser Frames (alle /f/, /s/, /k/, /t/)	0,759
Artikulationsschärfe (/f/, /s/) x Anteil stimmloser Frames (/.f/, /.s/, /.k/, /.t/)	0,729
Vokalartikulationsindex x Anteil stimmloser Frames (/.f/, /.s/, /.k/, /.t/)	0,632
Vokalartikulationsindex x Anteil stimmloser Frames (alle /f/, /s/, /k/, /t/)	0,592
Vokalartikulationsindex x Artikulationsschärfeindex (/f/,/s/)	0,469
Vokalartikulationsindex x $F0_{SD}$	0,362
Behauchtheit x $F0_{SD}$	0,255
Behauchtheit x Vokalartikulationsindex	0,120
Behauchtheit x Anteil stimmloser Frames (alle /f/, /s/, /k/, /t/)	0,093
Behauchtheit x Anteil stimmloser Frames (mediale /.f/, /.s/, /.k/, /.t/)	0,081
$F0_{SD}$ x Anteil stimmloser Frames (mediale /.f/, /.s/, /.k/, /.t/)	0,055
$F0_{SD}$ x Anteil stimmloser Frames (alle /f/, /s/, /k/, /t/)	0,029
Behauchtheit / Artikulationsschärfeindex (/f/, /s/)	-0,096
Artikulationsstärkeindex (/f/, /s/) x $F0_{SD}$	-0,108
LAR x Vokalartikulationsindex	-0,344
LAR x Artikulationsschärfeindex (/f/, /s/)	-0,623

Tabelle 3 Korrelationskoeffizienten der erhobenen Messwerte (Patienten)

[3] Für die Schätzung der lokalen Artikulationsrate wurde die Formel $LAR_{pho} = N_{pho} / Dur_{SG}$ benutzt (mit N_{pho}= Anzahl der Phone, Dur_{SG} = gesamte Dauer aller Phone)

4 Schlussfolgerungen

Die bisherigen Untersuchungsergebnisse machen deutlich, dass Dysarthriesymptome relativ unabhängig voneinander in den Bereichen der Prosodie, der Stimmqualität, der Artikulation oder Resonanz auftreten können. Für die Wertereihen der gemessenen Parameter wurden die Korrelationskoeffizienten ermittelt. Es zeigt sich, dass innerhalb der Population der Patienten deutlich positive Korrelationen zwischen den Wertereihen „Artikulationsschärfeindex“ (ASI /f/, /s/) und „Anteil stimmloser Frames“ (für alle Lautpositonen) sowie zwischen Vokalartikulationsindex (VAI) und „Anteil stimmloser Frames“ bestehen (Tab. 3).

Atypische Verläufe der Signalintensität wurden bei schwer betroffenen Patienten beobachtet. Bedingt durch den erhöhten Luftverbrauch und die zu geringe Atemreserve nimmt die Intensität im Verlauf einer Äußerung oft rapide ab.

Die Zeitstrukturen insbesondere der gelesenen Äußerungen der Patienten und der Kontrollsprecher unterscheiden sich grundlegend. Zunächst fällt auf, dass die Patienten erwartete (syntaktisch markierte) Pausen seltener und tendenziell kürzer realisieren als die Kontrollsprecher. Auf die rhythmischen Auffälligkeiten in der Sprechproduktion der Parkinson-Patienten wird hier nicht eingegangen, da sie den Gegenstand einer separaten Untersuchung bilden. Die Auswertung der Daten zu diesem Bereich ist Gegenstand einer gesonderten Publikation und soll daher nicht vorweggenommen werden.

Die Ergebnisse legen nahe, dass die Erzeugung des Nutzerfeedbacks im logopädischen Therapieassistenzsystem RehaVOX segmentale Parameter und segmentbezogene akustische Muster ebenso berücksichtigen muss wie die suprasegmentalen spektralen und temporalen Charakteristiken des Sprechsignals.

Danksagung

Diese Untersuchung ist Teil des Kooperationsprojektes RehaVOX, das von der AiF Projektträger GmbH Berlin im Rahmen des Programms ZIM unter dem Förderkennzeichen KF2282505BZ2 finanziert wird. Die Autoren danken allen Projektpartnern, namentlich Herrn Dr. Matthias Löhle und Frau Cecile Bosredon, Universitätsklinikum Carl Gustav Carus, Klinik und Poliklinik für Neurologie, für die Rekrutierung der Probanden, die neurologische Diagnostik und das Screening der Patienten, sowie Frau Jacqueline Homburg, Klinik Bavaria Kreischa, für die Bereitstellung der Teststimuli.

5 Literatur

[1] Skodda S., Visser W., Schlegel U.: Vowel articulation in Parkinson's disease. In: Journal of Voice, 2011, Vol. 25, No. 4, pp. 467-72.

[2] Ackermann H., Ziegler W.: Die Dysarthrophonie des Parkinson-Syndroms. Fortschr. Neurol. Psychiatrie, 1989, 57: 149 – 160.

[3] Forrest K., Weismer G., Turner G. S.: Kinematic, acoustic and perceptual analysis of connected speech produced by parkinsonian and normal geriatric adults. Journal of the Acoustic Society of America, 1989, 85: 2608 – 2622

[4] Ziegler W., Vogel M.: Dysarthrie. Forum Logopädie, Stuttgart, Thieme, 2010

[5] Forrest, G. Weismer, P. Milenkovic, and R. N. Dougall, "Statistical analysis of word-initial voiceless obstruents: preliminary data" *J Acous Soc Am* 1988, vol. 84, pp. 115-23.

[6] Jakobson, R., Fant, G. & Halle, M. (1951) Preliminaries to Speech Analysis: The Distinctive Features and their Correlates. MIT Press, Cambridge.

[7] Jessen, M.: Phonetics and Phonology of Tense and Lax Obstruents in German, John Benjamins B. V., Amsterdam, Philadelphia 1998

EPISODISCHE DYSARTHRIE BEI HIRNSTAMMKOMPRESSION – AKUSTISCH-PHONETISCHE UND AUDITIV-PERZEPTUELLE ANALYSE EINES EINZELFALLS

Helena Kukla[1]*, Nina Kleiser*[1]*, Bernd Kröger*[2]

[1]*Medical School, RWTH Aachen University,* [2]*Klinik für Phoniatrie, Pädaudiologie und Kommunikationsstörungen, Medical School, RWTH Aachen University*

helkukla@googlemail.com

Abstract: Hintergrund: Die Sprechverständlichkeit wird in der Diagnostik sprechmotorischer Störungen bis dato überwiegend perzeptiv erfasst. Es existiert noch keine allgemein akzeptierte akustische Methode, die eine objektive Bewertung der Sprechverständlichkeit zulässt und für den klinischen Alltag geeignet wäre. Das Ziel dieser Studie ist die Untersuchung des Zusammenhangs zwischen der skalierten Sprechverständlichkeit und ausgewählten akustischen Parametern bei einem Probanden mit episodischer Dysarthrie aufgrund einer Hirnstammkompression.

Methode: 20 Schüler/innen einer Berufsfachschule für Logopädie bewerteten die Sprechverständlichkeit von 30 Hörproben, die aus der Spontansprache dieses Probanden selektiert wurden. Es handelte sich dabei um je 10 Hörproben der dysarthrischen Episoden, der symptomfreien Episoden und der aktuellen permanent dysarthrischen Sprechweise.

Ergebnisse: Bei einer hohen Intra- und Interrater-Reliabilität zeigen sich signifikante Unterschiede in der Sprechverständlichkeit. Die Artikulations- und Silbengeschwindigkeit in den sprechmotorisch defizitären Phasen unterscheiden sich signifikant von der Sprechverständlichkeit der symptomfreien Phasen. Die Korrelationsanalyse zeigte, dass die Artikulations- sowie die Silbengeschwindigkeit mit der Sprechverständlichkeit korreliert sind und somit geeignete Prädiktoren für die Sprechverständlichkeit darstellen.

1 Einleitung

Die Sprechverständlichkeit wird bis dato in der Diagnostik sprechmotorischer Störungen überwiegend perzeptiv erfasst [1]. Darüber hinaus wird sie als Index für den Schweregrad der Dysarthrie genutzt [2, 3].

Seit geraumer Zeit versuchen Wissenschaftler die Dysarthrie anhand akustischer Analysen zu objektivieren. Der Einbezug akustischer Parameter in die Diagnostik und Therapie erlaubt eine genauere Beschreibung der Symptomatik sowie eine objektive Verlaufskontrolle. Dafür sind Referenzwerte der akustischen Parameter bei nicht dysarthrischen und dysarthrischen Sprechern erforderlich. Akustische Parameter, die mit der Sprechverständlichkeit korrelieren, würden eine objektive Bewertung zulassen und die der Dysarthrie zugrunde liegende Bewegungsstörungen der Sprechmotorik aufzeigen, die in der perzeptuellen Bewertung kaum identifiziert werden können [4].

Bisherige Studien haben eine Vielzahl akustischer Parameter untersucht, um Prädiktoren für die Sprechverständlichkeit zu finden. Zu den häufig untersuchten akustischen Parametern zählen die Variabilität des ersten und zweiten Formanten sowie der Grundfrequenz, der akustische Vokalraum, die Sprechgeschwindigkeit, die Intensität und Parameter, die mit der Güte der Stimmqualität korrelieren.

Kim, Hasegawa-Johnson und Perlman [5] stellten fest, dass eine reduzierte Variabilität des ersten Formanten, berechnet anhand der Standardabweichung der Frequenzwerte, mit einer höher bewerteten Sprechverständlichkeit einherging. Für die Variabilität des zweiten Formanten konnten keine signifikanten Korrelationen mit der Verständlichkeit festgestellt werden. Bradlow, Torretta und Pisoni [6] kamen in ihrer Studie mit nicht dysarthrischen Probanden zu konträren Ergebnissen und berichteten einen positiven linearen Zusammenhang zwischen der Verteilung der F1-Werte und der Verständlichkeit.

Der akustische Vokalraum zeigt sich bei dysarthrischen Probanden in der Regel komprimiert [7]. Die Stärke des Zusammenhangs des akustischen Vokalraums mit der Sprechverständlichkeit variiert jedoch in bisherigen Forschungsprojekten stark. Kim et al. [5] konstatierten signifikante Korrelationen (r^2= 0,69) des akustischen Vokalraums mit der Sprechverständlichkeit bei dysarthrischen Sprechern aufgrund Zerebralparese, während Kim, Kent und Weismer [8] bei Probanden verschiedener Ätiologie nur geringe Korrelationen ermittelten (r^2= 0.28). Weismer et al. [7] berichteten, dass der akustische Vokalraum 46% der Varianz in der Verständlichkeitswertung bei Patienten mit Morbus Parkinson, Amytropher Lateralsklerose oder nach Schädel-Hirn-Traumata ausmachte.

Schlenck, Bettrich und Willmes [9] berichteten von einer höheren Grundfrequenz stark dysarthrischer Patienten im Vergleich zu nur leicht beeinträchtigten oder gesunden Kontrollprobanden. Auch die Variabilität der mittleren Grundfrequenz, berechnet anhand des Maximalwertes abzüglich des Minimalwertes, zeigte sich höher als bei gesunden Kontrollprobanden. Während Mayo, Aubanel und Cooke [10] einen negativen Zusammenhang zwischen der mittleren Grundfrequenz und der Sprechverständlichkeit feststellten, fanden Kim et al. [8] für Patienten nach Schlaganfall positive Korrelationen.

Die Silben- und Artikulationsrate ist bei dysarthrischen Patienten verlangsamt [11]. Den Zusammenhang dieser Parameter mit der Sprechverständlichkeit untersuchten Kim et al. [8] und berichteten positive, signifikante Korrelationen (r^2= 0,56).

Die Untersuchung der Intensität als möglicher Prädiktor beschränkt sich zumeist auf Analysematerial von Patienten mit Morbus Parkinson. Diese wurden bei erhöhter Sprechstärke als verständlicher bewertet. Kontrollprobanden mit Multipler Sklerose wiesen diesen Zusammenhang nicht auf [12].

Inwieweit Parameter zur Messung der Stimmqualität, wie Jitter, Shimmer und die Harmonics-to-Noise Ratio, die Sprechverständlichkeit beeinflussen ist wenig erforscht. Bisherige Untersuchungen beschränken sich auf den Vergleich dieser Werte von sprechmotorisch beeinträchtigten Sprechern mit Normalsprechern. So wurden bei Patienten mit ataktischer Dysarthrie höhere Werte für Shimmer und lediglich bei den weiblichen Probanden höhere Jitter-Werte festgestellt [13].

Dieser Überblick verdeutlicht, dass bisher noch keine generalisierten Übereinstimmungen über akustische Signalparameter für die Sprechverständlichkeit existieren. Der akustischen Analyse der oben angeführten Studien liegt zumeist Analysematerial auf Wort- oder Satzebene zugrunde. Einige sprechmotorische Defizite können jedoch erst in der Spontansprache in vollem Ausmaß wahrgenommen werden. Dazu zählen unter anderem prosodische Parameter, wie die Sprechgeschwindigkeit sowie die artikulatorische Präzision [3]. Der Vergleich der Parameter anhand dysarthrischer und nicht dysarthrischer Probanden, also unabhängiger Testgruppen, ist eine weitere Einschränkung bisheriger Forschungsprojekte in diesem Bereich.

In der vorliegenden Fallstudie kann die Unterscheidung dysarthrischer und nicht dysarthrischer Sprechweise erstmals anhand eines Probanden, der *gleichzeitig* auch als Kontrollproband fungiert, analysiert werden. Der Proband wies im Jahr 2007 eine episodische Dysarthrie aufgrund einer neurovaskulären Hirnstammkompression auf. Wegen eines pathologischen Nerven-Gefäß-Kontakts liegen bei dieser Person Läsionen des Nervus facialis, Nervus vagus, Nervus hypoglossus und der Pyramidenbahn vor. Eine genaue Analyse der Auftretenshäufigkeit und -dauer der dysarthrischen Phasen im Jahr 2007 ergab, dass eine Regelmäßigkeit der Phasenwechsel bestand. Die dysarthrischen Phasen traten mit einer Dauer von 20 (± 2) Sekunden nach symptomfreien Intervallen auf, die im Mittel 84 (± 10) Sekunden andauerten. Zum jetzigen Zeitpunkt zeigt der Patient eine permanente sprechmotorische Störung. Demnach ergeben sich *drei verschiedene Phasen*: die *dysarthrischen* und *symptomfreien* Episoden aus dem Jahr 2007 und die *aktuell permanent dysarthrische* Phase.

Das Auftreten einer Dysarthrie infolge einer Kompression im Hirnstammbereich ist ein selten beschriebenes Phänomen [14, 15, 16]. Nach bisherigem Kenntnisstand findet sich lediglich eine weitere Beschreibung wiederkehrender Episoden dysarthrischer Symptome, die in Zusammenhang mit pathologischen Veränderungen im Bereich des Hirnstamms zusammengebracht werden [17].

In der vorliegenden Studie wurde untersucht, ob die drei unterschiedlichen Phasen der Dysarthrie bei neurovaskulärer Kompression des Hirnstamms anhand eines Perzeptionstests zur Sprechverständlichkeit und anhand akustischer Parameter bei dem vorliegenden Einzelfall differenzierbar waren. Darüber hinaus wurde der Zusammenhang zwischen den akustisch-phonetischen Parametern und der auditiv-perzeptuellen Bewertung der Sprechverständlichkeit untersucht, um mögliche Prädiktoren für die Sprechverständlichkeit zu finden.

2 Methode

2.1 Auditiv-perzeptuelle Analyse

2.1.1 Stichprobe

Die perzeptuelle Bewertung der Phrasen des Patienten wurde von 20 Schüler/innen, davon 19 Frauen und ein Mann, einer Berufsfachschule für Logopädie, vorgenommen. Es handelte sich um Muttersprachler/innen der deutschen Sprache. Die Proband/innen waren im Alter von 20 bis 47 (Median: 24) und wiesen nach eigenen Angaben ein intaktes, nicht korrigiertes Hörvermögen auf.

2.1.2 Material

Für die perzeptuelle Testung wurden jeweils zehn Phrasen aus den dysarthrischen und symptomfreien Phasen aus dem Jahr 2007 und zehn Phrasen aus aktuellen Audiodateien selektiert. Es handelte sich ausschließlich um Ausschnitte aus der Spontansprache. Der Patient berichtete zu beiden Messzeitpunkten über seine Krankheitsgeschichte, sodass eine vergleichbare Erzählsituation geschaffen wurde. Die insgesamt 30 Hörproben aus den drei unterschiedlichen Episoden waren in der Länge sowie in der Anzahl der Wörter und Silben vergleichbar. Sie sind gemittelt 7,8 25 (± 4) Sekunden lang bei einer durchschnittlichen Silbenlänge von 24 (± 9) Silben. Zu beiden Messzeitpunkten wurden die Aufnahmen anhand eines Mikrofons mit leichter Nieren-Richtcharakteristik (Sennheiser ME) in einem Abstand von ca. 30-50 cm vom Mund des Patienten aufgenommen. Als Aufnahmemedium wurde ein digitales Diktiergerät (Sony TCD D100) genutzt. Es handelte sich um MP3-Aufnahmen im Aufnahmeformat von 44 kHz und 128 kbps. Die Aussteuerung der Aufnahmen beschränkte sich auf das Angleichen der Lautstärke.

2.1.3 Durchführung

Die Bewertung der 30 Phrasen erfolgte einzeln anhand einer zehn Zentimeter langen visuellen Analogskala mit den Endpunkten „sehr gut verständlich“ und „nicht verständlich“. Die 30 Hörbeispiele wurden über einen Computer mittels Sennheiser HD 25-1 II Kopfhörer (Basic Edition, geschlossen) abgespielt. Für die Auswertung konnten die Wertungen nach Ausmessung der Millimeter in Punkte von 1-100 umgewandelt werden.

Für die Berechnung der Intrarater-Reliabilität wurden die 30 Hörproben zwei Mal, jeweils in pseudorandomisierter Reihenfolge, abgespielt. Gemäß der Split-Half-Methode wurde die Stichprobe von 20 Schüler/innen in zwei Hälften geteilt. Der ersten Hälfte der Stichprobe wurde erst die erste Wiedergabeliste, der zweiten Hälfte der Stichprobe erst die zweite Wiedergabeliste dargeboten, um mögliche Reihenfolge-Effekte auszuschließen. Vorab wurden sechs Beispiele bewertet, sodass die Hörer/innen einen Höreindruck über das Ausmaß der sprechmotorischen Defizite erhielten und sich mit der Art der Bewertung vertraut machen konnten.

2.2 Akustische Analyse

2.2.1 Material

Die aus der Spontansprache selektierten Hörproben wurden auch in der akustischen Analyse verwendet. Die Hörproben wurden mittels der Software *Praat* [18] analysiert.

2.2.2 Durchführung

Pro Hörbeispiel wurden in Praat manuell die Frequenzen der ersten und zweiten Formanten für alle Vokale, Monophthonge und Diphtonge bestimmt. Für jedes Hörbeispiel wurde dann die mittlere F1- und F2-Frequenz anhand des arithmetischen Mittels errechnet. Die Variabilität ergab sich aus der Standardabweichung der Frequenzen der ersten und zweiten Formanten pro Satz [5].

Der akustische Vokalraum wurde anhand der Ausdehnung der ersten und zweiten Formanten über alle Vokale pro Phase berechnet. In einem Streudiagramm wurden die Frequenzen der zweiten Formanten auf der y-Achse und die Frequenzen der ersten Formanten auf der x-Achse abgetragen. Mithilfe der Gaußschen Trapezformel konnte der Flächeninhalt der so entstehenden unregelmäßigen Polygone berechnet und miteinander verglichen werden.

Mittels der in Praat verfügbaren Funktion „Voice report“ wurden die Parameter mittlere Grundfrequenz, Standardabweichung der Grundfrequenz und Maximum und Minimum der Grundfrequenz automatisch pro Phrase ermittelt. Um den Maximalbereich der mittleren Grundfrequenz zu berechnen, wurde der Minimalwert vom Maximalwert subtrahiert [6, 8]. Die Sprechgeschwindigkeit wurde anhand der Parameter Artikulationsrate und Silbenrate definiert. Die Artikulationsrate beschreibt die Anzahl an Silben pro Sekunde nach Abzug der Sprechpausen. Die Silbenanzahl ist definiert als die artikulierte Anzahl an Silben pro Sekunde unter Berücksichtigung aller Sprechpausen. Eine artikulationsfreie Phase ab einer Länge von 200 ms wurde als Sprechpause gewertet [11]. Die Jitter- und Shimmer-Werte sowie die mittlere Harmonics-to-Noise Ratio wurden dem „Voice report“ entnommen.

2.3 Datenanalyse

Die Datenanalyse wurde anhand der Datenanalysesoftware SPSS 21.0 vorgenommen. Die Interrater-Reliabilität, als Indikator der Reliabilität des zugrunde liegenden Bewertungssystems, wurde anhand der Intraklassenkorrelation (unjustiert) bestimmt. Zusätzlich wurde die Interrater-Reliabilität mittels Krippendorff's Alpha für die Gewichtung der Nichtübereinstimmung für intervallskalierte Daten berechnet. Die Intrarater-Reliabilität wurde anhand des Pearson-Korrelationskoeffizienten (einseitige Testung) ermittelt.

Anhand einer einfaktoriellen Messwiederholungs-Varianzanalyse wurde auf signifikante Unterschiede hinsichtlich der perzeptuellen Bewertung sowie der akustischen Parameter zwischen den drei Phasen getestet. Um die Voraussetzungen einer einfaktoriellen Varianzanalyse zu testen, wurde der Mauchly-Test auf Sphärizität durchgeführt. Als Post-hoc Test wurden die paarweisen Vergleiche Bonferroni-adjustiert angewandt. Für die Analyse wurde ein Signifikanzniveau von fünf Prozent (zweiseitig) festgelegt.

Zur Analyse des akustischen Vokalraums konnte nur der Vergleich der Ausdehnung des Vokalraums in den drei Phasen anhand der deskriptiven Statistik und des Flächeninhaltes vorgenommen werden.

Für die Überprüfung des Zusammenhangs zwischen den akustischen Parametern und der Sprechverständlichkeitsbewertung wurden bivariate Korrelationen nach Pearson zur Schätzung eines linearen Zusammenhangs und nach Spearman zur Schätzung eines monotonen Zusammenhangs durchgeführt.

3 Ergebnisse

3.1 Inter- und Intrarater-Reliabilität

Die Schätzung der Interrater-Reliabilität anhand der Intraklassenkorrelationen war mit einem Koeffizienten von 0,867 im ersten Durchgang der Bewertungen und einem Wert von 0,877 im zweiten Durchgang hoch und signifikant von null verschieden ($p < 0,001$). Anhand des Alpha Koeffizienten von Krippendorff ergaben sich Werte von 0,829 und 0,843 für die beiden Durchgänge. Dies entspricht einer guten Reliabilität [19].

Die Werte für die Intrarater-Reliabilität nach Pearson lagen im Bereich von 0,845 bis 0,969 ($p<0,001$), was hohen bis sehr hohen Korrelationen entspricht.

3.2 Unterschiede der Sprechverständlichkeit in den drei Phasen

Die einfaktorielle Varianzanalyse ergab einen F-Wert (2,9) von 193,2 bei einer Wahrscheinlichkeit für das Auftreten dieses Wertes unter der Bedingung gleicher Bewertungen der Sprechverständlichkeit der drei Phasen von $p<0,001$. Die gemäß der Bonferroni-Korrektur adjustierten paarweisen Vergleiche der Bedingungen ergaben, dass sich die Sprechverständlichkeit in allen drei Phasen signifikant voneinander unterschied ($p<0,001$).

3.3 Unterschiede der akustischen Parameter in den drei Phasen

Es zeigten sich signifikante Unterschiede zwischen allen drei Phasen für das Lautstärkeminimum. Die symptomfreie Phase unterschied sich signifikant von der dysarthrischen Phase hinsichtlich des Lautstärkemaximums, der mittleren Grundfrequenz, der Artikulationsrate und der Harmonics-to-Noise Ratio. Die symptomfreie und aktuelle Phase unterschieden sich in der Silbenrate und den Mittelwerten der zweiten Formanten signifikant. Darüber hinaus bestanden signifikante Unterschiede in der Variabilität der F1-Werte.

Die Flächenberechnung des akustischen Vokalraums ergab für die symptomfreie Phase einen Wert von 310822 Hz^2, für die aktuelle Phase einen Wert von 452268 Hz^2 und für die dysarthrische Phase einen Wert von 418346 Hz^2.

3.4 Korrelationen akustischer Parameter mit der Sprechverständlichkeit

Die Variabilität des zweiten Formanten korrelierte mit der Bewertung der Sprechverständlichkeit in der symptomfreien Phase (Spearman: $r_s= 0,64$, $p= 0,048$). Der Korrelationskoeffizient nach Pearson zeigte für diesen Parameter keine signifikant von null verschiedene Korrelation (Pearson: $r= 0,514$, $p= 0,13$).

Auch die Analyse der aktuellen Phase zeigte eine stark positive Korrelation zwischen der Variabilität des zweiten Formanten und der Bewertung der Sprechverständlichkeit (Spearman: $r_s= 0,78$, $p= 0,008$). Darüber hinaus korrelierte die Sprechverständlichkeit mit der Variabilität des ersten Formanten (Pearson: $r= 0,78$, $p= 0,008$; Spearman: $r_s= 0,81$, $p= 0,005$) sowie mit dem Mittelwert der Grundfrequenz (Pearson: $r= 0,75$, $p= 0,013$; Spearman: $r_s= 0,69$, $p= 0,029$). Lediglich nach Spearman bestand eine Korrelation der Sprechverständlichkeit mit den Mittelwerten des zweiten Formanten (F2Mw) (Spearman: $r_s= 0,78$, $p= 0,007$). Für die dysarthrische Phase zeigte sich eine Korrelation der Mittelwerte des ersten Formanten mit der Sprechverständlichkeit (Pearson: $r= 0,66$, $p= 0,039$; Spearman: $r_s= 0,82$, $p= 0,004$). Die maximale Intensität korrelierte mittelgradig mit der Sprechverständlichkeit (Spearman: r_s=0,69, p= 0,029).

Die Korrelationsanalyse der Sprechverständlichkeit mit den akustischen Parametern über alle 30 Hörproben der drei Phasen ergab mittelgradige, negative Korrelationen für die Mittelwerte der Frequenz des zweiten Formanten (Pearson: r= -0,60, p= 0,001; Spearman r_s= -0,62, p= <0,001). Für die Variabilität des ersten Formanten ergaben sich geringe Korrelationen (Pearson: r= -0,44, p= 0,14; Spearman: r_s= -0,45, p= 0,13). Die Silbenrate war mittelgradig mit der Sprechverständlichkeit korreliert. Die Artikulationsrate als weiteres Maß der Sprechgeschwindigkeit wies einen mittelgradigen bis hohen Zusammenhang mit der Sprechverständlichkeit auf (Pearson: r= 0,81, p= <0,001; Spearman: r_s= 0,76, p= <0,001).

4 Diskussion

4.1 Interpretation der Ergebnisse

Die hochsignifikanten Unterschiede in der Bewertung der Sprechverständlichkeit zwischen den drei Phasen bestätigten die Befundung der episodischen Dysarthrie und zeigten, dass sich die episodische Dysarthrie im Verlauf zu einer permanenten Dysarthrie entwickelte, die sich im Vergleich zu den vorhergehenden dysarthrischen Episoden schwächer ausgeprägt zeigte.

Die hohe Intra- und Interraterreliabilität sprechen für eine ausreichende Qualifikation der weitgehend unerfahrenen Schüler/innen der Logopädie. Die Analyse der akustischen Parameter ergab lediglich für den Parameter Minimum der Intensität signifikante Unterschiede zwischen den drei Phasen. Insgesamt konnte jedoch kein Parameter für eine Unterscheidung der Phasen ausgemacht werden. Jedoch scheinen die Artikulations- und die Silbengeschwindigkeit geeignete Parameter für die Unterscheidung der dysarthrischen und der symptomfreien Phase zu sein.

Die Untersuchung möglicher Prädiktoren für die Sprechverständlichkeit ergab keine eindeutigen Ergebnisse. Kein akustischer Parameter korrelierte in allen drei Phasen mit der Sprechverständlichkeit. Eine prädiktive Einschätzung der Sprechverständlichkeit durch einen akustischen Parameter ist demnach nicht möglich. Missachtet man die Phasen und korreliert über alle Phasen hinweg, so erhält man allerdings für folgende Parameter signifikante Korrelationen mit der Sprechverständlichkeit: Mittelwerte des zweiten Formanten, Variabilität des ersten Formanten, Artikulations- und Silbenrate. Da sich die Messprozeduren hinsichtlich der Formantauswertungen auf alle Vokale beziehen und ein Vergleich mit Referenzwerten aufgrund fehlender Untersuchungen akustischer Parameter auf der Ebene der Spontansprache nicht möglich ist, können die Variabilität des ersten Formanten und die Frequenzmittelwerte des zweiten Formanten nicht als Signalparameter interpretiert werden. Die Artikulations- und Silbenrate hingegen scheinen Maße zu sein, anhand welcher die Einschätzung der Sprechverständlichkeit möglich wäre.

4.2 Kritische Reflexion

Die Spontansprache als authentische kommunikative Handlung birgt in der akustischen Analyse einige limitierende Faktoren. Beispielsweise kann die Färbung der Vokale durch folgende oder vorangehende Konsonanten nicht kontrolliert werden. Zudem bestehen für einige Parameter keine Referenzwerte für die Messung in der Spontansprache [8].

4.3 Relevanz und Ausblick

Diese Studie trägt dazu bei, Signalparameter für die Sprechverständlichkeit zu eruieren, um diagnostische Methoden zu erweitern und zu verbessern. Da es sich um eine Einzelfallanalyse handelt, kann die Allgemeingültigkeit der hier dargestellten Ergebnisse nicht uneingeschränkt angenommen werden. Dafür bedarf es Folgestudien mit einem größeren Stichprobenumfang.

In Anbetracht der symptomatischen Schwerpunkte der verschiedenen Dysarthriearten scheinen Folgeprojekte, die die akustische Analyse der Spontansprache von Probanden mit verschiedenen Formen der Dysarthrie berücksichtigen, sinnvoll.

Literatur

[1] Weismer, G., Jeng, J.-Y., Laures, J. S., Kent, R. D. & Kent, J. F. (2001). Acoustic and Intelligibility Characteristics of Sentence Production in Neurogenic Speech Disorders. *Folia Phoniatrica et Logopaedica*, 52, 201-19.

[2] Kent, R. D., Weismer, G., Kent, J. F. & Rosenbek, J. C. (1989). Toward phonetic intelligibility testing in dysarthria. *Journal of Speech and Hearing Disorders,* 54, 482-499.

[3] Bunton, K., Kent. R. D., Duffy, J. R., Rosenbek, J. C & Kent, J. F. (2007). Listener Agreement for Auditory-Perceptual Ratings of Dysarthria. *Journal of Speech, Language, and Hearing Research*, 50, 1481-1495.

[4] Liu, H.-M., Tsao, F.-M. & Kuhl, P. K. (2005). The effect of reduced vowel working space on speech intelligibility in Mandarin-speaking young adults with cerebral palsy. *Acoustical Society of America,* 117 (6), 3879-3889.

[5] Kim, H., Hasegawa-Johnson, M. & Perlman, A. (2010). Vowel Contrast and Speech Intelligibility in Dysarthria. *Folia Phoniatrica et Logopaedica*, 63, 187–194.

[6] Bradlow A. R., Torretta, G. M. & Pisoni, D. B. (1996). Intelligibility of normal speech I: Global and fine-grained acoustic-phonetic talker characteristics. *Speech Communication,* 20, 255–272.

[7] Weismer, G., Laures, J. S., Jeng J.-Y., Kent, R. D. & Kent, J. F. (2000). Effect of Speaking Rate Manipulations on Acoustic and Perceptual Aspects of the Dysarthria in Amyotrophic Lateral Sclerosis. *Folia Phoniatrica et Logopaedica*, 53, 1-18.

[8] Kim, Y., Kent, R. D. & Weismer, G. (2011). An Acoustic Study of the Relationships Among Neurologic Disease, Dysarthria Type, and Severity of Dysarthria. *Journal of Speech, Language, and Hearing Research,* 54, 417-429.

[9] Schlenck, K.-J., Bettrich, R. & Willmes, K. (1993). Aspects of disturbed prosody in dysarthria. *Clinical Linguistics & Phonetics*, 7(2), 119-128.

[10] Mayo, C., Aubanel, V. & Cooke, M. (2012). *Effect of prosodic changes on speech intelligibility*. Interspeech. Verfügbar unter: http://laslab.org/upload/ effect_of_prosodic_changes_on_speech_intelligibility.pdf

[11] Nishio, M. & Niimi, S. (2001). Speaking rate and its components in dysarthric speakers: *Clinical Linguistics and Phonetics,* 15, 309-317.

[12] Tjaden, K. & Wilding, G. E. (2004). Rate and Loudness Manipulations in Dysarthria: Acoustic and Perceptual Findings. *Journal of Speech, Language, and Hearing Research,* 47, 766-783.

[13] Kent, R. D., Kent, J., Duffy, J. R., Thomas, J. E., Weismer, G., & Stuntebeck, S. (2000). Ataxic dysarthria. *Journal of Speech, Language, and Hearing Research*, 43(5), 1275-1289.

[14] Cheong, J. H., Kim, J. M, Jang, M. S & Kim, C. H. (2011). Resolution of Isolated Unilateral Hypoglossal Nerve Palsy Following Microvascular Decompression of the Intracranial Vertebral Artery. *The Korean Neurosurgical Society*, 49, 167-170.

[15] Graham, R., Thomson, E. & Baldwin, A. (2007). Isolated hypoglossal nerve palsy due to a vascular anomaly. *International Journal of Oral & Maxillofacial Surgery*, *36*(8), 759–761.

[16] Salvi, F., Mascalchi, M., Bortolotti, C., Meletti, S., Plasmati, R., Rubboli, G. et al. (2000). Hypertension, hyperekplexia, and pyramidal paresis due to vascular compression of the medulla. *Neurology*, 55(9), 1381–1385.

[17] Meila, D., Wetter, A., Brassel, F. & Nacimiento, W. (2012). Intermittent hypoglossal

nerve palsy caused by a calcified persistent hypoglossal artery: An uncommon neurovascular compression syndrome. *Journal of the Neurological Sciences*, 323, 248–249.

[18] Boersma, P. & Weenink, D. (2013). *Praat: doing phonetics by computer [Computer program]. Version 5.3.56*. Zugriff am 15.09.2013 unter: http://www.praat.org/

[19] Krippendorff, K. (2004). Reliability in Content Analysis: Some Common Misconceptions and Recommendations. *Human Communication Research*, 30(3), 411-433.

Individuelle Ausprägung von Atmungspausen in der Mutter- und in der Fremdsprache als Anzeichen kognitiver Belastung

Jürgen Trouvain und Bernd Möbius

Universität des Saarlandes, Computerlinguistik und Phonetik
Email: trouvain [at] coli.uni-saarland.de

Abstract: Die vorliegende Studie analysiert die Häufigkeit und Dauer von Atmungsgeräuschen sowie ihren proportionalen Anteil an Sprechpausen in mutter- und fremdsprachlichen Produktionen deutscher und französischer Sprecher. Getestet wurde die Hypothese, dass die durch größeren Planungsaufwand erhöhte kognitiv-linguistische Belastung in der L2 zu einer Steigerung der Atmungsaktivität führt. Die Ergebnisse bestätigen die Erwartung tendenziell, weisen aber auch auf eine ausgeprägte individuelle Verwendung des Pausenverhaltens hin. Außerdem unterscheiden sich die Sprecher der beiden Sprachen als Gruppe in ihrem Pausen-Timing, unabhängig davon, ob L1- oder L2-Äußerungen produziert wurden.

1 Einführung

Einatmungsgeräusche in Sprechpausen sind phonetische Erscheinungen, die bekanntermaßen in natürlicher Sprache vorkommen, aber bislang kaum in der Sprachsynthese, der automatischen Spracherkennung und der automatischen Sprecheridentifizierung genutzt werden.

Ziel der vorliegenden Studie ist, zu überprüfen, ob und inwieweit sich Sprecher bei muttersprachlichen (L1) Texten bezüglich Sprechpausen mit Einatmungsgeräuschen anders verhalten als in entsprechenden fremdsprachlichen (L2) Texten. Der erhöhte Planungsaufwand in der L2 führt zu erhöhter kognitiver Belastung [5]. Zusätzlich kann ein erhöhter Grad an Stress eine verstärkte Einatmung bewirken. Daher ist davon auszugehen, dass in L2-Sprache die *absoluten* Werte für Anzahl und Dauer von Pausen deutlich höher sind als in L1-Sprache. Dies gilt ebenso für die Anzahl von Unflüssigkeiten wie Satzabbrüchen, gefüllten Pausen und Reparaturen ("repair fluency") und die Artikulationsrate.

Ungeklärt hingegen ist das Atmungsverhalten in der L2 *relativ* zur L1. Eine Erhöhung an Pausierungsaktivität muss nicht unbedingt zu einer Erhöhung der Atmungsaktivität im selben Zeitrahmen führen. Jedoch wäre zu erwarten, dass eine stärkere kognitive Belastung bei der L2-Produktion zu mehr Einatmung oder zu längerer Einatmung führt, da diese Anzeichen verstärkter Planung bevorstehender Sprechabschnitte darstellen [1], wobei diese durch Dauer, aber nicht durch Intensität reflektiert wird [6].

Gleichzeitig gibt es auch Befunde, die eine starke individuelle Ausprägung des Atmungsverhaltens (innerhalb der Muttersprache) belegen [4]. Unklar bleibt aber, inwieweit sich individuelle Muster in der gewohnten Sprache (meist L1) über Kommunikationssituationen und Textsorten hinweg als konstant erweisen und inwieweit dies auch in der ungewohnten Sprache (meist L2) der Fall ist.

1.1 Hypothesen

Aus den vorangehenden Ausführungen lassen sich folgende Hypothesen ableiten:

- In der L2 werden generell mehr Pausen sowie längere Pausen produziert als in der L1. Der Gesamtanteil der Pausendauern müsste daher in der L2 auch größer sein als in der entsprechenden L1.

- Die mittlere Dauer der Pausen – sowohl der Pausen mit als auch solcher ohne hörbare Einatmung – sollte dementsprechend in der L2 auch länger sein.
- Da Sprechunflüssigkeiten nicht geplant werden, sollten sie auch nicht an einer Pause mit Einatmung stattfinden.

Über bestimmte individuelle Ausprägungen kann keine Hypothese aufgestellt werden. Daher ist es in der vorliegenden Studie das Ziel, das Ausmaß solcher Ausprägungen festzustellen und gegebenenfalls bestimmte Muster zu erkennen und zu erklären.

2 Experiment

2.1 Methode

Aus einem im Entstehen begriffenen zweisprachigen Parallelkorpus [8] wurden jeweils fünf Anfänger (Niveau A1/A2 im Europäischen Referenzrahmen CEFR) mit Französisch bzw. mit Deutsch als L1 in der Teilaufgabe "Vorlesen von Texten" untersucht. Beim hier untersuchten Text handelt es sich um die bekannte Geschichte "Die drei kleinen Schweinchen"/"Les trois petits cochons", die in beiden Sprachen vorliegt und von allen zehn Versuchspersonen (Vpn) in ihrer L1 und in ihrer L2 in einer ruhigen Büroumgebung vorgelesen und aufgenommen wurde.

Aus den ersten 30 Sekunden der insgesamt 20 Aufnahmen wurden die Pausen (eingeteilt in Atempausen und Nicht-Atempausen) bezüglich ihrer Anzahl, ihrer Dauer und der Dauer der jeweiligen Einatmungsgeräusche analysiert. Ein Einatmungsgeräusch lag dann vor, wenn es als hörbar eingestuft wurde. Die entsprechende Dauer wurde durch sichtbare Intensitätsunterschiede im Oszillogramm und vor allem im Spektrogramm bestimmt (vgl. Abbildung 1). Wenn bei Pausen auch Merkmale von Sprechunflüssigkeiten aufgetreten sind wie Silbendehnungen (aber nicht Dehnungen von Stille), so wurden diese eigens vermerkt.

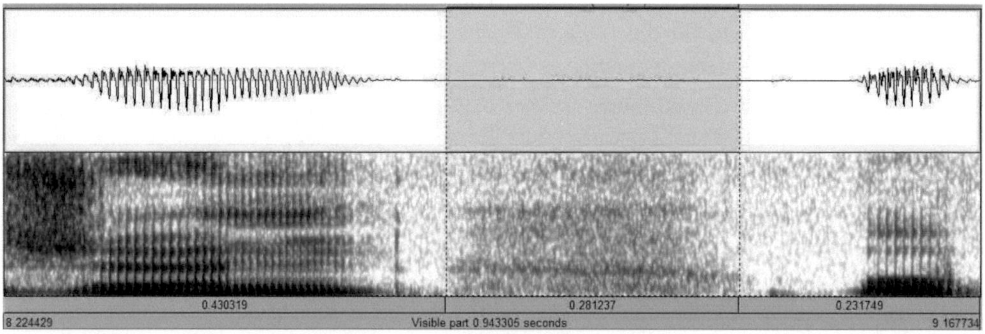

Abbildung 1 – Oszillogramm und Spektrogramm (0-8 kHz) einer Atempause mit linkem und rechten Kontext ("… jeunes – Atempause – où …") eines deutschen Sprechers im L2-Text. Eingefärbt ist das hörbare und im Spektrogramm sichtbare Einatmungsgeräusch. Die stillen Anteile der Atempause vor und nach dem Geräusch sind hier nicht gesondert markiert.

2.2 Ergebnisse

2.2.1 Anzahl der Pausen

Wie in Abbildung 2 ersichtlich zeigt eine leichte Mehrheit der Sprecher in ihrer L2 mehr Pausen (n=6), wobei Atempausen und Nicht-Atempausen zusammen zählen. Zwei Vpn produzieren in L1 und L2 genau so viele Pausen und bei zwei Vpn gibt es in der L1 mehr Pausen.

Ähnlich verhält es sich mit der Anzahl an Atempausen. Die Hälfte der Vpn produziert in der L2 mehr Atempausen als in der L1, zwei Vpn gleich viel Atempausen in L1 und L2 und zwei Vpn haben weniger Atempausen in der L2 als in der L1.

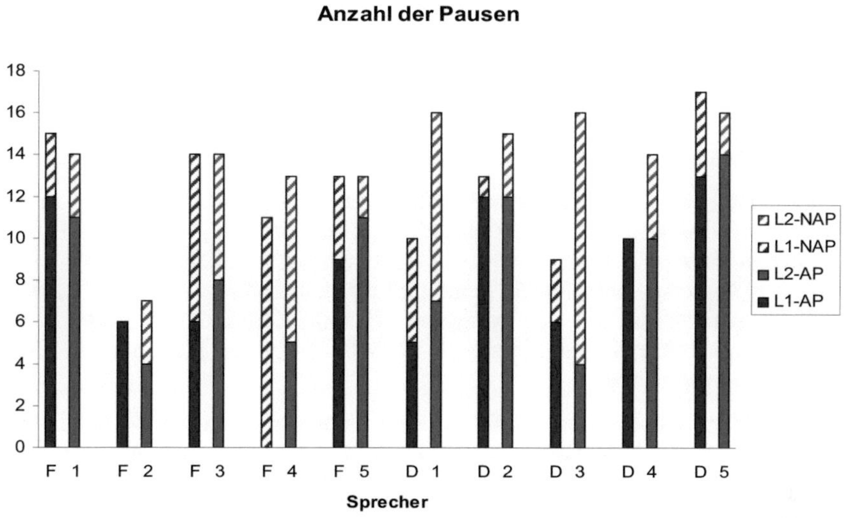

Abbildung 2 – Anzahl der Pausen innerhalb der ersten 30 Sekunden pro Sprecher. Der jeweils linke Balken bezieht sich auf das Vorlesen in der Muttersprache (L1), der jeweils rechte Balken auf die Fremdsprache (L2). Innerhalb der Balken sind die Pausen sind in Atmungspausen (AP) und Nicht-Atmungspausen (NAP) unterteilt. "F" und "D" stehen für die jeweilige Muttersprache.

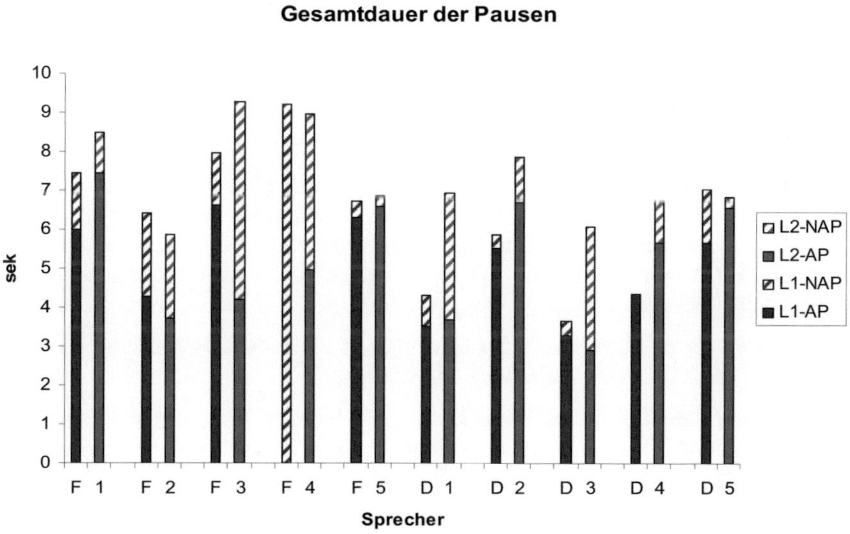

Abbildung 2 – Gesamtdauer der Pausen und der hörbaren Einatmungen innerhalb der ersten 30 Sekunden pro Sprecher. Der jeweils linke Balken bezieht sich auf das Vorlesen in der Muttersprache (L1), der jeweils rechte Balken auf die Fremdsprache (L2). Innerhalb der Balken sind die aufsummierten Pausendauern in hörbare Einatmung (bei Atmungspausen), Stille (bei Atmungspausen) und Stille bei Nicht-Atmungspausen unterteilt. "F" und "D" stehen für die jeweilige Muttersprache.

2.2.2 Gesamtpausenzeit

Bezüglich der Gesamtpausenzeit zeigt eine Mehrheit (n=7) einen größeren Wert in der L2, bei drei Vpn hingegen ist der Wert in der L1 größer (Abbildung 3).

Betrachtet man nun lediglich die aufsummierte Gesamtzeit der Atempausen so ist das Verhältnis gleich geblieben: 7 Vpn haben eine längere Atempausenzeit in der L2, drei Vpn in ihrer L1. Allerdings handelt es sich nicht immer um die gleichen Individuen, die diesen Mustern entsprechen, z.B. Sprecher D5.

2.2.3 Mittlere Dauer der Pausen und Einatmungsgeräusche

Bei der mittleren Dauer von Atempausen und Einatmungsgeräuschen zeigen sich Unterschiede zwischen den Individuen als auch zwischen den beiden L1-Gruppen. In Tabelle 1 kann man an den Mittelwerten für Atem- und Nichtatempausen erkennen, dass die D-Gruppe (mit Deutsch als Muttersprache) sowohl in ihrer L1 als auch in ihrer L2 kürzere Pausen als die F-Gruppe (mit Französisch als L1) produziert. Das heißt also auch, dass die Deutschsprachigen in ihren französischen Versionen im Schnitt kürzere Pausen aufzeigen als die französischen Muttersprachler.

Eine Konstanz über L1 und L2 hinweg ist bei der durchschnittlichen Dauer der Einatmungsgeräusche zu erkennen. Die F-Gruppe zeigt einen Wert von 332 ms gegenüber 300 ms bei der D-Gruppe.

	F1-F5		**D1-D5**	
	L1	**L2**	**L1**	**L2**
Nicht-Atempausen	523 (521)	432 (322)	246 (173)	297 (252)
Atempausen	706 (188)	747 (393)	485 (204)	546 (213)
Stille	374 (174)	414 (305)	180 (107)	248 (160)
Atmungsgeräusch	331 (90)	333 (151)	301 (144)	298 (107)

Tabelle 1 – Mittelwerte (Standardabweichung in Klammern) der Dauern der Nicht-Atempausen und der Atempausen, letztere nochmals unterteilt in Stille und Atmungsgeräusch

Die individuelle Verteilung der Dauern der Atempausen sowie ihrer Stille- und Geräusch-Anteile ist in Abbildung 4 dargestellt. Im Vergleich zu den Stille-Anteilen sind die Werte für die Einatmungsgeräusche bei fast allen Sprechern relativ konstant. Ausnahmen dazu bilden die Sprecher F2 (in seiner L2) und D1 (in seiner L1), F4 fällt wegen seiner fehlenden hörbaren Atmung bei L1 hier weg.

Generell gilt, dass der Stille-Anteil in der L2 länger ist als in der L1. Nur bei zwei Vpn ist der Stille-Anteil in der L2 geringer als in der L1 (F3, F5).

Etwas größere individuelle Unterschiede lassen sich bei den Dauern der Nicht-Atempausen feststellen (Abbildung 5). Die Tendenz hierbei ist, dass in der L2 diese Pausenart gedehnt wird. Für drei Vpn (F4, F5, D5) trifft dieser Befund nicht zu.

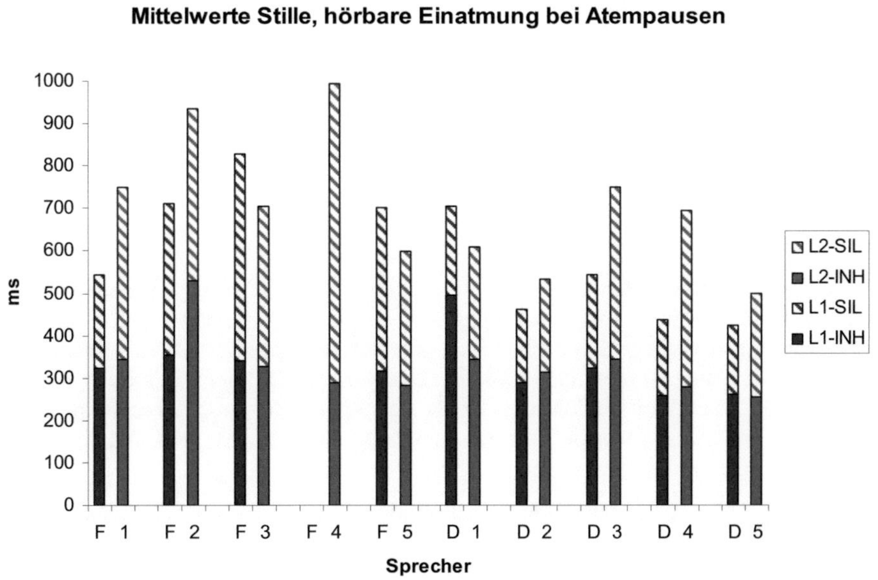

Abbildung 4 – Mittlere Dauer der Stille-Anteile (SIL) und der hörbaren Einatmungen (INH) bei Atempausen innerhalb der ersten 30 Sekunden pro Sprecher. Alle anderen Angaben sind wie bei den vorhergehenden Abbildungen.

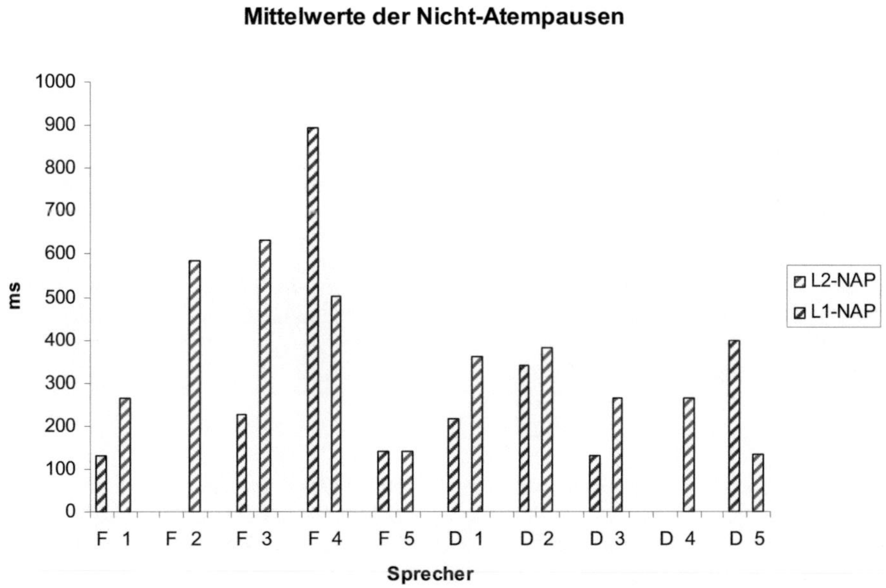

Abbildung 5 – Mittlere Dauer der Nicht-Atempausen innerhalb der ersten 30 Sekunden pro Sprecher. Alle anderen Angaben sind wie bei den vorhergehenden Abbildungen.

2.2.4 Pausen und Sprechunflüssigkeiten

Darüber hinaus gibt es einzelne Pausen, die zum Eindruck des unflüssigen Sprechens führen, meist verbunden mit einer Lautdehnung oder der Wiederholung eines Wortes bzw. einer Wortverbindung. Diese Sprechflusspausen sind bei acht der zehn Sprecher zu beobachten. 15 der insgesamt 19 Sprechflusspausen traten in der L2 auf, vier in der L1. Zumeist betrifft es Nicht-Atempausen (n=16), Atempausen hingegen lediglich drei Mal, wobei es sich um extrem lange Atempausen (minimal 970 ms) handelt.

2.3 Diskussion

Die einzelnen Faktoren der erwarteten Tendenzen "mehr Pausen, längere Pausen, mehr Atempausen, daher auch mehr Atmungszeit" in der L2 gegenüber der L1 sind zwar mehrheitlich festzustellen, dafür aber nur schwach ausgeprägt. Die Annahme, dass die Mehrheit der Sprecher all diesen Faktoren in der erwarteten Tendenz folgen, ist nicht bestätigt worden. Genau betrachtet handelt es sich um nur einen (von zehn) Sprechern, D1, der den Erwartungen bezüglich Anzahl und Gesamtdauer der Pausen und Atempausen in L1 gegenüber L2 vollständig entspricht.

In Einklang mit älterer Literatur wie z.B. Goldman Eisler [2] kann man feststellen, dass die individuelle Variation sehr stark ausgeprägt ist. Beispielsweise zeigt Vp F4 ein spezielles Verhalten, indem sie ausschließlich Nicht-Atempausen (d.h. Pausen ohne *hörbare* Einatmung) in der L1 benutzt. Im völligen Gegensatz dazu ist bei den Sprechern F2 und D4 jede Pause mit einem Atemgeräusch versehen. Manche Vpn verhalten sich wie vorhergesagt mit längerer Einatmung und längeren Atmungspausen in der kognitiv schwierigeren L2, andere hingegen verkürzen die Atmungspausen und teilweise auch ihr Einatmungsgeräusch bei gleichzeitiger Erhöhung der Anzahl der Pausen.

Die interessante Beobachtung gänzlich fehlender *hörbarer* Einatmung bei Sprecher F4 wirft die Frage auf, wie häufig Atemtätigkeiten ohne *visuell* erkennbares akustisches Korrelat bzw. ohne auditive Wahrnehmung bleiben. Es ist davon auszugehen, dass zur Einatmung kinematische Bewegung erforderlich ist und daher auch bei Sprecher F4 vorhanden gewesen sein muss. Hier könnten atmungskinematische Aufzeichnungen bei gleichzeitigen akustischen Aufnahmen über diesen Punkt mehr Aufschluss geben. Dies könnte auch zur Klärung der Frage beitragen, ob und wie sich Ruheatmung von Sprechatmung akustisch unterscheidet. Auf jeden Fall darf man davon ausgehen, dass bei den restlichen neun Vpn eine unbekannte Anzahl von stattgefundenen Einatmungszyklen akustisch keinen Niederschlag gefunden hat und diese daher zur Gruppe der "Nicht-Atmungspausen" gezählt wurden.

Die Dauer des Einatmungsgeräusches (wenn es denn festgestellt wurde) ist erstaunlich konstant über Sprecher und Sprachen hinweg. In Atempausen sind es vor allem die Stille-Phasen, die flexibel zur Dehnung der Pausen eingesetzt werden und als Korrelate der erhöhten kognitiven Belastung in Frage kommen.

3 Schlussfolgerungen

Globale Parameter des Pausenverhaltens (Gesamtanzahl der Pausen, Gesamtpausenzeit, mittlere Dauer von Atem- und Nichtatempausen) können als Anzeichen erhöhter kognitiver Belastung beim Vorlesen von L2-Texten betrachtet werden. Jedoch scheint die individuelle Verwendung der Atmung in dieser Bedingung stärker als vermutet ausgeprägt zu sein. Es bleibt zukünftigen Studien überlassen zu zeigen, ob und inwieweit sich diese Individualität auch bei anderen Textsorten beobachten lässt bzw. als wie stabil sich individuelle Sprechpausenmuster über Textsorten hinweg erweisen.

Neben der stark individuellen Ausprägung überrascht der hier dargelegte Befund, dass sich Sprecher der beiden untersuchten Sprachen als Gruppe in ihrem Pausen-Timing in L1 und L2 unterscheiden, sowohl bei den Nicht-Atempausen als auch bei den stillen Anteilen von Atempausen und den feststellbaren Geräuschanteilen darin. Die Fortführung der Aufnahmen und ihrer Annotationen des hier verwendeten zweisprachigen Korpus [8] auf 100 statt 10 Sprecher wird eine zuverlässigere Aussage diesbezüglich erlauben.

Die große Variabilität in der zeitlichen Strukturierung der Pausen könnte einen weiteren Ansatzpunkt bieten, synthetisch erzeugte Sprache mehr der menschlichen Sprachproduktion anzugleichen. Bislang werden in der Sprachsynthese vorgelesene Texte im Allgemeinen mit wenigen statisch zugewiesenen Pausendauern modelliert. Ein weiterer Punkt bei der Modellierung des menschlichen Sprechvorbildes sollte die Verwendung verschiedener Arten von Einatmungsgeräuschen in längeren Texten sein. Eine positive Auswirkung auf das (unbewusste) Empfinden von Natürlichkeit ist bereits bei isolierten Sätzen nachgewiesen worden [10], auch wenn hierbei ein bloßes Hinzufügen eines festen Geräusches nicht unbedingt Erfolg verspricht [9].

Viele Applikationen der Sprachsynthese generieren eher einzelne Sätze als längere Texte. Pausen dürften daher, wenn überhaupt, eine untergeordnete Rolle spielen. Eine differenziertere Pausenmodellierung könnte aber dann zum Tragen kommen, wenn Textlänge, Textsorte und möglicherweise die Individualität des synthetischen Sprechers von dem genannten Standardfall abweichen, z.B. bei individualisierten Sprechprothesen nach Stimmverlust, Erzeugung dramatischer Texte für Blinde [7] oder anderen Sprechstilen [3].

Im Bereich des computergestütztes Fremdsprachenlernens spielt die Erkennung von Pausen, und demzufolge die Zuordnung des Einatmungsgeräusches, eine wesentliche Rolle. Häufig werden tatsächliche Sprechpausen nicht richtig mit den vorhergesagten Pausen aligniert, was unter Umständen auf die durch Einatmung verursachte Friktion zurückzuführen ist. Gesonderte Studien müssen in der Zukunft zeigen, wie stabil die Pausenerkennung auf Grund von eventuell störenden Einatmungsgeräuschen funktioniert und inwieweit sich diese frikativähnlichen Geräusche von akustisch ähnlichen Realisierungen von /h/ und Aspirationsphasen stimmloser Plosive unterscheiden.

Ein letzter Punkt betrifft die Erkennung eines individuellen Sprechers durch Menschen. Können menschliche Hörer Einatmungsgeräusche in Atempausen von verschiedenen Sprechern den zugehörigen sprachlichen Äußerungen verlässlich zuordnen? Diese Fragestellung wäre insbesondere für die forensische Phonetik von Interesse. Sie würde idealerweise ergänzt werden durch eine akustische Untersuchung der Intensität und weiterer akustischer Korrelate der kinematischen Bewegungen der Sprechatmung.

Literatur

[1] Fuchs, S., Petrone, C., Krivokapić, J. & Hoole, Ph. 2013. Acoustic and respiratory evidence for utterance planning in German. Journal of Phonetics 41, pp. 29-47.

[2] Goldman Eisler, F. 1968. Psycholinguistics: Experiments in spontaneous speech. New York: Academic Press.

[3] Kruschke, H. 2007. Prosodische Analyse von Sprechstilen: Ein Beitrag zur Simulation von Sprechstilen in synthetischer Sprache. (Studientexte zur Sprachkommunikation 45). Dresden: TUDpress.

[4] Lauf, R. 2001. Aspekte der Sprechatmung: Zur Verteilung, Dauer und Struktur von Atemgeräuschen in abgelesenen Texten. In: Braun, A. (Hg.) Beiträge zu Linguistik und Phonetik. Festschrift für Joachim Göschel zum 70. Geburtstag (ZDL Beihefte 118). Stuttgart: Franz Steiner Verlag, pp. 406-420.

[5] Mitchell, H.L. Hoit, J.D. & Watson, P.J. 1996. Cognitive-linguistic demands and speech

breathing. Journal of Speech and Hearing Research 39, pp. 93-104.
[6] Rochet-Capellan, A. & Fuchs, S. 2013. The interplay of linguistic structure and breathing in German spontaneous speech. Proc. Interspeech, Lyon, pp. 2014-1018
[7] Rusko, M., Trnka, M., Darjaa, S. & Hamar, J. 2013. The dramatic piece reader for the blind and visually impaired. Proc. 4th Workshop on Speech and Language Processing for Assistive Technologies, Grenoble, pp. 83-91.
[8] Trouvain, J., Laprie, Y., Möbius, B., Andreeva, B., Bonneau, A., Colotte, V., Fauth, C., Fohr, D., Jouvet, D., Mella, O., Jügler, J. & Zimmerer, F. 2013. Designing a bilingual speech corpus for French and German language learners. Proc. Corpus et Outils en Linguistique, Langues et Parole: Statuts, Usages et Mésuages, Strasbourg, pp. 32-34.
[9] Trouvain, J. & Möbius, B. 2013. Einatmungsgeräusche vor synthetisch erzeugten Sätzen – Eine Pilotstudie. Proc. 24. Konferenz Elektronische Sprachsignalverarbeitung (ESSV '13), Bielefeld, pp. 50-55.
[10] Whalen, D.H., Hoequist, Ch.E. & Sheffert, S. 1995. The effects of breath sounds on the perception of synthetic speech. Journal of the Acoustical Society of America 97, pp. 3147-3153.

HMM-BASED CLASSIFICATION OF GLOTTALIZATION PHENOMENA IN GERMAN-ACCENTED ENGLISH

Maria Paola Bissiri[1], Ivan Kraljevski[2], Rüdiger Hoffmann[1]

[1]TU Dresden, Chair for System Theory and Speech Technology, Dresden, Germany
[2]VoiceINTERConnect GmbH, Dresden, Germany

{maria_paola.bissiri, ruediger.hoffmann}@tu-dresden.de
ivan.kraljevski@voiceinterconnect.de

Abstract. The present paper investigates the automatic detection of word-initial glottalization phenomena (glottal stops and creaky voice) in German-accented English by means of HMMs. Glottalization of word-initial vowels can be very frequent in German-accented English, as well as in German. Detection and classification of glottalization phenomena is useful in order to obtain a pre-segmentation of speech for basic phonetic research. Moreover, the inclusion of acoustic models for glottalization, which are good indicators of word and morpheme boundaries, can improve the overall performance of an Automatic Speech Recognition (ASR) system. Since creaky voiced vowels have different spectro-temporal acoustic characteristics than modal voiced vowels, it is possible to train HMM models for creaky voice. A corpus of BBC news bulletins read by German speakers was recorded and a subset of the corpus with manually labeled glottalization at word-initial vowels was used to initialize HMM models. These models were used to label the training and the test set in the corpus. To analyze detection accuracy, the automatically derived labels were compared with the manual labels. Results show that the proposed framework can be used for the identification of glottalization phenomena, providing a reliable automatic pre-segmentation for the purpose of phonetic basic research.

1. Introduction

Glottalizations are produced by opening and then abruptly closing the vocal folds (glottal stops) or by means of irregular and low frequency glottal fold vibrations (creaky voice). In German and in English, glottalizations are not phonemes, i.e. they cannot differentiate word meaning, however, they can be quite relevant in speech communication. Glottalizations can carry out non-verbal information about speaker's dialect, attitude, mood and emotional state [1, 2]. Although they are produced involuntarily, glottalizations can also carry out relevant linguistic information by marking morpheme, word, phrase, or utterance boundaries, depending on the language. For instance, in German, glottalizations of word-initial vowels are frequent at word and morpheme boundaries [3, 4]. In English glottalizations often occur at intonation phrase boundaries as well as at pitch accented syllables [5], in Swedish [6] they are phrase boundary markers, in Finnish and in English markers for turn taking [7, 8].

The automatic identification of glottalization phenomena is difficult because large annotated speech databases and suitable automatic detection algorithms are seldom available. As a result, several studies report qualitative analysis of glottalizations and less investigations are concerned with their automatic detection [9]. However, the inclusion of acoustic models for glottal stops and creaky voice in Automatic Speech Recognition (ASR) can have several advantages. Robust automatic detection of glottalized segments would provide a useful pre-segmentation for basic phonetic research. Since glottalizations can be good indicators of word boundaries, for instance in German and in Czech [10], the acoustic modeling of glottalizations can improve ASR overall performance [11].

The parametrization of creaky voice in the speech signal could be implemented in the automatic recognition of tones since creaky voice can contribute to tone perception [12]. In automatic pitch detection, glottalized segments introduce errors because of their irregular characteristics (see Section 2), therefore their identification and exclusion would improve pitch analysis. Moreover, the detection of creakiness could be also exploited for improving speaker recognition systems. Regarding speech synthesis, glottalization modeling can contribute to the naturalness of synthesized speech [9].

Various approaches have been proposed to identify creaky voice automatically, for instance, based on autocorrelation [13], HMM models [14, 15], pitch marking [16], narrow band Fourier spectrum analysis [17], and on Linear Prediction (LP) residual based features [18]. In a previous investigation on German-accented English [19], an existing ASR system with German HMM models including the glottal stop was used for the automatic detection of glottal stops before word-initial vowels in order to create a pre-segmentation for the purpose of basic phonetic research. The automatic labels were compared with the manual ones and it was observed that glottal stops were reliably identified. The additional detection of creaky voice is desirable since it has been found as the most frequent glottalization phenomenon at word-initial vowels in German [3] and in German-accented English [10]. In order to detect creaky voice, additional acoustic modeling is required.

2. Acoustic characteristics of glottal stops and creaky voice

Glottal stops are plosives characterized by a complete closure of the vocal folds, indicated by a phase of silence in the spectrogram (s. Figure 1a). The subsequent glottal fold opening can be followed by some irregular vocal fold vibrations, also visible in the spectrogram.

Creaky voice is a mode of vibration of the vocal folds in which they are closer together. This mode of vibration can affect whole voiced segments or part of them, while it does not significantly change their formant characteristics. Typical for creaky voice are reduced intensity, low F0 (e.g. below 50 Hz) and increased period to period irregularities with jitter values over 10% [17]. However, since F0 detection algorithms often fail in glottalized regions of speech, F0 measures are not always reliable indicators of creaky voice. Intensity could be influenced by external factors other than glottalization, for instance by recording conditions, such as microphone location and environmental noise, as well as by internal factors, such as the speaker's loudness level.

Creaky voice is characterized by a specific spectral structure, which could be more reliable to detect it than F0 or intensity alone [11]. For instance, an acoustic parameter for identifying creaky voice is spectral tilt, defined as "the degree to which intensity drops off as frequency increases" [20]. Spectral tilt can be measured by comparing the amplitude of F0 to that of higher frequency harmonics and it is more steeply positive for creaky voice [20]. Accordingly, in creaky phonation the amplitude of the second harmonic (H2) has been reported to be higher than the amplitude of the first harmonic (H1) [21].

Due to the distinctive spectral characteristics of creaky voice, the processing and classification algorithms commonly employed for speech and speaker recognition can be used for its detection. With the choice of an appropriate feature extraction method, creaky voice can be acoustically modeled using HMMs. Perceptual linear prediction (PLP) coefficients were used in ASR by [8], and it was observed that such features can effectively encode voice quality variations determined by their harmonic and temporal measures.

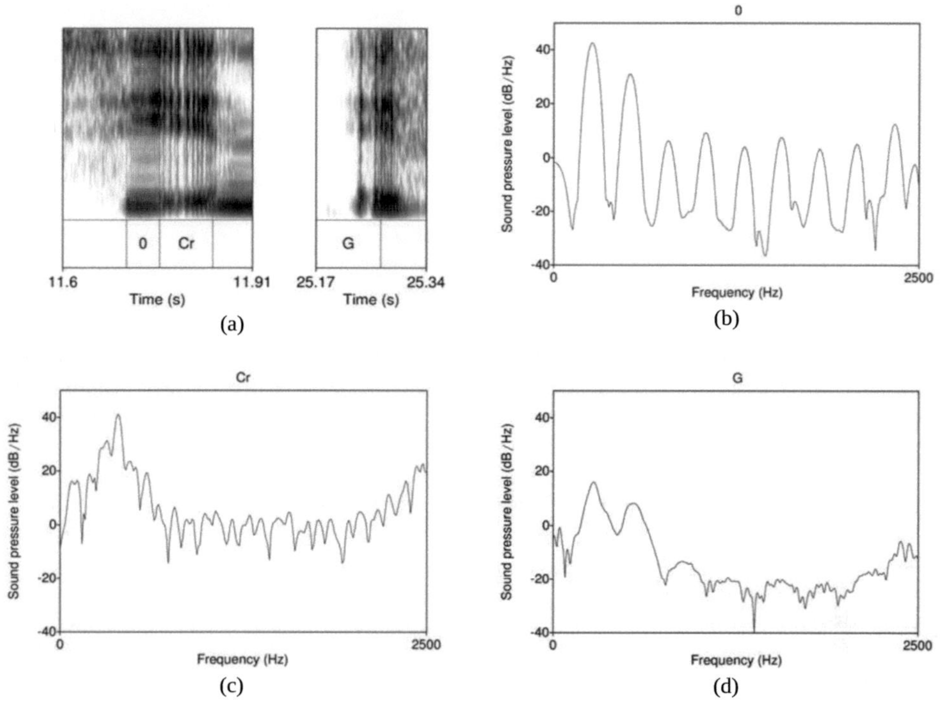

Figure 1. a) spectrogram showing (from left to right) a nonglottalized vowel (0), creaky voice (Cr), and a glottal stop (G), b) averaged spectrum of the nonglottalized vowel (0), c) averaged spectrum of the creaky segment (Cr), d) averaged spectrum of the glottal stop (G).

Lugger et al. [14] found ergodic HMM models with glottal gradients as voice quality features more suitable for classifying breathy, modal, rough and creaky voice qualities. Kane et al. [22] proposed a combination of commonly used spectral features with a specific set of voice quality features, such as the difference between the first two harmonics (H1-H2), for voice quality classification. In general, any feature extraction method capable of capturing the spectral envelope (the harmonic amplitudes) as well as its temporal variation can be successfully applied.

3. Experimental setup

3.1 Speech data

The speech data employed in the present study consists of BBC news bulletins read by 4 male and 3 female German native speakers. The data was studio recorded with 44.1 KHz PCM and then downsampled to 16 KHz and 16 bit resolution. The resulting speech database of 3 hours and 13 minutes duration consists of 418 recorded sequences. The 102 sequences (about 38 minutes) in which glottalization of word-initial vowels was manually labeled by an expert phonetician (the first author) were divided into a training set (86 sequences, TRAIN1), used for creating the initial acoustic models, and a test set (16 sequences, TEST1), used for their validation. The initial models were then employed for the automatic labeling of the whole database. The 316 sequences of the database which were not manually labeled were used for the training of new acoustic models (TRAIN2). The detection accuracy of word-initial glottalization by means of the new models was evaluated on the 102 manually labeled sequences (TEST2).

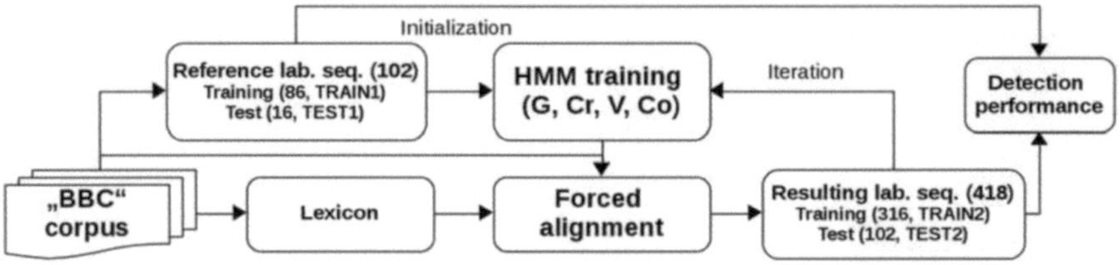

Figure 2. HMM modeling and automatic labeling procedure

3.2 Lexicon

The pronunciation lexicon was created by modifying the one used in [19, 23]. This included only German phonemes obtained through English to German phoneme mapping. The lexicon was enhanced by means of rules reproducing several German-accented English pronunciation variations. The rules were derived from linguistic knowledge of German-accented English (knowledge-based approach), as well as from the analysis of the ASR confusion matrix (data-driven approach) [23]. Because of the limited amount of speech data available, it was not possible to reliably train separate models for all phonemes of the German language. Therefore, differently than in the lexicon used in [19, 23], all vowels and consonants were mapped to the single categories V (for vowel) and Co (for consonant), in order to preserve the context of glottalization phenomena. Word-initial vowels were coded according to the following optional variants: a) V, meaning a nonglottalized vowel, b) G V, a glottal stop preceding the vowel, c) Cr V, an initially creaky and then modal voiced vowel, d) Cr, a completely creaky vowel.

3.3 Glottalization labeling procedure

Glottalization phenomena of word-initial vowels were manually annotated according to the following categories: absence of glottalization, glottal stop, creaky voice, breathy voice, and low F0. Since a glottal stop closure could be followed by a long creaky segment, the criterion for labeling glottal stops was that the glottal closure should be at least 2/3 of the whole glottalization (see [19, 10] for further details on the labeling procedure). The manual segments for word-initial nonglottalized vowels, glottal stops and creaky voice were superimposed over the automatically obtained phone segments as in [23], producing the reference labels. Breathy voice and low F0 labels, which were less frequent in the corpus [10], were not considered.

The reference annotations were used to train the initial HMM models, which were then employed for the automatic labeling of the non-annotated part of the speech database. The labeling was carried out by means of Viterbi forced alignment, using the orthographic transcriptions and the coding in the lexicon (Figure 2). The whole automatically annotated database was used for training new and more accurate HMM models.

3.4 HMM recognizer

The feature extraction was performed by means of a Blackman window applied over 25 ms wide frames with a frame period of 10 ms. The band from 300 to 8000 Hz was covered with 31 Mel DFT filters and the log of the energy was computed at the output of each channel.

The obtained feature vectors and their delta values were normalized to a mean of zero and a standard deviation of one. Principal Component Analysis (PCA), as an orthonormal transformation which provides a linear mapping for dimension reduction and decorrelation, was used to bring the number of components to 24.

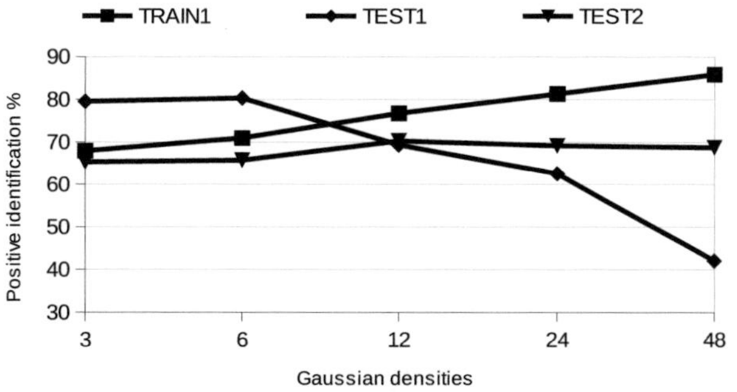

Figure 3. Positive identification of the manual with the automatic labels for word-initial glottal phenomena (averaged values), for the TRAIN1 and the TEST1 sets after the first training process and for the TEST2 set after the second training process across different Gaussian densities.

The detection system employed was implemented by means of the UASR (Unified Approach for Speech Synthesis and Recognition) framework [24]. The system uses arc-emission HMMs with a single Gaussian density per arc. The choice of the feature extraction method was based on previous recognition experiments with the same framework. In these experiments, the Mel-Log-Spectrum performed similarly as MFCC in speaker recognition [25] or better than MFCC in phoneme recognition [24].

The structure is built by an iterative training process by means of state splitting from the initial HMM models. The two glottalization phenomena (Cr) and (G) along with vowel (V) and consonant (Co) were modeled (see Section 3.2). The topology of the initial models is the traditional left-to-right 3-state HMM with one Gaussian density per state.

The number of final states (Gaussian densities) was achieved by state splitting, effectively doubling the number of Gaussians for each iteration. Models produced after each state split were included in the detection experiments and the best performing model on the TEST1 set was chosen for the automatic annotation of the unlabeled part of the speech database (TRAIN2).

4. Results and Discussion

In order to estimate the quality of the obtained HMM models, the automatic were compared with the manual labels. For each manual label of word-initial glottal stop or creaky voice, it was checked for the presence of the corresponding automatic glottalization label in the same word. If there was a match, it was counted as a positive identification. In the case of a nonglottalized word-initial vowel in the manual labeling, if there was no match with an automatic glottalization label in the same word, this was counted also as positive identification.

Figure 3 shows the averaged positive identification of glottal stops, creaky voice and absence of glottalization at word-initial vowels. The presented results are obtained from the TRAIN1 and TEST1 sets (respectively 86 and 16 sequences), and from the TEST2 set (102 sequences) after the second training process, using models with different numbers of Gaussian densities. The HMM models with 12 Gaussian densities provided optimal detection performance on both TRAIN1 and TEST1 set, hence, they were chosen to perform the automatic labeling on the unlabeled part of the speech database. A second training process was initiated using the now automatically labeled TRAIN2 set (316 sequences), and the manually annotated TEST2 set.

Table 1. Positive identification in % of the manual with the automatic labels for word-initial glottal stops (G), creaky voice (Cr) and absence of glottalization (0) on the TEST2 set across different Gaussian densities.

Observed labels	Gaussian densities				
	3	6	12	24	48
G	66.9	61.4	67.9	64.0	60.1
Cr	55.9	62.7	67.0	65.9	67.0
0	73.1	73.1	76.1	77.7	79.2

Table 1 shows the positive automatic identification of word-initial glottal stops (G), creaky voice (Cr) and absence of glottalization (0) in the TEST2 set for each training iteration, in comparison with the manual labels. For each word-initial category the best detection performance is obtained for the HMM models with 12 Gaussian densities. The ASR experiments with the 12-Gaussian-models produced the following recognition performance: frame label correctness (FSC) of 83.30 ± 0.9%, label sequence correctness (LSC) of 85.50 ± 1.4%, label sequence accuracy (LSA) of 83.40 ± 1.2% and lattice density of 0.908 ± 0.018 on the reference annotations.

Table 2 presents the confusion matrix between the reference and the recognized frame labels for creaky voice (Cr), glottal stops (G), consonants (Co) and vowels (V) after the second training process. Confusions are calculated by means of the Levenshtein distance algorithm, which considers deletions, substitutions and insertions. Frames labeled as glottal stop and creaky voice are correctly identified in 70.8% and 72.5% of the cases respectively. The most notable confusions concerning glottalization reference frames are those of creaky voice with the vowel model (13.2%) and of glottal stops with creaky voice (11.1%), followed by glottal stops with vowels (8.6%) and creaky voice with the consonant model (8.5%).

The confusion of creaky voice with vowel frames can be expected since the manual labels for creaky voice obviously refer to glottalized vowels. Moreover, creakiness can affect also vowels which are not in word-initial position, especially those at the end of phrases and utterances [26], therefore some creaky non-initial vowels were included in the training of the HMM vowel model. The confusion of glottal stop with creaky voice, and also of creaky voice with glottal stop (5.8%), can be explained by the labeling criterion used to distinguish the two phenomena, according to which creaky voice could include a glottal closure of less than one third of the whole glottalization (see Section 3.3). This criterion was chosen to ensure comparability of results with previous investigations on Czech-accented English (see [10]). However, the fact that both creaky voice and glottal stops could include a silent part surely makes the automatic identification of their frames more difficult.

The confusion of glottal stop frames with the vowel model could be due to the first irregular vowel periods after the glottal closure, which were included in the manual glottal stop label. The confusion of glottal stop frames with consonants (5.6%) can be motivated by the fact that glottal stops are plosive consonants and thus share some characteristics with other sounds in the HMM consonant model. In general, the confusion with the vowel and consonant models is understandable since the mapping of vowel and consonant sounds to the two categories could not generate precise models. However this mapping proved to be useful, making a good recognition performance possible even with a limited amount of data. The presented results confirm that standard HMM modeling, commonly employed in speech and speaker recognition, can be used for the classification of word-initial glottalization phenomena. The proposed methodology could be also employed for detecting glottalization in other languages besides German-accented English.

Table 2. Frame labels confusion matrix in % (counts in brackets) after recognition evaluation on the TEST2 set using the model with 12 Gaussian densities.

Observed frames	Reference frames				
	silence	Cr	V	Co	G
silence	94.2 (76570)	0.0 (0)	0.8 (531)	2.7 (3074)	4.0 (111)
Cr	0.3 (284)	72.5 (3301)	5.2 (3635)	1.9 (2197)	11.1 (306)
V	0.7 (579)	13.2 (602)	79.9 (55705)	19.0 (21465)	8.6 (236)
Co	2.4 (1965)	8.5 (385)	13.3 (9259)	73.8 (83593)	5.6 (154)
G	2.4 (1921)	5.8 (262)	0.9 (601)	2.5 (2868)	70.8 (1953)

5. Conclusions

The present paper investigates the automatic detection of word-initial glottalization phenomena, glottal stops and creaky voice, in German-accented English by means of HMMs. By using a limited amount of data (about 38 minutes of speech) in which word-initial glottalizations had been manually labeled, it was possible to initialize HMM models for glottal stops and creaky voice. These models could be used to label the rest of the German-accented English database.

To analyze detection accuracy, the labels derived by forced alignment were compared to the reference labels, in which word-initial glottalization categories had been labeled by an expert phonetician. HMM models performed well in the detection of creaky voice and glottal stops, which were correctly identified in the majority of cases (respectively 72.5% and 70.8% identification with reference frame labels). Most frame confusions could be due to the vowel- and consonant-character of creaky voice and glottal stops, to the manual labeling criteria or to the presence of one single HMM model for consonants (Co) and one for vowels (V). However, Co and V proved to be useful to model the context of word-initial vowels given the small size of the corpus.

The results of the detection experiments show that the proposed method can be successfully employed for the identification of glottalization phenomena, thus creating a reliable pre-segmentation useful for phonetic basic research. The acoustic models for glottalization phenomena could be further improved by means of re-training or adaptation on larger automatically labeled speech data, thus improving detection accuracy.

6. Acknowledgments

The authors are thankful to Sören Wittenberg for his comments on a previous version of this paper.

7. References

[1] Gobl, C. and Ní Chasaide, A., 2003. The role of voice quality in communicating emotion, mood and attitude. Speech Communication 40, 189-212.

[2] Klasmeyer, G. and Sendlmeier, W. F., 2000. Voice and emotional states. In: Kent, R., Ball, D., Martin, J. (eds.), Voice quality measurement. San Diego, CA: Singular/ThomsonLearning, pp. 339–357.

[3] Kohler, K. J., 1994. Glottal stops and glottalization in German. Data and theory of connected speech processes. Phonetica 51, 38-51.

[4] Kießling, A., Kompe, R., Niemann, H., Nöth, E., Batliner, A., 1995. Voice source state as a source of information in speech recognition: detection of laryngealizations, In: Speech recognition and coding. New advances and trends, Berlin: Springer-Verlag, pp. 329-332.

[5] Dilley, L., Shattuck-Hufnagel, S., Ostendorf, M., 1996. Glottalization of word-initial vowels as a function of prosodic structure. Journal of Phonetics 24, 423-444.
[6] Fant, G., and Kruckenberg, A., 1989. Preliminaries to the study of Swedish prose reading and reading style. STL-QPSR 30(2), 001-080.
[7] Ogden, R., 2003. Voice quality as a resource for the management of turn-taking in Finnish talk-in-interaction. In: Proc. of 15th Int. Congr. of Phonetic Sciences, Barcelona.
[8] Local, J. and Kelly, J., 1986. Projections and 'silences': notes on phonetic and conversational structure. Human Studies 9, 185-204.
[9] Drugman, T., Kane, J., Gobl, C., 2012. Modeling the creaky excitation for parametric speech synthesis. In: Proc. of Interspeech, Portland, Oregon, pp. 1424-1427.
[10] Bissiri, M.P., 2013. Glottalizations in German-accented English in relationship to phrase boundaries. In: Mehnert, D., Kordon, U., Wolff, M. (eds.), Systemtheorie Signalverarbeitung Sprachtechnologie, Dresden: TUDpress, pp. 234-240.
[11] Yoon, T.-J., Zhuang, X., Cole, J., Hasegawa-Johnson, M., 2006. Voice quality dependent speech recognition. In: Proc. of Int. Symp. on Linguistic Patterns in Spontaneous Speech, Taipei, Taiwan.
[12] Yu, K. M. and Lam, H. W., 2011. The role of creaky voice in Cantonese tonal perception. In: Proc. of 17th Int. Cong. of Phonetic Sciences, Hong Kong, pp. 2240-2243.
[13] Ishi, C. T., Sakakibara, K.-I., Ishiguro, H., Hagita, N., 2008. A method for automatic detection of vocal fry. Audio, speech, and language processing, IEEE Trans. 16(1), 47-56.
[14] Lugger, M., Stimm, F., Yang, B., 2008. Extracting voice quality contours using discrete hidden Markov models. In: Proc. of Speech Prosody 2008, Campinas, Brazil, pp. 29-32.
[15] Cullen, A., Kane, J., Drugman, T., Harte, N., 2013. Creaky voice and the classification of affect. In: Proc. of Workshop on Affective Social Speech Signals, Grenoble, France.
[16] Hagmüller, M. and Kubin, G., 2006. Poincaré pitch marks. Speech Communication 48(12), 1650-1665.
[17] Martin, P., 2012. Automatic detection of voice creak. In: Proc. of Speech Prosody, Shanghai.
[18] Drugman, T., Kane, J. and Gobl, C., 2012. Resonator-based creaky voice detection. In: Proc. of Interspeech, Portland, Oregon.
[19] Bissiri, M.P., Kraljevski, I., Hoffmann, R., 2013. Glottal stop detection in German-accented English using ASR. In: Proc. of AIA-DAGA 2013, Meran, Italy.
[20] Gordon, M. and Ladefoged, P., 2001. Phonation types: a cross-linguistic overview. Journal of Phonetics 29(4): 383-406.
[21] Ni Chasaide, A. and Gobl, C., 1997. Voice source variation. In: Hardcastle, W.J., Laver, J. (eds.), The Handbook of Phonetic Sciences, Oxford: Blackwell, pp. 427-461.
[22] Kane, J., Scherer, S., Aylett, M.P., Morency, L.-P., Gobl, C., 2013. Speaker and language independent voice quality classification applied to unlabelled corpora of expressive speech. In: Proc. of ICASSP 2013, 26-31 May 2013, pp. 7982-7986.
[23] Bissiri, M.P., Kraljevski, I., Hoffmann, R., 2013. Improved phoneme segmentation of German-accented Englsih by means of lexicon and acoustic model adaptation. In: Elektronische Sprachsignalverarbeitung 2013, Dresden: TUDpress, pp. 231-238.
[24] Hoffmann, R., Eichner, M., Wolff, M., 2007. Analysis of verbal and nonverbal acoustic signals with the Dresden UASR system. In: Esposito, A. et al. (eds.), Verbal and nonverbal communication behaviours, Berlin, Heidelberg: Springer, pp. 200-218.
[25] Kraljevski, I., Bissiri, M.P., Hoffmann, R.: "Text independent speaker identification with coded speech". In: Elektronische Sprachsignalverarbeitung 2013, Dresden: TUDpress, pp. 239-246.
[26] Redi, L. and Shattuck-Hufnagel, S., 2001. Variation in the realization of glottalization in normal speakers. Journal of Phonetics, 29(4), 407-429.

ZUR EVALUIERUNG VON INTONATIONSKONTUREN BEIM FREMDSPRACHENERWERB

Tristan Langenberg und Oliver Jokisch

Institut für Kommunikationstechnik, Hochschule für Telekommunikation Leipzig (HfTL)
tristan.langenberg@hftl.de, jokisch@hftl.de

Kurzfassung: Systeme für das Aussprachetraining basieren im Allgemeinen auf konventioneller Phonemerkennung und ermöglichen eine dezidierte Lernrückkopplung bezüglich segmenteller Merkmale - z. B. durch die Markierung von Artikulationsfehlern. Prosodische (suprasegmentelle) Parameterverläufe, z. B. f0-Konturen oder rhythmische Strukturen können unter guten akustischen Bedingungen zuverlässig bestimmt und visualisiert werden. Darüber hinaus gibt es etablierte, multilinguale Prosodiemodelle und Untersuchungen zur Variation von Modellparametern bei einem fremdsprachlichen Akzent. In vielfältigen Projekten werden sprachübergreifende Daten von Lernenden und Muttersprachlern erhoben. Dennoch halten prosodische Bewertungsverfahren nur langsam Einzug in die Sprachlernsysteme.

Der Artikel diskutiert Ansätze zur Bewertung von f0-Konturen auf Basis einer einfachen Abstandsanalyse zu Referenzkonturen, unter expliziter Berücksichtigung eines quantitativen Intonationsmodells der Zielsprache sowie mittels impliziter Information, z. B. aus der Hauptkomponentenanalyse (PCA) muttersprachlicher Referenzphrasen. In einer Pilotstudie zur Sprachstufeneinteilung von Deutschlernern wird die PCA-Methode angewendet. Dabei wird ausschließlich auf f0-Information zurückgegriffen. Die Klassifikationsergebnisse werden mit der Bewertung durch den Lehrer bzw. mit perzeptiven Testergebnissen von Muttersprachlern verglichen.

1 Einführung

Der Fokus auf segmentelle Aspekte bei der Ausspracheevaluation im computer assisted pronunciation tutoring (CAPT) ergibt sich aus der breiten Verfügbarkeit von phonembasierten Spracherkennungssystemen (z. B. HMM-Erkenner) und umfangreichen, muttersprachlichen Referenzdaten. Dabei werden die vorhandenen Spracherkenner für den spezifischen Einsatzzweck (Verifikation vorgegebener Phonemsequenzen und -qualitäten) lediglich adaptiert. Suprasegmentelle (prosodische) Merkmale spielen eine untergeordnete Rolle in der Spracherkennung und damit auch in CAPT-Systemen. Prosodische Aspekte fremdsprachlicher Einflüsse (second language, L2) werden in vielen Studien untersucht und auf verschiedenen Ebenen qualitativ/symbolisch, quantitativ oder perzeptiv modelliert. Für eine Evaluierung prosodischer Merkmale, u. a. der Intonation, stellt sich die Frage geeigneter Abstandsmaße zwischen realisierten Verläufen der L2-Lerner und Referenzbeispielen von Muttersprachlern (first language, L1).

Im folgenden Abschnitt gehen wir kurz auf die Intonationsanalyse (f0-Verlauf) sowie mögliche Abstandsmaße als Evaluierungskriterium ein. Die zugrunde liegenden Intonationsmodelle der Zielsprache sind entweder komplex und fehleranfällig (z. B. Analyse der Fujisakiparameter), oder die Analyse ist zu unspezifisch (vgl. z. B. Abstandsanalyse zu Referenzkonturen mittels RMSE). Der dritte Abschnitt diskutiert die Berücksichtigung impliziter Information aus einer f0-Hauptkomponentenanalyse (principal component analysis, PCA) muttersprachlicher Referenzphrasen. In einer Kurzstudie zur Sprachstufeneinteilung von Deutschlernern (Abschnitt 4) wird die PCA-Methode angewendet und eine einfache Abstandsklassifikation auf Basis der PCA-Komponenten durchgeführt. Dabei dient uns die Sprachstufenklassifikation auf Basis der beschränkten f0-Information lediglich als Arbeitshypothese für Demonstrationszwecke.

2 Intonationsanalyse und Abstandbewertung

Aktuelle L2-Evaluierungsansätze folgen in der Regel dem gängigen Spracherkennungsparadigma, alle relevanten Sprachparameter in höher-dimensionalen Merkmalsvektorfolgen abzubilden und einen geeigneten Klassifikator mit annotiertem Sprachdatenmaterial zu trainieren. Dabei werden verschiedene phonetisch-akustische, spektrale und prosodische Merkmale, die sich in der Spracherkennung, Sprecheridentifikation oder auch Emotionserkennung etabliert haben, gemischt und Evaluierungsergebnisse erzielt, die gut mit perzeptiven Urteilen zur L2-Qualität korrelieren. In Hönig et al. [1] erreicht die beste Merkmalskombination mit $k = 64$ Komponenten eine Pearson-Korrelation von $\rho = 0,620$ zum Perzeptionskriterium *melody*.

Für ein spezifisches Feedback an den L2-Lerner ist es allerdings wünschenswert, einzelne Zielparameter wie den Intonationsverlauf getrennt zu beurteilen, was zur etablierten, quantitativen f0-Modellierung z. B. mit dem Fujisakimodel (Superposition von Akzent- und Phrasenkommandos) führt [2]. Die analysierte Kommandosequenz stellt eine Verbindung zwischen linguistischer Funktion (Akzentuierung und Phrasierung) und äußerer Form (realisierte f0-Kontur) her, weist jedoch je nach algorithmischer Konfiguration Mehrdeutigkeiten auf und ist bereits bei der L1-Analyse fehleranfällig. In der L2-Analyse wird das Problem durch die höhere Variation verstärkt. Tabelle 1 vergleicht die Ausprägung von Akzentkommados russischer und chinesischer Deutschlerner mit der muttersprachlichen Referenz. Im Sinne einer einfachen, robusten f0-Analyse greifen daher einige Bewertungsansätze auf Fehlermaße wie root mean square error (RMSE) zurück. Dieser Ansatz kann mit dem klassischen Lernprinzip des Nachsprechens assoziiert werden: Bei identischer Äußerung wird die vom Schüler erzeugte f0-Kontur mit der Referenzkontur des Lehrers verglichen, wobei vor der Berechnung des mittleren f0-Fehlers noch eine Zeitanpassung mittels dynamic time warping (DTW) durchgeführt wird. In [3] beträgt der RMSE für fünf männliche L2-Sprecher in einem baskischen Testkorpus im Mittel 17,1 Hz – verglichen mit 14 Hz für einen männlichen L1-Referenzsprecher.

Tabelle 1 - Mittlere Akzentkommandoamplituden und Kommandodauern aus [2].

Sprechergruppe		A_a	Dauer [ms]
L1 DE (Referenz)	μ	0,29	294
	σ	0,13	154
L2 DE (L1 RU)	μ	0,38	239
	σ	0,20	108
L2 DE (L1 CN)	μ	0,31	243
	σ	0,17	136

Die Nachteile der bisher beschriebenen f0-Evaluierungsansätze betreffen u. a.:

- die Überlagerung mit anderen Kriterien z. B. im Perzeptionstest,
- eine komplexe, fehleranfällige Berechnung der Modellparameter,
- die fehlende Funktion-Form-Relation.

Darüber hinaus wird die Evaluierung durch die perzeptive Toleranz bestimmter f0-Abweichungen beeinflusst – vgl. lineare Stilisierung im Intonationsmodell von Adriaens [4].
Bei kritischer Betrachtung der Vorarbeiten stellt sich die Frage, ob sich prinzipielle Intonationskomponenten finden lassen, die gewichtet zu der gesuchten Bewertungsfunktion (exemplarisch in unserer Sprachstufenklassifikation) beitragen. Diese Analyse kann quasi *rein mathematisch* und unabhängig vom konkreten Fachkontext als f0-Hauptkomponentenanalyse (principal component analysis, PCA) erfolgen. In anderen akustischen Anwendungsbereichen, z. B. bei der Schallquellenortung, liefert die PCA gute Ergebnisse.

3 Hauptkomponentenanalyse (PCA) für funktionale Daten

Die Hauptkomponentenanalyse identifiziert Korrelationen zwischen einzelnen Funktionen und überträgt deren Informationsgehalt auf eine geringere Anzahl komplexerer Funktionen, die sogenannten Hauptkomponenten (principal components, PC), wobei ein minimaler Informationsverlust angestrebt wird [5]. Die funktionalen Daten werden im Anschluss mit Hilfe der Hauptkomponentenpunkte kategorisiert.

3.1 Sprachdatenaufbereitung

Abbildung 1 veranschaulicht den Prozessablauf. Die Datenaufbereitung beinhaltet eine Zeitanpassung mittels DTW und die Erzeugung der f0-Kontur [6] sowie eine Interpolation und Glättung.

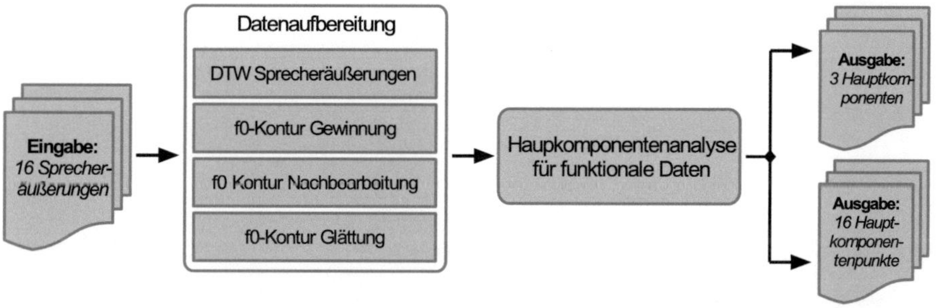

Abbildung 1 - PCA-Methode; Prozessablauf und Datenfluss zum Fallbeispiel in Abschnitt 4.

3.2 Methode

Die Suche von Hauptkomponenten für n funktionale Daten ermittelt die Eigenfunktionen ξ und deren Eigenwerte μ mit dem Ziel einer größtmöglichen Abweichung [7]. Die Hauptkomponentenanzahl p wird durch das Kaiser-Kriterium $p = max\{j|\mu_j > 1\}$ festgelegt [5].
Zunächst wird die Kovarianzfunktion

$$v(s,t) = \frac{1}{n-1}\sum_{i=1}^{n}[x_i(s) - \bar{x}_i(s)] \cdot [x_i(t) - \bar{x}_i(t)] \quad (1)$$

bestimmt. Die Gleichung

$$\mu = max_{\xi}\left\{\sum_{i=1}^{n}[\int \xi(t)x_i(t)\,dt]^2\right\} \quad (2)$$

definiert die Maximalwerte für μ. Aus den Gleichungen 1 und 2 wird ein Eigenwertproblem formuliert [8]:

$$\int v(s,t)\xi_j(t)\,dt = \mu_j\xi_j(s). \tag{3}$$

Das Eigenwertproblem wird in der linearen Algebra mit $\mathbf{V}\vec{\xi} = \mu\vec{\xi}$ beschrieben. Nach Umformung kann $(\mathbf{V} - \mu \cdot \mathbf{E}) \cdot \vec{\xi} = \Theta$ geschrieben werden. Alle Eigenfunktionen ξ und Eigenwerte μ werden dann unter der Bedingung $det(\mathbf{V} - \mu \cdot \mathbf{E}) \neq 0$ berechnet [9]. Daraus lassen sich gemäß [10] die Hauptkomponenten

$$PC_j(t) = \bar{x}(t) + \sqrt{\mu_j}\xi_j(t) \tag{4}$$

sowie gemäß [8] die Hauptkomponentenpunkte erzeugen

$$\mathbf{C}_{scr}(i,j) = \sum_{j=1}^{p}\sum_{i=1}^{n}\int \xi_j(t)[x_i(t) - \bar{x}(t)]\,dt. \tag{5}$$

4 Fallbeispiel zur L1/L2-Unterscheidung und Sprachstufeneinteilung

4.1 Testdaten

Die Teststichprobe wird in Tabelle 2 dargestellt und beinhaltet jeweils eine Äußerung pro Sprecher: *Nein sie kann es nicht* von acht deutschen Muttersprachlern (L1 DE) sowie acht Deutschlernern (L2 DE) mit der Muttersprache Russisch aus dem Euronounce/Veith-Korpus [11].

Tabelle 2 - Testdatensatz für die f0-Analyse und -Klassifikation.

Gruppe	Sprecherbeschreibung	Sprecheranzahl
$L1m_x$	L1 DE, männlich	4
$L1f_x$	L1 DE, weiblich	4
$L2m_x$	L2 DE (L1 RU), männlich	4
$L2f_x$	L2 DE (L1 RU), weiblich	4

4.2 RMSE-Analyse

Zum Vergleich mit der PCA-basierten Klassifikation analysieren wir den RMSE für alle L1/L1- und L1/L2-Kombinationen (realisierte f0-Kontur versus Referenz) entsprechend der Methode aus [3]. Die relativen Abweichungen (in %) werden in den Matrizen der Abbildung 2 zusammengefasst, wobei die f0-Werte der weiblichen und männlichen Sprecher auf ihre mittlere Grundfrequenz f0 normiert vorliegen. Bester Referenzsprecher bezüglich der RMSE-Analyse ist $L1m_2$ (kleinster Mittelwert von 13 %, Varianz von 64 %). Die mittleren Abweichungen betragen 15 % (L1/L1) bzw. 22 % (L1/L2).

4.3 PCA-basierte Klassifikation

Für die Klassifikation werden die Hauptkomponentenpunkte ermittelt und in Abbildung 3 für die drei Hauptkomponenten und Dimensionen dargestellt.

	$L1m_1$	$L1m_2$	$L1m_3$	$L1m_4$	$L1w_1$	$L1w_2$	$L1w_3$	$L1w_4$
$L1m_1$	0	20	23	29	50	5	4	5
$L1m_2$	17	0	2	7	25	13	14	13
$L1m_3$	19	2	0	4	22	15	16	15
$L1m_4$	22	6	4	0	17	18	19	19
$L1w_1$	31	18	16	13	0	28	28	28
$L1w_2$	4	13	16	20	38	0	1	0
$L1w_3$	3	14	16	21	39	1	0	0
$L1w_4$	4	13	16	20	38	0	0	0

	$L1m_1$	$L1m_2$	$L1m_3$	$L1m_4$	$L1w_1$	$L1w_2$	$L1w_3$	$L1w_4$
$L2m_1$	1	22	25	30	66	21	20	20
$L2m_2$	18	43	46	52	95	41	40	41
$L2m_3$	35	22	20	16	7	23	23	23
$L2m_4$	28	13	11	7	19	14	14	14
$L2w_1$	25	12	10	6	17	13	13	13
$L2w_2$	8	8	11	15	44	7	7	7
$L2w_3$	26	12	10	7	16	13	14	13
$L2w_4$	4	22	25	30	62	21	20	21

Abbildung 2 - Relative f0-Abweichungen (in %) – L1 vs. L1 (linke Matrix) und L1 vs. L2 (rechts).

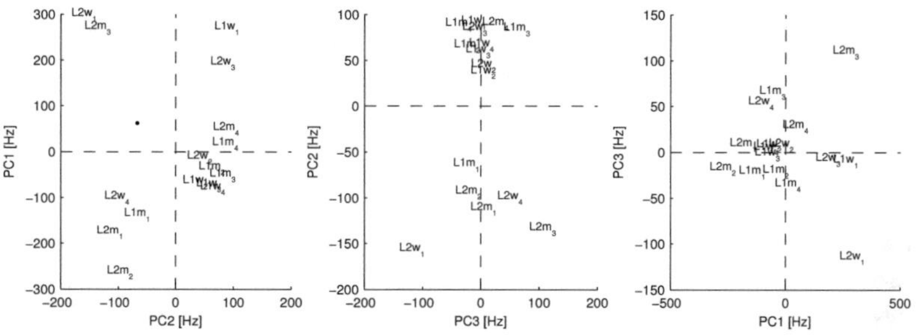

Abbildung 3 - Sprecher-Komponenten: PC1 vs. PC2 (links), PC2 vs. PC3 (Mitte), PC3 vs. PC1 (rechts).

4.3.1 L1/L2-Klassifikation

Über die Mittelpunkte m_{group} der vier Sprechergruppen $|g|$, mit $g = \{1,2,3,4\}$, wird die geometrische Distanz, mit dem Informationsgehalt der Eigenwerte $fac(j) = \frac{\mu(j)}{\sum_{i=1}^{p} \mu_i}$ gewichtet,

$$\vec{d}_{mdl}(i,g) = \sqrt{\sum_{j=1}^{p} fac_j \cdot (\mathbf{C}_{scr}(i,j) - m_{group}(g))^2} \tag{6}$$

gebildet. Anschließend werden die Standardabweichungen $\sigma_{group}(g)$ für die vier Punktwolken bestimmt. Der Indexwert $idx_{L1L2}(i)$, der die Klassenzugehörigkeit (L1 oder L2) angibt, wird wie dann folgt berechnet:

$$idx_{L1L2}(i) = \left| \sum_{g=1}^{|g|} \frac{\vec{d}_{mdl}(i,g)}{\sigma_{group}(g)} \cdot (-1)^{g-1} \right| \tag{7}$$

Der Wert wird abschließend auf die Skala 0..1 normiert, wobei 0,5 als Entscheidungsschwelle fungiert (L1: $idx_{L1L2} > 0,5$ bzw. L2: $idx_{L1L2} \leq 0,5$).

4.3.2 Sprachstufenklassifikation

Zunächst unterstellen wir bei allen $a = 8$ Muttersprachlern ein sehr gutes Sprachniveau (Stufe 1). Somit kann ein Sprachstufenreferenzwert ref_{level}, aus den geometrischen Abständen

$$\vec{d}_{geo}(i,ii) = \sqrt{\sum_{j=1}^{p} fac(j) \cdot (\mathbf{C}_{scr}(i,j) - \mathbf{C}_{scr}(ii,j))^2} \tag{8}$$

aller Hauptkomponentenpunkte der L1-Sprecher untereinander (mit $fac(j)$ gewichtet) ermittelt werden. Diese Abstände bilden gemeinsam eine Entfernungsmatrix E, deren Frobeniusnorm den Sprachstufenreferenzwert wiedergibt. Es gilt $ref_{level} = ||E(d_{geo})||_F$.

Die Sprachstufe spk_{level} eines Sprechers wird mittels eines Vergleichswerts cmp_{level} bestimmt. Dieser Wert wird aus der mittleren geometrischen (mit $fac(j)$ gewichteten) Abweichung eines Hauptkomponentenpunktes $C_{scr}(i,j)$ zu allen a Referenzpunkten (L1) berechnet:

$$cmp_{level}(i) = \sqrt{\frac{1}{a}\sum_{ii=1}^{a} d_{geo}(i,ii)^2}. \tag{9}$$

Der Sprachstufenwert des i-ten Sprechers ergibt sich dann wie folgt: $spk_{level}(i) = \frac{cmp_{level}(i)}{ref_{level}}$, wobei die Sprachstufe ebenfalls normiert wird – auf eine Skala 1 (sehr gut) .. 6 (schlecht).

4.4 Hörtest

Im Hörtest wurden fünf weibliche und zehn männliche deutsche Muttersprachler, Altersdurchschnitt 26,3 Jahre (Alterspanne von 20 bis 53), ohne Fachexpertise im Untersuchungsgebiet befragt. Die Probanden schätzten im Blindtest alle 16 Sprecher nach folgenden Kriterien ein:

- Geschlecht (männlich/weiblich),
- Deutsch als Muttersprache (ja/nein),
- Sprachstufe des Sprechers – sehr gut (1) bis schlecht (6).

Die maximale Einzelabweichung von Probanden-Einschätzungen beträgt drei Sprachstufen. Die über alle Sprecher gemittelte Standardabweichung der Einschätzung liegt bei 0,16 Stufen.

4.5 Ergebnisse

4.5.1 L1/L2-Unterscheidung

Abbildung 4 stellt die L1/L2-Sprecherzuordnung der verschiedenen Methoden bei gleicher Skalierung dar. Eine RMSE-basierte Klassifikation (dunkelgrau hinterlegt) mittels Referenzsprecher $L1m_2$ führt zu sechs korrekten und zwei undefinierten Entscheidungen (in etwa statistischer Erwartungswert). Die PCA-Methode (grau) weist hingegen 12 und der Hörtest (weiß) 14 korrekte Zuordnungen auf.

4.5.2 Zuordnung der Sprachstufe

Abbildung 5 zeigt die Sprachstufenzuordnung. Als Referenzwert dient die Einordnung eines professionellen Sprachlehrers (schwarz hinterlegt). Die PCA-Methode (grau) ordnet die Sprecher in neun Fällen ähnlich der Sprachlehrer-Einschätzung zu, weist aber fünf Abweichungen um bis zu zwei Stufen und zwei größere Abweichungen auf. Der Hörtest (weiß) führt zu 13 weitgehend korrekten Entscheidungen.

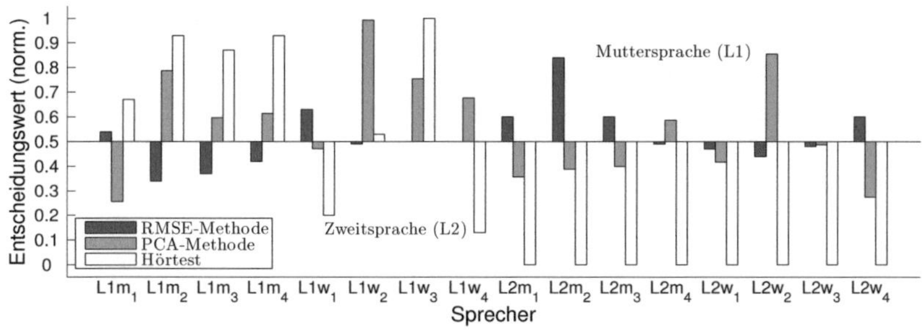

Abbildung 4 - Zuordnung: L1/L2-Sprecher des Deutschen.

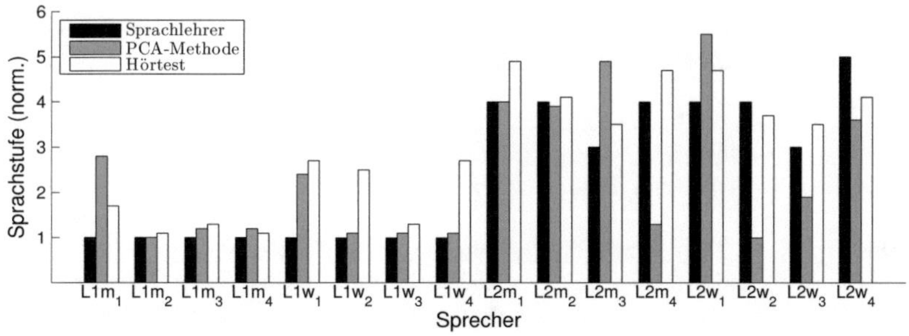

Abbildung 5 - Zuordnung der Sprachstufe (Deutsch).

5 Diskussion und Zusammenfassung

Die im zweiten Abschnitt diskutierten f0-Evaluierungsansätze sind im Kontext von Sprachlernsystemen eher unbefriedigend. Die im dritten Abschnitt vorgestellte und mathematisch motivierte Hauptkomponentenanalyse (PCA) funktionaler Daten in Anlehnung an Ramsay [7] und Sprachanalysen von Gubian (z. B. [10]) lässt sich hingegen gut auf unsere Testdaten anwenden.

Im dargestellten Fallbeispiel für 16 Sprecher wird nur die f0-Kontur jeweils einer Äußerung analysiert. Trotz der stark beschränkten Information besitzt die PCA-basierte Methode eine Performanz deutlich über einer konventionellen Abstandsanalyse mittels RMSE und in etwa in der Größenordnung des Hörtests, bei dem die Probanden auf zusätzliche – z. B. phonetische – Merkmale zurückgreifen können.

Bezüglich der L1/L2-Zuordnung beträgt die Trefferquote der PCA-Methode 75 % (versus RMSE-Analyse mit 43 % auf Zufallsniveau und dem Hörtest von 87 %).

Eine Sprachstufenzuordnung auf Basis der f0-Hauptkomponenten erfordert deutliche Verbesserungen. Der Hörtest zeigt hierbei ebenfalls Abweichungen zur Stufeneinordung des Sprachlehrers (auf Basis längerer Beobachtungen), was wiederholt auf die beschränkte Testdatenlage für die PCA-Methode sowie den Hörtest hinweist.

Dennoch liegen die Ergebnisse der kleinen Pilotstudie oberhalb unserer Erwartungen und lassen hoffen, dass die PCA-basierte Methode für weitere prosdische Analysen im Sprachlernkontext geeignet ist. Die vorgestellte Methode soll anhand zusätzlicher Evaluierungsmerkmale und mit einem größeren Datenumfang weiterentwickelt werden. Dabei sind bessere Klassifikatoren und eine Einteilung in Trainings-, Test- sowie Validierungsdaten notwendig.

6 Danksagung

Die L1/L2-Testdaten stammen aus dem Euronounce/Veith-Korpus und wurden von Rainer Jäckel, TU Dresden, aufgezeichnet. Wir möchten außerdem Michael Graf und Ines Rennert, Hochschule für Telekommunikation Leipzig, für ihre wertvollen Hinweise danken.

Literatur

[1] Hönig, F., Bocklet, T., Riedhammer, K., Batliner, A. and Nöth, E., "The automatic assessment of non-native Prosody: combining classical prosodic analysis with acoustic modelling," in proc. Interspeech, Portland, Oregon, 2011.

[2] Hilbert, A., Mixdorff, H., Ding, H., Pfitzinger, H. and Jokisch, O., "Prosodic analysis of German produced by Russian and Chinese learners," in Proc. 5th Intern. Conference on Speech Prosody, Chicago, Illinois, 2010.

[3] Odriozola, I., Jokisch, O., Hernaez, I. and Hoffmann, R., "A Pronunciation Tutoring System for Basque - First Development Steps," in proc. Konferenz Elektronische Sprachsignalverarbeitung (ESSV), Cottbus, 2012.

[4] Adriaens, L. M. H., "Ein Modell deutscher Intonation", Dissertation, TU Eindhoven, 1991.

[5] Elle, O., "Einführung in die multivariante Statistik für Feldornithologen: Haupkomponentenanalyse, Diskriminanzanalyse und Clusteranalyse," Vogelwarte, Bd. 43(1), 19–38, 2005.

[6] Boersma, P. and Weenink, D., "Praat: Doing phonetics by computer" (version 5.3.05). Retrieved February 24, 2012 from https://www.praat.org.

[7] Ramsay, J. O. and Silverman, B. W., "Functional Data Analysis", Springer, New York, 1997.

[8] Ramsay, J. O., Hooker, G. and Graves, S., "Functional Data Analysis with R and MATLAB", Springer, 100–103, New York, 2009.

[9] Leupold, W., "Mathematik - ein Studienbuch für Ingenieure", Fachbuchverlag Leipzig, Bd. 1, 2. Auflage, Leipzig, 2004.

[10] Gubian, M., Boves, L. and Cangemi, F., "Joint analysis of f_0 and speech rate with Functional Data Analysis," in proc. ICASSP, 4972–4975, Florence, 2011.

[11] Jokisch, O., Jäckel, R., Rusko, M., Demenko, G., Cylwik, N., Ronzhin, A., Hirschfeld, D., Koloska, U., Hanisch, L., Hoffmann, R., "The EURONOUNCE project - An intelligent language tutoring system with multimodal feedback functions: Roadmap and specification," in proc. Konferenz Elektronische Sprachsignalverarbeitung (ESSV), 116–123, Frankfurt, 2008.

Application of EmotionML

Felix Burkhardt[1], *Christian Becker-Asano*[2], *Edmon Begoli*[3], *Roddy Cowie*[4], *Gerhard Fobe*[5], *Patrick Gebhard*[6], *Abe Kazemzadeh*[7], *and Ingmar Steiner*[6,8]

[1]*Deutsche Telekom Laboratories, Berlin, Germany*
[2]*Albert-Ludwigs-Universität, Freiburg, Germany*
[3]*University of Tennessee, Knoxville, USA*
[4]*Queen's University Belfast, UK*
[5]*Technische Universität Chemnitz, Germany*
[6]*DFKI, Saarbrücken, Germany*
[7]*University of Southern California, USA*
[8]*Saarland University, Saarbrücken, Germany*

Felix.Burkhardt@telekom.de

Abstract: We present EmotionML, a new W3C recommendation to represent emotion related states in data processing systems, by first introducing the language and then discussing a series of concrete implementations that utilize EmotionML.

1 Introduction

We present EmotionML[1], a new W3C recommendation to represent emotion related states in data processing systems as well as a series of concrete implementations that utilize EmotionML.
EmotionML was developed by a subgroup of the W3C MMI (Multimodal Interaction) Working Group chaired by Deborah Dahl in a first version from approximately 2005 until 2013, most of this time the development was lead by Marc Schröder.
In the scientific literature on emotion research, there is no single agreed description of emotions, not even a clear consensus on the use of terms like affect, emotion or other related phenomena. For a markup language representing emotional phenomena it therefore appears important to allow the representation of their most relevant aspects in the wider sense. Given the lack of agreement in the literature on the most relevant aspects of emotion, it is inevitable to provide a relatively rich set of descriptive mechanisms.
The working group iteratively extracted requirements on the markup language from a number of 39 collected use cases[2]. Based on these requirements, a syntax for EmotionML has been produced.
It is possible to use EmotionML both as a standalone markup and as a plug-in annotation in different contexts. Emotions can be represented in terms of four types of descriptions taken from the scientific literature: categories, dimensions, appraisals, and action tendencies, with a single `<emotion>` element containing one or more of such descriptors.
The first part of the paper deals with a short summary of EmotionML by describing selected aspects and the procedure and thinking behind its development. The second half introduces a number of applications that integrated EmotionML and were submitted as implementation reports during the W3C recommendation track process.

[1] http://www.w3.org/TR/emotionml/
[2] http://www.w3.org/2005/Incubator/emotion/XGR-emotion/#AppendixUseCases

2 Overview of EmotionML

Based on the requirements, a syntax for EmotionML [13] has been produced in a sequence of steps.

The following snippet exemplifies the principles of the EmotionML syntax [6].

```
<sentence id="sent1">
  Do I have to go to the dentist?
</sentence>
<emotion xmlns="http://www.w3.org/2009/10/emotionml"
    category-set="http://.../xml#everyday-categories">
  <category name="afraid" value="0.4"/>
  <reference role="expressedBy" uri="#sent1"/>
</emotion>
```

The following properties can be observed.

- The emotion annotation is self-contained within an `<emotion>` element;
- all emotion elements belong to a specific namespace;
- it is explicit in the example that emotion is represented in terms of categories;
- it is explicit from which category set the category label is chosen;
- the link to the annotated material is realized via a reference using a URI, and the reference has an explicit role.

2.1 Design principles: self-contained emotion annotation

EmotionML is conceived as a plug-in language, with the aim to be usable in many different contexts. Therefore, proper encapsulation is essential. All information concerning an individual emotion annotation is contained within a single `<emotion>` element. All emotion markup belongs to a unique XML namespace. EmotionML differs from many other markup languages in the sense that it does not *enclose* the annotated material. In order to link the emotion markup with the annotated material, either the reference mechanism in EmotionML or another mechanism external to EmotionML can be used.

A top-level element `<emotionml>` enables the creation of stand-alone EmotionML documents, essentially grouping a number of emotion annotations together, but also providing document-level mechanisms for annotating global meta data and for defining emotion vocabularies (see below). It is thus possible to use EmotionML both as a standalone markup and as a plug-in annotation in different contexts.

2.2 Representations of emotion

Emotions can be represented in terms of four types of descriptions taken from the scientific literature [14]: `<category>`, `<dimension>`, `<appraisal>`, and `<action-tendency>`. An `<emotion>` element can contain one or more of these descriptors; each descriptor must have a `name` attribute and can have a `value` attribute indicating the intensity of the respective descriptor. For `<dimension>`, the `value` attribute is mandatory, since a dimensional emotion description is always a position on one or more scales; for the other descriptions, it is possible to omit the `value` to only make a binary statement about the presence of a given category, appraisal or action tendency.

The following example illustrates a number of possible uses of the core emotion representations.

```
<category name="affectionate"/>
```

```
<dimension name="valence" value="0.9"/>
<appraisal name="agent-self"/>
<action-tendency name="approach"/>
```

2.3 Mechanism for referring to an emotion vocabulary

Since there is no single agreed-upon vocabulary for each of the four types of emotion descriptions, EmotionML provides a mandatory mechanism for identifying the vocabulary used in a given `<emotion>`. The mechanism consists in attributes of `<emotion>` named `category-set`, `dimension-set`, etc., indicating which vocabulary of descriptors for annotating categories, dimensions, appraisals and action tendencies are used in that emotion annotation. These attributes contain a URI pointing to an XML representation of a vocabulary definition. In order to verify that an emotion annotation is valid, an EmotionML processor must retrieve the vocabulary definition and check that every `name` of a corresponding descriptor is part of that vocabulary.

Some vocabularies are suggested by the W3C [13] and to make EmotionML documents interoperable users are encouraged to use them.

2.4 Meta-information

Several types of meta-information can be represented in EmotionML.

First, each emotion descriptor (such as `<category>`) can have a `confidence` attribute to indicate the expected reliability of this piece of the annotation. This can reflect the confidence of a human annotator or the probability computed by a machine classifier. If several descriptors are used jointly within an `<emotion>`, each descriptor has its own `confidence` attribute. For example, it is possible to have high confidence in, say, the arousal dimension but be uncertain about the pleasure dimension:

```
<emotion
dimension-set="http://www.w3.org/TR/emotion-voc/xml#
   pad-dimensions">
    <dimension name="arousal" value="0.7" confidence="0.9"/>
    <dimension name="pleasure" value="0.6" confidence="0.3"/>
</emotion>
```

Each `<emotion>` can have an `expressed-through` attribute providing a list of modalities through which the emotion is expressed. Given the open-ended application domains for EmotionML, it is naturally difficult to provide a complete list of relevant modalities. The solution provided in EmotionML is to propose a list of human-centric modalities, such as `gaze`, `face`, `voice`, etc., and to allow arbitrary additional values. The following example represents a case where an emotion is recognized from, or to be generated in, face and voice:

```
<emotion category-set="http://.../xml#everyday-categories"
         expressed-through="face voice">
    <category name="satisfaction"/>
</emotion>
```

For arbitrary additional meta data, EmotionML provides an `<info>` element which can contain arbitrary XML structures. The `<info>` element can occur as a child of `<emotion>` to provide local meta data, i.e. additional information about the specific emotion annotation; it can also occur in standalone EmotionML documents as a child of the root node `<emotionml>` to provide global meta data, i.e. information that is constant for all emotion annotations in the document. This can include information about sensor settings, annotator identities, situational context, etc.

2.5 References to the "rest of the world"

Emotion annotation is always *about* something. There is a subject "experiencing" (or simulating) the emotion. This can be a human, a virtual agent, a robot, etc. There is observable behavior expressing the emotion, such as facial expressions, gestures, or vocal effects. With suitable measurement tools, this can also include physiological changes such as sweating or a change in heart rate or blood pressure. Emotions are often caused or triggered by an identifiable entity, such as a person, an object, an event, etc. More precisely, the appraisals leading to the emotion are triggered by that entity. And finally, emotions, or more precisely the emotion-related action tendencies, may be directed towards an entity, such as a person or an object.

EmotionML considers all of these external entities to be out of scope of the language itself; however, it provides a generic mechanism for referring to such entities. Each `<emotion>` can use one or more `<reference>` elements to point to arbitrary URIs. A `<reference>` has a `role` attribute, which can have one of the following four values: `expressedBy` (default), `experiencedBy`, `triggeredBy`, and `targetedAt`. Using this mechanism, it is possible to point to arbitrary entities filling the above-mentioned four roles; all that is required is that these entities be identified by a URI.

2.6 Time

Time is relevant to EmotionML in the sense that it is necessary to represent the time during which an emotion annotation is applicable. In this sense, temporal specification complements the above-mentioned reference mechanism.

Representing time is an astonishingly complex issue. A number of different mechanisms are required to cover the range of possible use cases. First, it may be necessary to link to a time span in media, such as video or audio recordings. For this purpose, the `<reference role=" expressedBy">` mechanism can use a so-called Media Fragment URI to point to a time span within the media. Second, time may be represented on an absolute or relative scale. Absolute time is represented in milliseconds since 1 January 1970, using the attributes `start`, `end` and `duration`. Absolute times are useful for applications such as affective diaries, which record emotions throughout the day, and whose purpose it is to link back emotions to the situations in which they were encountered. Other applications require relative time, for example time since the start of a session. Here, the mechanism borrowed from EMMA is the combination of `time-ref-uri` and `offset-to-start`. The former provides a reference to the entity defining the meaning of time 0; the latter is time, in milliseconds, since that moment.

2.7 Representing continuous values and dynamic changes

A mentioned above, the emotion descriptors `<category>`, `<dimension>`, etc. can have a `value` attribute to indicate the position on a scale corresponding to the respective descriptor. In the case of a dimension, the value indicates the position on that dimension, which is mandatory information for dimensions; in the case of categories, appraisals and action tendencies, the value can be optionally used to indicate the extent to which the respective item is present.

In all cases, the `value` attribute contains a floating-point number between 0 and 1. The two end points of that scale represent the most extreme possible values, for example the lowest and highest possible positions on a dimension, or the complete absence of an emotion category vs. the most intense possible state of that category.

The `value` attribute thus provides a fine-grained control of the position on a scale, which is constant throughout the temporal scope of the individual `<emotion>` annotation. It is also possible to represent changes over time of these scale values, using the `<trace>` element which can be a child of any `<category>`, `<dimension>`, `<appraisal>`, or `< action-tendency>` element. This makes it possible to encode trace-type annotations of emotions as produced.

3 Selected Applications

This section discusses several implementations that integrated EmotionML. Common to them is that they were submitted as an implementation report to the W3C during the recommendation track process[3]. The implementations concern very different aspects of emotion related machine processing, which reflects the diversity of the field. We categorize them in four areas: research related, core libraries, frameworks, and commercial applications.

3.1 Research related

These applications deal primarily with research questions on the nature of emotion related states.

3.1.1 EMO20Q

Emotion twenty questions (EMO20Q) is an experimental dialog game that is used to study how people describe emotions with language. By gamifying the question-asking discourse and collecting large amounts of data, EMO20Q aims to to define emotion words through crowdsourcing (Emotion Twenty Questions). Storing the belief state in EmotionML makes it possible to persist the agent's belief state in cases where the dialog is implemented in a transactional setting, such as HTTP where the agent's context must be reloaded for each request.

3.1.2 Gtrace

Gtrace (General Trace program) by the Queen's University Belfast is the successor to FEELtrace and the tools used to label the HUMAINE database [8]. It allows users to play a video of a person and create "traces" which show how the person's emotions appear to be changing over time. It includes over 50 scales, and also allows users to create their own. Alternative ways of using the scales are provided. It runs on current versions of Windows. A manual provides broad background as well as instructions for use. The system currently implements EmotionML by tracing for category and dimensional descriptors.

3.2 Libraries

Some libraries for different programming languages have already been developed by the community. In addition, there is also one for Java from Alexandre Denis at LORIA (Nancy, France)[4] and a library to check on the validity of EmotionML documents by Marc Schröder[5].

3.2.1 C# library

The EmotionML C# library[6] was developed at the University of Chemnitz as part of a project dealing with emoticons like smileys or emojis and the issues of this kind of emotion representation during the interaction in an intercultural text based chat [9].

[3]http://www.w3.org/2002/mmi/2013/emotionml-ir/

[4]http://code.google.com/p/loria-synalp-emotionml/

[5]https://github.com/marc1s/emotionml-checker-java

[6]https://github.com/gfobe/EmotionML-Lib-CSharp

With the help of the integrated EmotionML-parser it is possible to create related object instances automatically. Furthermore object instances can be converted to EmotionML as well (in DOM and XML mode). Beside a standalone EmotionML document the plug-in version for the inclusion of emotions in other languages is supported.

3.2.2 EMLPy

EMLPy is a generator library for EmotionML documents[7]. It is a Python based library intended as a utility to be invoked from other EmotionML programs. EMLPy generates EmotionML documents by transforming the user specified and populated Python object tree into a XML representation. EMLPy performs EmotionML checks covered in assertions while executing this object to XML transformation. From an API perspective, the user interacts with an object tree hierarchy that maps directly to an EmotionML hierarchy of elements and attributes. EMLPy validates the object tree and its properties against the EmotionML schema and specification rules.

3.3 Frameworks

The following examples illustrate the use as part of a larger framework used in different contexts.

3.3.1 ALMA

ALMA EmotionML is an extension extension to the ALMA computational model of affect. ALMA allows the the real-time simulation of three basic types of affective features that humans can experience: (1) emotions reflect discrete short-term affect that decays after a short period of time; (2) moods reflect continuous medium-term affect, which is generally not related to a concrete event, action, or object; and (3) personality reflects discrete individual differences in mental characteristics and affective dispositions. The simulation is based on situational appraisal of the current situation according to the cognitive model of emotions created by Ortony, Clore, and Collins (OCC) [12]. ALMA combines this with the Big Five model of personality [10] and a simulation of mood based on the Pleasure, Arousal, and Dominance (PAD) model [11].
The ALMA EmotionML[8] implementation supports most of the EmotionML standard: (1) appraisal representation, (2) discrete and continuous emotion and mood representation, and (3) PAD and OCC emotional vocabularies. All computational output, e.g. intensities of current active emotions, or the current mood are described in an EmotionML representation. The EmotionML extension allows a fine-grained control of affect related body behavior of virtual characters, like emotional facial expressions or mood related posture control.

3.3.2 WASABI

WASABI[9] is an architecture for affect simulation for believable interactivity [2]. It was initially developed to enhance the believability of the virtual human MAX at University of Bielefeld. Since then, it was integrated into several virtual and robotic agent systems [3]. It realizes the concurrent simulation of emotion dynamics based on the interaction between emotion and mood and it utilizes the PAD emotional vocabulary. Its specification uses EmotionML extended by several `<info>` elements to define WASABI-specific parameters. Its UDP-based network output can be configured to represent its internal dynamics in terms of `<dimension>` elements in combination with the `<trace>` element. Thereby, it has proven easy to adjust WASABI's

[7] https://github.com/ebegoli/EMLPy

[8] ALMA is freely available for download: http://www.dfki.de/~gebhard/alma

[9] https://github.com/CBA2011

configuration to the project's needs and to interface it with other soft- and hardware modules, such as MARY TTS.

3.3.3 MARY TTS

MARY TTS[10] is an open-source, multilingual text-to-speech synthesis platform that includes modules for expressive speech synthesis [7]. Particularly the support for both categorical and dimensional representations of emotions by EmotionML is important to MARY's expressive speech synthesis. These categories and dimensions are implemented by modifying the predicted pitch contours, pitch level, and speaking rate.

Using this approach, expressive synthesis is most effective when using HMM-based voices, since the statistical parametric synthesis framework allows appropriate prosody to be realized with consistent quality. Expressive unit-selection voices support EmotionML best if they are built from multiple-style speech databases [15], which preserves intonation and voice quality better than when applying signal manipulation to conventional unit-selection output.

3.4 Applications

Lastly, the following lists commercial applications that utilize EmotionML to represent emotion related models.

3.4.1 NViso

NViso uses emotion detection to analyze customer reaction on brands and (web) interfaces [1]. It provides a cloud service to measure instantaneous emotional reactions of consumers in online environments and thus provides real-time information for Market Research, Brands, Creative Agencies and R&D Product Development.

The NViso 3D Facial Imaging API is an online service for the recognition of emotions depicted through facial expressions in still images and videos. The focus of the integration of EmotionML into the tool is on using the media type and URI time for video.

3.4.2 Speechalyzer

The Speechalyzer by Deutsche Telekom Laboratories is an open source project[11] for analysis, annotation and transcription of speech files [4]. It can be used to rapidly judge large numbers of audio files emotionally, an automatic classification is integrated. The Speechalyzer was part of a project to identify disgruntled customers in an automated voice service portal [5] with two use cases in mode: a) transfer angry users to a trained human agent, and b) gain some statistic insight on the number of angry customers at the end of each day. It utilizes EmotionML as an exchange format to import and export emotionally annotated speech data.

4 Conclusions

We presented EmotionML, a new W3C recommendation to represent emotion related states. The first part of the paper deals with a short summary of EmotionML and the second half introduces a number of applications that integrated EmotionML and were submitted as implementation reports during the W3C recommendation track process. We hope this article encourages the reader to use EmotionML in own projects and give feedback to the W3C to pave the way towards EmotionML version 2.0.

---

[10] http://mary.dfki.de/ and https://github.com/marytts

[11] https://github.com/dtag-dbu/speechalyzer

References

[1] nviso. http://nviso.ch.

[2] C. Becker-Asano. *WASABI: Affect Simulation for Agents with Believable Interactivity*. PhD thesis, University of Bielefeld, 2008.

[3] C. Becker-Asano. WASABI for affect simulation in human-computer interaction. In *Proc. International Workshop on Emotion Representations and Modelling for HCI Systems*, 2014.

[4] F. Burkhardt. Speechalyzer: a software tool to process speech data. In *Proc. Elektronische Sprachsignalverarbeitung*, 2011.

[5] F. Burkhardt, T. Polzehl, J. Stegmann, F. Metze, and R. Huber. Detecting real life anger. In *Proc. International Conference on Acoustics, Speech and Signal Processing*, 2009.

[6] F. Burkhardt, M. Schröder, P. Baggia, C. Pelachaud, C. Peter, and E. Zovato. W3C Emotion Markup Language (EmotionML) 1.0 proposed recommendation. http://www.w3.org/TR/emotionml/, 2013.

[7] M. Charfuelan and I. Steiner. Expressive speech synthesis in MARY TTS using audiobook data and EmotionML. In *Proc. Interspeech*, 2013.

[8] G. M. Cowie, Roddy and E. Douglas-Cowie. Tracing emotion: An overview. *International Journal of Synthetic Emotions (IJSE)*, 3(1):1–17, 2012.

[9] G. Fobe. Serialisierung von Emotionen in der textuellen Kommunikation. Master's thesis, Technical University of Chemnitz, 2012.

[10] R. McCrae and O. John. An introduction to the five-factor model and its applications. *Journal of Personality*, 60(2):175–215, 1992.

[11] A. Mehrabian. Pleasure-arousal-dominance: A general framework for describing and measuring individual differences in temperament. *Current Psychology*, 14(4):261–292, 1996.

[12] A. Ortony, G. L. Clore, and A. Collins. *The Cognitive Structure of Emotions*. Cambridge University Press, 1988.

[13] M. Schröder, C. Pelachaud, K. Ashimura, P. Baggia, F. Burkhardt, A. Oltramari, C. Peter, and E. Zovato. Vocabularies for EmotionML. http://www.w3.org/TR/emotion-voc/.

[14] M. Schröder, H. Pirker, M. Lamolle, F. Burkhardt, C. Peter, and E. Zovato. Representing emotions and related states in technological systems. In P. Petta, R. Cowie, and C. Pelachaud, editors, *Emotion-Oriented Systems – The Humaine Handbook*, pages 367–386. Springer, 2011.

[15] I. Steiner, M. Schröder, and A. Klepp. The PAVOQUE corpus as a resource for analysis and synthesis of expressive speech. In *Proc. Phonetik & Phonologie 9*, 2013.

THE PROSODY OF MOTIVATION: FIRST RESULTS FROM AN INDOOR CYCLING SCENARIO

Lisa Viktoria Skutella, Luise Süssenbach, Karola Pitsch, Petra Wagner

Center of Excellence Cognitive Interaction Technology (CITEC), Universität Bielefeld
Fakultät für Linguistik und Literaturwissenschaft, Universität Bielefeld
skutella@uni-bielefeld.de

Abstract: Intuitively, prosody seems to play a key role in what constitutes a „motivational speaking style". In this study, the phenomenon of motivational prosody is studied within dyadic interactions between an instructor and a trainee during a session of an indoor cycling class. This scenario is characterized by a strong usage of multimodal resources, a predominance of short coordinative instructions and evaluative comments expressed both verbally and non-verbally [1, 2]. These studies indicated that prosody fulfills an important function in the instructor's motivational function, but its form has not been examined thoroughly. In our exploratory empirical study on motivational contexts, we investigated to what degree instructors report on their usage of prosody as motivational means and examined their prosodic features in indoor cycling situations. As accompanying music is likely to serve as external anchor for rhythmic-prosodic structuring, only training sessions without music were investigated. Both the interviews and the prosodic analyses revealed several characteristics: (i) A high frequency of *prominent, usually accented words,* fulfills a coordinative and informative function, (ii) P*itch* and verbal rhythm mirrors posture and movement tempo, indicating an iconic relationship between pitch and movement. (iii) Rising *boundary tones* indicate the non-terminality of an exercise, falling ones the opposite. (iv) *Rhythmic structure and tempo* is synchronized with the instructor's cycling movements during, but not before and after the individual exercises. (v) Vocal effort and articulatory precision are high during explanation, but are reduced during the subsequent exercises. While having been able to filter out characteristic prosodic patterns, their effectiveness in creating and maintaining motivation remains to be shown.

1 Introduction

Previous studies [1, 2] identified *motivation* as a prerequisite for successfully carrying out physical exercises and have begun to investigate its communicative-interactional dimension and sequential organization in indoor cycling classes. In this vein, the authors have identified a set of multi-modal communicative procedures used by the instructors during such situations, such as counting, visual contact, verbal encouragement or praise. While such procedures are realized as complex 'communicative gestalts' consisting of at least talk, gesture, bodily movement, gaze orientation [3], *prosody* seems to constitute an major motivational factor in such settings. For the case of a bench press exercise [4], prosody, among other aspects, has been found to help structuring exercises and anticipate the amount of upcoming effort.

Starting from videotaped recordings of indoor cycling classes, we use the approach of Conversation Analysis (CA) [5] combined with a multimodal perspective to understand the sequential structures and interactional dynamics of the participants' actions. This way, we are able to isolate sequences of actions between instructor and trainee, focusing on those in which prosody and the successful realisation of an exercise are interdependent. In a second analytical step, we investigate the nature of this link, e.g. building on rich phonetic and phonological annotations, we qualitatively describe which prosodic means are used by the instructor during the exercises.

More specifically, we expect the instructor to use prosodic means in order to

- create a positively dynamic atmosphere during demanding exercises
- illustrate the temporal and spatial structure of the exercise, i.e. when and how the trainee is expected to move
- call attention to crucial or new information
- provide feedback on performance

Studies on prosody in live sports commenting [6, 7] have described the usage of prosodic means. One of their key insights was the strong usage of a globally raised f0 in order to express excitement. Given the task difference between *commenting on* sports events and *motivating others to perform* sports, it is unlikely that these results can be directly transferred to our scenario. Therefore, we refrain from considering a limited set of prosodic factors. Rather, we took into account a wide range of potential features in our analysis, including local and global intonation, articulation precision, prominence, tempo and rhythm.

Still, certain expectations concerning potentially relevant prosodic cues can be formulated: It is likely that a positively charged atmosphere is created by the use of prosodic markers that are commonly perceived as signalling positive emotions, representing a high degree of activation in a dimensional approach to emotion [8, 9]. It is also possible, that the prosodic structure, expressed by boundary placement and rhythmic grouping, parallels the structure of the exercises, i.e. its beginnings, ends and individual movements. In line with theories of prosodic information structure [10, 11], crucial or novel aspects of the instructions are likely to be produced with an increased amount of prominence, typically expressed by various types of pitch accents. This can aid calling the listener's attention and ensure his or her comprehension.

A special focus of our investigation lies in the question of whether prosody is used in an iconic fashion, i.e. whether pitch patterns mirror the direction of either ongoing or upcoming body movements as part of the exercise, or whether the temporal structure of the prosody parallels the movements of the exercise. This expectation is motivated by many findings of a strong prosody-gesture linkage which can be seen as extending to the whole body [12 and references therein] as well as the idea of embodied cognition, arguing that cognitive and verbal processing is intimately linked to our own bodily experience [13, 14].

2 Methods

2.1 Qualitative Interviews

Prior to subsequent analyses, we carried out qualitative interviews with three professional indoor cycling instructors. In the first part of the interview, they were asked to report on how they plan an indoor cycling session, what type of music they prefer and which are their most important aims and intentions in a session. In a second part, they reflected on their own communication in the role of an instructor, specifically in comparison with other types of everyday communication. They were also explicitly asked to describe the communicative tools they normally use, also based on authentic indoor cycling session videos.

2.2 Scenario and Data

Indoor cycling is a fitness program for groups focussing on endurance training. In natural interaction, an indoor cycling instructor and a group of normally 10-15 participants are cycling in a gym on so-called stationary indoor bikes during approximately one hour while being accompanied by music, typically expressing a notable and constant beat. Both the group and the instructor practise a set of different types of exercises on the bikes. Most indoor cycling sessions are based on a circular process and consist of three phases: warm-up, main part (different cycling exercises) and cool-down. During the main part, exercises consist of different speeds directly linked to the tempi of the different songs and provoke different muscle and cardio loads. Instructors tend to describe the course metaphorically as a real bike tour through mountains and valleys while mountains are seen as the exercises separated by short pauses, the valleys.

One typical type of exercise is a so-called *jump*. (cf. Figure 1) Jumps exhibit a constant change between a sitting and standing position during cycling. The instructor determines both the point in time of the changes and the duration of jumps. While cycling, everyone stands up and leaves the saddle, stays up for a while and sits down again. This procedure is repeated several times and the duration of jumps, or the time participants stay away from the saddle, can differ a lot. The exercise is very dynamic and highly demanding for the participants and needs to be accompanied by clear instructions.

Figure 1: The laboratory indoor cycling scenario. The participants are engaged in a typical *jump* exercise.

As part of the interdisciplinary research project „Sozi-Rob“ [15] and in addition to studies of natural indoor cycling interactions (4 sessions), a laboratory indoor cycling scenario was built (3 instructors, 5 sessions each). Instead of the natural scenario, this consisted of a 1:1 situation of a professional indoor cycling instructor and one trainee. In one of these laboratory sessions, there was no accompanying music. This setting enables us to examine whether instructors use prosodic communicative strategies despite the lack of music, i.e. we can confirm or falsify the independence of "music-like" interaction strategies and the presence of music itself. Also, we ensured an acoustic quality reasonably suited for phonetic analysis. All subsequent analyses are based on three interactions of this laboratory setting of indoor cycling, focusing on the analysis of *jumps*. In total, 42 short jumps, and 34 long jumps taken across sessions, i.e. all three instructors were analysed.

2.3 Conversation Analysis (CA)

We used the CA approach to define sequences of action and combined it with fine-grained rich phonetic analyses to mark the coherency between prosody analysis, interaction strategies and motivation (cf. [16, 17, 18] for similar methodological approaches). Using the annotation tool ELAN, we identified interaction sequences during which the participants' utterances and actions co-occur, thus revealing underlying interdependencies of verbal and nonverbal communicative resources. Based on the participants' ability to follow, follow with delay or fail to follow the instructor's announcements, we drew conclusions with respect to the success of the used prosodic strategies and analysed the rich prosodic structure in a subsequent step.

The individual jump exercises are usually initiated by a brief introduction (a), followed by the jumps themselves (b), and a termination (c):

Example 1:

(a) oke. einmal handposition ZWEI. und dann auf EINS. Das heißt wir gehen TIEF.
okay, for now hand position TWO. And then on ONE. That means we're going LOW

(b) hoch, tief, hoch, tief...
high, low, high, low

(c) und wir bleiben TIEF.
And we're staying LOW.

2.4 Prosodic Annotation

For the prosodic analysis, we decided to combine interaction analysis and a phonetic-phonological annotation. That way, we investigated not only specific prosodic patterns in the scenario under investigation but also analyse their interaction with the ongoing communication during successful, i.e. sufficiently motivating, interactions. We therefore combined a GToBI annotation [19] with a GAT2-based transcription [20].

This approach enabled us to gain knowledge of both detailed local intonation patterns marking boundaries and accents and more global prosodic patterns such as global intonation contours, but also additional parameters like loudness, prominence, pauses and speech rate, indicating dialogue actions of turn taking and repairs.

For specific phenomena, the original annotation schemata were modified or extended. For example, standard GToBI, allows no down-stepped sequences of low tones, but such cases occurred in our material. Therefore, our annotation should be regarded as descriptive phonetic rather than phonological.

Furthermore, even in the lack of music, our material contained events exhibiting a regular rhythmic structure, which was potentially meaningful for the ongoing communication. We therefore decided to complement our annotation with a description of the verbalised rhythmic pattern based on traditional musical notation (cf. Figure 3).

In order to compare verbal prosody and body motions, characteristic movements (steps, upward and downward movements during jumps) were annotated. It is important to notice that due to the cycling scenario, the bodily motions are constrained, e.g. unlike verbal prosody and unlike other types of interaction, "accentuation" cannot be easily expressed using gesture or body movements. Thus, the expected parallelisms between verbal prosody and bodily motion are constrained to issues of timing, speed and movement direction or position (up = standing, down = sitting).

3 Results

3.1 Interview Analysis

All three instructors suggested to frequently use linguistic strategies to structure their training by using particular words and phrases, together with typical voice qualities like shouting or whispering or prosodic means. They also pointed out that their communication during sessions is strongly influenced by their own personality and their individually preferred way to fulfill their role of an instructor in front of people. From this we can expect a lot of individual variation in the way that "the prosody of motivation" is performed.

Nevertheless, two of the professional instructors underlined that the communicative style used during indoor cycling is appropriate in indoor cycling contexts only. They unanimously described this interaction as "acting" with the intention to gain and secure the participants' attention by taking recourse to various roles – mostly shifting back and forth between a "strict" and an "entertaining, funny" instructor. Their main tool to perform these roles is "playing with their voice". This points at least to the possibility of a certain prosodic style that is typical for the observed interaction and partly independent of the instructor's personality.

3.2 Typical Prosodic Patterns

Our prosodic analyses revealed various reoccurring prosodic patterns. We believe these prosodic patterns to be likely to serve the function of enhancing motivation and support success in executing individual exercises. Whether this functional relationship holds, would need to be examined in a subsequent analysis.

3.2.1 Accentuation and prominence

When comparing with other types of communication, the instructors' prosody contains a high number of prominent accents, albeit of various prosodic shapes (cf. Figure 2). Accents are always combined with a strong lengthening and locally raised intensity, i.e. they are made very prominent. Unlike common assumptions on "stress clash avoidance", they often occur in immediate precedence, probably because words and utterances tend to be short, and are frequently separated by pauses. Also unlike common assumptions about accent-word alignment, accents sometimes occur on conjunctions or particles, when these are used in order to signal the initiation of an exercise part:

Example 2: und HOCH (H* H-%) UND (H*) wir bleiben TIEF (H+L* L-%)
and HIGH (H H-%) AND (H*) we're staying LOW (L* L-%)*

In the cast majority of cases, accents accompany crucial parts of an exercise or prepare its initiation, sometimes using unusual lexical stress placements ("achTUNG", engl.: attention). That is, in line with common assumptions about prosodic information focus, accents appear to fulfill their role of highlighting new or relevant information, but do so, independently of their shape: Contrary to [10], new elements can be signaled with various types of high or low accents (cf. 3.2.2).

3.2.2 Prosodic iconicity in intonation

During jumps, locally raised intonation, often leading to high tones, mostly accompanies upward movements, while locally falling intonation leading to low tones, mostly co-occurs with downward movements (cf. Example 2 and Figure 1). Movements in pitch are often accompanied by a raised intensity on the word indicating the target position, e.g. "down-UP (H*)" or "up-DOWN (L*)". A level intonation can co occur with both types of positions, but usually accompanies the maintenance of either a sitting of standing position.

A second case of intonation based prosodic iconicity can be seen in the global increase or decrease in pitch relative to the simultaneous tempo or heart rate. This finding duplicates Trouvain and Barry's [6] results on horse race commentaries, where pitch was find to mirror excitement and "perceived" tempo.

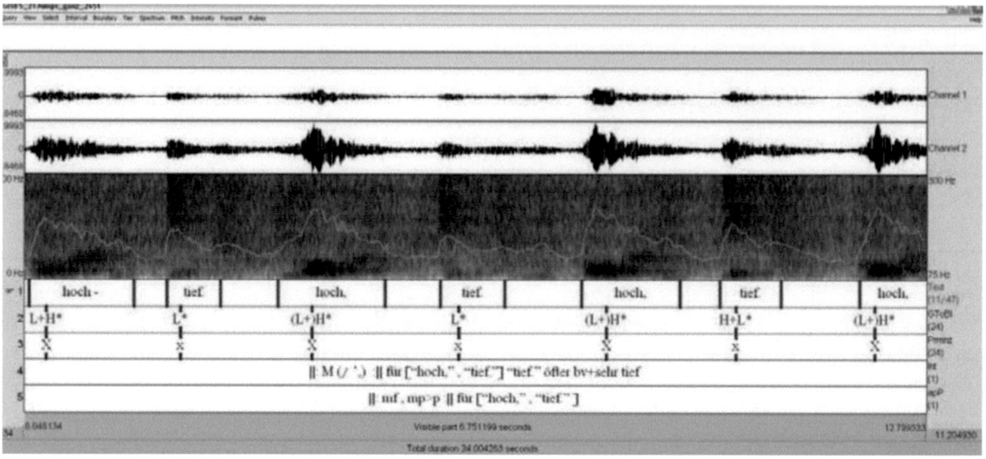

Figure 2: Accentuation and prosodic iconicity ("hoch" = upward movement synchronized with high accents; "tief" = downward movement synchronized with low accents)

3.2.3 Prosodic iconicity in rhythmic structure

Another case of prosodic iconicity can be seen in rhythmically structured pauses (cf. Figure 3) where pauses are used to synchronize verbal expression with the individual steps of the cycling movements and are strongly constrained by those in terms of duration. Rhythmic structure and tempo is synchronized with the individual cycling movements during, but not before and after the individual exercises. Apart from rhythmic pauses, the verbal instructions are sometimes rhythmically structured likewise: "less rhythmic" prosody is found in introductory and termination phases before and after the exercise. Partly rhythmic prosody can be found in utterances where a stepping example or a certain movement is explained but where it is not part of a real ongoing exercise. Clearly rhythmically structured prosody can be found during ongoing jump exercises. The instructors accompany the jumps with words like "up" or "down" and the steps with "left" or "right" in order to indicate the stepping foot. That way, they control both motion and tempo of the exercise performance.

3.2.4 Phrasing and global intonation

New or important information is not only signalled by pitch accents but often combined with a globally rising contour, while globally falling contours or boundary tones indicate the termination of an exercise. Semantic pauses separate semantically coherent utterance units while rhythmic pauses (cf. 3.2.3) are used to establish a synchrony between cycling steps and verbal explanations. Unlike rhythmic pauses, semantic pauses can differ in duration and are often independent of the simultaneous cycling movements.

3.2.5 Articulatory precision, tempo and voice quality

Vocal effort and articulatory precision are high in phases of explanation, but reduced during the subsequent exercise itself. Articulation is generally clear but can differ strongly in speed. Due to the demands of rhythmic synchrony of movement, it is sometimes necessary for the instructors to squeeze a lot of information into a relatively short interval. Rhythmic synchrony thus overrides the imperative of clear, accented articulation of new information. In general, both voice quality and pitch register varies much, often apparently serving the purpose to gain and maintain the participant's attention.

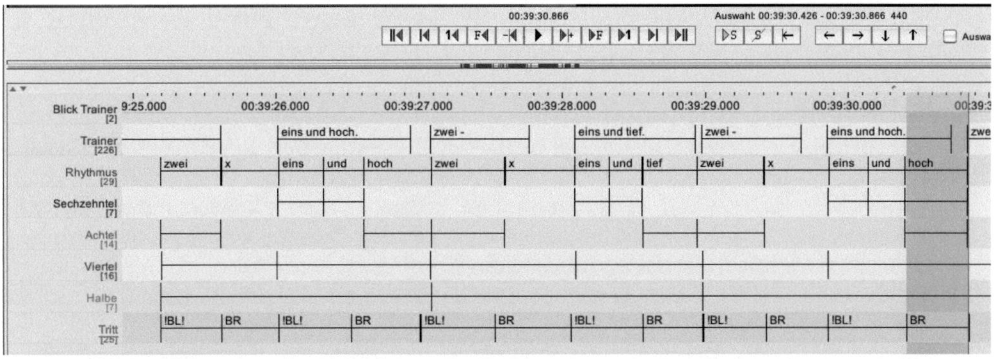

Figure 3: Synchrony and rhythmicity of verbal instructions. Tiers depict verbal instructions (“Trainer”), beats of verbal instructions (“Rhythmus”), a musical analysis (“Sechzentel” = 1/16, “Achtel” = 1/8, “Viertel” = 1/4, “Halbe”= 1/2,) and left and right cycling movements („Tritt“).

4 Discussion

We find that our instructors are aware of their usage of prosodic means to structure indoor cycling training sessions (based on interviews), and have been able to isolate a set of prosodic means serving this purpose (based on videotaped recordings of indoor cycling sessions). We find that prosodic phrasing and pause construction serves to structure information into semantic packages that participants can understand easily.

New information is very systematically marked by prominence lending prosodic cues such as pitch accentuation, duration and intensity. It is interesting that information focus is marked very consistently and we find that this might be a scenario specific feature. However, unlike in [10], no clear-cut relationship between accent shape and the amount of “givenness” was found. On the contrary, this type of accentual shaping was completely overridden by the strong iconic usage of pitch, which systematically followed the directions of exercise movements. Also, the movements of the cycling exercise were synchronised with the rhythmic shape of the verbal instructions during exercises. This outcome furthermore points towards an embodied relationship between prosody and simultaneous bodily action.

Although the prosodic structure leaves much room for individual variation, all instructors unanimously took recourse to the prosodic devices described above. Apparently, prosody serves as a tool to manipulate and shape the exercise, to gain attention and maintain motivation. However, the effectiveness of this strategy remains to be shown. As our laboratory scenario clearly differed from authentic indoor cycling sessions that take place in groups and are accompanied by music, it is unclear whether our results are still valid “in the wild”. Therefore, a comparison with a more natural scenario would be an important next step. With more participants, we expect a wider range of prosodic designs, more interruptions and more changes between the special prosodic style found in jump exercises and “normal conversation”. In such an investigation, the impact of music needs to be attended to. Music can be expected to lighten the “workload” of the instructors’ as there is less necessity to use prosody for rhythmic structuring. Rhythmic iconicity may thus become less clear in the presence of music, while the iconic usage of pitch should persist. Besides, the general song structure should support both the instructor and the participants as it might deliver useful cues to anticipate the beginning or termination or termination of an exercise. This may potentially influence boundary marking or accent placement, as they would become less crucial.

5 Acknowledgments

L. Süssenbach acknowledges the support by the German Aerospace Center (DLR) - support code 50RA1023 - with funds from the Federal Ministry of Economics and Technology

(BMWi) due to resolution of the German Bundestag. Karola Pitsch acknowledges the financial support form the Volkswagen foundation (Dilthey fellowship).

6 References

[1] Süssenbach, L. & Pitsch, K. (2011). Interactional Coordination and Alignment: Gestures in Indoor Cycling Courses. *GESPIN Gesture and Speech in Interaction*, Bielefeld.

[2] Süssenbach L (2011). Motivation im Sport: Eine konversationsanalytische Rekonstruktion interaktiver Motivationsverfahren im "Indoor Cycling". Masterarbeit, Universität Bielefeld, Germany, (*unpublished*).

[3] Goodwin, C. (2000). Action and embodiment within situated human interaction. *Journal of Pragmatics*, *32*(10), 1489-1522.

[4] Schmitt, R. (1990): Bodybuilding: Eine spezifische Form geselliger Vergesellschaftung. In W. Kleine & W. Fritsch (Eds): Sport und Geselligkeit. *Beiträge zu einer Theorie von Geselligkeit im Sport*. Meyer & Meyer Verlag, Aachen, 153-195.

[5] Sidnell, J. & Stivers, T. (Ed.). The Handbook of Conversation Analysis. (2013). The handbook of conversation analysis. Chichester, West Sussex, UK: Wiley-Blackwell

[6] Trouvain, J. & Barry, W.J. (2000). The prosody of excitement in horse race commentaries. *ISCA Workshop in Speech and Emotion*, Belfast, 86–91.

[7] Kern, F. (2010): *Speaking dramatically. The prosody of live radio commentary of football matches,* in: Barth-Weingarten, Dagmar et al. (eds.), Prosody in interaction, Amsterdam, 217-238 (= Studies in discourse and grammar; 23).

[8] Kehrein, R. (2002). *Prosodie und Emotionen*. Tübingen, Niemeyer.

[9] Schröder, Marc (2003). Speech and Emotion Research: An Overview of Research Frameworks and a Dimensional Approach to Emotional Speech Synthesis. Dissertation, *PHONUS 7*, Research Report of the Institute of Phonetics, Saarland University.

[10] Baumann, S. & A. Riester (2013). Coreference, Lexical Givenness and Prosody in German. In J. Hartmann, J. Radó & S. Winkler (Eds.). *[Special Issue "Information Structure Triggers"]*. Lingua 136, 16-37.

[11] Kügler, F. & Féry, C. (2008). Pitch accent scaling on given, new and focused constituents in German, *Journal of Phonetics*, 36(4), 680-703.

[12] Wagner, P., Malisz, Z., & Kopp, S. (2014). Gesture and speech in interaction: An overview. *Speech Communication* 57, 209–232.

[13] Lakoff, G., & Johnson, M. (1980). *Metaphors we live by*. University of Chicago Press, Chicago, IL.

[14] McNeill, D. (1992). *Hand and Mind: What Gestures Reveal about Thought*. University of Chicago Press, Chicago, IL.

[15] Süssenbach, L., Riether, N., Berger, I., Lütkebohle, I., Kummert, F., Schneider, S., Pitsch, K., "A robot as fitness instructor: Towards an interactive motivation model" (in prep.)

[16] Kelly, J., Local, J. 1989. On the use of general phonetic techniques in handling conversational material. In: Roger, D., Bull, P., (eds), *Conversation: An Interdisciplinary Perspective*. Clevedon: Multilingual Matters 197–212.

[17] Couper-Kuhlen, E., & Selting, M. (1996). Towards an interactional perspective on prosody and a prosodic perspective on interaction. In *Prosody in conversation: Interactional studies* (Vol. 12, pp. 11-56). Cambridge University Press.

[18] Goodwin, C. (2013). The co-operative, transformative organization of human action and knowledge. *Journal of Pragmatics*, *46*(1), 8 – 23

[19] Grice, M. & Baumann, S. (2002). Deutsche Intonation und GToBI. *Linguistische Berichte*, 191, 267–298.

[20] Selting, M. et al. (2009). Gesprächsanalytisches Transkriptionssystem 2 (GAT2). *Online-Zeitschrift zur verbalen Interaktion*, 10, 353–402.

SIGNIFICANCE OF RHYTHMIC DURATION PATTERNS IN GERMAN READ CORPUS USING CLUSTER ANALYSIS

Zaheer Hussain

Institute for Acoustics and Speech Communication
Dresden University of Technology, 01062 Dresden, Germany
zaheer.hussain@mailbox.tu-dresden.de

Abstract: Synthesis of natural sounding speech is the greatest challenge in a Text-to-Speech Synthesis (TTS) system. In natural speech, duration, intensity and pitch are dynamically varied which is manifested as rhythm or prosody of speech. If these variations are not recreated, the synthesized speech will sound robotic. Synthesis of good quality speech depends on how well the duration and intonation patterns are imposed on speech segments. The best way to improve naturalness in speech is to mimic the way human brain imposes rhythm. We speak in a particular style by varying the duration of the speech segments in words and phrases as per certain specific duration patterns. Brain might be retrieving the corresponding patterns at the time of speaking for generating a discourse in a particular style such as news reading, bible reading, story telling etc. The main objective of this work is to investigate the existence of rhythmic duration patterns in natural speech using cluster analysis. Speech uttered in German language was taken for analysis. Cluster analysis was done on isolated words in continuous german read speech. Results of cluster analysis when investigated using silhouette plot showed the existence of rhythmic duration patterns in German read speech. The result is evidence to the existence of finite number of clusters of duration patterns in natural German read speech.

Index Terms: speech synthesis, rhythmic duration patterns, cluster analysis, k-means clustering

1 Introduction

Text-To-speech Synthesis (TTS) system converts natural language in text form to spoken form or, it is a system that reads any text aloud. The synthesized speech will appear to be natural, when it closely resembles the rhythm or prosody of speech of a native speaker of the language. In natural speech, when we speak or read continuously, the speech segments vary dynamically which is manifested as rhythm of speech. The variations in durations, intensities and stress are the prosodic features that results in the naturalness of speech. To produce natural sounding speech, TTS system should recreate the durational characteristics properly, failing of which makes the synthesized speech sound robotic and even unintelligible at times. Durational variation is incorporated in text to speech synthesis systems using duration models, which predict the duration of individual segments to be used for synthesizing speech, by considering various factors affecting duration of the speech units. The state-of-the-art duration models are generally developed using rule based or statistical approaches. Rule based methods require an intense analysis of segment durations for framing rules and are preferred for small database. Since the duration of individual segments depend on a large number of interacting factors, framing rules to capture these variations for a large database is a difficult task. Klatt developed the first rule based model in 1976 [8]. Statistical models make use of a large amount of recorded speech data to train models such as Sum of Products (SOP) models

[5], Neural network model [6], Classification and Regression Trees (CART) [7], Support Vector Machines (SVM) [4] etc. The main motivation behind the current work is taken from [1]. When we speak continuously, we utter words, phrases and sentences as a whole, and hence our brain imposes sequence of duration values on longer speech segments and not to individual syllables or phonemes. This sequence of duration values forms a particular pattern pertaining to that speech segment. Duration patterns of each language are different, and even in one language the pattern varies for different styles. Hence, it is very difficult for duration models to capture the duration patterns of a language for a particular style, beyond a certain limit. At the same time, human brain is able to generate any speech construct in a particular style, if we have sufficient exposure to it. The durational patterns can be captured, if we mimic the way human brain acquires different styles. Literature [1,8] reveals when a person learns a language, he/she store the rhythm of commonly used words, phrases or sentences in that particular style and recollect it while speech production. This points out that, brain might be storing a finite number of duration patterns to be used for generating the rhythm in speech. I have incorporate durational variation in words by fetching duration patterns from the clusters of duration patterns stored in the brain. In natural speech, duration patterns in speech can be identified using cluster analysis. Naturalness can be obtained in synthesised speech by storing duration patterns of words, phrases and sentences of the required style, which can be retrieved at the time of speech synthesis for varying time duration of speech units. Duration patterns are the vector formed by the duration values of speech units.

2 Motivation

2.1 Speech rhythm and parameters

Speech rhythm correlates with linguistic structure, but is not fully determined by it. Rhythm therefore does not carry much linguistic information, other than helping to signal the language of the speaker; without rhythmic organization, however, the linguistic message would be difficult to transfer. Rhythmical patterns provide us with information concerning important linguistic boundaries. It was believed that speech rhythm contributes highly to the intelligibility of speech and that it is thus one of the main acquisition targets for non-native speakers. Recent findings on consonants or vocal interval variability are motivated by the functions of speech rhythm in a language acquisition environment. The main argument is that infants use rhythmical cues (i.e. cues of durational consonantal or vowel interval variability) in a bilingual environment to help them distinguishing between two languages (when they are members of different rhythm classes). The studies argue that the number of children growing up in a bilingual environment is constantly underestimated (it is the rule rather than the exception) and that one of the major tasks of infants in these particular environments to separate between two languages during their language acquisition process. In literature [2] it is claimed that listeners may use acquired rhythmic structures of a language in any speech perception situation to perform preliminary low level segmental segmentation of the signal.
Rhythm is the systematic organization of prominent (higher fundamental frequency, higher duration, higher intensity) and less prominent speech units in time. Rhythm is "that property of a sequence of events in time which produces on the mind of the observer the impression of proportion between the duration of the several events or groups of events of which the sequence is composed. The analysis of speech rhythm mainly involved with four parameters correlated with the perception of prominence (F0, duration, Vowel quality, Energy). Literature shows that perceived rhythm is not just a product of durational structuring, but also it occupies a high position in the rhythm index hierarchy. Change in F0 is a strong factor. The

analysis of these parameters F0, duration, quality, energy refers to a sentence accent in a citation form utterance, which is phonologically marked for stress. The most essential thing for the production of rhythm in speech of whatever type and in any language is the global temporal bracketing of the speech signal into chunks that have recurring patterns. These global variables are patterns of syllabic timing of fundamental frequency and energy recurrent with some degree of regularity over time. In all sounds and utterances rhythm is understood as the quality of having certain beats and of being measurable by regular intervals. Rhythmic unit is roughly corresponding to the syllable combined with an optional stress pattern which plays a significant role as an intermediate level of perception between the acoustic signal and word level. Three major types of features may help to identify the language rhythm. Segmental features (acoustic properties of phonemes and their frequency of occurrence, manner and place of articulation, presence of nasal vowels etc..).Supra-segmental features (phonotactics, prosody, intonation, tones). High-level features (lexicon, morpho-syntax).

3 Investigation Methodology

Cluster analysis is performed on recorded speech to analyse the existence of duration patterns in natural speech. Analysis was performed on isolated words comprising of rhyming words on words in continuous German read speech. Results of clustering were investigated using silhouette plot. Duration patterns of the words were analysed to observe the similarity among these patterns, using cluster analysis. Cluster analysis of rhythmic duration patterns in continuous read German speech is not reported in literature. I have considered syllable level database for the analysis of rhyming words in continuous speech because, German language is syllabic in nature. The features influencing these clusters were identified as word length, the order of succession of syllables, and word position in the phrase.

4 Speech Corpus

Isolated words comprising of sets of rhyming words were selected from Verb Mobil (VM) database. Liebe-Triebe-Hiebe-Diebe-Siebe, klein-fein-rein-allein-sein-Bein-ein, Dose-Hose-Rose, Wiese-Riese-fiese-miese-diese, Kasten-Tasten-fasten, Becher-Verbrecher, Brot-Not - Kot-Boot, Tisch-Fisch, Licht-Sicht-nicht, Kerzen-Schmerzen, Messer-besser, Glas-Fraß - Spaß-Maß, Tasse-Kasse-nasse, Tomate-Granate, Feuer-teuer-Ungeheuer, Schrank-Bank - krank-Dank, Kram-lahm-zahm, Müll-Gebrüll, Bett-nett-adrett-fett-kokett. The rhyming word speech database is transcribed to phoneme level and the duration of phonemes is measured using the open source speech analysis software, PRAAT [7]. Rhyming Words in continuous speech database is transcribed to syllable level. Transcription is done by identifying the phoneme/syllable boundaries, listening to the audio and labelling them. Duration of each phoneme/syllable is then measured and tabulated. The duration values of words were formulated into duration vectors, with each element corresponding to duration of a single phoneme/syllable. These duration vectors form the word database.

5 Analysis of Clusters

Cluster analysis is an unsupervised learning method, which helps to find the natural clusters within a given data [10]. Among the different clustering algorithms, I have used a greedy iterative algorithm called K-means clustering algorithm [6]. Squared Euclidean distance is chosen as the similarity measure to accurately express the degree of similarity or dissimilarity between data objects. Since we have chosen squared Euclidean distance as the similarity measure, words having almost the same sequence of duration values will be grouped under the same cluster. Once I get such clusters, then I can use a representative duration pattern (centroid or mean of the cluster) to represent all the elements in a particular cluster. Clustering results are observed using silhouette plot [5]. Silhouette refers to a method of interpretation and validation of clusters of data. This technique provides a graphical representation of how well each object lies within its cluster. The algorithm also returns a similarity measure called silhouette value, s(i), where $-1 \leq s(i) \leq 1$. s(i) close to one means that the datum is appropriately clustered. If s(i) is close to minus one, then it indicates a wrong clustering. s(i) near to zero means that the data is on the border of two natural clusters. A large average silhouette value of $s(i) \geq 0.5$ indicates that, the clustering algorithm has discovered a very strong clustering structure. Phrase position in the sentence, average phrase length and the order of succession of syllables are identified as the factors influencing the clusters.

6 Results and Discussion

The analysis results showed the existence of finite number of duration patterns in German speech. Results of clustering rhyming words signify the evidence for the existence of duration patterns for the rhyming words. Rhyming words showed common duration patterns since they have the same order of succession of certain phonemes. The plots and averages may be used to determine the natural number of clusters within a dataset. The results account for the existence of finite sets of rhythmic duration patterns in word level. From the result of cluster analysis it is investigated and observed that the factors influencing clustering was the word length, vowel position in the word, type of vowel (short or long) present in the word, word position in the sentence and the pronunciation style of the words.

6.1 Clustering of rhyming words (RW-1)

For the first phase of analysis, I have considered 5 sets of German rhyming words (RW-1).

* Set-1: liebe-triebe-hiebe-diebe-siebe
* Set-2: licht-siecht-nicht
* Set-3: weise-reise-fiese-miese-diese
* Set-4: tisch-frisch
* Set-5: klein-fein-rein-allein-sein-bein-kein

When cluster analysis was performed on this data, it was observed that similar sounding words fell into the same cluster (Figure 1.) The analysis was performed by varying the number of clusters and, average silhouette value was found for each case. The highest value for the overall average silhouette value, s(i) = 0.7897 was obtained when the number of clusters was set to five. s(i) > 0.7897 , which indicates that, we can represent the 15 rhyming words using only 5 representative patterns (cluster centroids). The 5 clusters(C-1, C-2, C-3, C-4, C-5) of rhyming words obtained are:

* C-1: w**ie**se-r**ie**se-f**ie**se-m**ie**se-d**ie**se
* C-2: **fiese**
* C-3: lie**be**-hie**be**-die**be**-sie**be**- trie**be**
* C-4: klei**n**-fei**n**-rei**n**-allei**n**-sei**n**-bei**n**-kei**n**
* C-5: li**cht**-si**ch**t-ni**cht**

All the words in set 1 are grouped under cluster 3. They all have the same length (total no. of phonemes present = 5), and ends with the syllable '/be/'. Similarly set 2 words are grouped under cluster 5. The presence of a long vowel in the second position of the word and the total length of the words can be identified as the reasons for grouping set 4 words under cluster 3. The word /fiese/ is not clustered along with the other words in set 3, as the duration of the first phoneme '/fi/'is strikingly different from the duration of first phoneme of other words as seen from the plot of duration patterns (Figure 2.).

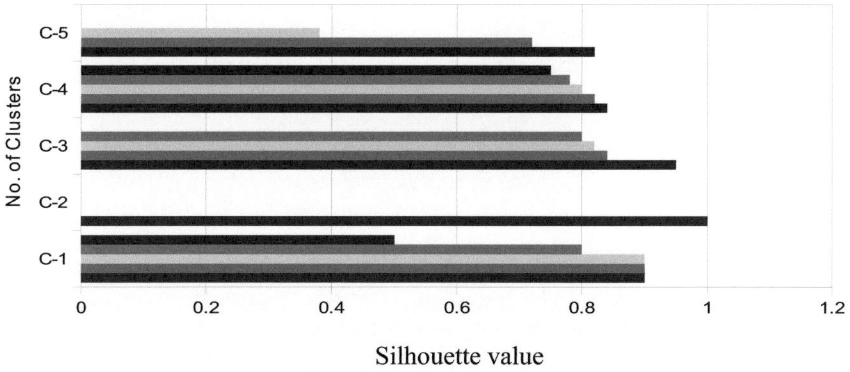

Figure 1. Silhouette plot showing results of clustering of German Rhyming words (RW-1)
Average Silhouette value obtained is s(i) =0.7897

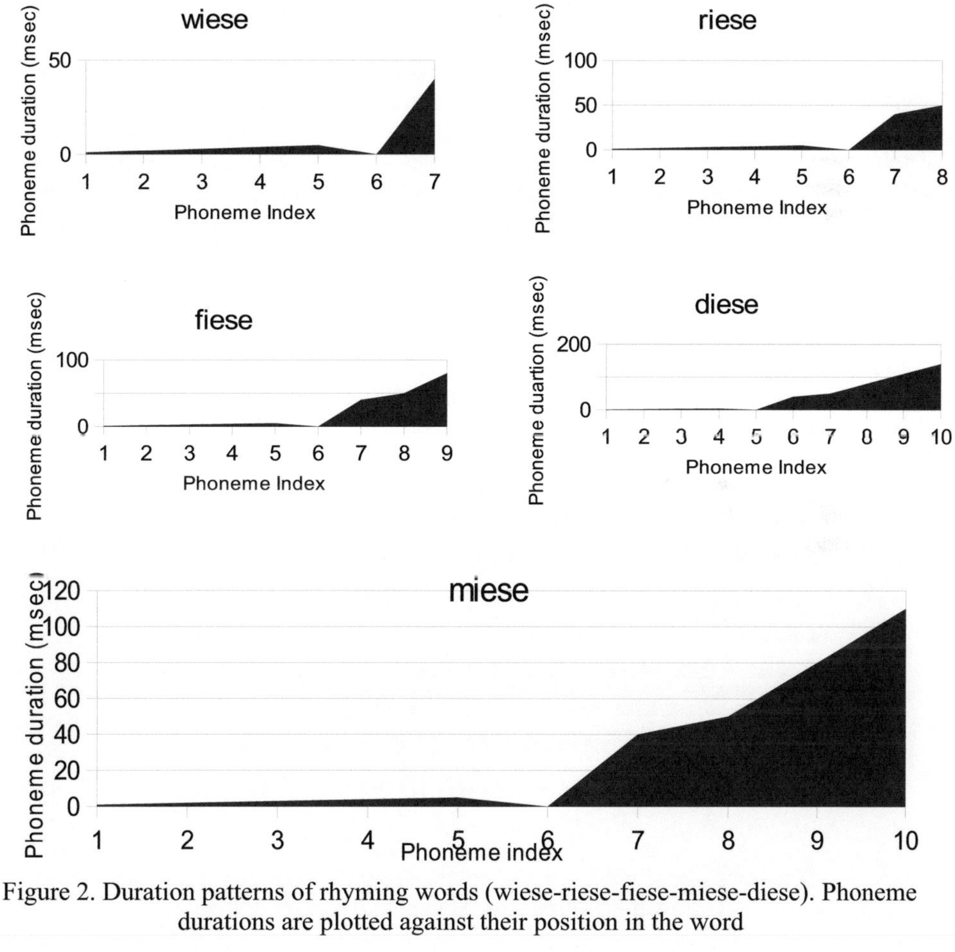

Figure 2. Duration patterns of rhyming words (wiese-riese-fiese-miese-diese). Phoneme durations are plotted against their position in the word

6.2 Clustering of rhyming words (RW-2)

For the second phase of analysis I have considered 8 sets of German rhyming words (RW-2).

* set-1: schrank-bank-krank-dank
* set-2: kasten-tasten-fasten
* set-3: Brot/Not/Kot/Boot
* set-4: kram/lahm/zahm
* set-5: feuer/teuer/ungeheuer
* set-6: tasse/kasse/nasse
* set-7: fraß/spaß/maß
* set-8: kerzen/schmerzen

In this case, best result for clustering was observed when the number of clusters was selected as 8 with an overall average silhouette value of s(i) = 0.9589 (Figure 3). The 8 clusters (C-1, C-2, C-3, C-4, C-5, C-6, C-7, C-8) of rhyming words obtained are:

* C-1: t**asse**-k**asse**-n**asse**
* C-2: k**asten**-t**asten**-f**asten**
* C-3: Br**ot**-N**ot**-B**oot**-K**ot**
* C-4: f**euer**-t**euer**
* C-5: kram-lahm-zahm-schmerzen
* C-6: kerzen-ungeheuer
* C-7: fr**aß**/sp**aß**/m**aß**
* C-8: sch**rank**-**bank**-k**rank**-**dank**

The words in set 2, Kasten /Tasten and /fasten are grouped under cluster 2, since they all have the vowel '/a/' in the starting position. The three words also have the same word length (no. of phonemes = 6) and the same pronunciation style due to the presence of the bisyllable '/asten/'. All the words in set 7 were grouped under cluster 7, since these words share the common characteristics such as same word length (number of phonemes) and the presence of the bisyllable '/aß/'. The presence of short vowel '/a/'in the word /Tasse/ can be identified as the reason for separating out that word from set3 and grouping it separately under cluster1, while the rest of the words were in cluster 3. This can be clearly observed from Figure 4., which depicts the duration patterns of words in set 3. The factor which brought all the words in cluster5 together is the total number of phonemes in the words. Even though these 4 words are grouped under the same cluster, there are some dissimilarities among these which is clear from the silhouette plot shown in Figure 3. All the 4 words are having almost similar duration patterns. Centroid of the cluster is the representative duration pattern for all elements in the cluster.

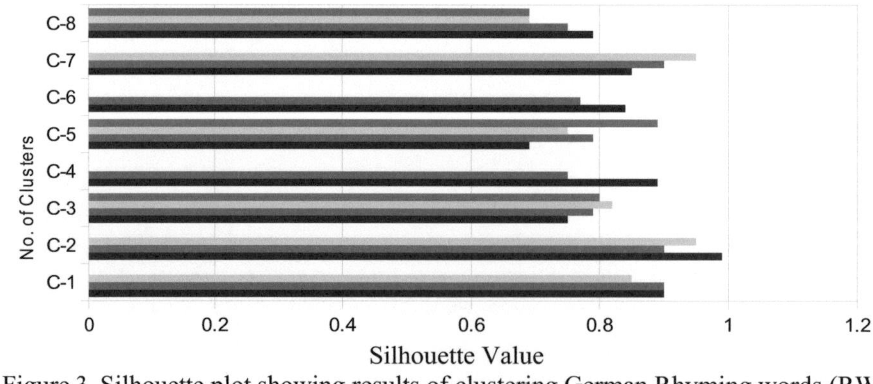

Figure 3. Silhouette plot showing results of clustering German Rhyming words (RW-2). The average Silhouette value obtained s(i)= 0.9589

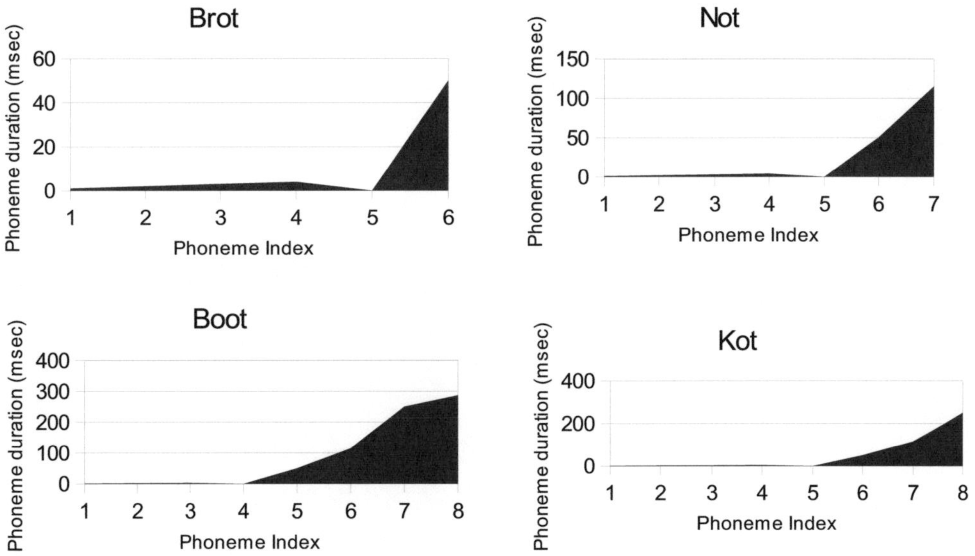

Figure 4. Duration patterns of rhyming words (Brot-Not-Boot-Kot). Phoneme durations are plotted against their position in the word

7 Conclusion

When cluster analysis was performed on the individual sets of words, it was observed that each set of similar words fell into separate clusters. Similar sounding words were grouped automatically. It was also observed that, similarity of words and phrases is determined by the order of succession of basic sounds. From this we can understand that, it is not the textual meaning that matters to form clusters but, rather the style of pronunciation, the order of succession of phonemes/syllables and the length of words. The result is evidence to the existence of finite number of clusters of duration patterns in natural German speech. Naturalness can be obtained in synthesised speech by storing duration patterns of words, of the required style, which can be retrieved at the time of speech synthesis for varying time duration of speech units. The analysis can be extended for identifying the frequently occurring duration patterns in different styles of speech, and modelling a duration model utilising the frequently occurring representative patterns, so that the TTS system yield good quality speech in terms of naturality. If the typical duration patterns in a particular style of speech can be identified, then naturality of synthesized speech can be improved by imposing durational variation according to these patterns. While we learn the speech constructions, we are not taught about their durations, but the brain memorises the frequently occurring duration patterns and the factors influencing it and reuses it when the same situation arise.

8 Future work

Clustering of words in continuous speech can be further carried out in next phase of the analysis. The results are clear indication on the existence of commonly occurring patterns in a particular speaking style at word level. Similar analysis can be extended to phrase or sentence level. The features influencing these clusters were identified as, word length, the order of succession of syllables / phonemes, and word position. Clustering of phrases in continuous speech can be performed on continuous read news programme which can be transcribed to syllable level as the database. Phrase position in the sentence, average phrase length and the order of succession of syllables may be considered and identified as the factors influencing the clusters in continuous German speech.

9 Acknowledgements

I would like to express my sincere thanks to Prof. Dr.-Ing. habil. Rüdiger Hoffmann for his technical suggestions and to Dipl.-Slaw. Rainer Jäckel for his valuable suggestions and clear description of German language accent, short and long vowel pronunciation variations.

10 References

[1] Zaheer Hussain, Ruediger Hoffmann"Prosodic analysis of German read corpus for a CALL system for Rehabilitation Purposes" *ICT for Language learning 6th edition*, Florence, Italy., November 14-15, 2013.

[2] Rouas,J., Farinas,J., Pellegrino F., Obrecht R A., "Rhythmic unit extraction and modelling for automatic language identification" *Speech Communication*, Vol.47 *Elsevier,* 2005. pp. 436 – 456

[3] Jokisch, Oliver., Ding, Hongwei., Kruschke, Hans.,"Towards a multilingual prosody model for text to speech " *IEEE Proceedings* Vol.1: *ICASSP,* 2002 . pp. I:421-424

[4] K.Srinivasa Rao and B.Yegnanarayana,"Modeling syllable duration in Indian languages using support vector machines", *Proc. IEEE Int. Conf. on Acoustics, Speech, and Signal Processing, ICASSP'04*, 2005, pp. 258-263.

[5] Peter J. Rousseeuw, Silhouettes: A graphical aid to the interpretation and validation of cluster analysis, *J.of Computational and Applied Mathematics*, 20, Nov.1987, 53-65.

[6] http://en.wikipedia.org/wiki/K-means clustering

[7] http://www.ling.ohiostate.edu/welby/PRAAT/welby-ito-praat-tutorial.pdf

[8] D .H.Klatt, Linguistic uses of segmental duration in English :Acoustic and perceptual evidence, *J. of Acoustic Society of America*, 59, 1976, 1209-1221

[9] Jan P. H. Van Santen, Assignment on segmental duration in Text to Speech Synthesis, *J. of Computer Speech and Language* 8, 1994, pp. 95-128.

[10] http://home.dei.polimi.it/matteucc/Clustering/tutorial

[11] Ghitza,O. ,Greenberg, S. "On the Possible Role of Brain Rhythms in Speech Perception: Intelligibility of Time-Compressed Speech with Periodic and Aperiodic Insertions of Silence, *Phonetica 2009* ; 66 (No.12): pp. 113 -126

ON THE DIRECT MEASUREMENT AND INTERACTIVE 3D RENDERING OF DUMMY-HEAD DIRECTIONAL CHARACTERISTICS USING POLAR COORDINATES

György Wersényi [1], József Répás [1] and Michael Graf [2]

[1]Széchenyi István University, Győr, Hungary
[2]Hochschule für Telekommunikation Leipzig

wersenyi@sze.hu

Abstract: HRTF measurements usually incorporate with dummy-heads, broadband excitation signals and automated installations for recording and plotting results as function of frequency and direction in the so called 3D "hoop" coordinate system. Plotting results in different coordinate systems or along different axes (such as the interaural axis) requires further calculations. This paper presents an automated measurement system for direct recording and evaluation of dummy-head HRTFs in a polar coordinate system. Color plots using different scales show directional dependence of the transmission and image processing methods are introduced for interactive 3D rendering of the measured dataset (cloud) for visualization and further analysis.

1 Introduction

In human spatial hearing localization is determined by the interaural level and time differences (ILD, ITD) between the two ears. Furthermore, if no interaural difference is present, the filtering effect of the outer ears deliver information about elevation. The transmission can be described by the Head-Related Transfer Functions (HRTFs) in the frequency domain or by the Head-Related Impulse Responses (HRIRs) in the time domain [1 5].

HRTFs are usually defined in the so called „hoop" coordinate system (Fig.1.) and measurements are done by a moving sound source in the horizontal and vertical plane respectively. However, sometimes it is beneficial to define and to have HRTFs represented in the polar coordinate system. This uses the polar and lateral angles as shown in Fig.1. If the measurement is made using elevation and azimuth, further off-line calculations are needed to transfer them into the polar coordinate system.

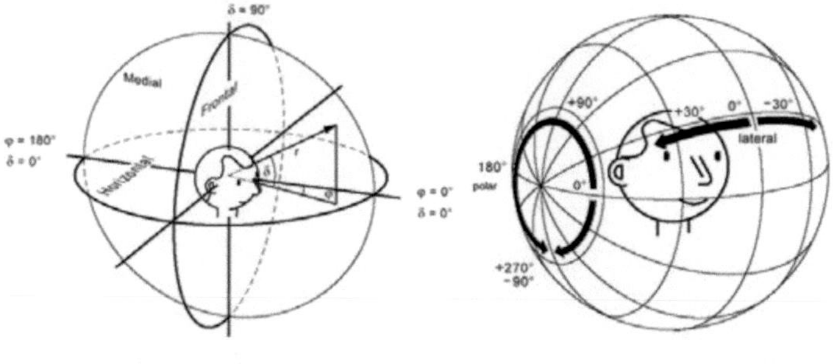

Fig. 1. Left the "hoop" coordinate system, given by δ and φ (medial and horizontal plane). The frontal plane is also displayed. Right the polar coordinate system with lateral and polar angles [1-6].

Because most of the installed systems do not offer easy transfer between these representations, and furthermore, they do not offer direct measurement in the polar system, we installed a dummy-head system for direct measurements and for real-time plotting of the directional characteristics. The literature usually incorporates with classical representations in time, frequency and space without calculating directional contours that can be very helpful in analyzing scattering, shadowing etc. effects of the head and torso [6].

Figure 2 and 3 show two examples from the literature. There is usually a quite incomplete representation in frequency and space (spatial resolution). Furthermore, representations are limited to 2D slices of the otherwise 3D directional plots. The goal of this measurement was to determine the directional characteristics of a dummy-head in given directions (planes, slices) and frequencies for creating both 2D and 3D plots. For the latter, a solution for interactive manipulation of the figures was also in focus.

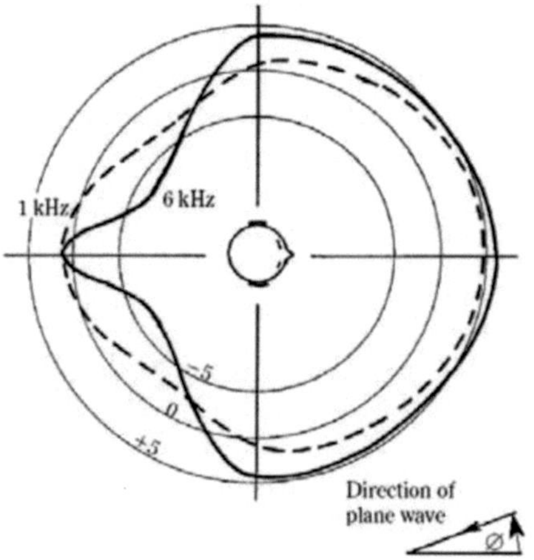

Fig. 2. An early plot from 1940 on diffraction around a solid sphere about the size of a human head. For sound in the 1-6 kHz range, sound pressure is generally increased in the front hemisphere and generally reduced in the rear [7].

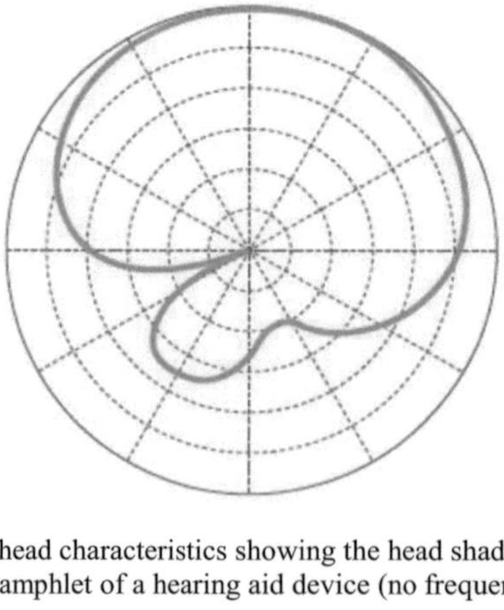

Fig. 3. Measured directional head characteristics showing the head shadow effect in a schematic plot from a commercial pamphlet of a hearing aid device (no frequency information) [8].

2 Measurement setup

For measuring the HRTFs a HEADAcoustics dummy-head was installed in the anechoic chamber. It was mounted on a turntable (OWIS DMT 130) controlled by the software (OWIS SMS 60). The generator output and data input were controlled by a Rhode/Schwarz Audio Analyser and the user interface was programmed in LabView. The sound source was a T&M SYSTEMS T&M 8PA loudspeaker on a stand. The reference signal was measured with a Brüel & Kjaer omnidirectional microphone (reference signal). Spatial resolution is one degree in the plane where the turntable is actually rotating. No data collection is made during the movement. The dummy-head can be mounted on the turntable horizontally, vertically and in tilted positions (10-degree steps) in between. Excitation was white noise, evaluation was made in octave bands, however, it is possible to reduce the bandwidth. The software controls the output signal, the movement of the turntable, the data acquisition, saving and plotting of measured data [9].

Figure 4 shows a general block diagram of the system and the GUI of the software. The system is capable of testing equipment other than a dummy-head as well.

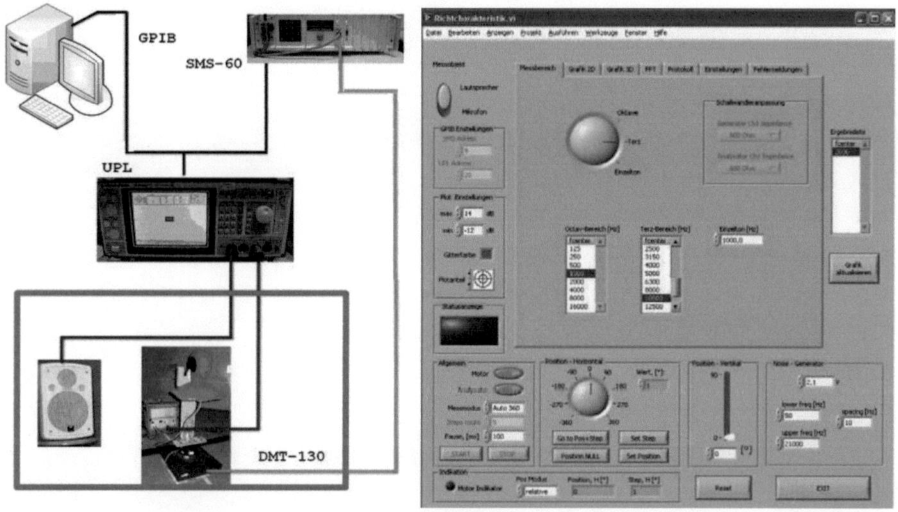

Fig. 4. General block diagram of the setup (left) and screen shot of the GUI that enables controlling the measurement (right).

3 Discussion

3.1 Directional plots in the horizontal plane

Figures 5-6 show directional characteristics for one ear (left ear) in octave bands (center frequency) in the horizontal plane, where the head is positioned in the origin. Between 125 Hz and 500 Hz the transmission is almost omnidirectional, as expected. Above 630 Hz, the dummy-head becomes more directional-dependent. This supports former measurements [1]. Because at some frequencies the dynamic range of the sensitivity is higher than on figures 5-6, figure 7 shows high frequency results on different scales for a better comparison. The goal of this presentation method is to make each result more visible. By comparing figure 2 with figures 6 and 7 it is clearly visible that a rigid sphere model estimation may be mathematically correct, but real measurements show more unsymmetric characteristics due to pinnae effects on both sides.

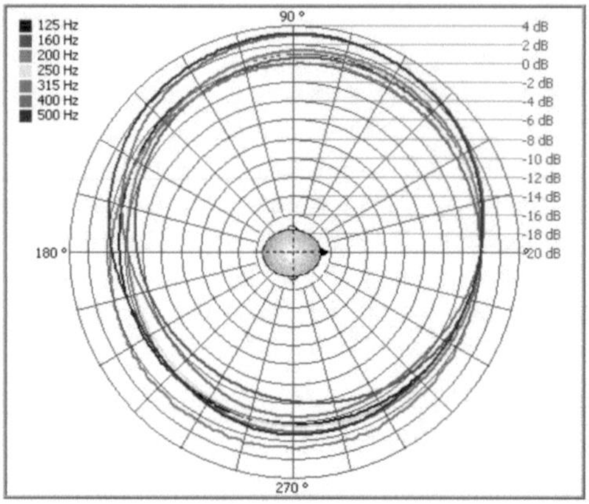

Fig. 5. Directivity plots from 125 Hz to 500 Hz.

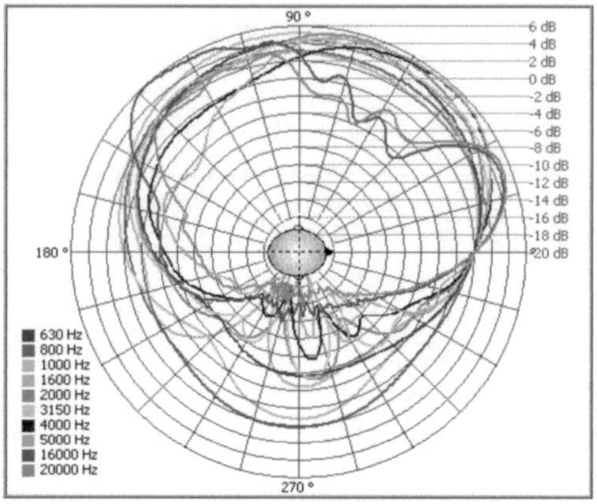

Fig. 6. Directivity plots from 630 Hz - 20 kHz.

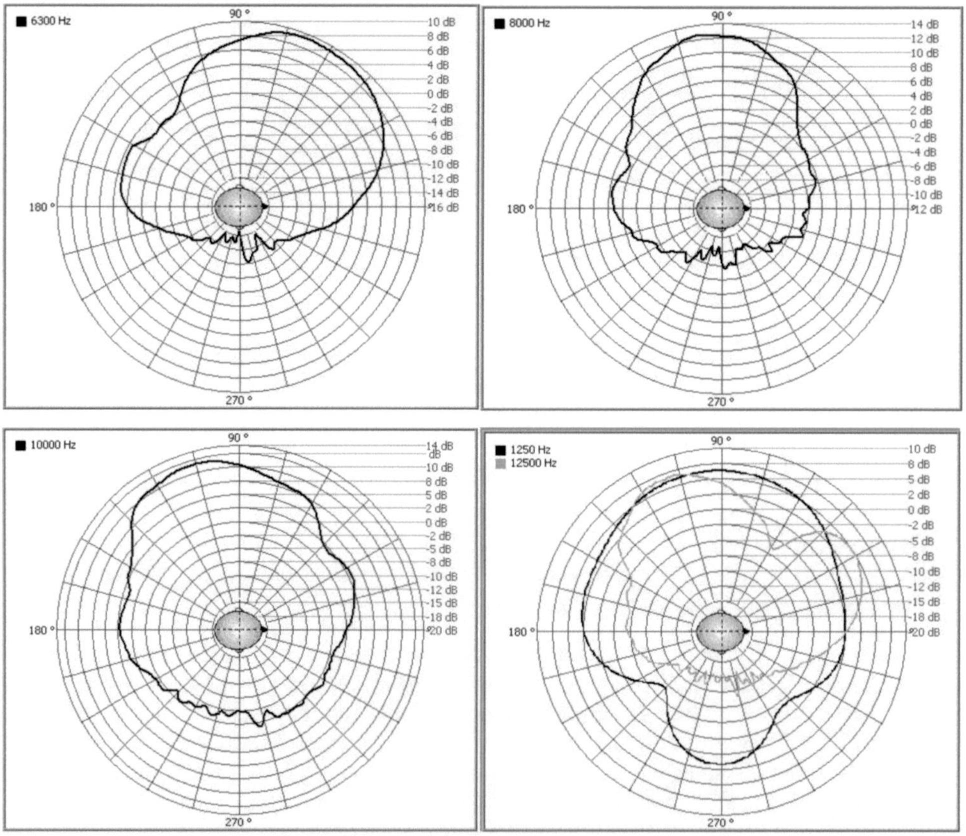

Fig. 7. Directivity plots using different scales at 6300 Hz (top left), 8000 Hz (top right), 10 kHz (bottom left) and 1250 Hz and 12500 Hz respectively (bottom right).

3.2 Directional plots in the median plane

Figures 8 shows results from the median plane. Here, results only at 1250 Hz showed increased dynamic range. Please note, that based on the dummy-head's size and geometry (head and partly torso), measured data from „below" are not valid. The spatial range suitable for evaluation is between about 300 degrees (-60°) in front and 240 degrees in the back.

As expected, low frequency plots (below 630 Hz) show almost unidirectional characteristics, whilst with increasing frequency the effect of the head and torso, pinnae becomes more significant in both planes. At higher frequencies the pinnae sound collecting effect creates sidelobes from above at frontal directions. There is reception even from the top and back directions, supporting our former results of a measurement with a different dummy-head and HRTF recording system [10-12].

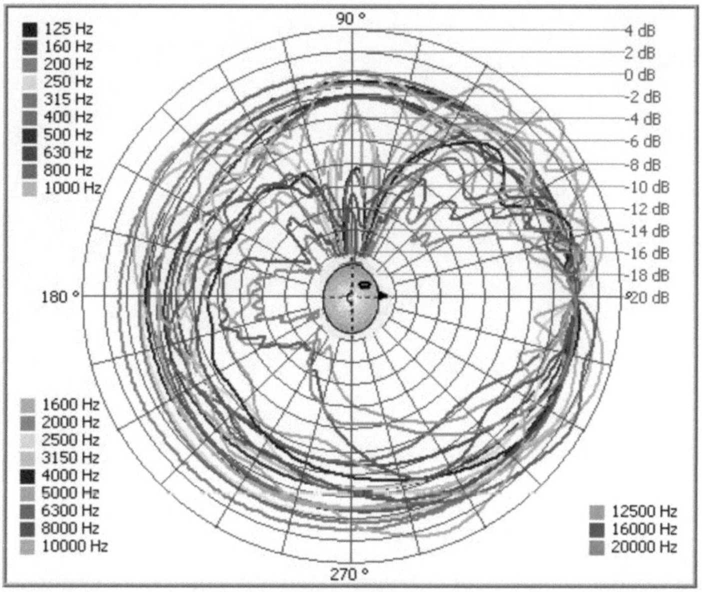

Fig. 8. Directivity plots from 125 Hz to 20000 Hz, without the 1250 Hz plot.

In the vertical plane, at 1250 Hz sensitivity (dynamic range) is the highest. Furthermore, the same increased dynamic range can be seen at 5-10 kHz in the horizontal plane. Also the spatial contour (directional dependence) can be observed for all measured frequencies. After measuring the horizontal and vertical plane, planes in between were also measured by tilting the dummy-head in 10-degree steps to the left and the right respectively in order to get a better interpolation for the 3D plots.

3.3 Interactive directional plots using 3D rendering

Today's technique allows representation and plotting of measurement data using image processing techniques and 3D rendering software. In this case, the data points ("the cloud") had to be visualized in a 3D space, where the origin is the head and measured planes are slices of the 3D directional plots. Points have to be displayed properly in the space and furthermore, they can be processed by linking the dots, forming polygons and using shadowing and coloring effects. For an interactive solution, where users can access and manipulate (rotate, zoom etc.) the plots directly on the screen the Qt development environment was used, including C++ and the open-source Point Cloud Libraries [13]. Furthermore, the open-source Visualization Toolkit (VTK) has been applied for the rendering [14]. The software also enables smoothing and interpolation of the data, zooming, re-scaling and displaying anaglyph stereophonic versions of the plots for the red-green or red-cyan glasses. Using the exported data formats, the Objet30 3D printer at the university is able to print these directional plots for demonstration purposes.

Figures 9-12 show rendered 3D data clouds as screenshots at selected frequencies for demonstration. On the right, the point cloud with a schematic blue head can be seen. Nose and the right ear are white, as long the measured ear (left ear) is red. On the left, the 3D directional plots show shadowed polygons based on the raw data, without smoothing.

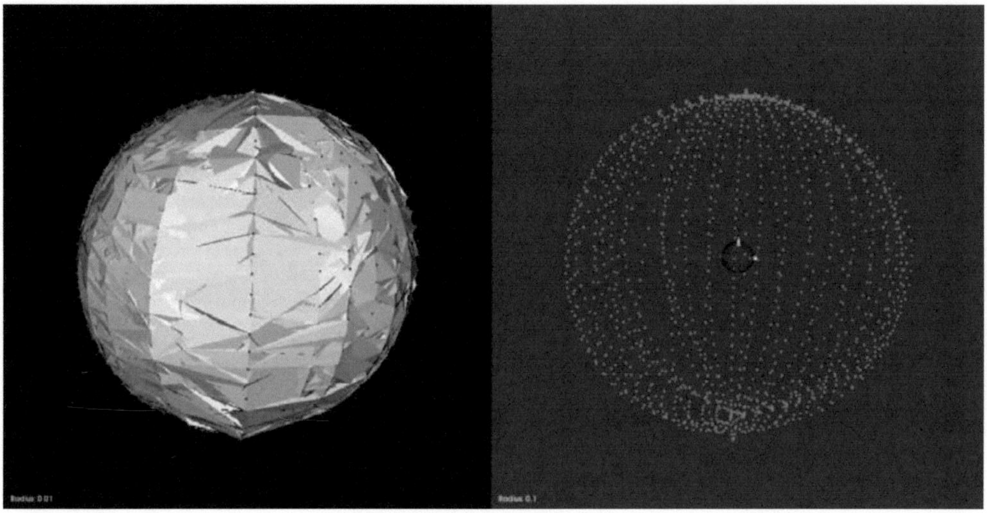

Fig. 9. Directivity plot at 125 Hz.

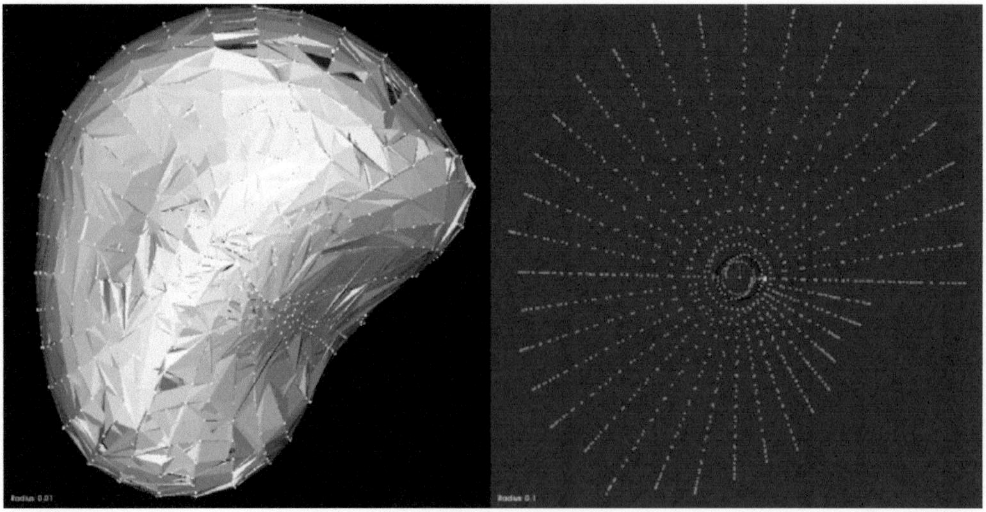

Fig. 10. Directivity plot at 500 Hz.

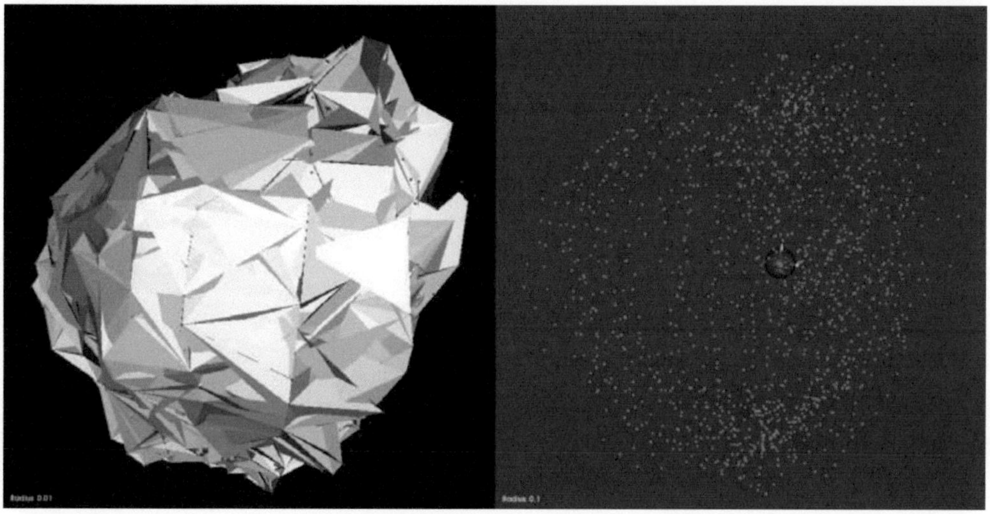

Fig. 11. Directivity plot at 8000 Hz.

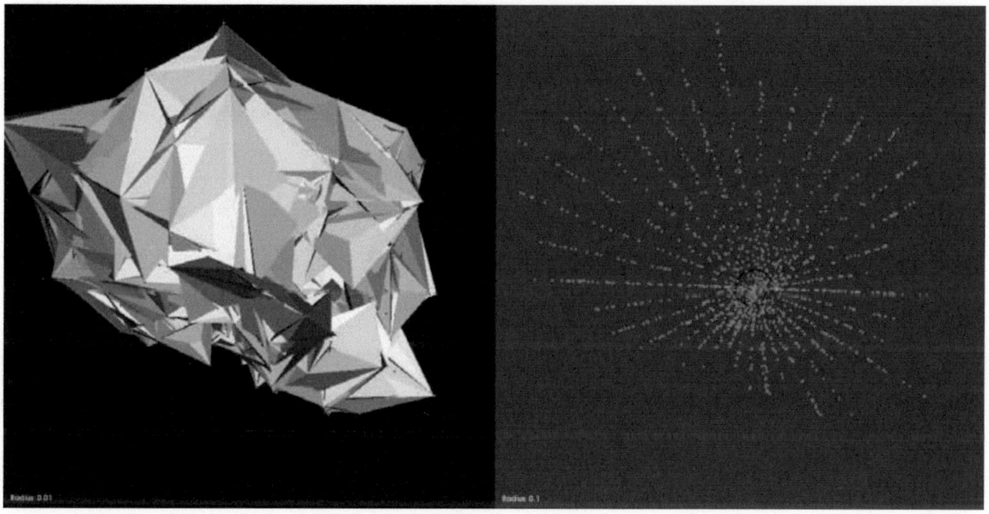

Fig. 12. Directivity plot at 16000 Hz.

4 Conclusion

A measurement system was presented for automated measurements of directional characteristics. It enables direct recording and real-time plotting of HRTF data in the polar coordinate system if dummy-heads are used. The environment is optimized for HRTF data acquisition but it can be used for other equipment as well. Due to the easily adjustable stand and mountings, devices with unusual shapes and forms can be installed and evaluated. 2D color plots show a complete collection of contour plots in octave-band resolution for two planes. Furthermore, a 3D environment was introduced for manipulation and further data analysis or 3D printing. Future works include further measurements and comparison of other dummy-heads as well as comparison with calculated directional plots of human measurements.

5 Acknowledgement

This research was realized in the frames of TÁMOP 4.2.4. A/2-11-1-2012-0001 „National Excellence Program – Elaborating and operating an inland student and researcher personal support system" The project was subsidized by the European Union and co-financed by the European Social Fund.

References

[1] Blauert, J.: Spatial Hearing, The MIT Press, MA, USA, 1983.

[2] Macpherson, E.A., and Middlebrooks, J.C.: Listener weighting of cues for lateral angle: The duplex theory of sound localization revisited, J. Acoustical Soc. Am., vol. 111, no. 5, May 2002, pp. 2219-2236.

[3] Algazi, V.R., Avendano, C., and Duda, R.O.: Elevation localization and head-related transfer function analysis at low frequencies, J. Acoustical Soc. Am., vol. 109, no. 3, March 2001, pp. 1100-1122.

[4] Minnaar, P., Olesen, S.K., Christensen, F., and Møller, H.: Localization with Binaural Recordings from Artificial and Human Heads, J. Audio Eng. Soc., vol. 49, no. 5, 2001, pp. 323-336.

[5] Leong, P., and Carlile, S.: Methods for spherical data analysis and visualization, Journal of Neuroscience Methods, vol. 80, 1988, pp. 191-200.

[6] Cheng, C.I., and Wakefield, G.H.: Introduction to Head-Related Transfer Functions (HRTFs): Representations of HRTFs in Time, Frequency, and Space, J. Audio Eng. Soc., vol. 49, no. 4, 2001, pp. 231-249.

[7] Olson, H.F.: Elements of Acoustical Engineering, New York, D. Van Nostrand Co., 1940.

[8]http://www.phonakpro.com/content/dam/phonak/b2b/C_M_tools/Library/background_stories/en/Phonak_Insight_StereoZoom210x280_GB_V1.00.pdf

[9] Postelniak, V., and Zinchenko, O.: Messeinrichtung zur Messung von Richtcharakteristiken, Deutsche Telekom AG – Fachhochschule Leipzig, Project IV. 2007.

[10] Wersényi, Gy., and Illényi, A.: Differences in Dummy-Head HRTFs Caused by the Acoustical Environment Near the Head, Electronic Journal of "Technical Acoustics" (EJTA), Russia, http://www.ejta.org, 2005, 1. pp 15.

[11] Illényi, A., and Wersényi, Gy.: Environmental Influence on the fine Structure of Dummy-head HRTFs. In Proc. of the Forum Acusticum 2005, Budapest, pp 2529-2534.

[12] Wersényi, Gy.: Spatial and spectral properties of the dummy-head during measurements in the head-shadow area based on HRTF evaluation, in Proc. of InterNoise 2006 International Conference, 2006, Honolulu, Hawaii, pp. 10.

[13] http://pointclouds.org/

[14] http://vtk.org/

SPRECHERLOKALISATION MIT EINEM 3D-MIKROFONFELD

Martin Birth

BTU Cottbus-Senftenberg
martin.birth@tu-cottbus.de

Kurzfassung: Die Signalkopplung zur Ausrichtung verschiedener Mikrofone auf eine spezifische Position im Raum ist einer der interessantesten Punkte bei der digitalen Verarbeitung von Audiosignalen. Das gewonnene fokussierte Signal wird dabei genutzt, um eine Raumabtastung nach möglichen Schallintensitätsmaxima hin zu untersuchen. Dabei spielen bei der Diskretisierung mit mehrdimensionalen Mikrofonfelder eine Reihe von Optimierungen eine wichtige Rolle, die zur Konsequenz eine Aufwandsreduktion haben. Solch eine technische Realisierung eines richtungsbezogenen Hörens wird im folgenden beschrieben.

1 Einleitung

Im Informationsaustausch zwischen Mensch und Maschine erfolgt immerwährend eine Verbesserung der Interaktion. Es ist zur Gewohnheit geworden, das Mikrofon in die Hand zu nehmen, es als Headset zu tragen oder gar das Mobiltelefon an das Ohr zu halten. Ungeachtet dessen, ist es durch den direkten Kontakt mit der Technik, keine rein natürliche Kommunikation. Die Entwicklung hat indessen Fortschritte gemacht und so gibt nun die Möglichkeit unmittelbare, technische Geräte komplett entfallen zu lassen. Die akustische Quellenortung durch Mikrofonfelder und die damit angeschlossene Verarbeitung von Audiosignalen sollen hierfür eine bedeutende Rolle spielen.

Als Ausgangspunkt für die Detektierung von akustischen Signalen dienen mehrkanalige Mikrofonsysteme, sogenannte Mikrofonarrays, die in einem Verbund synchronisiert werden. Solche Felder existieren für vielfältige Anwendungen in den unterschiedlichsten Anordnungen und Dimensionen. Grundlegend wird jedoch deren Arbeitsweise mit einem Hohlspiegel verglichen, bei dem die Schallquelle dem Brennpunkt entspricht [5]. Die Ausrichtung geschieht dabei unter Zuhilfenahme eines adäquaten Beamformers (dt. Strahlrichter), der es ermöglicht einen beliebigen Raumpunkt anzuvisieren, ohne physikalische Einflussnahme auf die Versuchsanordnung. Durch die rein passive Auslenkung der Sensoren erfolgt eine Verstärkung der Signale in „Blickrichtung“, unter gleichzeitiger Reduktion nebenstehender Geräusche und Nachhallelemente.

Das entstandene Gesamtausgangssignal wird im weiteren Verlauf dazu benutzt, den zu betrachtenden Raum systematisch abzutasten. Ein Vergleich der Energiegehalte der Abtastpunkte fördert auf diese Weise die Sprecherposition. Da die Detektierung rein digital erfolgt, können mehrere Beamformer parallel betrieben werden. Darüber hinaus wird der Standort des Sprechers gleichzeitig abgehört und das so gewonnene Mikrofonsignal für die weitere auditive Verarbeitung genutzt.

2 Versuchsaufbau

2.1 Mikrofonarraysystem

In einem aktuellen Projekt hat der Lehrstuhls für Kommunikationstechnik (BTU Cottbus-Senftenberg) das neue „SpeechLab“ mit einem 3D-Mikrofonarray ausgestattet, für die Erforschung der Interaktion mit multimedialen Komponenten. Der Proband soll dort eine möglichst naturgetreue Kommunikation erfahren, die für ihn eine intuitive Handhabung garantiert. Bei den Mikrofonarrays handelt es sich um zwei einzelne Felder in dreidimensionalen Anordnung, die orthogonal zueinander angebracht sind. Eine Arraykomposition, bestehend aus 32 Messmikrofonen, wurde um einen 72 Zoll Multitouchscreen angebracht, der sich an der Stirnseite des Raumes befindet. Das zweite Array, mit 32 weiteren Mikrofonen, befindet sich an der Raumdecke. Deren Komponenten sind spiralförmig in einer Plattenkonstruktion positioniert. Das vollständige Deckenarray lässt sich durch Schienenlagerung mit einem Schrittmotor in der Position verändern. Diese räumliche Anordnung hat einen entschiedenen Vorteil, gegenüber ein- oder zweidimensionalen Konstruktionen, da sich jeder Punkt im Raum anvisieren lässt. Demgegenüber steht die Tatsache, dass mit herkömmlichen Arraykompositionen nur, in einem von ihnen ausgehenden Halbkreis, die Quellenortung möglich ist.

Nicht nur die Kombination dieser zwei Felder ist ein großer Vorteil, auch die hohe Anzahl, der zum Einsatz kommenden Mikrofone. Durch sie wird die Genauigkeit des Beamformers gesteuert. Nach [4] kommt es zu einer Verdichtung der Hauptkeule, bei einer Zunahme der Anzahl der Mikrofonelemente. Gleichzeitig resultiert daraus eine Absenkung der Nebenkeulenmaxima.

2.2 Raumkoordinatensystem

Alle Mikrofone besitzen nur eine relative Position auf der jeweiligen konstruierten Platte. Die Sprecherlokalisation macht es jedoch notwendig, ein einheitlichen Raumkoordinatensystem zu schaffen. Für diesen Zweck wird ein festes Messfeld im Raum definiert (hier 4,40 x 4,40 x 2,20 m). Ihn diesem Rechtkant erhält jedes Mikrofon eine absolute Position. Darüber hinaus sind durch diese Einschränkung des Messfeldes auch alle möglichen Zielpositionen bekannt, da diese sich nur innerhalb des Feldes befinden dürfen. Um eine Aufwandsreduktion für die Diskretisierung zu erreichen, wurde der abzutastende Raum in Würfel mit einer Kantenlänge von 20 cm unterteilt. Dies sorgt in dieser projektbezogenen Anwendung für eine Ausreichend große Genauigkeit der Lokalisation.

Aus den absoluten Lagedaten der Mikrofone und den Daten für alle möglichen Sprecherpositionen lassen sich im nächsten Schritt alle Abstände und die daraus resultierenden Schallaufzeiten τ mit

$$\tau_i = \frac{1}{c_s} \left\| \vec{l}_i - \vec{l}_p \right\| \tag{1}$$

bestimmen. Hierbei wird c_s für die Schallgeschwindigkeit verwendet. Die Vektoren $\vec{l}_i$ und $\vec{l}_p$ stehen für die Position des i-ten Mikrofon $(i = 1, 2, .., 64)$ und Position des Sprechers. Diese Daten stellen nachfolgend die Grundlage für die Ortung einer möglichen Sprecherposition dar.

3 Sprecherlokalisation

3.1 Allgemeines

Durch die Festlegung eines Raumkoordinatensystems sind bereits alle möglichen Raumpunkte im Messfeld bekannt. Da die Bestimmung der Energiegehalte für jede Position einen erheblichen Aufwand beuten würde und im Zuge dessen auch eine schlechtere Erkennungsrate, ist es unerlässlich eine Optimierung der Abtastung einzurichten. Aus diesem Grund wurde das Messfeld in zwölf Ebenen (Abb. 1) unterteilt, die der Annahme zu Grunde liegen, dass ein einzelnen Sprecher, im Verlauf der Bedienung des Gesamtsystems, sich nicht in seiner Körpergröße ändert. Kleinere Bewegungen des Kopfes werden durch die Größe der Messpunkte durchaus toleriert.
Dies hat insgesamt zur Folge, dass eine Positionsabtastung nur stets auf einer Ebene erfolgen muss. Eine stetige Überprüfung der entsprechenden Höheneinheit ist somit nicht notwendig. Es ist folglich ausreichend, in einem kurzen Intervall nur die jeweilig betreffende Ebene abzuscannen und in einem parallel laufenden Beamformer mit einem größeren Zeitintervall nach der entsprechenden Höheneinheit zu suchen, um so auch eine neue Person mit einer abweichenden Körpergröße zu detektieren.

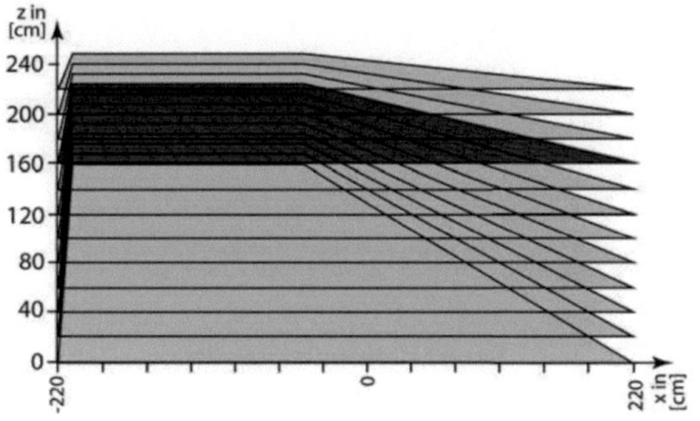

Abbildung 1 - Ebenendarstellung des Messfeldes.

3.2 Beamforming

Mit Hilfe des Beamformings im Zeitbereich wird unter Einsatz eines Mikrofonarrays ein Strahl durch räumlich, zeitliches Filtern der eintreffenden Signale gebildet. Dies geschieht unter Ausnutzung der Laufzeitunterschiede. Der so entstehende Fokuspunkt lässt sich beliebig auf eine Position lenken und kann somit für die Ortung einer beliebigen Schallquelle im Raum eingesetzt werden. Die Auslenkung ist dabei rein passiv und es wird kein Einfluss auf physikalische Anordnung der Mikrofone genommen. Für die exakte Synchronisation ist nach (1) eine Bestimmung der Laufzeiten für alle N Mikrofone eingangs notwendig. Dies ist begründet mit den differenzierenden Entfernungen und Einfallswinkel, wodurch der Schall auch ungleich an den Sensoren auftrifft.

Ausgehend davon, dass die Schallwellen nicht direkt aus der Querabrichtung auf ein Array mit N Mikrofone treffen, kommt es nun zu dem zeitlichen Versatz (engl. delay) der eintreffenden Signale. Die einzelnen Delayglieder τ_i $(i = 1, 2, ..., 64)$ werden dazu genutzt die Verzögerung so auszugleichen, dass die anliegenden Signale $x_i(t)$ nach einer Verschiebung kohärent sind. Dazu erfolgt in einem weiteren Schritt eine Bestimmung der Verzögerungszeit des am weitesten entferntesten Mikrofons τ_{max} aus allen τ_i, im Verhältnis zu einer spezifischen Messposition. Aus der Differenz dieser Werte lässt sich das Delay $d_{i/max}$ für jedes i-te Mikrofon bestimmen:

$$d_{i/max} = \tau_{max} - \tau_i. \tag{2}$$

Die Gesamtheit der Delayglieder für ein Mikrofonfeld zu einer spezifischen Messposition wird in dem Steeringvektor $\vec{\theta}$ zusammengefasst. Eine Wichtungsfunktion w_i sorgt im weiteren Verlauf für eine entsprechende Bewertung der unabhängigen Signale, um nachfolgend das Gesamtausgangsignal zu erhalten [3]. Das Ausgangssignal $y(t)$ des Beamformers lässt sich somit wie folgt beschrieben:

$$y(t) = \sum_{i=1}^{N} w_i \cdot x_i(t - \vartheta_i). \tag{3}$$

Die Vorgehensweise für diese Art des Beamformings ist charakteristisch, daher auch die Bezeichnung „Delay-and-Sum-Beamformer“ (kurz D&S-Beamformer). Durch die dynamische Anpassung der Verzögerungsglieder auf einen spezifischen Punkt, lässt sich der Beamformer in eine beliebige Richtung steuern. Um auch bewegende Ziele anvisieren zu können, muss die Anpassung des Steeringvektors $\vec{\vartheta}$ möglichst schnell geschehen, um keinen Verlust an Audiodaten zu erhalten.

3.3 Evaluation des Beamformers

Die räumliche Empfindlichkeit eines Mikrofonfelds wird als Richtcharakteristik bezeichnet. Zur Lokalisation des Sprechers müssen die Orte maximaler Empfindlichkeit („Haupt-“ und „Nebenkeulen “) bekannt sein.

Nach [1] ist die Fouriertransformierte eines einzelnen Mikrofonsignals

$$\underline{X}_i(\omega) = a_i \mathrm{e}^{-\mathrm{j}\omega\tau_i} \cdot \underline{S}(\omega), \tag{4}$$

wobei $\underline{S}(\omega)$ für die Fouriertransfomierte des Quellensignals (Sprecher) sowie a_i für die Dämpfung und τ_i für die Laufzeit des Quellensignals am Mikrofon stehen. Das Summensignal des Mikrofonfelds im Frequenzbereich ist:

$$\underline{Y}(\omega) = \sum_{i=1}^{N} w_i \mathrm{e}^{-\mathrm{j}\omega\vartheta_i} \cdot \underline{X}_i(\omega). \tag{5}$$

w_i steht dabei für die Verstärkung und und ϑ_i für die Verzögerung des Mikrofonsignals (steering vector). Einsetzen von (5) in (4) ergibt:

$$\underline{Y}(\omega) = \underbrace{\sum_{i=1}^{N} w_i a_i \exp\left[-j\omega\left(\vartheta_i + \tau_i\right)\right]}_{\underline{H}(\omega,\vec{l})} \cdot \underline{S}(\omega). \tag{6}$$

Die erhaltene räumlich-zeitliche Übertragungsfunktion $\underline{H}(\omega,\vec{l})$ wird im Anschluss dazu genutzt, um die Intensitätsverteilung zu einem beliebigen Raumpunkt $\vec{l_p}$ zu bestimmen. Dies erfolgt mit der Formel:

$$|H(\omega,\vec{l_p})| = 20log\left|\sum_{i=1}^{N} w_i a_i \exp\left[-\mathrm{j}\omega\left(\vartheta_i + \frac{\left\|\vec{l_i} - \vec{l_p}\right\|}{c_s}\right)\right]\right|_{[dB]}. \tag{7}$$

Mit Hilfe der Gleichung (7) lässt sich folglich die Sensitivitätsverteilung für das betrachte Messfeld bestimmen. Für eine beispielhafte Darstellung 2, die einen horizontalen und vertikalen Querschnitt des Messfeldes zeigt, wurde für die Frequenz $f = 1000$ Hz, $l_p = [0; 0; 1,60]$ und $N = 64$ Mikrofonpositionen für das 3D-Mikrofonarray gewählt.

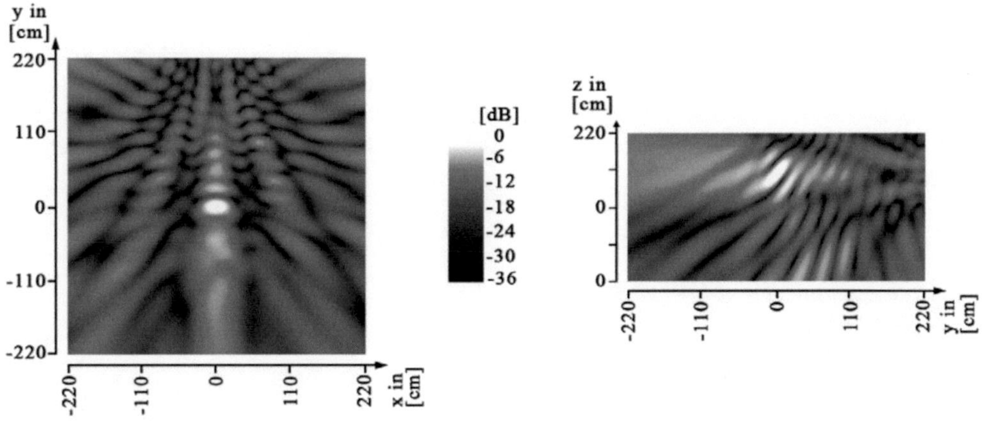

Abbildung 2 - Horizontalen und vertikaler Querschnitt der Sensitivitätsverteilung nach (7) für das Messfeld (f=1000 Hz, $\vec{l_p} = [0; 0; 1,60]$ und N=64 Mikrofone).

3.4 Sprecherlokalisation mittels Beamformern

Die Sprecherlokalisation baut in erster Linie auf dem gewählten Raumkoordinatensystem aus Abschnitt 2.2 auf. Zusätzlich zu diesen Daten wird noch die Laserposition des Deckenarrays ermittelt. Dies ist unverzichtbar durch die variable Schienenlagerung an der Raumdecke. Aus allen diesen Informationen heraus erfolgt daraufhin die Bestimmung der Steering-Vektoren. Durch eine stetige Überprüfung der Laserposition wird gewährleistet, dass keine fehlerhaften Abstandsvektoren in die Berechnungen des Beamformers mit einfließen.

Im Anschluss daran kann mit dem Einlesen der Audiodaten von allen 64 Mikrofonen begonnen werden. Um zu ermitteln auf welcher Ebene die genaue Positionsbestimmung erfolgen muss, wird in einem ersten Schritt auf jede Höheneinheit gezielt. Dies geschieht unter Zuhilfenahme eines unscharfen Beamformers, mit einer geringen Anzahl an Mikrofonen. Die Audiosignale werden zu diesem Zweck nach Formel (3) verschoben und summiert. Die Gewichtung richtet sich dabei nur nach der Anzahl der verwendeten Mikrofone $w_i = \frac{1}{N}$. Für jede Ebene wird somit der Energiegehalt vom Ausgangssignal des D&S-Beamformers bestimmt. Der resultierende Maximalwert dieser Überprüfung entspricht der Eingrenzung auf die zu untersuchende Höhe (Z-Wert), wie in Abbildung 1 beispielhaft dargestellt. Für eine Optimierung ist eine stetige Überprüfung auf die gesuchte Höheneinheit, bei einem nicht wechselnden Sprecher, nicht dringend notwendig.

In einem weiteren Schritt erfolgt die Untersuchung der genauen Sprecherposition auf den zuvor festgelegten Z-Wert. Dafür werden abermals die Audiosignale in einen D&S-Beamformer gegeben. Dabei wird die vollständige Anzahl an Mikrofonen verwendet, um so eine möglichst hohe Genauigkeit zu erzielen. Es folgt daraufhin eine Abtastung aller 529 Messpunkte auf der Ebene und die Speicherung der jeweiligen resultierenden Energiewerte. In letzter Instanz werden diese Werte miteinander verglichen und das gefundene Schallintensitätsmaxima entspricht der Sprecherposition im Raum.

Für eine genaue Vorstellung des Ablaufes und der eigentlichen Implementierung ist im Algorithm 1 ein Pseudocode mit aufgeführt. Damit die hier gezeigte Vorgehensweise erfolgreich ist, muss sichergestellt werden, dass sich im Bereich des Messfeldes bzw. Raumes keine extrem lauten Nebengeräusche befinden. Diese könnten eine Erweiterung des Störfeld mit sich bringen. Die Nebengeräuschunterdrückung ist durch die Verwendung eines Beamformers zwar sehr hoch, es kann jedoch bei übermäßigen akustischen Störungen zu einer Verringerung der Erkennungsrate kommen.

```
input : Audiodaten (64 Mics), Laserdaten
output: Sprecherposition

initialisierung();
berechneSteeringVektoren();
while Audiodaten!=NULL do
    einlesenAudiodaten();
    einlesenLaserdaten();                        // Position des Deckenarrays
    if alteLaserdaten != neueLaserdaten then
        alteLaserdaten ← neueLaserdaten;
        berechneNeueSteeringVektoren();
        gehe zu einlesenAudiodaten();
    end
    for i ← 1 to 12 do
        ebene[i] = GroberBeamformer(gesamtebene[i]);  // Geringe Mic-Anzahl
        neueEbene=getMaxOf(ebene[]);                 // Out: Index von ebene[]
        if scanEbene != neueEbene then
            scanEbene ← neueEbene;
        end
        for j ← 1 to 529 do
            werte[j] ← FeinerBeamformer(scanEbene.position[j]);
        end
        neueSprecherposition=getMaxOf(werte[]);  // Out: Index von werte[]
        if sprecherposition != neueSprecherposition then
            sprecherposition ← neueSprecherposition;
        end
    end
end
```

Algorithm 1: Pseudocode zum Ablauf der Erkennung der Sprecherlokalisation

4 Zusammenfassung und Ausblick

Die akustische Quellenortung und die damit in Verbindung stehende Ausgabe des Gesamtmikrofonarraysignals ist stets immer nur ein auditives Teilprojekt für die Verarbeitung von Sprachsignalen. Es dient überwiegend dazu, den entsprechenden Sprecher zu lokalisieren und ein scharfes Mikrofonsignal an etwaige Spracherkenner oder andere Verarbeitungsalgorithmen zu liefern. Das Beamforming ist in diesem Zusammenhang das Mittel der Wahl und offeriert neue Möglichkeiten zur Verarbeitung von digitalisierter Sprache. Somit wäre es nicht auszuschließen den Beamformer so zu modifizieren, dass auch parallel Sprecher herausgefiltert werden. Dies kann zum Beispiel durch die Anpassung der Wichtungsglieder mit adaptiven Transversalfilter geschehen [2]. Aber auch der Einsatz von superdirectiven oder anderen Filter-Beamformer (Wiener, Frost oder Kalman Filter) ist durchaus denkbar für die Weiterentwicklung des Systems.

Ein weiterer wichtiger Punkt für die Optimierung stellt der Suchalgorithmus an sich dar. Die Ortung der Sprecherposition erfolgt hinlänglich stabil und schnell, jedoch bedarf es noch Untersuchungen der genauen Fehlerraten für den Positionserkenner. Parallel dazu wird an einer Möglichkeit gearbeitet die Suchalgorithmen mittels *OpenGL* [6] direkt auf die Grafikkarte auszulagern. Der entschiedene Vorteil gegenüber der herkömmlichen Berechnung auf einer CPU, wäre die echt parallele Abarbeitung von 529 Messpunkten, die einer kompletten Messebene entsprechen. Dies würde eine massive Steigerung in der Geschwindigkeit der Erkennung mit sich bringen. Erste Tests beim Einsatz von *OpenGL* zur Berechnung der Sensitivitätsverteilung deuten auf eine erhebliche Steigerung der Rechengeschwindigkeit. Daher ist eine Ausweitung der Anwendung auf das Gesamtsystem durchaus vorstellbar.

Literatur

[1] Bitzer, J. und K. Simmer: *Superdirective Microphone Arrays*. In: *Microphone Arrays: Signal Processing Techniques and Applications*, Kap. 2, S. 20–23. Springer, 2001.

[2] Drews, M.: *Mikrofonarrays und mehrkanalige Signalverarbeitung zur Verbesserung gestoerter Sprache*. Microfilm-Vorlesungsskripte, 1999.

[3] Goldenbaum, M.: *Time-Delay and Sum-Beamforming an den gemessenen Sensordaten eines Experimental-Sediment-Sonars*. Diplomarbeit, Hochschule Bremen, 2004.

[4] Greensted, A.: *The Lab Book Pages: Delay Sum Beamforming*. http://www.labbookpages.co.uk/audio/beamforming/delaySum.html, 2012. Zugriff: 03.06.2013.

[5] Sarradj, E.: *Mikrofonarray mit Nahfeld-Beamforming*. Techn. Ber., Gesellschaft für Akustikforschung Dresden mbH, 2004.

[6] The–Khronos–Group: *OpenGL*. http://www.opengl.org, 2012. Zugriff: 17.01.2014.

Anmerkungen zu den Begriffen „Verständlichkeit“ und „Verstehbarkeit“ bei der Sprachqualitätsmessung

Klaus Fellbaum (ehemals) Lehrstuhl Kommunikationstechnik, Dirk Höpfner, Lehrstuhl Medientechnik, BTU Cottbus-Senftenberg
fellbaum@tu-cottbus.de

Abstract

Zum Thema „Sprachqualität“ gibt es eine Vielzahl von Veröffentlichungen und Standards (z.B. [1] bis [10]). Zumeist stehen dabei Messmethoden bzw. statistische Verfahren der Auswertung im Mittelpunkt. Nur selten wird tiefergehend hinterfragt, was eigentlich „Sprachqualität“ ist, was ein Hörender in erster Linie wahrnimmt und schließlich, was seine Urteilsbildung über die Qualität einer gehörten Sprachprobe am stärksten beeinflusst. Kritisch anzumerken ist auch, dass viele Begriffe im Zusammenhang mit der Sprachqualität nicht eindeutig definiert sind und/oder nicht korrekt benutzt werden. Ein typisches Beispiel ist die Verwendung der Begriffe „Verständlichkeit“ und „Verstehbarkeit“, die unter anderem im Zusammenhang mit Messungen der Silbenverständlichkeit (bzw. der Silbenverstehbarkeit) auftreten. Der vorliegende Beitrag soll vor allem dazu dienen, die beiden genannten sowie einige weitere Begriffe kritisch bezüglich ihrer Bedeutung und ihrer Brauchbarkeit für die Sprachqualitätsbeurteilung zu hinterfragen. Dabei wird sich zeigen, dass es noch immer Defizite bei der Charakterisierung und Beurteilung der Sprachqualität gibt. Natürlich kann es nicht Ziel des Beitrags sein, die sehr komplexe Qualitäts-Thematik erschöpfend zu behandeln; das würde mit Sicherheit den Rahmen eines Konferenzbeitrages sprengen. Die Autoren hoffen aber, mit den Ausführungen eine weitergehende Diskussion anregen zu können.

1. **Zum Begriff der Sprachqualität**

„Verstehbarkeit“ und „Verständlichkeit“ charakterisieren in hohem Maße die Sprachqualität. Es bietet sich daher an, zunächst näher auf den zentral wichtigen Begriff „Qualität“ einzugehen. Hierzu finden wir in der DIN 55 350 [9] folgende Definition:

„Qualität: Beschaffenheit einer Einheit bezüglich ihrer Eignung, festgelegte und vorausgesetzte Erfordernisse zu erfüllen.“

Diese Definition ist natürlich noch viel zu allgemein, um im Zusammenhang mit der Sprachqualität nutzbringend angewendet werden zu können. Jekosch [3] definiert daher konkreter:

„Sprachqualität: Ergebnis der Beurteilung der Gesamtheit aller erkannten und benennbaren Merkmale und Merkmalswerte einer betrachteten Sprechprobe bezüglich ihrer Eignung, die Gesamtheit der erkannten und benennbaren Merkmale und Merkmalswerte von individuellen Erwartungen und/oder gesellschaftlichen Forderungen und/oder sachgerechten Erfordernissen zu erfüllen“.

Sprachqualität ist nach dieser Definition weder etwas Absolutes noch eine Eigenschaft des Sprachsignals; vielmehr wird Sprachqualität dem Sprachsignal durch den wahrnehmenden und beurteilenden Menschen zugewiesen.

Das Sprachqualitätsereignis ist *erwartungsgesteuert*. Wahrnehmung und Beurteilung hängen davon ab, in welcher Sprechumgebung bzw. Sprechsituation sich der Mensch befindet. So ist beispielsweise die Erwartungshaltung bei einem Telefongespräch eine deutlich andere als bei einem direkten Sprachdialog; bei ersterem weiß der Benutzer aus Erfahrung, dass er mit wesentlich geringerer Sprachqualität zu rechnen hat, und er stellt sich gewissermaßen innerlich darauf ein. Die Sprachqualität und ihre Messung müssen also stets auch im Anwendungszusammenhang gesehen werden (vgl. hierzu auch [1]). Das gilt dann natürlich auch für die Verstehbarkeit und der Verständlichkeit.

Das Wort „Verständlichkeit" beinhaltet den Begriff „verstehen". Was aber bedeutet im Zusammenhang mit der Sprachwahrnehmung „verstehen"? Die Beantwortung dieser Frage wird sicherlich unterschiedlich ausfallen – je nachdem, welche Wissenschaftsdisziplin gefragt wird.

Ein Geisteswissenschaftler wird in erster Linie am *Inhalt* der Äußerung interessiert sein. Der Ingenieur dagegen, der sich mit der elektronischen Sprachverarbeitung beschäftigt, wird vor allem dafür Sorge tragen wollen, dass sein entwickeltes technisches System eine sprachliche Äußerung möglichst gut verstehbar wiedergibt bzw. produziert – ganz gleich, welcher Inhalt vermittelt wird.

Selbstverständlich gibt es bei der Beurteilung des Verstehens in beiden genannten Disziplinen auch große Gemeinsamkeiten – ganz sicher etwa die Forderung nach einer hohen Sprachqualität. Es zeigt sich auch, dass die Leistungsfähigkeit eines Sprachverarbeitungs- oder ein Sprachübertragungssystems dadurch verbessert werden kann, dass es die Bedeutung der Äußerung auswertet (typische Beispiele: Systeme zur Spracherkennung und Sprachsynthese).

Wir wollen die Diskussion über das inhaltliche Verstehen hier nicht weiterführen - sie würde mit Sicherheit den Rahmen des Beitrags sprengen – und uns im Wesentlichen auf „technische" Aspekte des Verstehens beschränken.

3. Zur Definition von Verstehbarkeit und Verständlichkeit

Zunächst ist anzumerken, dass die beiden Begriffe oftmals nicht auseinander gehalten werden; zumeist verwendet man auch nur die „Verständlichkeit". Wir wollen nachfolgend verdeutlichen, dass doch beträchtliche Unterschiede zwischen der Verstehbarkeit und der Verständlichkeit bestehen. Wichtige Informationen, die auch die Grundlage für die nachfolgenden Betrachtungen bilden, findet man bei Jekosch [3,4], Bosshart [6], Möller [1,2], Vary [17] und Fellbaum [12,13].

3.1 „Verstehbarkeit" (comprehensibility)

Möller definiert die Verstehbarkeit als *„...die Fähigkeit des Sprachsignals, Inhalt zu transportieren. Je nach Größe der Einheiten unterscheidet man zwischen segmentaler Verstehbarkeit und Silbenverstehbarkeit"*[1].

Geht man von der Wortstruktur des Begriffs „Verstehbarkeit" aus, so bedeutet der Wortbestandteil „-barkeit" eine „Fähigkeit" (vgl. auch „Änderbarkeit", „Machbarkeit" usw.);

hier ist es die Fähigkeit des Sprachsignals, Inhalt zu transportieren. Wichtig ist hierbei, dass sich die Beurteilung der Verstehbarkeit auf die Identifizierbarkeit der lautlichen Zusammensetzung der Äußerung bezieht – nicht aber auf den inhaltlichen (semantischen) Gehalt. Es muss, im Gegenteil, dafür gesorgt werden, dass das Verstehen aus dem Sinnzusammenhang (das sogenannte „Kontext–Verstehen") vermieden wird. Das lässt sich beispielsweise erreichen durch die Darbietung von sinnleeren Silben (Logatomen) oder sinnleeren Wörtern. Letztere werden gebildet aus einer Kombination von Konsonanten (K) und Vokalen (V); üblich sind die Kombinationen: VK, KV, VKV, K_nV, VK_n, K_nVK_n . Dabei steht „n" für die jeweilige Anzahl der aufeinanderfolgenden Konsonanten bzw. Vokale.

Durch eine gezielte Auswahl der genannten K- und V-Kombinationen lassen sich natürlich auch deren Verstehbarkeiten ermitteln; man spricht dann meist von *segmentaler Verstehbarkeit.*

Bei der Test-Durchführung wird üblicherweise die „offene" Antwortform gewählt, bei der die Testperson das Gehörte aufschreiben oder sprachlich wiederholen muss. Die Verwendung einer „geschlossenen" Antwortform (Testperson wählt aus einer begrenzten Anzahl von gegebenen Alternativen aus) wäre zwar für die Testperson bequemer, hätte aber den Nachteil, dass die Testperson raten und damit das Ergebnis verfälschen könnte.

Näheres zu diesem Thema findet man bei [1], [3,4], [13].

3.2 Verständlichkeit (intelligibility)

Hierbei gilt:

„Verständlichkeit beschreibt, wie gut der Inhalt einer Äußerung aufgrund der Form identifiziert werden kann. Verständlichkeit hängt - neben der Verstehbarkeit einzelner Einheiten - auch vom lexikalischen, syntaktischen und semantischen Kontext ab…" [1].

Entscheidend ist hier der Begriff „Kontext". Verständlichkeit wird in hohem Maße dadurch erreicht, dass Sinnzusammenhänge über Störungen, Verfälschungen, Auslassungen etc. hinweg hergestellt werden können. Das ist natürlich nur dann möglich, wenn die Äußerung aus sinnvollen Sätzen, Wörtern, Silben oder anderen Elementen besteht und davon eine genügend große Anzahl identifizierbar ist.

Ein verwandter Begriff zur Verständlichkeit ist *Verständnis (Comprehension). „…Verständnis setzt Kommunikationsfähigkeit voraus und ist das Resultat eines Kommunikationsprozesses…"* [1].

Neben diesen, die Kommunikation betreffenden Aspekten kennzeichnet der Begriff „Verständnis" auch die Bereitschaft, verstehen zu *wollen* und sich in die Lage des Kommunikationspartners zu versetzten. Man denke beispielsweise an die Redewendung „ich habe Verständnis für deine Probleme".

3.3 Kombinationen von Verstehbarkeits- und Verständlichkeitsmessungen

Verstehbarkeit wird auch häufig im Zusammenhang mit sinnvollen Sprachelementen untersucht. So verwendet man zur Ermittlung der Satzverstehbarkeit oft auch sinnleere Sätze mit sinnvollen Wörtern; man spricht dabei auch von „semantisch unvorhersagbaren Sätzen", „semantically unpredictable sentences" (Abkürzung: „SuS"). Beispiele für solche Sätze:

„Müde Wiesen arbeiten rosa",
oder
„Haben unser werden Sprache die".

Beim ersten Beispiel haben wir noch eine korrekte Syntax; das gilt dann nicht mehr für das zweite Beispiel; jedoch sind die Wörter in beiden Fällen sinnvoll.

Auch auf der Wortebene lassen sich Kombinationen aus sinnvollen und sinnleeren Elementen bilden. Als Beispiel sei der sogenannte *Reimtest* genannt, bei dem der Testperson jeweils auf einem Bildschirm eine feste Anzahl von sinnvollen Wörtern (häufig sechs Wörter) gezeigt wird, die sich nur im An-, In-, oder Auslaut unterscheiden. Eines dieser Wörter wird dann gesprochen, und die Versuchsperson hat die Aufgabe, das gehörte Wort auf dem Bildschirm zu markieren. Da alle Wörter sinnvoll sind, wird die Ebene des Laut-Kontextes gezielt ausgeschlossen. Der Reimtest ist somit ein Laut-Verstehbarkeitstest.

3.4 Diskussion

Aus dem Gesagten wird deutlich, dass sich Verstehbarkeit auf eine Eigenschaft oder Fähigkeit des Sprachsignals (nämlich, Information zu tragen) und Verständlichkeit auf eine Fähigkeit des Zuhörers (Rezipienten) bezieht. Es ist auch einleuchtend, dass die Verständlichkeit ein gewisses Maß an Verstehbarkeit voraussetzt und dass die Verständlichkeit (gegenüber der Verstehbarkeit) für die Kommunikation eine übergeordnete Rolle spielt.

Verstehbarkeit ist noch einigermaßen leicht und vollständig erfassbar. Ihre Messung basiert auf einer möglichst genaue Wiederholung des Gesagten. Das Ergebnis hängt in erster Linie ab von der Qualität des technischen Systems, aber auch von dem Hörvermögen des Rezipienten. Es wird aber auch beeinflusst von den Sprechereigenschaften (z.B. der Deutlichkeit der Aussprache), dem Sprachmaterial und der Annehmlichkeit der Stimme. Es hängt aber, wie bereits diskutiert, nicht ab vom *Inhalt* des Gesprochenen; vielmehr wird versucht, jeglichen Kontext auszublenden.

Dagegen ist die Verständlichkeit von vielen Faktoren abhängig, die zum Teil nur schwer quantifizierbar sind. Auf jeden Fall spielt das Kontext-Hören eine wichtige Rolle; daher besteht das Sprachmaterial bei Verständlichkeitsmessungen aus sinnvollen Sprachbestandteilen. In welchem Maße der Kontext einbezogen werden kann, hängt neben der Verstehbarkeit auch stark von subjektiven Faktoren wie Hörerfahrung, Intellekt, Allgemeinwissen, aber auch Wissen über den gerade diskutierten inhaltlichen Gegenstand sowie von der Erwartungshaltung des Rezipienten ab.

Mit Sicherheit spielen auch emotionale Komponenten eine Rolle; so ist zu vermuten, dass eine unangenehme Stimme zu einer Reduzierung der Verständlichkeit führt. Entsprechendes gilt auch bei Desinteresse oder Müdigkeit des Rezipienten.

Geht man von einer direkten Kommunikation (face-to-face Situation) aus, stehen sich also die Kommunikationspartner unmittelbar gegenüber, so kommen noch visuelle Informationen wie

Gestik, Mimik und Lippenablesen hinzu, die beträchtlich zur Sprachverständlichkeit beitragen können. Wir wollen hier aber die visuelle Kommunikation beiseite lassen, d.h. nur die sprachliche Kommunikation berücksichtigen, um die Problematik des Begriffes „Verstehen“ noch einigermaßen überschaubar zu halten.

Abschließend wollen wir noch einige Ergänzungen bringen, die in engem Zusammenhang mit der Verständlichkeit stehen und die den Kommunikationsaspekt beinhalten.

Bekanntlich ist *Kommunikation* definiert als der Austausch von Informationen, und sie spielt sich meist in Form eines Dialogs ab. Daraus folgt, dass auch bei hoher Verständlichkeit noch Kommunikationsprobleme auftreten können, z.B. dann, wenn der Dialog durch lange Signallaufzeiten gestört wird.

Weiterhin gilt, dass nicht jede Äußerung gleichermaßen gut für eine Kommunikation geeignet ist. Idealerweise würde der Empfänger die Äußerung in allen Details so verstehen, wie sie vom Kommunikationspartner intendiert war. Man spricht in diesem Zusammenhang von *Kommunizierbarkeit* [1]. Sie bezieht sich zum einen auf den thematischen Inhalt der Äußerung („drücke ich mich verständlich aus?“) und zum anderen auf die technischen Voraussetzungen des Übertragungssystems (hinreichende Verstehbarkeit und Verständlichkeit sowie hinreichend kurze Laufzeiten).

4. Testanordnung zur Ermittlung der Verständlichkeit und Verstehbarkeit

Die Untersuchung der Verstehbarkeit und Verständlichkeit hat eine besondere Bedeutung bei der Beurteilung von technischen Systemen. Eine entsprechende Testanordnung ist in der nachfolgenden Abbildung dargestellt.

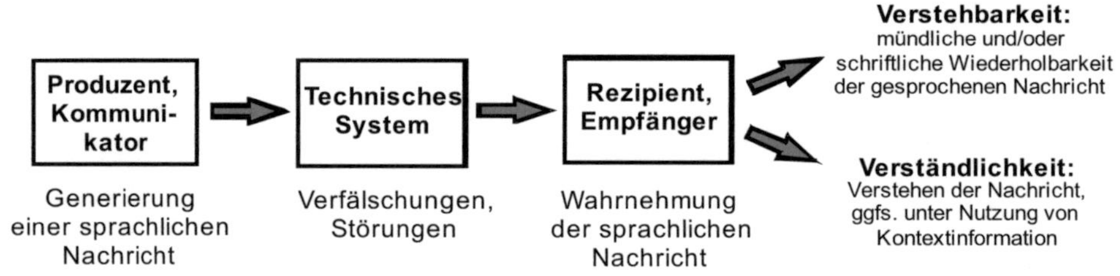

Abb. 1: Anordnung zur Ermittlung der Verständlichkeit und Verstehbarkeit

Ausgangspunkt ist ein Sprecher – bezeichnet als *Produzent, Kommunikator* oder einfach als *Sender* – der eine sprachliche Nachricht produziert. Wir nehmen der Einfachheit halber an, dass der Kommunikator die sprachliche Äußerung unter idealen Randbedingungen produziert. „Ideal“ heißt hierbei, dass ein Zuhörer, der unmittelbar („face to face“) vor dem Sprecher stehen würde, die Nachricht fehlerfrei bezüglich der Verständlichkeit und Verstehbarkeit erfassen könnte. (Und wie bereits erwähnt, berücksichtigen wir dabei nicht die visuelle Kommunikation).

Schaltet man nun ein technisches System zwischen Kommunikator und Rezipient, so wird dieses System in der Praxis stets zu einer Verschlechterung der Sprachqualität und damit letztlich auch zu einer Verminderung der Verstehbarkeit und Verständlichkeit führen. Die ermittelte Verschlechterung ist – die genannten idealen Randbedingungen vorausgesetzt - ausschließlich auf die Eigenschaften des technischen Systems zurückzuführen; das System kann dann entsprechend beurteilt werden.

6. Verständlichkeit und Verstehbarkeit bei Wahrnehmungsuntersuchungen sehbehinderter Probanden

In einer umfangreichen Arbeit [11] wurde untersucht, wie sich die Verständlichkeit und Verstehbarkeit in Abhängigkeit von der Sprechgeschwindigkeit verändert. Dabei standen sehbehinderte Probanden im Mittelpunkt, und es sollte die oft zitierte Hypothese bestätigt (oder verworfen) werden, dass insbesondere blinde, aber auch sehbehinderte Personen in der Lage sind, eine höhere Sprechgeschwindigkeit zu verstehen als Normalsehende. Die Hypothese ist insofern sehr plausibel, als angenommen werden kann, dass bei Blinden der fehlende Sehsinn zumindest teilweise durch ein geschärftes Hörvermögen kompensiert wird. Kurz formuliert: Blinde können deshalb besser hören als Normalsehende, weil erstere ihren Hörsinn besser trainiert haben als letztere. Falls die Hypothese stimmt, müsste das Ergebnis auch anhand einer besseren Verstehbarkeit und Verständlichkeit nachweisbar sein.

In der Literatur konnten wir keine geeigneten Informationen zu dem genannten Thema finden. Das liegt sicherlich auch daran, dass die meisten der vorhandenen Untersuchungen zur Sprechgeschwindigkeit schon längere Zeit zurückliegen und damals noch nicht die technische Möglichkeit bestand, natürliche Sprache mit hinreichender Sprachqualität unterschiedlich schnell wiederzugeben, d.h. eine geeignete zeitliche Skalierung der Sprache vorzunehmen. Infolgedessen waren auch die Versuchs-Voraussetzungen alles andere als ideal, und die Ergebnisse sind daher nicht sehr aussagefähig.

Mit dem in [11] entwickelten Algorithmus können nun Sprachproben mit unterschiedlicher Sprechgeschwindigkeit und hoher Qualität erzeugt werden. Die durchgeführten Untersuchungen, bei denen eine relativ große Anzahl von normalsichtigen, sehbehinderten und blinden Probanden zum Einsatz kamen, um auf diese Weise auch eine genügend hohe statistische Signifikanz der Ergebnisse zu erreichen, zeigten einige sehr interessante und überraschende Ergebnisse bezüglich der Verstehbarkeit und Verständlichkeit dieser Probanden.

So ist beispielsweise die bei Sehbehinderten bzw. Blinden im Vergleich zu Normalsehenden vermutete, signifikant bessere Wortverständlichkeit bei hohen Sprechgeschwindigkeiten nicht nachweisbar! Das gilt zumindest bei der hier verwendeten Versuchsanordnung, bei der sinnvolle Wörter in sinnleere Sätze eingebettet waren, d.h. es handelte sich um eine Kombination aus Verstehbarkeit auf Satzebene und Verständlichkeit auf Wortebene.

Die Versuche zeigten sogar, dass Normalsehende eine höhere Sprechgeschwindigkeit verstehen konnten. Das lässt den Schluss zu, dass der Erwerb von Sinnzusammenhängen (Kontexten) auf Wortebene bei Normalsehenden auch wesentlich durch visuelle Information – als bildliche Repräsentation der Wortbedeutung sowie als Schriftform - geprägt ist. Dagegen müssen sich sehbehinderte und vor allem blinde Personen auf das lautliche Kontextverstehen beschränken.

Interessanterweise steigt aber die Verstehens-Leistungsfähigkeit bei erhöhter Sprechrate deutlich über diejenige bei den Normalsichtigen an, wenn sinnvolle Sätze sowie noch längere (sinnvolle) Sprachpassagen verwendet werden. Hierbei dominiert dann vermutlich das besser trainierte Hör- und Merkvermögen bei den Sehbehinderten.

Neben den genannten Ergebnissen gab es noch eine Reihe weiterer, wichtiger Resultate, die zugleich aber auch die Problematik von Verständlichkeitsmessungen verdeutlichen. So ergaben sich bei unseren Untersuchungen zur Wortverständlichkeit in sinnleeren Sätzen mit erhöhten Sprechraten auch deutliche Einflüsse hinsichtlich der Position des Wortes im Satz, der Satzstruktur, der grammatikalischen Bedeutung des Wortes (Subjekt, Prädikat, Objekt usw.) und natürlich auch der inhaltlichen Bedeutung. Bei letzterer war vor allem wichtig, ob es sich um ein *Schlüsselwort* oder beispielsweise um einen (eher unwichtigen) Artikel handelte. Letztlich beschränkte sich die Erkennung bei hoher Sprechgeschwindigkeit dann nur noch auf die Schlüsselwörter.

7. Schlussbemerkungen

Das Ziel unserer Ausführungen bestand vor allem darin, die Bedeutung der Verstehbarkeit und der Verständlichkeit für Sprachqualitätsmessungen aufzuzeigen. Zugleich wollten wir darauf aufmerksam machen, dass in der Literatur über Sprachqualitätsmessungen nicht immer akribisch auf den Unterschied zwischen Verständlichkeit und Verstehbarkeit geachtet wird. So ist es z.B. üblich, bei Tests mit sinnleeren Silben (Logatomen) von Silbenverständlichkeitstests zu sprechen und das Ergebnis als Silbenverständlichkeit anzugeben (korrekt wäre Verstehbarkeit!).

Bei unseren Diskussionen zum Thema „Verständlichkeit“ ist uns klar geworden, wie komplex dieser Begriff ist und dass die heute üblicherweise angewendeten Messverfahren nur Teilaspekte erfassen können. Wir sind zu der Überzeugung gekommen, dass bisher publizierte Ergebnisse von Verständlichkeitsmessungen in Frage gestellt werden sollten und dabei vor allem auch konsequenter zwischen Verstehbarkeit und Verständlichkeit unterschieden werden muss.

Konsens herrscht sicherlich darüber, dass bei Untersuchungen bezüglich des Störeinflusses von technischen Systemen auf das Sprachsignal die *Verstehbarkeit* im Vordergrund steht. Man ist daran interessiert, herauszubekommen, wie das System das Sprachsignal im Zeit- und Frequenzbereich beeinflusst und in welchem Maße diese Beeinflussung hörbar ist. Um das herauszubekommen, wird man hauptsächlich Verstehbarkeitsmessungen vornehmen und diese bis auf die Ebene der Lautsegmente herunter erstrecken.

Für die Sprachkommunikation zwischen Partnern steht jedoch die *Verständlichkeit* im Vordergrund. Da Sprache in hohem Maße redundant ist, kann man - ohne Einbußen bei der Bedeutung in Kauf nehmen zu müssen - auf viele Details in der Sprachäußerung verzichten. Unsere Untersuchungen zur Sprechgeschwindigkeit haben uns gezeigt, dass allein schon durch die Erkennung der Schlüsselwörter weitgehend den Sinn einer Äußerung erschlossen wird. Da diese Wörter häufig auch die Hauptbetonung tragen, sind sie auch zumeist sehr gut zu detektieren.

Es wäre sicherlich sehr nützlich, wenn man - auf den beschriebenen Erkenntnissen aufbauend - noch einmal intensiv über eine Neugestaltung oder zumindest eine Modifikation von Verstehbarkeits- und Verständlichkeitstests nachdenken würde.

Literatur

[1] *Möller, S.:* Quality Engineering. Heidelberg usw. : Springer Verlag, 2010.

[2] *Möller, S.* Quality of Telephone-Based Spoken Dialogue Systems. New York : Springer Verlag, 2005.

[3] *Jekosch, U.:* Sprache hören und beurteilen: Ein Ansatz zur Grundlegung der Sprachqualitätsbeurteilung. Habilitationsschrift Universität Gesamthochschule. Essen : s.n., 2001.

[4] *Jekosch, U.:* Voice and Speech Quality Perception. Berlin, Heidelberg, New York : Springer, 2005.

[5] *Raake, A.*: Speech Quality of VoIP. Assessment and Prediction. John Wiley&Sons Ltd. Chichester, West Sussex (2006)

[6] *Bosshart, L.:* Untersuchungen zur Verstehbarkeit von Radio- und Fernsehsendungen. Rundfunk und Fernsehen 24, 1-2. 1976.

[7] *Coté, N.:* Integral and Diagnostic Intrusive Prediction of Speech Quality. Berlin, Heidelberg : Springer-Verlag, 2011.

[8] *Loizou, P. C.*: Speech Quality Assessment. [book auth.] W. et.al. Lin. Multimedia Analysis, Processing & Communications. Berlin, Heidelberg : Springer-Verlag, 2011.

[9] DIN 55350, Teil 11, Nr. 5, Mai 1987: Begriffe der Qualitätssicherung und Statistik.

[10] ITU-T-Standards, z.B. die P.800 und P.500- Serien

[11]: *Höpfner, D.*: Phonembasierte nichtlineare Zeitskalierung von natürlicher Sprache und ihre Anwendung auf Wahrnehmungsuntersuchungen sehbehinderter Probanden. Dissertation BTU Cottbus-Senftenberg 2014 (in Vorbereitung)

[12] *Fellbaum, K. u.a.*: Auditive und instrumentelle Verfahren zur Sprachqualitätsmessung-eine vergleichende Übersicht. [book auth.] W. Hess und K. Stöber. Elektronische Sprachsignalverarbeitung. Zwölfte Konferenz Bonn. Dresden : TUDpress, Verlag der Wissenschaften, 2001.

[13] *Fellbaum, K.:* Sprachverarbeitung und Sprachübertragung. 2. Auflage. Springer Verlag 2012

[14] *Ketzmerick, B.:* Zur auditiven und apparativen Charakterisierung von Stimmen (Diss.). Dresden : TUDpress, 2007.

[15] *Paeschke, A.:* Prosodische Analyse emotionaler Sprechweise (Diss.). Berlin : Logos Verlag, 2003.

[16] *Sotscheck, J.:* Ein Reimtest für Verständlichkeitsmessungen mit deutscher Sprache als ein verbessertes Verfahren zur Bestimmung der Sprachübertragungsgüte. Der Fernmeldeingenieur. 1982, Vols. 36, Nr. 4/5.

[17] Vary, P and u.a.: Digitale Sprachsignalverarbeitung. Stuttgart : B.G. Teubner-Verlag, 1998.

Eigenschaften von E-Gitarren – Mythen, Methoden, Merkmale

Gunter Ziegenhals

IfM – Institut für Musikinstrumentenbau e.V. an der Technischen Universität Dresden
post@ifm-zwota.de

Kurzfassung: Im Buch ZOLLNER „Physik der Elektrogitarre", dem derzeit wohl wichtigsten Werk zum Thema und in seinem Vortrag zur DAGA 2012 wurde und wird mit Mythen und Meinungen im Zusammenhang mit der E-Gitarre konsequent aufgeräumt. Dennoch halten sich hartnäckig bestimmte Vorurteile und Auffassungen mit denen sich Instrumentenmacher (professionelle Hersteller von E-Gitarren gibt es allein in Deutschland etwa 30) konfrontiert sehen bzw. die sie bewusst bedienen. Im Rahmen der Arbeiten des Instituts für Musikinstrumentenbau stellen sich nun trotz vorliegender, offensichtlich gesicherter Erkenntnisse in mehr oder weniger großen Abständen auch für die E-Gitarre Fragen nach wirklich wichtigen und zudem messtechnisch erfassbaren Eigenschaften dieser Instrumente. Der Beitrag beschreibt Vorgehensweise und Ergebnisse entsprechender Untersuchungen aus den Jahren 1995/1996, 2010 und 2013, spannt also einen weiten Erfahrungsbogen.

1 Einführung

Betrachtet man die Angebotspalette elektrischer Gitarren, so scheint sie fast endlos zu sein. Schaut man genauer hin, so lassen sich alle Bauarten auf wenige, schon sehr lange verfügbare Bauarten zurückführen. Drei der wichtigsten sind:

- **Les Paul ähnliche Instrumente**, Elektrogitarren in Solid-Body-Bauweise mit relativ kleinem aber dicken Korpus, ausgestattet mit zwei Humbucker-Tonabnehmern (Doppelspulentonabnehmer zur Brummunterdrückung). Die Instrumente gehen auf eine Konstruktion der Firma Gibson zurück, die 1952 gemeinsam mit dem Musiker Les Paul (Künstlername) entwickelt wurde (Abkürzung **LP**).
- **Fender Stratocaster ähnliche Instrumente**, Elektrogitarren in Solid-Body-Bauweise mit größerem aber relativ flachen Korpus, ausgestattet mit drei Single-Coil-Tonabnehmern. Die Instrumente gehen auf ein Modell zurück, das seit 1954 von der US-amerikanischen Firma Fender hergestellt wird (Abkürzung **FS**).
- **Fender Telecaster ähnliche Instrumente**, Elektrogitarren in Solid-Body-Bauweise mit größerem aber relativ flachen Korpus, ausgestattet mit zwei Single-Coil-Tonabnehmern. Die Instrumente gehen auf ein Modell zurück, das seit 1950 von der US-amerikanischen Firma Fender hergestellt wird (Abkürzung **FT**).

Die Entwicklung dieser Instrumentenkategorien kann bis Mitte der 1950er Jahre als abgeschlossen betrachtet werden. Alle klanglichen Wandlungen in den darauf folgenden Jahrzehnten sind nur in Zusammenhang mit dem Gitarrenverstärker (und Effektgeräten d. Autor) sinnvoll begreifbar [1]. Insofern ist es in gewisser Weise verwunderlich, dass noch heute in Bezug auf die maßgeblichen Eigenschaften der Instrumente Zweifel bestehen. Aber andererseits kennen wir ja dieses Problem schon von der Violine her (Stichwort: Stradivarius).
Während man den aufgeführten drei Kategorien prinzipiell keine wesentlichen akustischen (mechanischen) Eigenschaften zuschreibt, gibt es noch zwei weitere Grundtypen, die schon vom deutschen Namen her, „Halbresonanzgitarre" auf derartige Einflüsse hinweisen.

- **ES-Instrumente**, Elektrogitarren in Halbresonanzbauweise mit relativ flacher Zarge und, laut allgemeiner Meinung, teilweiser Nutzung akustischer Effekte des Korpus.

Die Abkürzung ES geht auf die (nicht einheitlich verwendete) englische Bezeichnung „Electro Spanish“ zurück.

- **Archtop**-Gitarren (gewölbte Decke), Elektrogitarren in Halbresonanzbauweise mit relativ normaler Zargenhöhe. Sie sind mit einem oder zwei meist Humbucker-Tonabnehmern ausgestattet, werden aber sowohl mit als auch ohne Verwendung der Tonabnehmer gespielt. Sie gehen auf das im Deutschen als Schlaggitarre (auch Jazz-Gitarre) bezeichnete Instrument zurück. Das besondere an der Archtop-Gitarre ist, dass im Gegensatz zur klassischen Gitarre Decke und Boden analog zu den Streichinstrumenten aus zusammengefügten Kanteln ausgearbeitet werden und so ihre Wölbung erhalten (Abkürzung **AT**).

Die Arbeiten zu der messtechnischen Beschreibung bzw. Beurteilung von Elektrogitarren, die diesem Artikel zu Grunde liegen, gehen auf Aufträge an das Institut für Musikinstrumentenbau (IfM) mit entsprechendem Inhalt zurück. Zum einen handelt es sich um einen Gitarrentest für die belgische Verbraucherorganisation „Test achats“ aus dem Jahre 1996, der anschließend auch von der Stiftung Warentest veröffentlicht wurde [2]. Zum anderen sind es Tests im Auftrag des Bundeswirtschaftsministerium im Rahmen des Deutschen Musikinstrumentenpreises (2011 und 2014). Der vor diesen Aufträgen erreichte Arbeitsstand zu Elektrogitarren im IfM ist recht ausführlich in [3] dargestellt. Dieser reichte aber nicht aus, die geforderten Leistungen zu erbringen. So nahmen wir jeweils im Vorfeld umfangreiche Untersuchungen vor und konnten auch jeweils im Nachgang durch Vergleich der Messergebnisse mit den Urteilen der beteiligten Testpersonen weitere Erkenntnisse gewinnen. Die Hör- und Spieltests nahm im Falle des Verbrauchertests der Auftraggeber selbst vor.
Aufgrund der schon in Anbetracht der unterschiedlichen Tonabnehmerausstattungen und weiteren unterschiedlichen konstruktiven Details, erschien es sinnvoll die einzelnen Grundtypen getrennt zu betrachten. Folgende Stichproben gingen in die Untersuchungen ein:

- Stichprobe **ES** – 6 Instrumente
- Stichprobe **LP** – 8 Instrumente
- Stichprobe **FS** – 11 Instrumente
- Stichprobe **FT** – 7 Instrumente
- Stichprobe **AT** – 6 Instrumente
- Stichprobe G**2014** – 7 Instrumente

Bei der Stichprobe G2014 handelt es sich prinzipiell um Les Paul ähnliche Instrumente, jedoch wurden hier in Anbetracht des Erkenntniszuwachses z. T. andere Verfahren eingesetzt, so dass eine getrennte Behandlung erforderlich ist. Die subjektiven Bewertungen der Stichproben ES, LP, FS und FT nahmen in Hörtests 59 Personen und in Spieltests 27 Personen vor, im Falle AT und G2014 waren es nur je fünf Personen und auch nur in einem Spieltest. Bei allen Testteilnehmern handelte es sich um Berufsmusiker, beim Hörtest jedoch nicht ausschließlich um Gitarristen.

2 Messtechnische Beschreibung von Elektrogitarren

2.1 Messwerte und Merkmale

Will man ein Forschungsprojekt erfolgreich beantragen, wird ein Pflichtenheft für eine Produktentwicklung erarbeitet, so müssen Zielgrößen, Grenzwerte, Sollwerte abgegeben werden. Hierzu bedarf es, wie im Falle der Beurteilung von Produkten der Formulierung geeigneter Merkmale, die in Form von Einzahlwerten ermittelt und dann im Vergleich den Zielgrößen gegenüber gestellt werden. Die Problematik liegt nun darin, auf in der Regel unbekanntem Terrain entsprechende Größen zu kreieren, die eindeutig aus Messwerten ermittelbar sind, eine oder mehrere Eigenschaften des Produktes hinreichend und zudem möglichst anschaulich

beschreiben und zudem ggf. das Ableiten konstruktiver Veränderungen erlauben. Die reine Feststellung, dass ein Produkt in einem Vergleich schlecht oder gut abschneidet ist möglicherweise für die Werbung ausreichend aber nicht für die angestrebte Reaktion des Herstellers in Form von Neu- oder Weiterentwicklungen.
Im Folgenden werden derartige Merkmale und ihre Ermittlung für den Fall der E-Gitarre beschrieben. Bei der Kreation der Merkmale gingen wir in der Regel von anschaulichen Vorstellungen aus, welche Eigenschaften des Instrumentes gut oder schlecht sein könnten.
Aufgrund der Umfangsbegrenzung der vorliegenden Veröffentlichung werden die Merkmale auf der Basis der Messung der Tonabnehmerimpedanzen nicht behandelt. Dies soll einer zukünftigen Veröffentlichung vorbehalten bleiben. Weiterhin ausgeklammert sind die mechanischen Probleme der E-Gitarren. Zu entsprechenden Untersuchungen an **ES**-Instrumenten wurde bereits veröffentlicht [4]. Eine Schrift zu Phänomenen der Archtop-Gitarre sowie zu Ergebnissen von Admittanzmessungen am Hals steht ebenfalls noch aus.

2.2 Elektrische Belastung der Tonabnehmer

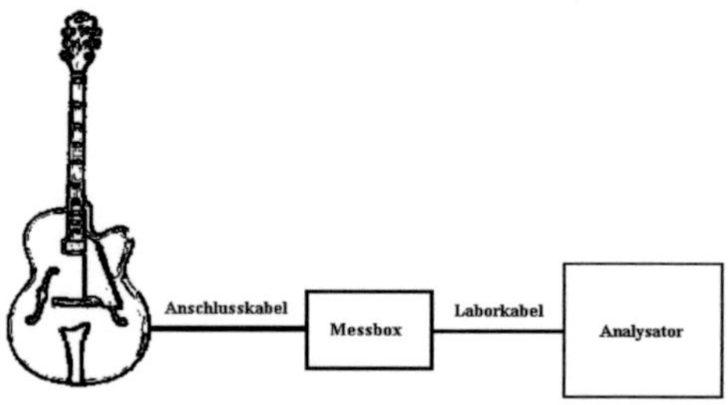

Elektrogitarren werden mittels Anschlusskabel über einen Verstärker betrieben, vor den ggf. ein Effektgerät geschaltet ist. Sowohl Kapazität und Widerstand des Kabels als auch Kapazität und Widerstand von Effektgerät und Verstärker belasten das Tonabnahmesystem und beeinflussen dadurch seine Eigenschaften.

Abbildung 1: Messsituation E-Gitarre

Typische Gitarrenverstärker weisen Eingangswiderstände zwischen 130 kΩ und 1 MΩ auf. Es sollten zumindest beide Grenzwerte für die Bewertung betrachtet werden. Man findet auch Verstärker mit 2 MΩ Eingangswiderstand, aber deutlich seltener (z.B. AER). Die Kabelkapazitäten guter Kabel liegen je nach Länge zwischen 300 pF und 1 nF (Sie werden mit 75 pF pro Meter gehandelt). Für die Messungen erscheint ein mittlerer Lastwert um 500 pF sinnvoll. Da für die verschiedenen Messungen unterschiedliche Geräte und Kabel verwendet werden müssen und die Messbox zur Lastsimulation aus Aufwandsgründen passiv ausgeführt ist, differieren die Belastungen von Messung zu Messung geringfügig. Größere Abweichungen werden angegeben.

2.3 Ermittlung der ausgewählten Merkmale

Im Folgenden werden die ausgewählten Merkmale und ihre Bestimmung kurz beschrieben. Handelt es sich bei den Größen um Pegelwerte, so werden Mittelwerte stets als energetische Mittelwerte berechnet. Die Berechnung von Standardabweichungen von Pegelgrößen erfolgt linear mit Bezug auf den energetischen Mittelwert. Die angegebenen Fehler wurden stets aus Reproduzierbarkeitsmessungen gewonnen.

Saitenniederdruckkraft

Kraft, die zum Niederdrücken der E-Saite und der e^1-Saite auf den 12. Bund notwendig ist, ± 5 %. Als Merkmal zur Beurteilung der Saitenniederdruckkraft dient der arithmetische Mittelwert der beiden Kraftmessungen.

Saitenhöhe

Bestimmt wurden die Höhen der E-Saite und der e^1-Saite über dem Griffbrett am 1. und 12. Bund, Messgenauigkeit ± 5 %. Als Merkmal zur Beurteilung der Saitenhöhe dient der arithmetische Mittelwert der vier Messungen.

Masse
Mittels einer Federwaage stellten wir die Masse der Instrumente fest, Genauigkeit ± 3 %.

Stimmung
Gemessen wurde die Abweichung in cent von den Solltönen der temperierten Skala bezogen auf a^1 = 440 Hz für jeweils die ersten 20 Bünde jeder Saite. Als Merkmale zur Beurteilung der Stimmung dienen die arithmetischen Mittelwerte der Beträge aller gemessenen Stimmungsabweichungen vom 1. bis 12. Bund sowie vom 13. bis 20. Bund, Genauigkeit ± 2 cent.

Stimmhaltung bei Vibratoeinsatz
Der Vibratohebel wird mit einer Kraft von 20 N 5 Mal in beide Richtungen (bei Einwegvibratoren nur in eine Richtung) bewegt. Als Merkmal dient der arithmetische Mittelwert der Beträge der gemessenen Stimmungsabweichungen für die sechs Leersaiten, Fehler ± 0,5 cent.

Frequenzhub des Vibratos
Der Vibratohebel wird mit einer Kraft von 20 N belastet. Gemessen wird die Stimmung der Leersaiten in beiden sich einstellenden Zuständen. Das Merkmal zur Beurteilung des durch Betätigen des Vibratos erreichbaren Frequenzhubes ist der arithmetische Mittelwert der gemessenen Stimmungsänderungen der Leersaiten, Fehler ± 0,5 cent.

Ausgangsspannung (Klangstärke)
Variante 1: Erfasst wird die maximale Ausgangsspannung bei Einzelsaitenanschlag mittels einer Anschlagvorrichtung. Der Anschlag erfolgt 10 cm vom Steg entfernt. Die Saiten werden von der Anschlagvorrichtung 4 mm (für 12. Bund 3,2 mm) waagerecht ausgelenkt und dann freigegeben. Abbildung 2 veranschaulicht den Anzupfmechanismus. Gemessen werden die Leersaiten, gedrückt am 5. Bund sowie gedrückt am 12. Bund. Das Niederdrücken der Saiten übernimmt ein Kapodaster. Die Messungen erfolgen jeweils im Zustand „alle Regler auf". Es werden jeweils drei Messungen pro Saite und Bund durchgeführt und der Mittelwert der drei Messungen weiterverwendet. Als Merkmal zur Beurteilung der Ausgangsspannung des Instrumentes dient der arithmetische Mittelwert der gemessenen maximalen Ausgangsspannungen U_{max} (54 Messungen). Der Merkmalfehler beträgt ± 4 %.

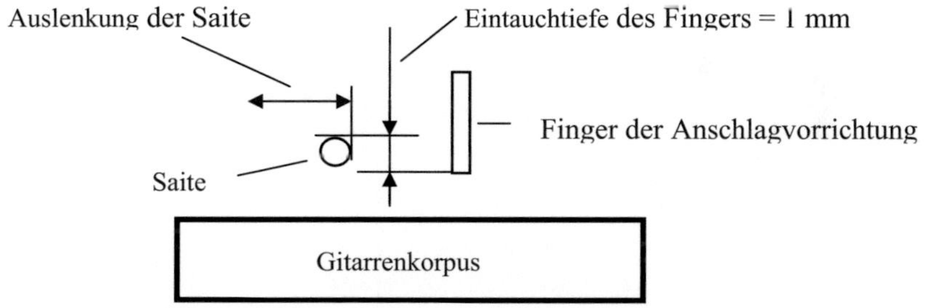

Abbildung 2: Anzupfmechanismus für mechanisches Anspiel

Variante 2: Erfasst wird der mittlere maximale Ausgangsspannungspegel bei manuellem Anschlag. Die Messung stellt eine Mittelung über jeweils drei Anschläge des „F-Griffes" in den Bünden 0 bis 12, d.h. insgesamt 39 Anschläge. Während der Messung wird bereits das mittlere Leistungsdichtespektrum berechnet und am Ende ausgegeben. Werte für die Einzelanschläge liegen also nicht vor. Als Merkmal dient der entstehende mittlere Summen-Spannungspegel L_S. Der Fehler ergibt sich zu ca. ± 0,6 dB (ca. ± 8% bezogen auf U_S).

Klangfarbe (Spektren)
Messvorgang und prinzipielle Messanordnung entsprechen der Messung Klangstärke (Variante 1). Allerdings wird das Signal nach dem Messverstärker einem Analysator zugeführt, der

das Leistungsdichtespektrum bildet. Unmittelbar mit der Berechnung erfolgt eine fortlaufende Mittelung, so dass keine Einzeltonspektren vorliegen. Aus den mittleren Spektren (über 54 Einzelanschläge) extrahierten wir für die weitere Verarbeitung jeweils drei mittlere Pegel $\boldsymbol{L_m}$ über verschiedene Frequenzbereiche L_m(100..400), L_m(400..600) und L_m(800..5k); Angaben in Hz bzw. kHz. Aus diesen Werten gewinnen wir zunächst drei Merkmale:

- Volumenpegel $\boldsymbol{L_V}$ = L_m(100..400), Fehler ± 1 dB, **Hypothese**: positiv bewertet wird ein hoher Pegel
- Nasalpegel $\boldsymbol{L_N}$ = L_m(400..600), Fehler ± 1 dB, **Hypothese**: positiv bewertet wird ein niedriger Pegel
- Maß für Ausgeglichenheit $\boldsymbol{\Delta L_A}$ = L_m(100..400) - L_m(800..5k), Fehler ± 2 dB, **Hypothese**: positiv bewertet wird ein hoher Pegel

Klangfarbenänderung

Variante 1: Vorgehensweise und Messanordnung entsprechen der Klangfarbenmessung. Die Messungen werden für verschiedene Tonabnehmerkombinationen und jeweils für die Stellungen „voll auf" und „voll zu" der Klangregler vorgenommen. Aus den mittleren Bereichspegeln werden als Merkmale zwei maximal mögliche Differenzen zwischen den verschiedenen Einstellungen ermittelt: $\boldsymbol{\Delta L_{V,max}}$, und $\boldsymbol{\Delta L_{H,max}}$ ($\boldsymbol{L_H}$ = L_m(800..5k)). Der Fehler liegt bei ± 3 dB.

Varinate 2: Messvorgang und prinzipielle Messanordnung entsprechen der Messung Klangstärke (Variante 2). Die Messungen erfolgen für die beiden ohmschen Belastungen ***Rg*** = 130 kΩ und ***Rg*** = 1 MΩ und jeweils bei voll und halb aufgedrehtem Volumenregler. Ziel der Messung ist den Einfluss der Belastung der Tonabnehmer auf die Klangfarbe zu beurteilen, dieser sollte gering sein. Für die Bildung eines entsprechenden Merkmals bestimmen wir den Frequenzschwerpunkt SC der jeweils vier aufgenommenen Spektren. Das eigentliche Merkmal ist die Standardabweichung der vier SC-Werte $\boldsymbol{SA(SC_S)}$. Der Fehler beträgt ± 10 %.

Klangdauer

Messaufbau und Vorgehensweise entsprechen der Messung der Klangstärke Variante 1. Hier wird Ausgangssignal der Gitarre allerdings nach dem Messverstärker einem Pegelschreiber zugeführt. Anhand der Pegelschriebe wird die Verweildauer des Ausgangssignals oberhalb 6 mV festgestellt. Wiederholte Reproduzierbarkeitsmessungen ergaben eine Messgenauigkeit von ± 0,6 s (dies entspricht ± 10 %). Als Merkmal zur Beurteilung der Klangdauer des Instrumentes dient der arithmetische Mittelwert der gemessenen Verweildauern des Signals oberhalb 6 mV ***T***.

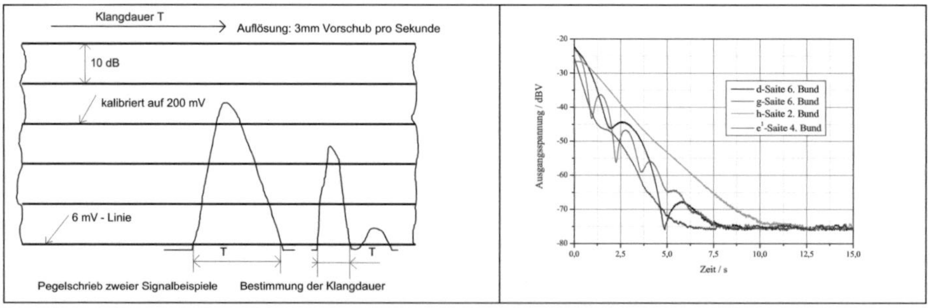

Abbildung 3: Signalaufzeichnung mittels Pegelschrieb links und aus Digitalausgabe eines modernen Analysators rekonstruiert rechts (6 mV entspricht -44 dBV)

Als Merkmal zur Beurteilung der Ausgeglichenheit der Klangdauer des Instrumentes dient der arithmetische Mittelwert der Differenzen der gemessenen Verweildauern des Signals oberhalb 6 mV der jeweils benachbarten Saiten, gedrückt im gleichen Bund $\boldsymbol{\Delta T}$ (Merkmal 12). Der Merkmalfehler, berechnet nach der Fehlerfortpflanzung, liegt hier bei ± 50 %).

Die Ermittlung der Verweildauer oberhalb eines Schwellwertes ist nicht immer unproblematisch, da die Pegelverläufe über der Zeit selten wie in der Theorie angegeben linear verlaufen. Abbildung 3 stellt Beispiele eines klassischen Pegelschriebs und aus den Digitaldaten eines Analysators gewonnener Kurven dar. Die Verwendung der klassischen, auf die Nachhallzeit zurückgehenden Klangdauer erbrachte keinen Vorteil.

Mikrofonie
Sie beschreibt die Eigenschaft des TA, neben den von den Saitenschwingungen verursachten Feldänderungen auch mechanische Schwingungen des Korpus und der Luft in elektrische Ausgangssignale umzuwandeln. Ursache ist eine ungenügende Stabilität des TA in sich (z.B. lockere Wicklungen). Diese Eigenschaft ist unerwünscht.
Variante 1: Um die Mikrofonie zu beurteilen, wurde ein zylindrischer Holzprobekörper (d = 5,6 mm; l = 135 mm; m = 2,105 g) aus 10 mm Höhe auf die Mitte der Tonabnehmer fallen gelassen. Mit der bereits in Zusammenhang mit der Klangstärke beschriebenen Apparatur wurde die dabei abgegebene max. Ausgangsspannung (Mikrofoniespannung) gemessen. Die Messung erfolgte für jeden Tonabnehmer (in Einzelschaltung) 10 Mal. Wiederholte Reproduzierbarkeitsmessungen ergaben eine Messgenauigkeit von ± 0,3 mV für den Mittelwert aus 10 Messungen (entspricht ± 10%). Zur Gewinnung eines Merkmals bildeten wir zunächst die mittlere Mikrofoniespannung des Instrumentes. Als Merkmal zur Beurteilung der Mikrofonie dient der Quotient aus mittlerer maximaler Ausgangsspannung und der mittleren Mikrofoniespannung QU_M. Der Merkmalfehler beträgt ± 3,2 (entspricht ± 10 %).
Variante 2: Die Gitarre wird mit einem Chirpsignal (105 dB ... 115 dB) beschallt. Zunächst wird am Ort der Gitarre (ohne Instrument!) das einfallende Schalldruckspektrum aufgenommen und in einer zweiten Messung, das am Ausgang des Tonabnehmers anliegende Signalspektrum. Für diese Messung wählten wir eine Belastung des TA-Systems von C_g = 1nF und R_g = 1 MΩ, Regler am Instrument „voll auf". Aus den beiden Messungen bildeten wir durch Division der beiden Spektren den Mikrofoniefrequenzgang und berechneten dessen Gesamtpegel L_{Mikrof}. Der Fehler dieses Merkmals liegt bei ± 0,9 dB (entspricht ± 9 %).

Brummempfindlichkeit
Unerwünschte Einstreuungen in den Tonabnehmern sind ein allgegenwärtiges Problem. Eine geringe Empfindlichkeit gegen Feldeinstreuungen ist deshalb erwünscht. Mit einer Erregerspule erzeugten wir am Ort des Tonabnehmers ein magnetisches „Netzbrumm-Feld" der Feldstärke H = 5783,61 A/m. Die verwendete Messtechnik ergab eine Belastung der Tonabnehmer C_g = 300 pF und R_g = 1 MΩ. Als Merkmal dient die unter diesen Bedingungen induzierte und am Ausgang anliegende Brummspannung U_{Brumm}. Wir stellten für dieses Merkmal einen Fehler von ± 7 % fest.

3 Korrelation der Merkmale mit Aussagen von Testpersonen

Als stabile, hinreichend genau zu bestimmende und hinreichend stark streuende Merkmale erwiesen sich:

- die Saitenniederdruckkraft
- die Saitenhöhe
- die Masse der Instrumente,
- die maximale Ausgangsspannung
- das Verhältnis von Ausgangsspannung zu Mikrofoniespannung
- ΔL_H als Maß für die mögliche Klangänderung durch die Regler.

Alle anderen Merkmale wären eigentlich zu überdenken. Korrelationsbetrachtungen zu den Aussagen der Testpersonen, in die auch die nicht stabilen Merkmale einbezogen wurden, ergaben folgende Aussagen:

- Es existiert offensichtlich keine generelle Bewertungstendenz für Elektrogitarren. Zumindest scheint für die beiden wesentlichen Grundtypen, Gitarren mit Einzel- und Doppelspulentonabnehmer, eine deutlich getrennte Erwartungshaltung zu bestehen.
- Musiker und Zuhörer bewerten die Instrumente deutlich unterschiedlich. Besonders stark fallen die Unterschiede bei den Les Paul ähnlichen Instrumenten aus. Die geringsten Unterschiede finden wir bei der Telecaster-Familie.

Folgende Tendenzen in der Bewertung zeichnen sich ab:

- Der Saitenlage sollte bei LP- und ES-Instrumenten eher hoch sein, bei Strat- und Telecaster eher niedrig. Dies entspricht im Wesentlichen dem typischen Sound: Les Paul lang anhaltende, voluminöse Töne, FS und FT eher kurze, brillante Töne. Dieser Folgerung spricht jedoch teilweise die Bewertung der Klangdauer entgegen.
- Die Masse einer Elektrogitarre sollte eher hoch ausfallen. Hier kann man von einer von den Herstellern „von selbst“ eingehaltenen Obergrenze ausgehen, so dass zu schwere Instrumente nicht zu erwarten sind. Einen technischen Grund für diese Wunschtendenz gibt es nicht.
- Hinsichtlich der Ausgangsspannung der Tonabnehmer bzw. des Tonabnehmersystems wird ein hoher Wert erwartet.
- Die Mikrofonieneigung der Tonabnehmer bzw. des ganzen Instrumentes sollte gering sein.
- Trotz aller widersprüchlichen Bewertungen ist eine große Klangdauer der Instrumente anzustreben. Ergebnisse anderer Untersuchungen (z. B. [5]) zeigen, dass darüber hinaus der Gleichmäßigkeit der Klangdauer über den gesamten Tonbereich eine gewisse Bedeutung zuzukommen scheint. Für Ungleichmäßigkeiten sorgen so genannte „dead-spots“.
- Bei Gitarren mit Doppelspulenabnehmern wird hinsichtlich des Klanges Wert auf große Klanganteile im Volumenbereich gelegt. Bei Einzelspulenvarianten spielt neben dem Volumen auch der Helligkeitsbereich eine Rolle.
- Den Möglichkeiten der Klangregelung wird offensichtlich eher eine geringe Bedeutung beigemessen. Allerdings sollte sich einerseits die Ausgangsspannung bei Klangregelvorgängen und andererseits der Klang bei Lautstärkeregelvorgängen nicht wesentlich ändern.

Interessante Ergebnisse erhält man jedoch, wenn man sich die Verteilung der Merkmale anschaut. Abbildung 4 und Abbildung 5 zeigen die Verteilung für vier Merkmale. Für diese Untersuchungen wurden neben den oben beschriebenen, weitere Varianten aus den Spektren gewonnener Mittelungspegel gebildet. Man erkennt zwei wichtige Details: Zum einen kann man die Instrumentengruppen recht gut unterscheiden. Lediglich Les Paul ähnliche Instrumente und ES-Instrumente vermischen sich stark. Eine Trennung ist aber durch Hinzunahme weiterer Merkmale möglich. Andererseits erkennt man, dass in beiden Verteilungen nur die Telecaster-Instrumente stets eine auseinander gezogene Verteilung bilden, wohingegen die anderen drei Gruppen zumindest in einer Verteilung eher keine wirkliche Verteilungstendenz zeigen. Hier ist die Ursache für die Probleme sowohl bei der subjektiven als auch objektiven Bewertung zu sehen. Die Instrumente sind sich einfach zu ähnlich in ihren Eigenschaften. Lediglich einzelne Instrumente heben sich deutlich ab, wie die Instrumente 1, 9 und 10. Für diese finden wir aber auch eine gute Übereinstimmung zwischen der objektiven Beurteilung und den Spieltests. Es ist unbedingt zu erwähnen, dass die für die vier Stichproben ES, LP, FS und FT vorgenommenen Hör- und Spieltests keine Korrelationen zeigen, d.h. Hörer und Spieler haben unterschiedliche Prämissen.

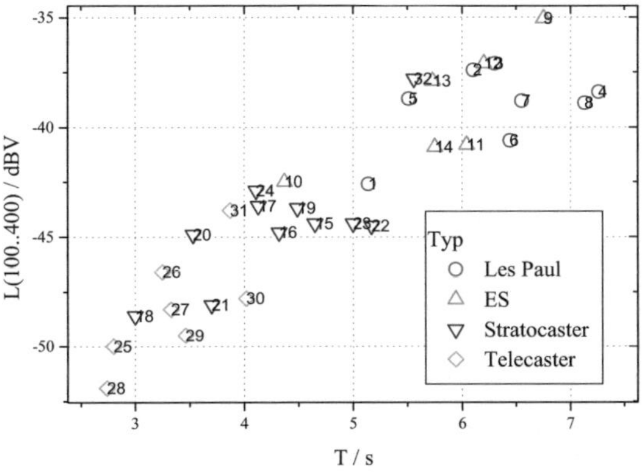

Abbildung 4: Verteilung der Merkmale Klangdauer und mittlerer Ausgangspegel im Volumenbereich 100 Hz bis 400 Hz für 4 Stichproben; Zahlen stellen Instrumentennummern dar

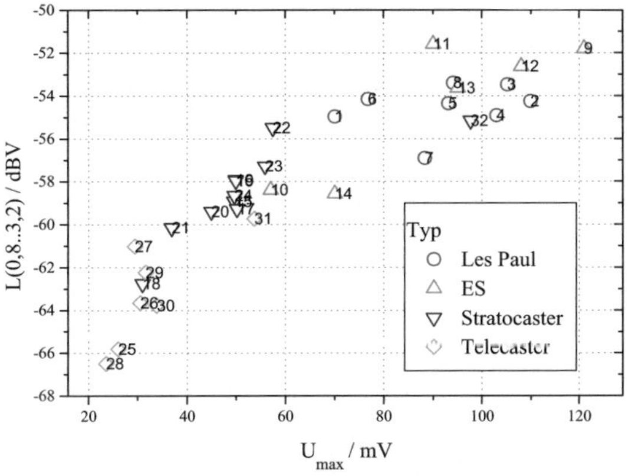

Abbildung 5: Verteilung der Merkmale maximale Ausgangsspannung und mittlerer Ausgangspegel im Obertonbereich für die Gesamtstichprobe

Literatur

[1] Li, Chr.: "Be brave, reshape …". – Reflexionen zur klangästhetischen Geburt der E-Gitarre. In: Restle, C.; Li, Chr.: Faszination Gitarre. Nicolaische Verlagsbuchhandlung GmbH, Berlin 2010

[2] n. n.: Kaum schwache Saiten – Test Elektrogitarren. In: Test, Zeitschrift der Stiftung Warentest, Februar 1997, S. 72 – 75.

[3] Meinel, E.: Elektrogitarren. Verlag Technik, Berlin 1987.

[4] Ziegenhals, G.: Zum mechanisch-akustischen Verhalten von Halbresonanz-Elektrogitarren. In Fortschritte der Akustik – DAGA 1997

[5] Fleischer, H.; Zwicker, T.: DEAD SPOTS – Zum Schwingungsverhalten elektrischer Gitarren und Bassgitarren. Beiträge zur Vibro- und Psychoakustik Heft 1/96 ISSN 1430-936X.

TRANSKRIPTION VON SCHLAGZEUGAUFNAHMEN UNTER VERWENDUNG DES UASR-SYSTEMS.

Stephan Hübler, Johannes Völkner and Rüdiger Hoffmann

TU Dresden - Professur für Systemtheorie und Sprachtechnologie
stephan.huebler@tu-dresden.de

Kurzfassung: Die Transkription von Musiksignalen, daher die Überführung von Audiomaterial in eine symbolische Repräsentation, stellt eine Herausforderung im Forschungsbereich Music Information Retrieval dar. Der vorliegende Beitrag beschreibt die automatische Transkription unterschiedlicher Trommeln und Becken in Schlagzeugaufnahmen. Die Aufgabe der Transkription ist es folgende Frage zu beantworten: Was wird wann gespielt? Es werden zwei verschiedene Ansätze zur Beantwortung dieser Fragen präsentiert. Der Ansatz Segmentierung und Klassifizierung teilt das Audiosignal in bedeutungsvolle Einheiten, welche anschließend klassifiziert werden, womit zunächst das wann und anschließend das was beantwortet wird. Der zweite Ansatz verwendet ein Erkennungsnetzwerk mit Hidden Markov Modellen, womit die Frage nach dem wann und was simultan beantwortet wird. Für die Evaluierung werden zwei Datenbanken verwendet: eine MIDI-Datenbank mit synthetisch erzeugten Schlagzeugsignalen und die frei verfügbare Datenbank ENST-Datenbank mit realen Schlagzeugaufnahmen. Für das Training, die Erkennung und die Evaluierung wird das Open Source UASR-System (*Unified Approach for Signal Analysis and Recognition*) verwendet, womit dessen Einsatzmöglichkeit für musikalische Signale gezeigt werden kann.

1 Einleitung

Die vollständige automatische Transkription von Musik ist noch nicht vollständig gelöst. Emmanuouil Benetos gibt einen Überblick über Ansätze der Transkription und schlägt Verbesserungsmöglichkeiten vor [3]. Potential für Verbesserungen sieht er bei semi-automatische Ansätzen oder in der Spezialisierung der Transkription auf spezielle Anwendungsfälle. Die Erkennung von Trommeln und Becken in Schlagzeugaufnahmen ist ein solcher Spezialfall, dessen Lösung zu einer kompletten Transkription von Musikstücken mit mehreren gleichzeitig spielenden Instrumenten beiträgt [8, 15]. Darüber hinaus ist die Transkription von Trommeln und Becken in Schlagzeugaufnahmen besonders interessant für die Indizierung und Organisation von kurzen Schlagzeugaufnahmen (Drum Loops) in Musikproduktionssystemen, der Suche nach Rhythmen durch Beatboxing oder Sprache, der Umstrukturierung von Schlagzeugspuren (Remixing), als Übungshilfe für den Schlagzeuger, der Erzeugung neuer Schlagzeugrhythmen und automatischer Genreerkennung.

Bei der Transkription sind prinzipiell zwei Fragen zu beantworten: Wann wird etwas gespielt und was wird gespielt? Die Reihenfolge in der diese Fragen beantwortet werden, ergibt drei mögliche Strategien der Transkription: (1) Segmentierung und Klassifikation, (2) Trennung und Klassifikation und (3) Simultane Segmentierung und Klassifikation.

1. Segmentierung und Klassifikation: Bei der Strategie der Segmentierung und Klassifikation wird zunächst die Frage wann etwas gespielt wird beantwortet und anschließend die Frage, welches Instrument. Dabei wird die Schlagzeugaufnahme zunächst in bedeutungsvolle Einheiten unterteilt. Dies kann durch Algorithmen der Anschlagerkennung erfolgen [11], oder aber durch die Verwendung eines musikalischen Rasters wie dem schnellsten Puls [17]. Aus den Segmenten werden Merkmale erstellt, entweder in dem das Analysefenster das gesamte Segment umfasst [12], oder aber kleinere Zeitfenster innerhalb des Segmentes gebildet werden und dann deren Mittelwert für die anschließende Klassfikation verwendet wird [9]. Als Klassifikatoren werden Support Vector Machines [9], Gaussian Mixture Models [17] oder auch Clustering und Entscheidungsbäume verwendet [12].

2. Trennung und Klassifikation: Die Strategie der Trennung und Klassifikation trennt zunächst die einzelnen zu detektierenden Schlagzeuginstrumente im Signal in einzelne Audioströme [7]. Dafür werden Verfahren wie Independent Subspace Analysis (ISA) [18], Prior Subspace Analysis (PSA) [5] oder Non-negative factor matrix factorisation [4] verwendet. Es wird zunächst die Frage was gespielt wird beantwortet, um im zweiten Schritt in den einzelnen Audioströmen die Anschläge zu detektieren und die Frage wann eine Instrument gespielt wird zu klären. Idealerweise beinhalten die einzelnen Audioströme nur noch eine Trommel.

3. Simultane Segmentierung und Klassifikation: Eine simultane Segmentierung und Klassifikation ist bei der Verwendung von Hidden Markov Modellen möglich, wenn die verschiedenen Modelle der einzelnen Instrumente zu einem Erkennungsnetzwerk verknüpft werden [16]. Bei der freien Erkennung kann dann die Bestimmung der Anschlagszeitpunkte und die Klassifikation der einzelnen Noten gleichzeitig durchgeführt werden.

Der vorliegende Beitrag untersucht die Strategien (1) und (3) unter Verwendung des UASR-Systems [14].

2 Datenbanken

Für die Evaluierung des Systems ist eine annotierte Datenbank nötig, daher Aufnahmen zu denen zeitliche Annotationen der zu klassifizierenden Trommeln und Becken existieren. Im Zuge dieser Arbeiten werden dazu die Schlagzeugspuren aus 100 MIDI-Dateien mit 10 unterschiedlichen Soundbänken (soundfonts) synthetisiert. Dadurch wird zumindest in geringem Maße der Klang der einzelnen Trommeln und Becken variiert. Die Dateien sind Teil der midiart Datenbank[1], wobei das P100 für „Playground" mit 100 Dateien steht. Die Schlagzeugspuren bestehen nur aus den fünf zu klassifizierenden Schlagzeugkategorien Bass Drum (35, 36), Snare Drum (37, 38, 40), Hi Hat (42, 44, 46), Ride (51, 53, 59) und Cymbals (49, 52, 55, 57), hier mit den dazugehörigen Noten in der General Midi Drum Map angegeben. Die nötige Annotation der einzelne gespielten Trommeln kann dann aus der MIDI-Datei ausgelesen werden. Die Anzahl der einzelnen Noten pro Kategorie ist in Tabelle 1 aufgeführt.

Um das System mit realen Schlagzeugdaten zu testen, wird außerdem die frei verfügbare ENST-Datenbank verwendet [10]. Dabei handelt es sich um Schlagzeugaufnahmen von drei verschiedenen Schlagzeugern. Für die Evaluierung werden die minus-one (MO) Titel verwendet, bei denen die Schlagzeuger frei zu Begleitmusik spielen konnten. Die Begleitmusik wird für die weitere Erkennung ausgeblendet. Es existieren je 21 bis 22 Titel pro Schlagzeuger mit einer Länge von 30 - 75 s. Für die Evaluierung wird der „wet"-Mix verwendet, eine Abmischung der einzelnen Komponenten des Schlagzeugs, wie er in kommerziellen CDs üblich ist. Im Unterschied zur P100-Datenbank enthalten diese Aufnahmen auch Trommeln wie die Toms, welche

[1] www.midi.de

Kategorie	P100	ENST-MO
Bass Drum	34.627	10.686
Snare Drum	28.425	11.630
Hi Hat	74.915	14.158
Ride	3.938	3.117
Cymbal	2.736	328

Tabelle 1 - Anzahl der Ereignisse pro Schlagzeugkategorie für die zwei verwendeten Datenbanken P100 und ENST (Minus-One-Tracks).

nicht evaluiert werden. Auch andere Autoren verwenden diese Datenbank, was einen Vergleich möglich macht [11, 16].

3 Systembeschreibung

Das prinzipielle Vorgehen der Transkription von Schlagzeugspuren wurde bereits in [13] vorsgetellt. Aus den Schlagzeugaufnahmen mit einer Abtastrate von 44,1 kHz werden zunächst Merkmale errechnet. Die einzelnen Analysefenster haben eine Breite von 2.048 und eine Fortsetztrate von 512 Abtastwerten. Nach der Multiplikation mit der Blackman Fensterfunktion wird das Amplitudenspektrum $X_n(l)$ mit n Spektrallinien für jedes Fenster l berechnet. Für das Training der akustischen Modelle und der späteren Erkennung wird auf das Spektrum eine Melfilterbank mit 30 Kanälen angewendet. Nach der Logarithmierung, Normalisierung und der Berechnung der Δ-Merkmale kommt als sekundäre Merkmalanalyse die Hauptkomponentenanalyse zum Einsatz. Die Merkmale sind damit denen von Jouni Paulus ähnlich [16].

Ebenfalls Jouni Paulus folgend, wird für jede der fünf Schlagzeugkategorien ein Detektorklassifikator erstellt. Für die einzelne Kategorie wird ein Hidden-Markov-Modell mit drei Zuständen erstellt. Im Trainingsmaterial sind die Zeitpunkte der einzelnen Kategorien markiert und die nächsten 13 Merkmalvektoren (151 ms) werden dem entsprechenden Modell zugeordnet, es sei denn, dass nächste Ereignis der gleichen Kategorie tritt vorher auf. Dann gehen nur die Merkmalvektoren bis zu dem nächsten Ereignis ein. Alle anderen Merkmalvektoren werden einem Gaussian Mixture Modell, dem Modell aller anderen Ereignisse im Musiksignal zugeordnet. Pro Kategorie entsteht somit ein Klassifikator mit je zwei akustischen Modellen – eines für die entsprechende Kategorie und eines für den Rest.

Die zwei unterschiedlichen Vorgehensweisen bei der Erkennung ist in Abbildung 1 dargestellt. Bei der simultanen Klassifikation und Erkennung werden die zwei akustischen Modelle einer Kategorie zu einem Erkennungsnetzwerk zusammengefasst und mittels dynamischer Programmierung der beste Weg für eine unbekannte Merkmalvektorfolge für jede Kategorie einzeln ermittelt. Bei dem Ansatz der Segmentierung und Klassifikation werden zunächst die Anschläge im Musiksignal verwendet. Dazu wird die spektrale Differenz zweier aufeinanderfolgender Zeitfenster ermittelt. Es werden nur positive Differenzen berücksichtigt, um den Fokus auf den Anschlag und nicht das Abklingen eines Tones zu legen.

$$\mathrm{SDP}(l) = \sum_{n=0}^{N-1} H(|X_n(l+1)| - |X_n(l)|) \tag{1}$$

$$H(x) = \frac{x+|x|}{2} = \begin{cases} 0 & : x \leq 0 \\ x & : x > 0 \end{cases} \tag{2}$$